2025학년도 대학수학능력시험 대비 전형태 모의고사 1회

국어 영역

성명 [   ]   수험 번호 [| | | | – | | | |]

○ 문제지의 해당란에 성명과 수험 번호를 정확히 쓰시오.

○ 답안지의 필적 확인란에 다음의 문구를 정자로 기재하시오.

자세히 보아야 예쁘다

○ 답안지의 해당란에 성명과 수험 번호를 쓰고, 또 수험 번호와 답을 정확히 표시하시오.

○ 문항에 따라 배점이 다릅니다. 3점 문항에만 점수가 표시되어 있습니다. 점수 표시가 없는 문항은 모두 2점입니다.

※ 시험이 시작되기 전까지 표지를 넘기지 마시오.

전형태 모의고사

국어 영역

[1~3] 다음 글을 읽고 물음에 답하시오.

과학은 자연 현상의 원리를 객관적이고 논리적으로 탐구하는 학문이다. 그리고 기술은 과학의 성과를 응용하여 실생활에 유용한 수단을 제공한다. 현대에는 과학과 기술이 결합하여 발전하면서 인간의 삶에 큰 영향을 미치고 있다. 이에 따라 일상에서도 ⊙과학·기술 분야의 글을 읽을 일이 많아졌는데, 이러한 독서는 과학적 지식을 얻는 수단일 뿐만 아니라 과학의 원리를 실생활에서 응용할 수 있다는 점에서 의의가 있다.

과학·기술 분야의 글은 대부분 과학적 사실이나 법칙을 인과적으로 설명하는 글로서, 객관적, 체계적, 분석적이라는 특성을 갖는다. 이러한 글을 읽을 때는 기본적으로 과학 용어나 개념에 대한 명확한 이해가 중요하다. 글에 사용된 용어나 개념을 정확히 알지 못하면 그 내용 전체를 이해하기 어렵기 때문이다. 이를 위해서는 평소 과학 수업을 충실히 듣고 관련 자료를 읽어 과학 지식을 쌓아 두는 것이 좋다. 만약 배경지식만으로 글을 이해하기 어렵다면, 사전, 인터넷 등을 활용하여 관련 용어나 개념을 미리 찾아보는 것이 도움이 된다.

또 그러한 탐색 과정을 통해 글에서 제시하는 정보가 신뢰할 만한 객관성을 지녔는지를 확인할 수 있다. 일반적으로 과학·기술 분야의 글은 글쓴이의 주관적인 가치 판단이 최소화되는 경향을 보인다. 이는 해당 글이 글쓴이의 사적 이익으로 이어지지 않도록 하기 위함이다. 하지만 때로는 이러한 글에서도 글쓴이의 주관이 개입된 해석이 강하게 드러날 수 있다. 따라서 우리는 과학·기술 분야의 글을 읽을 때 그 과학적 타당성과 신빙성을 비판적인 관점에서 검토할 필요가 있다.

1. 윗글을 참고할 때, ⊙에 대한 설명으로 적절하지 <u>않은</u> 것은?

① 글에서 제시되는 정보를 신뢰할 수 있는지에 대한 비판적 검토가 요구된다.
② 일반적으로 글쓴이의 주관적 가치보다는 대상에 대한 객관적 사실을 추구한다.
③ 글에 쓰인 용어나 개념에 대한 이해가 내용에 대한 이해에 선행될 필요가 있다.
④ 자연 현상의 원리를 담은 글로서, 실용적 활용을 배제하고 이론적 탐구를 중시한다.
⑤ 원인과 결과의 관점에서 사실이나 법칙을 체계적이고 분석적으로 설명하는 글이 많다.

2. 윗글과 <보기>를 함께 이해한 내용으로 적절하지 <u>않은</u> 것은?
[3점]

〈 보 기 〉

과학사회학자 로버트 머튼은 과학자 사회의 규범을 다음 네 가지로 정리하였다. 첫째는 '공유주의'로, 과학적 발견은 집단적 노력의 산물이므로 모두에게 공유되어야 한다는 뜻이다. 둘째는 '보편주의'로, 과학적 연구의 타당성은 과학자의 인종, 성별, 국적과 같은 배경과 별개로 평가되어야 한다는 뜻이다. 셋째는 '이해관계의 초월'로, 과학자는 연구 과정에서 개인적 이익으로부터 자유로워야 한다는 뜻이다. 넷째는 '조직화된 회의주의'로, 과학적 주장에 대한 판단은 과학적 증거에만 입각해야 하며, 확실한 지식에 이를 때까지는 회의적인 태도를 견지해야 한다는 뜻이다. 과학자 사회는 이러한 규범들을 지킴으로써 우주선을 화성에 보내고, 암을 치료하는 등 과학을 통해 인간의 삶에 봉사할 수 있었다.

① 과학적 지식을 전달하는 과학 수업이나 관련 자료, 사전, 인터넷 등은 '공유주의'에 따라 과학적 발견이 공유됨을 보여 준다.
② 과학 분야의 글에서 글쓴이의 주관이 개입된 해석이 강하게 드러나는 것은 '보편주의'에 어긋나는 것으로 지양되어야 한다.
③ 과학 분야의 글이 글쓴이의 가치 판단을 최소화하는 경향을 보이는 것은 '이해관계의 초월'에 따르는 것으로 볼 수 있다.
④ 과학 분야의 글을 읽을 때 타당성과 신빙성을 비판적 관점에서 검토하는 것은 '조직화된 회의주의'를 따르는 것으로 볼 수 있다.
⑤ '우주선을 화성에 보내고, 암을 치료하는' 것과 같은 사례는 네 가지 규범을 지킨 과학의 성과가 실생활에 응용된 것으로 볼 수 있다.

3. 다음은 윗글을 읽은 학생의 반응이다. 이에 대한 설명으로 가장 적절한 것은?

요즘은 인터넷이나 잡지 등에서 과학·기술 분야의 글을 쉽게 발견할 수 있어. 하지만 그만큼 과학·기술에 대한 잘못된 정보도 많이 접하게 되곤 해. 그런 글을 읽을 때 과학적 타당성과 신빙성을 비판적 관점에서 검토할 필요가 있다고 했으니, 정보의 신뢰성을 검토하기 위해 유사한 화제를 다룬 여러 자료를 찾아 대조해 보아야겠어.

① 독서를 통해 얻은 깨달음을 창의적으로 활용하고 있다.
② 알게 된 내용과 관련하여 독서 방법을 구체화하고 있다.
③ 자신의 경험을 공유하면서 독서의 중요성을 확인하고 있다.
④ 학습한 기준을 바탕으로 적절한 독서 자료를 선정하고 있다.
⑤ 바람직한 독서 태도에 비추어 자신의 태도를 반성하고 있다.

[4~7] 다음을 읽고, 물음에 답하시오.

채권이란 특정인에 대하여 일정한 행위를 요구할 수 있는 권리이다. 반대로 채무는 어떤 행위를 이행해야 하는 의무를 뜻한다. 채권 관계는 채권자와 채무자 둘 사이의 관계로, 채권자는 보통 채무자 이외의 사람에게는 채권을 주장할 수 없다. 그런데 예외적으로 채권자가 제삼자에게 채권을 주장할 수 있는 경우가 있다. 채무자가 다른 이에 대해 채권을 가지고 있는 경우로, 이러한 채무자의 채무자를 제삼채무자라고 한다.

채권자가 제삼채무자에게 자신의 권리를 행사하기 위해서는 법적 절차를 거쳐야 한다. 사법에서는 채권자에게 권리가 있다 하더라도 자력구제*가 허용되지 않으므로, 국가의 권력에 의해서 채무자의 의무를 이행하도록 하는 강제 집행의 절차가 필요한 것이다. 채권자가 강제 집행을 신청하기 위해서는 채무의 존재가 사실이라는 공적인 증서가 있어야 한다. 이러한 증서를 집행권원이라고 한다. 집행권원으로 가장 대표적인 것은 승소(勝訴)하여 받은 법원의 확정 판결문이다. 혹은 돈을 빌려줄 때 계약서에 공증, 즉 공공기관의 직권에 따른 증명을 받았다면, 소송까지 가지 않고 공증된 계약서를 집행권원으로 할 수도 있다. 이렇게 집행권원을 확보했다면 채무자가 제삼채무자로부터 받을 채권을 압류 신청할 수 있다. 이에 대해 법원에서는 제삼채무자는 원래의 채무를 이행하지 말고, 채무자는 제삼채무자에게 채권을 행사하지 말라는 판결을 내리게 된다. 이렇게 묶인 돈을 채권자가 받아내려면 ㉠ 전부명령(轉付命令) 또는 ㉡ 추심명령(推尋命令)을 신청해야 한다.

전부명령은 채무자가 제삼채무자에 대하여 가지는 채권을 압류한 경우, 이 채권을 채무자와 채권 관계에 있는 채권자에게 이전시키는 집행법원의 결정이다. 전부명령의 대상이 된 채권은 아예 채권자에게 이전이 되어버리므로 채무자의 채무는 금액만큼 소멸하게 되고, 채권자는 제삼채무자에게 돈을 갚으라고 할 독점적 권리를 갖게 된다. 채무자에게 다른 채권자들이 있다 하더라도, 다른 채권자는 이 채권에 대해 권리를 갖지 못한다. 이처럼 전부명령은 채무를 우선하여 변제 받을 수 있다는 장점이 있으나, 제삼채무자 또한 채무를 변제할 능력이 없는 때에는 원래 채무자에게 채무의 변제를 요구할 수 없기에 위험하다.

추심명령은 채권자가 채무자를 대신해서 제삼채무자에게 채권을 청구할 수 있는 권리인 추심권을 갖게 하는 것을 말한다. 이때 채권자가 갖는 것은 추심권한일 뿐이므로 채권자의 채무자에 대한 채권, 그리고 채무자의 제삼채무자에 대한 채권은 변함없이 유지된다. 이 두 채권은 제삼채무자가 추심에 응해서 돈을 갚을 경우에 그 금액만큼 소멸한다. 추심명령의 효력은 집행법원의 명령이 제삼채무자에게 전달된 이후에 생기는데, 그 이후라도 다른 채권자가 제삼채무자에 대한 채권에 압류 등의 요구를 하면 그에게도 채권액에 비례하는 권리가 생긴다.

위와 같은 방법 외에, 채권자가 자신의 채권을 확보하기 위해 채무자가 행사하지 않고 있는 제삼채무자에 대한 권리를 자신의 이름으로 대신 행사하는 방법도 있다. 이러한 법률상의 권리를 채권자 대위권이라고 한다. 예를 들어, A가 B에게 돈을 빌려주었는데 기한이 되었을 때 B의 수중에 갚을 돈이 없지만, B가 C에게 받아야 할 돈이 있다면, A가 C에게 직접 소송을 제기할 수 있다. 채권자 대위권은 다음 요건을 갖춘 경우에만 행사할 수 있다. 첫째, 채무자가 채무를 이행할 만한 재산이 없는 상태여야 한다. 둘째, 채무 이행기가 이미 도래했어야 한다. 셋째, 채무자가 고의든, 고의가 아니든 자신의 채권을 행사하지 않고 방치하고 있는 경우여야 한다. 채권자 대위권은 집행권원을 필요로 하지 않아 간단하지만, 대위권 행사에 따른 모든 효과는 채무자에게 발생하며, 채권자들은 이 결과물에 대해 채권을 행사해야 한다.

*자력구제 : 자기의 권리를 확보하기 위하여 사법 절차를 따르지 아니하고 스스로 힘을 사용하는 행위.

4. 윗글을 통해 알 수 있는 내용으로 적절한 것은?

① 채권자는 일반적으로 채무자 이외의 사람에게도 채권을 주장할 수 있다.
② 제삼채무자란 채권자의 여러 채무자 중 세 번째 순위에 있는 채무자를 말한다.
③ 채권자가 채무자의 채권을 압류한 이후에 제삼채무자는 채무자에게 돈을 갚아서는 안 된다.
④ 채권자가 제삼채무자에게 자신의 권리를 행사하기 위해서는 반드시 법원의 확정 판결문을 먼저 확보해야 한다.
⑤ 채권자가 제삼채무자에게 받을 채권을 압류 신청하여 받아들여진 시점에 채권자는 제삼채무자에게 돈을 받을 수 있다.

5. 다음 중 ㉠과 ㉡을 비교하여 설명한 것으로 적절하지 않은 것은?

① ㉠은 ㉡과 달리, 제삼채무자에 대한 채권액이 채무액보다 더 많을 때에는 채권자와 채무자의 채권 관계가 즉시 사라질 수 있다.
② 제삼채무자가 채무를 이행할 능력이 확실한 경우에는 ㉡보다 ㉠을 신청하는 것이 채권자에게 유리하다.
③ ㉡은 ㉠과 달리 채권자가 다른 채권자들과 구분되는, 독점적인 권리 행사를 할 수 없다.
④ ㉠과 ㉡은 사법에서 채권자의 자력구제가 허용되지 않기 때문에 필요한 절차이다.
⑤ ㉠과 ㉡에서 채무자의 채무는 제삼채무자가 돈을 갚을 때 그 금액만큼 소멸한다.

6. 다음 중 채권자 대위권에 대해 이해한 것으로 적절하지 <u>않은</u> 것은?

① 채권자가 자신의 권리를 확보하기 위하여 취할 수 있는 방법 중 하나이다.

② 채무자에게 돈을 갚을 만한 재산이 있는 때에는 채권자 대위권을 행사할 수 없다.

③ 채권에 기재된 채무 이행 시기 이전이라면 언제든 채권자 대위권은 행사될 수 있다.

④ 채무자가 자기 채권의 존재를 몰라서 행사하지 않은 경우에도 활용할 수 있는 권리이다.

⑤ 채권자 대위권을 행사함으로써 얻을 수 있는 일차적 효력은 채무자의 재산을 지키는 방식으로 나타난다.

7. 윗글을 읽고 <보기 1>의 상황에서 갑이 취할 방법을 <보기 2>의 각각의 단계에 적용한 것으로 적절하지 <u>않은</u> 것은? [3점]

─── 〈 보 기 1 〉 ───

갑은 식당을 운영하는 을에게 천이백만 원을 빌려주었다. 약속한 기한이 되었는데 을은 지금 돈이 없어서 다른 사람에게 빌린 돈도 갚지 못하고 있다고 말했다. 갑이 알아보니 을은 정에게도 사백만 원을 빌리고 갚지 못한 상태였다. 그런데 갑은 을이 병에게 출장 연회를 제공하고 받지 못한 천만 원이 있었다는 것을 알게 되었다.

─── 〈 보 기 2 〉 ───

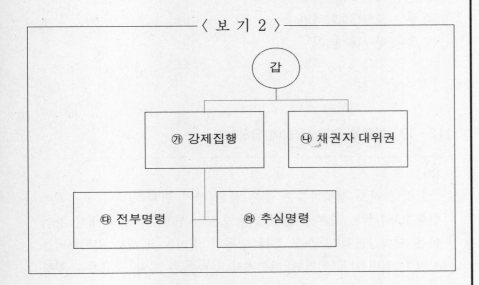

① 갑이 을에게 돈을 빌려줄 때 공증을 받지 않았다면 법원에 소송을 제기하여 ㉮에 대한 확정 판결을 받아야 한다.

② 갑이 법적 절차를 거쳐 병에게 ㉯를 행사할 수 있게 되더라도, 병은 천만 원을 갑이 아닌 을에게 갚아야 한다.

③ 갑이 ㉯를 갖게 된 후 병에게 소송을 걸어도, 정은 여전히 을이 갚아야 할 돈에 대한 권리 행사를 할 수 있다.

④ 갑이 신청한 ㉰가 내려져 채권의 이전이 발생하게 되면, 을에게는 갑에 대한 채무가 더는 남아 있지 않게 된다.

⑤ 갑이 신청한 ㉱가 병에게 전달된 이후에 정이 압류 신청을 하였다면, 갑이 받을 수 있는 돈은 750만 원이 될 것이다.

〔8~11〕 다음을 읽고, 물음에 답하시오.

19세기 전세계는 인구는 급증하였으나 농업생산성은 크게 향상되지 않았기에 식량난에 시달렸다. 당시의 과학계에서는 농업생산성 확대를 위해 화학 비료를 개발하는 것이 중요한 과제로 떠올랐다. 식물은 토양 속에 존재하는 무기 질소 화합물을 뿌리를 통하여 흡수한 다음 체내에서 필요한 여러 가지 유기물로 합성하는데, 토양 중의 질소가 부족한 경우에는 질소를 많이 포함하고 있는 비료를 토양에 섞어주어야 한다. 독일의 화학자인 프리츠 하버(Fritz Haber)는 1909년에 공기 중의 질소를 암모니아로 합성하여 화학 비료를 만들고자 하였다.

질소(N)와 수소(H)는 암모니아(NH_3)로 합성되고, 동일한 조건 하에서 암모니아는 질소와 수소로 분해된다. 질소 분자 1개와 수소 분자 3개가 반응하면 암모니아 분자가 2개 생성되는데, 이를 화학 반응식으로 나타내면 다음과 같다.

$$[N_2+3H_2=2NH_3]$$

처음에는 반응물질에서 생성물질로 가는 방향의 반응인 정반응에 의하여 암모니아 생성만 일어나지만, 일단 암모니아가 생성되고 나면 생성물질에서 반응물질로 가는 방향의 반응인 역반응도 함께 일어난다. 일정 시간이 ⓐ지나고 나면 정반응과 역반응의 속도가 같아져 외관상으로 변화를 느낄 수 없는 '평형 상태'에 도달하게 된다. 평형 상태에 도달한 물질에 온도, 압력, 농도 등의 조건을 변화시키면, 그 변화를 ⓑ없애는 방향으로 반응이 일어나 새로운 평형 상태에 도달하게 되는데 이를 '평형 이동'이라 한다.

하버는 평형 이동을 이용하여 암모니아의 수득률*을 ⓒ높일 수 있다고 생각하였다. 암모니아 화학 반응이 평형 상태에 있을 때 높은 압력을 가하면, 압력을 낮추는 방향으로 반응이 진행되어 정반응이 더 활성화된다. 질소와 수소의 분자량은 암모니아의 그것보다 2배 더 크므로 분자 간 압력을 낮추기 위해서는 암모니아로 변환되어야 하기 때문이다. 결국 암모니아 화학 반응은 암모니아가 많이 생성되는 방향으로 이동해 새로운 평형 상태에 이르게 된다. 이론상으로는 높은 압력일수록 정반응을 활성화시킬 수 있으나, 안전과 비용을 감안할 때 수득률이 80%에 가까워질 수 있는 선에서 적당한 압력만 가하는 것이 효율적이다.

수득률은 온도를 변화시켜서 높일 수도 있다. 암모니아 화학 반응에서 정반응일 때는 열이 발산되고, 역반응일 때는 열이 흡수된다. 따라서 온도가 낮은 상태를 유지해야 한다. 그러나 온도가 너무 낮으면 화학 반응의 속도가 느려지기 때문에 이를 고려하여 연구를 거듭한 결과 400~600℃가 가장 적절하다는 것을 밝혀냈다. 촉매는 평형 상태에 영향을 주지 않으면서 반응 속도를 높여 준다. 철, 니켈 등의 촉매는 400℃에 ⓓ이르면 제 기능을 하지 못하기 때문에 촉매의 개발이 마지막 과제로 떠올랐지만, 하버는 수많은 실험 끝에 녹는점이 1500℃인 산화철을 촉매로 이용하여 암모니아 수득률을 최대로 높일 수 있다는 결론을 도출하였다.

결국 질소 비료의 개발에 성공하여 인류의 식량난 해소의 길이 열린 것이다. 하버의 발명 덕분에 인류는 만성적인 식량 부족에서 ⓔ벗어날 수 있었고, 하버는 암모니아 합성법을 개발한 공로로 1918년에 노벨 화학상을 수상했다.

*수득률 : 반응 물질이 완전히 반응하였을 때 예측되는 생성 물질의 양

을 100으로 보았을 때, 실제 생성된 물질의 비율.

8. 윗글을 읽고 추론한 내용으로 가장 적절한 것은? [3점]

① 새로운 평형 상태에서는 외부 자극에 의한 반응이 일어나지 않는다.
② 평형 상태의 암모니아에서 일어나는 정반응은 역반응의 유인이 된다.
③ 600℃ 이상의 높은 온도를 유지해야 암모니아의 역반응이 활성화된다.
④ 화학 반응은 저온일수록 생성물질의 양을 늘리는 데 최적의 조건이 된다.
⑤ 평형 상태에 있는 반응물질의 농도를 높이면 역반응 쪽으로 평형 이동이 일어난다.

9. 윗글과 <보기 1>를 바탕으로 <보기 2>에서 옳은 것을 모두 고른 것은?

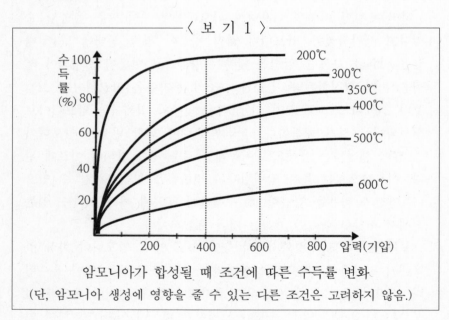

─── 〈 보 기 1 〉───

암모니아가 합성될 때 조건에 따른 수득률 변화
(단, 암모니아 생성에 영향을 줄 수 있는 다른 조건은 고려하지 않음.)

─── 〈 보 기 2 〉───

ㄱ. 300℃에서는 200기압보다 400기압의 압력이 암모니아의 수득률에 효율적이다.
ㄴ. 500℃이상의 온도에서는 압력이 높아져도 암모니아의 수득률에 영향을 미치지 못한다.
ㄷ. 400기압에서 온도를 600℃에서 400℃로 변화시키면 암모니아 수득률이 낮아진다.
ㄹ. 200℃의 화학 반응에 철을 촉매로 사용하면 반응 속도가 빨라질 것이다.

① ㄱ　② ㄹ　③ ㄱ, ㄴ　④ ㄱ, ㄹ　⑤ ㄷ, ㄹ

10. 윗글을 바탕으로 <보기>에 대해 이해한 것으로 적절하지 않은 것은?

─── 〈 보 기 〉───

혈액 속 헤모글로빈(Hb)은 인체의 조직세포에 산소를 전달하는 기능을 한다. 헤모글로빈은 폐에서 산소(O_2)와 결합하여 옥시헤모글로빈(HbO_2)으로 합성된다. 조직 세포는 옥시헤모글로빈을 분해하여 산소를 얻고 헤모글로빈을 다시 혈액으로 보내고, 헤모글로빈은 다시 폐로 돌아가 옥시헤모글로빈으로 합성된다. 이 과정이 반복되면서 모든 조직 세포가 산소를 공급받는 것이다.

① 헤모글로빈과 산소가 반응물질, 옥시헤모글로빈이 생성물질이군.
② 옥시헤모글로빈의 합성 속도와 분해 속도가 같다면 평형 상태라고 할 수 있겠군.
③ 조직 세포가 옥시헤모글로빈에서 산소를 얻는 과정은 역반응이라고 할 수 있군.
④ 산소 농도가 낮아지는 곳에서는 옥시헤모글로빈 생성 반응에 변화가 생기겠군.
⑤ 평형 상태의 옥시헤모글로빈에 촉매를 사용한다면 평형 이동이 일어날 수도 있겠군.

11. 문맥상 ⓐ~ⓔ와 바꾸어 쓸 수 있는 말로 적절하지 않은 것은?

① ⓐ : 경과(經過)하고
② ⓑ : 상쇄(相殺)하는
③ ⓒ : 향상(向上)시킬
④ ⓓ : 도달(到達)하면
⑤ ⓔ : 탈주(脫走)할

[12~17] 다음을 읽고, 물음에 답하시오.

(가)

고대 그리스 철학자들은 좋은 삶을 살기 위해 영혼을 훈련해야 한다고 여겼다. 영혼의 훈련이란 영혼을 신체로부터 최대한 분리하는 형이상학적 죽음을 통해 영원한 진리의 세계로 회귀하려는 노력을 의미한다. 이러한 전통에서 플라톤은 철학을 진리를 향한 사랑으로 정의하고, ㉮ 영혼의 훈련을 통해 가장 좋은 삶이 성취된다고 주장하였다.

플라톤에 따르면, 인간은 영혼과 신체의 결합으로 존재한다. 본래 이상적 세계에서 진리를 관조하는 삶을 영위하던 영혼이 신체로 육화함으로써 영혼은 자유를 박탈당하고 본래의 기능을 제한당한다. 지상 세계에서 신체는 덧없는 허상들에 둘러싸여 있고, 그러한 신체의 감각들은 오류 가능성을 ⓐ 가지기에 진리에 대한 앎을 방해한다. 다만, 플라톤은 감각들이 항상 오류를 유발하기만 하는 것은 아니라고 보았다. 감각들이 진리 인식의 계기를 제공할 수도 있기 때문이다. 영혼은 신체의 감각들로부터 자신이 이상적 세계에서 관조했던 진리를 상기해낸다. 따라서 플라톤은 영혼이 이성적 추론을 통해 신체의 감각들을 올바르게 사용하는 것이 중요하다고 역설했다.

이러한 점에서 플라톤은 신체의 지나친 쾌락을 ⓑ 멀리할 필요가 있다고 보았다. 가령 의식주와 관련한 신체의 본능적 욕구나 여러 욕망을 충족하는 데 너무 많은 시간을 쏟게 되면, 영혼을 돌보는 일에 소홀해져 결국 쾌락에 종속된 노예의 삶을 영위하게 된다. 그러므로 신체로부터 영혼을 해방하여 자유롭게 만들기 위해서는 신체의 쾌락을 추구하기보다는 영혼에 관심을 두어야 한다. 플라톤은 바로 이러한 관심이 영혼을 신체와 최대한 분리하려는 죽음을 향한 노력을 동반하며, 그러한 노력을 통해 인간은 신체가 갖는 특성인 습관적 삶에서 멀어져 한층 고양된 삶을 살게 된다고 주장했다. 결국 영혼에 관심을 쏟아 욕망과 쾌락으로부터 멀어지는 사람은 언제나 죽음 가까이에 있다는 것이다.

그러나 플라톤은 인간의 영혼이 살아가는 동안 계속해서 신체의 영향을 받을 수밖에 없음을 인정했다. 그리고 신체가 실질적 죽음에 의해 해체된 후에도 영혼의 삶에 영향을 끼친다고 보았다. 신체와의 분리 훈련을 거치지 않은 인간의 영혼은 실질적 죽음에 의해 신체와 분리되자마자 그 신체와는 다른 아무 신체에나 ⓒ 갇히고 말기 때문이다. 반대로, 신체와의 분리를 위한 노력을 쏟았던 인간의 영혼은 신체의 실질적 죽음 이후 얼마간 이상적 세계에 머무르면서 가장 좋은 삶을 누릴 수 있다. 이를 토대로 플라톤은 인간이 진리를 인식하기 위해서는 영혼을 신체로부터 분리하여 감각이 아닌 지성을 사용할 수 있도록 '정화'해야 한다고 주장했다.

(나)

데모크리토스에 따르면, 원자는 세상을 구성하는 최소 단위이며, 원자들 사이에 질적인 우열은 없으므로 원자로 구성되는 물질은 영혼과 동등하다. 이러한 견해를 바탕으로 데모크리토스는 신체의 감각을 진리의 기준으로 삼았다. 개별 대상들에 대한 신체의 반복적 감각은, 영혼이 그에 상응하는 보편적 상(像)인 일반 개념을 형성하도록 한다. 즉 감각이 인간을 진리로 ⓓ 이끄는 것이다. 또한 데모크리토스는 감각을 통해 신체 내부에 발생하는 느낌의 중요성을 강조했다. 쾌락이나 고통과 같은 느낌들은 모든 생명체에서 생겨나는데, 생명체에게 특정 감각을 발생시키는 행위의 기준으로 기능함으로써 생명체가 특정 대상과 관계를 맺고 있다는 증거가 되기 때문이다. 이때 그 대상이 생명체의 본성과 일치하면 쾌락이, 생명체의 본성과 일치하지 않으면 고통이 생겨난다.

에피쿠로스는 감각과 진리에 관한 데모크리토스의 견해를 수용해 윤리적 측면에서 발전시켰다. 에피쿠로스에 따르면, 감각은 신체가 다른 대상들과 접촉할 때 발생하는 물리적 현상의 결과이고, 쾌락은 그러한 신체 현상의 결과로 나타난 만족감이다. 즉 쾌락은 여러 물질이 상호작용한 결과인 것이다. 에피쿠로스는 이러한 쾌락을 최고의 가치로 보고, 다른 모든 가치가 궁극적으로 지향하는 목적이라고 주장했다.

에피쿠로스는 이러한 쾌락을 성취하기 위해서는 신체와 영혼의 고통을 제거함으로써 신체적 건강과 영혼의 평정이 달성되어야 한다고 역설했다. 그런데 인간은 죽음이 두려운 것이라는 그릇된 믿음을 가져 스스로 고통스러워하는 경향이 있다. 따라서 에피쿠로스는 그러한 믿음을 ⓔ 바로잡음으로써 인간을 고통에서 해방해야 한다고 믿었다.

에피쿠로스에 따르면, 영혼은 신체 전체에 퍼져 신체의 구조와

조화를 이룸으로써 여러 기능을 수행한다. 하지만 신체가 분해되어 죽음에 이르면 영혼을 구성하던 원자들이 사방으로 흩어져 영혼의 기능이 소멸하므로 감각 기능도 상실된다. 즉 죽음은 감각의 대상이 될 수 없으므로 신체 내부에 어떠한 느낌도 산출하지 않는다. 따라서 죽음 자체 혹은 죽게 된다는 예상이 고통스러워서 죽음을 두려워하는 것은 모두 헛된 일이다. 이러한 논증을 통해 에피쿠로스는 ㉳ 죽음을 두려워하는 태도는 인간의 어리석음에서 기인하며, 이성적 행위를 통해 이러한 어리석음을 제거해야 한다고 주장했다.

12. (가)에 나타난 플라톤의 입장으로 적절하지 않은 것은?

① 인간은 영원한 진리를 추구하려는 지적 노력을 통해 가장 좋은 삶을 성취할 수 있다.

② 영혼의 훈련에 소홀하면 진리에서 멀어져 지상 세계의 허상들에 매몰된 삶을 살게 된다.

③ 신체의 실질적 죽음은 그 신체로부터 분리된 영혼의 소멸을 통해 자유가 회복되도록 한다.

④ 신체의 감각은 진리 인식을 방해할 수 있으므로 그 감각에 종속되지 않도록 노력해야 한다.

⑤ 인간의 영혼은 현실적으로 육화함으로써 본래 지니고 있었던 기능을 온전히 발휘할 수 없게 된다.

13. (나)를 읽고 ㉳의 이유를 추론한 내용으로 가장 적절한 것은?

① 죽음은 인간이 필연적으로 겪을 수밖에 없으므로 죽음에서 벗어나려고 애쓰는 태도는 무의미하기 때문이다.

② 죽음은 개별 신체에 고유한 사건이므로 다른 대상들과의 관계로부터 촉발되는 감각의 대상이 아니기 때문이다.

③ 신체의 해체와 함께 영혼의 구성 요소들이 신체와 조화를 이루지 못하게 되므로 영혼의 기능이 변질되기 때문이다.

④ 죽음은 영혼이 신체로부터 해방되는 순간을 의미하므로 고통스러운 것이 아니라 쾌락을 산출하는 긍정적인 것이기 때문이다.

⑤ 신체로부터 분리된 영혼은 죽음을 감각하지 못하므로 죽음에 대해 인간이 자발적으로 느끼는 고통은 허상에 불과하기 때문이다.

14. (나)에서 '데모크리토스'와 '에피쿠로스'가 공통으로 드러내고자 한 내용에 해당하는 것만을 <보기>에서 있는 대로 고른 것은?

〈 보 기 〉

ㄱ. 진리는 신체의 감각을 통해 인식될 수 있다.

ㄴ. 인간의 그릇된 믿음은 쾌락의 향유를 방해하므로 올바른 믿음을 가져야 한다.

ㄷ. 쾌락은 신체가 특정 대상과 접촉함으로써 생겨나는, 신체 내부 상태의 감각이다.

① ㄱ　　　　　② ㄴ　　　　　③ ㄷ

④ ㄱ, ㄴ　　　　⑤ ㄱ, ㄷ

15. (가), (나)를 읽고, '에피쿠로스'의 관점에서 ㉮에 대해 비판할 수 있는 말로 가장 적절한 것은?

① 신체가 분해되어도 영혼은 소멸하지 않으므로 죽음을 향한 노력을 수행하는 일은 어리석은 짓이다.

② 지상 세계는 진리의 가능성을 함축하고 있으므로 영혼은 신체의 감각에 기초해 진리를 추구해야 한다.

③ 신체가 영혼보다 존재의 질적 측면에서 우월하므로 영혼을 돌보는 일보다는 신체의 쾌락에 집중해야 한다.

④ 인간의 고통은 신체의 습관적 삶에서 유래하는 것이므로 습관에서 벗어나 고양된 삶을 추구하기 위해 노력해야 한다.

⑤ 영혼은 신체로부터 해방됨으로써 본래 기능을 수행하므로 영혼의 기능을 올바르게 실행하기 위해서는 죽음을 두려워하지 말아야 한다.

16. <보기>는 윗글의 주제와 관련한 여러 학자의 견해를 요약한 자료이다. 윗글을 읽은 학생이 <보기>에 대해 이해한 내용으로 적절하지 않은 것은? [3점]

〈 보 기 〉

Ⓐ 죽음은 인간에게서 모든 삶의 의미를 박탈한다. 죽음은 우연한 사건에 불과하며, 근본적으로 인간을 초월해 있기 때문이다. 인간이 살아있는 동안 죽음이 가져오는 불안을 피할 방법은 없다.

Ⓑ 인간은 죽음에서 오는 불안을 느낀다. 그러나 죽음은 삶 속에서 인간에게 특정 결단을 끊임없이 촉구하며, 이를 통해 인간은 일상적이고 습관적인 삶의 방식에서 벗어나 자기 삶의 고유한 의미를 깨닫는다.

Ⓒ 인간은 신체의 물질적 구성이 해체되는 순간이 죽음이라고 생각하지만, 진정한 죽음은 과거의 고착된 삶과는 전적으로 다른 삶으로 이행하는 과정으로서의 죽음이다.

① 플라톤은 죽음을 진리 인식을 위한 영혼의 정화 활동으로 이해하였으므로, 죽음이 삶의 의미를 박탈하는 초월적 사건이라는 Ⓐ의 견해를 옹호할 수 있겠군.

② 에피쿠로스는 죽음에 대한 인간의 잘못된 믿음을 바로잡아야 한다고 보았으므로, 인간이 죽음의 불안을 안고 살아갈 수밖에 없다는 Ⓐ의 견해에 반대할 수 있겠군.

③ 플라톤의 견해와 Ⓑ로부터, 죽음을 인간이 일상의 고정된 삶의 방식에서 벗어나 자기 고유의 삶을 살기 위한 계기를 제공하는 사건으로 이해할 수 있겠군.

④ 에피쿠로스는 인간이 죽음에 대한 고통에서 해방되어야 한다는 점을 들어, 죽음이 인간에게 삶에서의 특정 결단을 촉구한다는 Ⓑ의 주장을 수용하지 않을 수 있겠군.

⑤ 에피쿠로스와 견해와 달리, Ⓒ로부터 진정한 죽음은 신체가 해체되는 순간으로 환원되지 않으면서 새로운 삶으로의 변화를 가리키는 의미가 있다고 추론할 수 있겠군.

17. 문맥상 ⓐ~ⓔ와 바꿔 쓰기에 적절하지 않은 것은?

① ⓐ: 내포하기에

② ⓑ: 기피할

③ ⓒ: 잠식되고

④ ⓓ: 인도하는

⑤ ⓔ: 교정함으로써

〔18~21〕 다음을 읽고, 물음에 답하시오.

[앞부분의 줄거리] '나'의 가족은 위채에 사는 주인집의 아래채에 세 들어 살고 있다. 어머니는 바느질로 가족을 부양하고, '나'는 어머니의 요구에 따라 신문 배달로 약간의 돈을 벌지만, 집안 형편은 크게 나아지지 않는다. 그러던 중 주인집의 요구로 방을 급히 비워야 하는 상황이 되자, 어머니는 바깥채에 들어오기로 한 '정 기사'에게 돈을 주며, '나'의 가족이 봄까지만 바깥채에 대신 살게 해 달라고 부탁한다.

"아 글쎄 말이다. 정 기사 그늠이 삼월말까지 가겟방에 이사를 안 오겠다는 조건으로 달마다 육백 환씩을 따로 달라 안카나 말이다."

"육백 환씩이나예? 주인집에 월세 내고, 집 임자도 아인 정 기사한테 또 그만한 돈을 내다이……."

"하모. 그러나 답답한 쪽이 우물 판다고, 우짜노 처지 딱한 우리가 참을 수밖에. 우리가 장관동 떠나서는 입살이조차 몬 할 입장이 아인가." 하더니, 어머니는 손등으로 눈물을 닦았다. 어머니가 목이 잠긴 목소리로 말을 이었다.

"길남아, 니 아부지가 있으모 우리가 이런 설움 당하겠나. 여자 혼자 바느질해 묵고 산다고 정 기사가 사람 깔보는 거 바라. 백 환만 깎아 달라 캐도 택도 없다 안 카나. 일주일 안으로 이사를 오겠다고 땅땅 큰소리치이, 내가 그 남정네를 우예 상대하겠노 ㉠길남아, 길은 오직 하나데이. 니가 커야 한다. 절대같이 얼렁 커서 뜬뜬한 사내구실을 해야 한다. 그래야 혼자 살아온 이 에미 과부 설움을 풀 수가 있다."

㉡어머니 말씀에 나는 아무 대답도 할 수 없었다. 내가 이다음에 어른이 된다고 모든 경쟁 상대로부터 이긴다는 보장은 없었다. 나는 신문팔이와 신문 배달을 통해 세상살이의 어려움을 눈치로 터득했고, 사람과 사람의 관계가 얼마만큼 이기적이며 그 생존 경쟁에서 이기기가 얼마나 힘든지를 너무 일찍 알아 버린 셈이었다. 어머니 말처럼 장차 내가 집안 의지 기둥이 되려면 남을 딛고 일어서야 하는데, ㉢그러자면 정직과 성실만으로는 어렵고 실력·체력·노력, 거기에 탐욕·교활·언변 따위까지 갖추지 않으면 안 되었다. 나는 도무지 어머니의 그 맺힌 한을 풀어 드릴 수 없을 것 같았다. 내가 여자로 변할 수 없다면 어서 세월이 흘러 머리 허옇게 센 노인이 되고 싶다고 생각하기 시작한 것도 그날 아침 어머니 그 말씀을 들었을 때부터였다. 군에 입대할 나이가 되었을 때는 그런 마음은 절정에 이르러 정말 여자로 태어나지 않았던 게 원망스러울 정도였다. 입대 영장을 손에 쥐자, 입대·제대·직장 구하기·결혼, 그래서 처자식 먹여 살리기의 뻔한 내 앞날이 떠올랐다. 나는 그만 암담해져 빨리 늙은이가 되어 내게 기대를 거는 모든

이들의 눈길로부터 무관심의 대상으로 남고 싶었다. 먹고 잠잘 곳만 있다면 ⓔ 공원이나 길거리에 하릴없이 소일하는 늙은이야말로 진정 부러움의 존재가 아닐 수 없었다.

"길남아, 우리가 정 기사한테 다달이 육백 환을 낸다는 말은 어느 누구한테 전해서는 안 된데이. 주인아지매한테는 비밀로 하기로 정 기사와 약속했으이 니도 그 비밀을 철저히 지켜야 한다. 남자는 자고로 입이 무거버야 군자 소리를 듣는다." 어머니가 말했다.

그날 저녁, 해가 지고 땅거미가 깔렸을 때쯤 주인아주머니가 집으로 돌아왔다. 짐승 털로 만든 고급 외투를 입은 아주머니는 위채로 가기 전에 우리 방부터 들렀다. 그네는 어머니를 쪽마루로 불러내었다.

"선례엄마, 정 기사한테 말을 들었심더. 그라모 선례엄마가 바깥채 가겟방으로 이사를 가고, 위채와 가까운 방인 경기댁이 이쪽으로 옮기모 되겠군예. 그러나 약속은 약속이니까 겨울은 나고 삼월에 들모 가겟방은 꼭 정 기사한테 비워줘야 합니다. 그러자모 선례엄마는 음력설 쇠고부터 이사 갈 방을 미리 알아봐야 할 낍니더."

"예, 그라께예. 편리를 봐줘서 고맙습니더." 어머니가 굽신 절을 했다.

[중략 부분의 줄거리] '나'가 주인집에서 열린 크리스마스 파티를 구경하고 오자, 어머니는 그 일로 나를 꾸짖다가 재봉틀에 손을 다친다.

ⓜ "핏자국 흔적나모 우짤꼬. 물리내라 카모 똑같은 옷감을 어데서 구할꼬."

어머니는 울음 섞인 말만 읊어대었다.

나는 순간적으로, 이 기회에 집에서 나가버려야 한다고 결심했다. 어머니는 나를 보고 집을 떠나라 말했고, 만약 그 말에 굴복하여 숯포대 회초리를 가지고 직수긋하게 방으로 들어온다면 전에 없는 가혹한 매타작이 시작될 터였다. "뒈져라, 니 같은 종자는 밥마 축낼 뿐 살 필요가 없다. 자슥새끼 하나 전쟁통에 죽었다고 생각하모 그뿐, 내사 아무렇지도 않다!" 어머니는 이렇게 지청구를 떨며 삿매질을 해댄 끝에 내가 입에 거품을 물고 늘어질 때서야 회초리를 거둘 게 분명했다. 그쯤에 그치지 않고 지렁이꼴 피멍 자국이 삭은 뒤까지 어머니는 두고두고 손톱을 재봉틀 바늘에 꿰뚫린 실수와 남의 새 옷감에 피를 묻힌 불찰을 내 탓이라 타박하며, 더러운 세월의 한풀이를 겸해 더 자주 매를 들 터였다.

나는 슬그머니 방에서 나왔다. 운동화를 신고 가게 옆문을 거쳐 골목길을 나섰다. 낯선 바람이 차가웠다.

- 김원일, 「마당 깊은 집」 -

18. 윗글에 대한 설명으로 적절하지 않은 것은?

① 인물 사이의 대화를 바탕으로 사건이 전개되고 있다.
② 방언을 사용하여 생동감 있게 이야기를 풀어가고 있다.
③ 작품 내부의 서술자가 자신의 경험이나 사고를 직접 전달하고 있다.
④ 공간의 이동에 따라 변화하는 주인공의 심리를 상세하게 서술하고 있다.
⑤ 서술하는 시간과 서술되는 시간이 일치하지 않는 서술 방식을 사용하고 있다.

19. ⓒ~ⓜ을 이해한 반응으로 적절하지 않은 것은?

① ⓒ : 가장의 역할을 아들에게 기대하고 있는 어머니의 마음이 담겨 있다.
② ⓛ : '나'는 어머니의 요구에 부응할 자신이 없기 때문에 대답을 하지 못하고 있다.
③ ⓒ : 자신이 어머니의 기대와 달리 집안의 기둥이 될 수 없다는 비관적인 전망을 하고 있다.
④ ⓔ : '늙은이'를 부러워하며 빠른 성장을 통해 성숙한 존재가 되길 원하는 '나'의 조급한 심리가 나타나 있다.
⑤ ⓜ : 상황을 한탄하는 '어머니'의 발화로 '나'의 이후 행동을 유발하는 계기가 되고 있다.

20. <보기>는 윗글에 대한 선생님의 말씀이다. 선생님의 질문에 대한 학생의 대답으로 적절하지 않은 것은? [3점]

〈 보 기 〉

선생님 : 「마당 깊은 집」은 '성장 소설'과 '부조리 문학'의 특성을 모두 갖춘 소설입니다. 성장 소설이란 미성숙한 인간이 세계와의 대립이나 내면적 갈등을 극복하고 독립적이고 성숙한 주체로 성장해 가는 과정을 다루는 소설을 의미하며, 부조리 문학이란 개인의 타고난 능력이나 노력으로 극복할 수 없는 부조리한 상황에 놓인 인간이 그러한 실존적 조건에 회피·순응·반항 등 다양한 방식으로 대응하는 모습을 형상화한 문학을 의미합니다. 이러한 관점에서 「마당 깊은 집」을 감상해 볼까요?

① 방을 비워 달라는 '주인집'의 요구는 주인공이 세계와의 대립을 경험하게 하는 요인으로 볼 수 있어요.
② 어서 가장 역할을 해 달라는 '어머니'의 요구는 주인공이 내면적 갈등을 겪게 하는 요인으로 볼 수 있군요.
③ 여자로 태어나지 않았던 것이 원망스러웠다는 '길남'은, 실존적 조건을 회피하고 싶은 인물의 내면으로 볼 수 있어요.
④ 아버지의 부재와 그로 말미암아 떠맡게 된 가장 역할은 개인의 능력이나 노력으로 극복할 수 없는 것이라는 점에서 주인공에게 부조리한 상황이 되었군요.
⑤ '신문팔이와 신문 배달을 통해 세상살이의 어려움을 눈치로 터득'하게 된 '길남'은, 세계와의 대립 속에서 성숙한 주체로 성장하게 되었기에 성장 소설의 주인공이 되었군요.

21. 위채에 대한 이해로 가장 적절한 것은?

① '아래채'에 사는 '나'와 대등한 조건에서 선의의 경쟁을 펼치는 사람들의 공간이다.
② '아래채'에 사는 '나'와 '어머니'를 '정 기사'로 대표되는 외부의 억압으로부터 지켜 주는 공간이다.
③ '아래채'에 사는 '나'와 '어머니'와는 달리 처절한 생존 경쟁을 겪지 않아도 되는 사람들의 공간이다.
④ '아래채'에 사는 '나'와 '어머니'에게 가끔은 따뜻한 인정을 베풀어 주는 여유가 있는 사람들의 공간이다.
⑤ '아래채'에 사는 '나' 그리고 '어머니'와 처지는 다르지만 서로 연대하여 외부의 억압에 맞설 수 있는 사람들의 공간이다.

[22~27] 다음을 읽고, 물음에 답하시오.

(가)

깨진 그릇은
칼날이 된다.

절제(節制)와 균형(均衡)의 중심에서
빗나간 힘,
부서진 원은 모를 세우고
이성(理性)의 차가운
눈을 뜨게 한다.

맹목(盲目)의 사랑을 노리는
사금파리여,
지금 나는 맨발이다.
베어지기를 기다리는
살이다.
ⓐ 상처 깊숙이서 성숙하는 혼(魂)

깨진 그릇은
칼날이 된다.
무엇이나 깨진 것은
칼이 된다.

- 오세영, 「그릇 1」-

(나)

물 좋은 명태의 대가리며 몸통을 칼로 쫑쫑 다져 엄지손톱 크기로 나박나박 썬 무와 매운 양념에 버무려 먹는 찬이 있다. 어머니가 말하기를, 명태선이라 한다. 국어사전에는 물론 없다.

이 별스럽고 오래된 반찬은 눈발의 이동 경로를 따라 북방에서 남으로 내려왔을 것 같다. 큰 산에 눈 많이 내리거나 처마 끝에 고드름 쩡쩡해야 내륙의 부엌에서는 도마질 소리가 들려 왔던 것이다.

이것을 나는 노인처럼 ⓑ편애하였다. 들창에 눈발 치는 날 달착지근한 무를 씹으면 입에서 눈 밟는 소리가 나서 좋았고, 덜 다져진 명태 뼈가 가끔 이에 끼여도 괜찮았다.

나도 얼굴을 본 적 없는 할아버지가 맛있게 자셨다는 이것을 담글 때면 어머니는 솜 치마 입은 북쪽 산간지방의 여자가 되었으리라. 그런 날은 오지항아리 속에 먼바다를 귀히 모신다고 생각했으리라.

갓 담근 명태선을 놓고 아들과 함께 밥을 먹는 오늘 저녁, 눈발이 창가에 기웃거린다. 북방한계선 밑으로 내려가고 싶지 않은, 수만 마리 명태 떼가 몰려오고 있다.

- 안도현, 「북방」-

(다)

서울의 복전방(福田坊)에서 빌린 집에 빈터가 있어 고쳐서 작은 채소밭으로 만들었는데, 길이는 두 길 반이고 넓이는 3분의 1이어서 가로와 세로로 여덟아홉 정도의 밭두둑을 만들어 채소 몇 가지를 계절의 선후에 따라 번갈아 심으니, ㉠족히 소금과 양념의 부족한 것을 보충할 만하였다. 첫해에는 비 오고 볕 나는 것이 제

때에 맞아서 아침에 떡잎이 나면 저녁에 새잎이 나와서 잎이 윤택하고 뿌리가 기름져서 ㉡아침마다 캐어도 다하지 않으므로 나머지를 이웃 사람에게 나누어 주었다. 이태 되는 해에는 봄과 여름이 조금 가물어서 항아리로 물을 길어다가 부어 주어도 마치 타는 불에 물을 붓는 것 같아서 심어도 싹이 트지 않고 싹이 터도 잎사귀가 나오지 못하고, 잎이 나도 피어나지 못하여 벌레가 다 먹어 버렸으니, 감히 뿌리를 바랄 수가 있으랴. ㉢얼마 뒤에 장마가 져서 가을 늦게야 개어 흙탕물에 빠지고 진흙 모래를 뒤집어 쓰고 담 밑에 있는 땅은 모두 무너져 눌려서 지난해에 먹은 것에 비교하면 겨우 절반밖에 되지 않았다. 삼 년 되는 해에는 이른 가뭄과 늦은 비가 모두 심하여 먹은 것이 또 첫해의 반의 반이었다. 내가 일찍이 작은 것으로 큰 것을 헤아리고 가까운 것으로 먼 것을 추측하여 천하의 이익이 태반은 없어졌을 것이라고 생각하였다. 가을에 과연 흉년이 들어 겨울에 먹을 것이 없어서 하남(河南)과 하북(河北)의 백성들이 옮겨 가는 자가 많고, 도적들이 일어나서 군사를 출동시켜 잡아 베었으나 종식시킬 수가 없었다. 봄이 되어 주린 백성들이 서울에 구름처럼 모여 도성 안팎에서 울부짖으며 구걸하느라 엎어지고 넘어져서 일어나지 못하는 자가 수도 없이 많았다. 조정에서 근심하고 노력하여 관리들이 이리저리 분주하게 모든 방법으로 베풀어 구제하여 살리려는 것이 이르지 않는 곳이 없었다. 창고를 열어 진휼하고 죽을 쑤어 먹이기까지 하였으나 죽는 자가 반이 넘었다. ㉣이 때문에 물가가 뛰어서 쌀 1 말에 8~9천 냥이나 되었다. 금년에도 늦은 봄부터 하지(夏至)때까지 비가 오지 않아서 심은 채소를 보면 지난해와 같으니, 이제부터라도 비가 올는지. 듣자니, 재상이 절에 친히 나아가서 비 오기를 빈다니 생각하건대, 반드시 비를 얻게 될 것이다. ㉤그러나 나의 작은 채소밭은 역시 이미 늦었다. 문과 뜰에 나가지 않고도 천하를 안다는 말이 참으로 거짓말이 아니로다.

- 이곡, 「소포기」-

22. (가)~(다)에 대한 설명으로 가장 적절한 것은?

① (가)는 영탄적 표현을 사용하여 대상에 대한 경외감을 드러낸다.
② (가)는 단정적 어조를, (나)는 추측의 어조를 활용하여 대상에 대한 화자의 인식을 드러낸다.
③ (가)와 (나)는 모두, 부재하는 대상에 대한 화자의 그리움을 드러낸다.
④ (나)는 과거의 상황에 대한, (다)는 현재의 상황에 대한 비판적 태도를 드러낸다.
⑤ (가), (나), (다)는 모두, 시간의 순서에 따라 전개되며 상황이 변화해 온 과정을 제시한다.

23. <보기>를 참고하여 (가)를 감상한 내용으로 적절하지 <u>않은</u> 것은? [3점]

──〈 보 기 〉──

(가)에서 그릇이 지닌 원의 형태는 조화와 질서의 세계를 상징한다. 한편, 깨진 그릇 조각이 만들어 내는 날카로운 이미지는 그러한 균형이 깨진 불안정한 상태 또는 조화와 질서 속에 안주하는 나태함에서 벗어나도록 하는 힘을 상징한다. 화자는 그러한 불안정에서 비롯된 힘을 토대로 각성하여 성숙해지는 모습을 보여 준다.

① '깨진 그릇'이 '칼날이 된다'고 한 것은, 균형을 이루고 있던 그릇이 깨져 불안정한 상태가 되었음을 드러내는군.
② '절제와 균형의 중심'에서 '빗나간 힘'은, 조화로운 세계에 안주하지 않고 나아가기 위한 원동력을 상징하는군.
③ 깨진 그릇이 '이성'의 '눈을 뜨게 한다'고 표현한 것은, 화자가 불안정 속에서 오히려 각성하게 될 것임을 드러내는군.
④ 그릇이 부서져 만들어진 '사금파리'는, 질서가 깨진 세계에 존재하는 화자에게 성숙의 계기로 작용하는군.
⑤ '맨발'로 '베어지기를 기다'린다고 표현한 것은, 나태함에서 벗어나 질서를 회복하고자 하는 화자의 태도를 드러내는군.

24. (나)에 대한 이해로 적절하지 <u>않은</u> 것은?

① '명태'를 다져 '무와 매운 양념에 버무려 먹는 찬'이라는 묘사를 통해 대상을 구체적으로 형상화한다.
② '국어사전'에 없는 '명태선'이 '북방에서 남으로 내려왔을 것'이라는 표현을 통해 음식이 지닌 향토성을 부각한다.
③ '오래된 반찬'이 '오늘 저녁'에도 이어지는 상황을 통해 음식을 매개로 과거와 현재가 연결되고 있음을 보여 준다.
④ '할아버지'께서 드실 '명태선'을 준비하는 '어머니'의 모습을 통해 화자의 유년 시절에 대한 기억을 보여 준다.
⑤ '눈발 치는 날'과 '눈 밟는 소리'를 연결하여 화자가 음식을 맛보았던 경험을 생생하게 드러낸다.

25. ㉠~㉤에 대한 설명으로 적절하지 <u>않은</u> 것은?

① ㉠: 모자란 부분을 채워줄 수 있는 대상의 가치에 관한 진술이다.
② ㉡: 소박한 것을 타인과 나누려는 '나'의 태도를 드러내는 진술이다.
③ ㉢: 농작물의 상황이 전해와 달라진 이유를 나열하는 진술이다.
④ ㉣: 흉년으로 인해 발생한 상황의 심각성을 부각하는 진술이다.
⑤ ㉤: 앞으로도 비가 오지 않을 것에 대한 자조적 태도를 드러내는 진술이다.

26. ⓐ와 ⓑ에 대한 설명으로 가장 적절한 것은?

① ⓐ는 '사금파리'로 인해 나타나는 결과를, ⓑ는 가족을 향한 화자의 애정을 드러낸다.
② ⓐ는 화자가 궁극적으로 지향하는 목표를, ⓑ는 '명태선'의 속성으로 인해 나타난 결과를 드러낸다.
③ ⓐ는 화자가 성숙을 위해 거쳐야 하는 과정을, ⓑ는 화자가 '명태선'에 대해 가지는 정서를 드러낸다.
④ ⓐ와 ⓑ는 각각 화자가 자신의 과오를 성찰함으로써 얻은 깨달음을 드러낸다.
⑤ ⓐ와 ⓑ는 각각 화자가 '사금파리'와 '명태선'이 주는 불편함을 인내하고 극복하려는 마음을 드러낸다.

27. <보기>를 참고하여 (나), (다)를 감상한 내용으로 가장 적절한 것은?

──〈 보 기 〉──

(나)와 (다)는 일상적 소재를 대상으로 삼아 그 대상과 관련된 일화를 제시함으로써 현실에 대한 인식을 드러낸다. 이는 대상과 연관된 가족의 이야기를 상상하거나, 대상과 연관된 상황을 근거로 앞으로의 일을 예상하는 모습으로 나타난다.

① (나)는 '명태선'이라는 반찬을 소재로 하여 시간의 흐름에 따라 변화해 온 가족에 대한 화자의 생각을 드러내는군.
② (다)는 '비 오고 볕 나는 것이 제때에 맞았다'는 표현을 통해 자신의 노력을 낮추는 글쓴이의 겸손한 태도를 드러내는군.
③ (다)는 '감히 뿌리를 바랄 수가 있으랴.'라는 표현을 통해 대상의 미래에 대한 글쓴이의 낙관적 전망을 드러내는군.
④ (나)는 '북쪽 산간지방의 여자'라는 표현을 통해 자신이 보지 못한 상황에 대한 상상을, (다)는 '작은 것으로 큰 것을 헤아렸다'는 서술을 통해 앞으로 발생할 일에 대한 예상을 드러내는군.
⑤ (나)는 '할아버지'가 즐기던 반찬이 화자의 '아들'에게까지 이어지는 상황을 통해, (다)는 '엎어지고 넘어져서 일어나지 못하는 자가 수도 없이 많'은 상황을 통해 현실에 대한 부정적 인식을 드러내는군.

[28~31] 다음을 읽고, 물음에 답하시오.

여러 번 죽을 고비에서 살아난 강남홍은 이역만리에 표류해 다행히도 백운 도사에게 의탁하고 있노라니 몸도 편하고 시름도 잊었으나, 오직 고국이 그리워 아득히 먼 북녘 하늘을 바라보며 자주 한숨을 짓곤 하였다.

하루는 도사가 홍랑을 불러 말하였다.

"내가 네 얼굴을 보매 앞으로 부귀할 기상이 있으니, 내 비록 아는 바 없으나, 일찍이 들어 둔 술법 몇 가지만 너에게 전하려 하노라."

홍랑은 옷깃을 여미며 고개를 숙였다.

"여자가 할 일은 다만 술 빚고 밥 짓기나 배울 따름이라 하였으니, 술법은 배워서 무엇 하오리까?"

"그렇게 볼 것이 아니다. 네가 세상을 아주 잊어버리고 한평생이 ㉠ 산속에서 지내려면 배우는 것이 쓸데없겠으나, 기필코 고국에 다시 돌아가려 할진대 두어 가지 술법은 배워 두는 것이 좋을 게다. 그래야 돌아갈 기틀도 마련할 수 있느니라."

도사가 한사코 권하여 홍랑은 이날부터 스승과 제자로 의를 맺어 가르침을 받았다. 도사는 먼저 의약과 점술, 천문과 지리를 차례로 가르쳤다. 홍랑이 총명하여 하나를 들으면 열을 깨달아 아는지라, 배우는 것이 쉽고 가르치기도 어렵지 않았다. 그래서 도사는 홍랑을 기특히 여겼다.

[A]┌ "내 남방에 온 뒤로 제자 둘이 있노라. 하나는 채운동 운룡이니, 술법을 다 이루지 못했을 뿐 아니라 사람됨이 어리석고 나약하여 내가 늘 걱정하는 바이니라. 하나는 여기서 차를 달이는 아이 청운이니, 재주는 좀 있으나 천성이 요망하고 간사하여 잡된 술법으로 들어갈까 걱정스러워 내가 배운 바를 다 넘겨주지 않았다. 한데 이제 네 재주와 성품을 보니 운룡이나 청운에 델 게 아니구나. 너는 앞으로 배운 바를 요긴하게 쓸 곳이 있을 터이니, 힘써 배워 두어라."

[중략 부분의 줄거리] 강남홍은 남장하고 이름을 홍난성으로 바꾸어 전쟁에 나갔다가 양창곡과 재회하고 명나라의 부원수가 된다. 연왕에 오른 양창곡은 황제에게 간언했다가 귀양을 가고, 유배 길에서 강남홍은 양창곡 대신 독을 먹고 쓰러진다.

이때 문득 ㉡ 객점 문을 바삐 두드리는 소리가 났다. 문을 열고 보니 두 젊은이가 서둘러 들어와 엎드려 절하였다. 연왕이 자세히 보니, 이게 어찌 된 일인가. 동초와 마달 두 장군이었다. 연왕이 놀랐다.

"장군들이 어찌하여 여기 이르렀는고?"

두 장군은 좌우를 두리번거리며 다른 사람이 없는 것을 보고 마음을 놓으며 대답하였다.

"소장들의 이번 걸음은 옛사람들 충성을 본받고자 함이옵니다. 홍 부원수 병세가 어떠하시나이까?"

연왕이 얼굴의 눈물 자국을 닦으며,

"그대들이 몇 년 동안 싸움 길에서 생사고락을 함께하던 벗들이니 어찌 슬프지 않으리오. 하룻밤 찬 서리에 꽃이 시들어 떨어졌으니 그대들은 장사 지낼 준비를 하여 고인의 옛정을 저버리지 말아 주게."

동초가 품속에서 단약을 꺼내어 연왕에게 드리며 산에서 늙은이

가 하던 말을 대강 전하니, 연왕이 반신반의하며 곧 단약을 물에 갈아 난성의 입에 넣었다. 한참 지나 해쓱하던 얼굴에 혈색이 돌더니 입으로 붉은 물을 여러 번 토한 뒤 길게 한숨을 쉬고 돌아누웠다.

연왕과 두 장군은,

"살아났구나!"

하고 소리치며 기뻐 어쩔 줄 몰랐다. 연왕의 두 볼에 눈물이 흘러내렸다.

"난성이 오늘 살아난 것은 두 장군 덕이라. 내 오늘 죄인의 몸이고 또 장군들은 옛날 부하라 같이 가면 간신들이 참소할 구실이 될 것이니, 그대들에게 화가 미칠 뿐 아니라 또 유배객으로서 황명을 받잡고 삼가는 도리가 아닐까 하노라."

두 장군이 허리를 굽혀 절하면서 말했다.

"소장들이 어찌 그 뜻을 모르겠나이까? 이제 홍 부원수는 천행으로 회복되었으니, 저희는 마음 놓고 물러가 남방 산천을 두루 밟으며 불우한 심사를 후련히 덜고자 하나이다."

연왕이 입속으로 웅얼거리며 깊이 생각하더니 웃었다.

"내 장군들 마음을 아나니 그대들은 너무 걱정하지 말고 어서 돌아가오."

두 장군이 기꺼이 물러갔다.

이러는 사이에 사내종들이 도망치다 잡힌 사내를 끌고 들어와 연왕 앞에 꿇렸다.

"네 일찍이 나와 은혜 진 것도 원수진 것도 없는데 무슨 까닭으로 나를 독살하려고 했느냐?"

그러자 그자가 처음에는 구구히 변명하다가 끝내 사실대로 말하였다.

[B]┌ "소인은 노 참정 수하 심복이옵니다. 참정 어른 명령으로 독약을 가지고 한 어사 일행에 끼어 따라오며 상공을 해칠 기회만 엿보았으나, 종 아이가 잠시도 상공 곁을 떠나지 않고 음식도 도맡아 대접하므로 감히 어쩌지 못하였나이다. 지난밤 마침 종 아이가 부엌에 있다가 방에 들어가고 불 때던 아이도 졸음을 이기지 못해 조는 것을 보고는 몰래 생선국에 독약을 쳤으니 백번 죽어도 아까울 것이 없나이다."

연왕이 쓴웃음을 짓고 그자를 한 어사에 넘겨 처치하라 하니, 한 어사가 그를 본현에 보내어 단단히 가두어 두고 조정 명을 기다리라 하였다.

난성은 순간에 정신이 맑아지며 말짱해졌다. 연왕이 기뻐하며 동초, 마달 두 장군이 산속에서 만난 노인이 단약을 주며 이르던 말을 전하였다. 난성이 반기며,

"그 노인이 바로 우리 스승님 백운 도사로소이다."

하고, 서쪽 하늘에 대고 두 번 절하고 기쁨과 서러움에 눈물을 흘렸다.

– 남영로, 「옥루몽」 –

28. 윗글에 대한 설명으로 적절하지 <u>않은</u> 것은?

① 백운 도사는 강남홍이 언젠가 귀국할 것을 예상하고, 이를 늦추기 위해 그를 제자로 삼았다.

② 백운 도사는 다양한 학문을 가르치며 강남홍의 능력을 확인하고, 이에 흡족함을 느꼈다.

③ 동초와 마달은 양창곡의 상황을 고려하여 주위를 살핀 뒤에야 강남홍의 병세를 물었다.

④ 양창곡은 자신이 함께 간다면 동초와 마달이 곤란한 상황에 놓일지도 모른다며 우려하였다.

⑤ 양창곡은 자신을 독살하려던 인물의 정체를 확인한 뒤 직접 처벌하지 않고 한 어사에게 보냈다.

29. [A]와 [B]에 대한 이해로 가장 적절한 것은?

① [A]에서는 상대를 역사적 인물에 빗대어 상대의 성품을 높이 평가하고 있다.

② [B]에서는 상대가 알지 못하는 사건의 진상을 시간의 흐름에 따라 진술하고 있다.

③ [B]에서는 과거의 잘못을 다른 이의 탓으로 돌림으로써 자신이 지은 죄를 축소하고 있다.

④ [A]와 [B]에서는 모두 인물에 대한 논평을 활용하여 자신이 겪는 갈등의 해소 방안을 제시하고 있다.

⑤ [A]와 [B]에서는 모두 자신의 과거 행적을 전하는데, [A]에서는 이를 통해 상대를 설득하고자 하고, [B]에서는 이를 통해 상대의 용서를 구하고자 한다.

30. ㉠과 ㉡에 대한 이해로 가장 적절한 것은? [3점]

① ㉠은 강남홍이 고난에 처하는 공간이고, ㉡은 강남홍이 위기를 극복하는 공간이다.

② ㉠은 강남홍이 스스로 고립을 선택하는 공간이고, ㉡은 양창곡이 스스로를 위로하는 공간이다.

③ ㉠은 강남홍이 미래를 대비하는 공간이고, ㉡은 양창곡이 이미 발생한 사건의 전말을 알게 되는 공간이다.

④ ㉠은 강남홍이 고향에 대한 그리움을 느끼는 공간이고, ㉡은 강남홍이 그리워하던 이와 재회하는 공간이다.

⑤ ㉠은 강남홍이 안전을 위해 피신한 공간이고, ㉡은 마달과 동초가 자신들의 의지와 관계없이 쫓겨 도달한 공간이다.

31. <보기>를 참고하여 윗글을 감상한 내용으로 적절하지 <u>않은</u> 것은?

〈 보 기 〉

영웅 소설에서 도사는 주인공이 문제 해결 능력을 지닌 인물로 변모하도록 돕기도 하고, 주인공이 문제를 스스로 해결할 수 없을 때는 위기 상황에 개입하여 주인공을 돕기도 한다. 이로써 주인공은 당면한 문제들을 극복해 나갈 수 있게 된다. 「옥루몽」에서 강남홍을 중심으로 전개되는 서사는 여성 영웅 소설의 성격을 띠는데, 나약한 강남홍이 영웅으로 변모하는 과정에서 도사가 중요한 서사적 기능을 담당하는 양상을 확인할 수 있다.

---

① 죽을 고비를 넘기고 이역만리에 표류하던 강남홍이 부원수가 된 것에서, 나약했던 여성 주인공이 여러 경험을 거쳐 변모했음을 알 수 있군.

② 백운 도사가 고국에 돌아가는 데 필요하다며 술법을 알려 주는 것에서, 여성 주인공이 문제 해결 능력을 지닐 수 있도록 도움을 주는 모습을 확인할 수 있군.

③ 강남홍이 독을 먹고 죽기 직전의 상태가 되었다는 것에서, 여성 주인공이 처한 위기가 스스로 해결할 수 없을 정도로 심각함을 알 수 있군.

④ 백운 도사가 마달과 동초를 통해 강남홍을 살릴 약을 전달한 것에서, 위기 상황에 간접적으로 개입하여 여성 주인공을 돕는 양상을 확인할 수 있군.

⑤ 노 참정의 수하 심복이 붙잡혀 처분을 받게 된 것에서, 여성 주인공이 당면한 문제가 조력자의 도움으로 극복되었음을 확인할 수 있군.

[32~34] 다음을 읽고, 물음에 답하시오.

그리던 동생들과 생각하던 친척들이
짧은 처마 몇 칸 초가에 역력히 함께 모여
술잔을 손에 들고 **성은을 노래**하니
감격한 눈물 앞을 가려 갈수록 망극하다
남산같이 높아 있고 북해같이 깊었으니
㉠ 살아서 머리를 숙이고 죽어서 결초(結草)한들
하늘 같은 이 은혜를 만일(萬一)이나 갚을런가
한 입으로 다 못하니 붓으로나 적으리라
북풍이 우수수 불어 흰 눈이 흩날리니
계절 순서 완만하여 어느덧 겨울이다
빈산에 눈 쌓이고 온갖 나무 쇠잔한데
우뚝 선 저 **소나무** 잣나무는 제 홀로 푸르니
절개 있는 **선비의 높은 뜻**이 너를 보고 일어난다
㉡ 서릿바람 몸을 떨고 얼음벽이 맑은데
한 조각 맑은 달이 푸른 하늘에 밝게 비추니
군자의 맑은 마음 너를 보고 분발한다
추운 겨울 이때로다 겨울 일을 준비하니
㉢ 누에 쳐서 명주 짜고 면화 따 무명 짜서
늙은이는 명주 입고 젊은이는 무명 입어
털옷을 가졌으니 섣달 세기 걱정 없다
아침에 뜯은 나무 저녁에 다 때고
여름에 엮은 거적 겨울나기 넉넉하다
㉣ 더운 방 밝은 창에 비자나무 책상 정결하고
벽에 가득한 책 깨끗한데 향로의 향기 짙다
의관을 정제하고 이리저리 둘러보니
몸가짐이 단정 엄숙 마음속이 편안하다
                              (중략)
마음에 끼인 티끌 글 읽어 다 씻으니
빙호(氷壺)*의 **가을 달**이 호탕하게 밝았으니
옥해(玉海)의 옛 물결이 맑은 연못에 맑아 있다
빈 배를 홀로 저어 학문 세계 찾으리라
예의로 돛을 달고 **충성과 신의**로 노를 저어
마음이 사공되어 **진리의 근원** 찾아가니
험한 물결 하늘 닿고 흐린 물결 솟구쳐서
넓고 먼 큰 바다에 갈 길이 아득하다
㉤ 명도* 선생께 길을 물어 이천*의 큰 바닷물을
내 양껏 다 마시고 주돈이(周敦頤)*를 찾으리라
                              - 이이, 「낙지가」 -

*빙호 : 얼음이 담긴 항아리. 아주 깨끗한 마음을 이르는 말.
*명도, 이천 : 북송의 유학자 정호(程顥)와 정이(程頤)의 호. 모두 주돈이의 제자였음.
*주돈이 : 북송의 유학자로, 성리학의 기초를 닦은 이로 알려짐.

32. 윗글에 대한 설명으로 가장 적절한 것은?

① 음성 상징어를 활용하여 경쾌한 분위기를 강화하고 있다.
② 의문형 어미를 활용하여 화자의 심리 변화를 나타내고 있다.
③ 색채 이미지를 활용하여 대상이 지닌 면모를 부각하고 있다.
④ 비유적 표현을 활용하여 공간에 대한 인식을 드러내고 있다.
⑤ 대조적인 의미의 시어를 활용하여 이별의 정서를 표현하고 있다.

33. ㉠~㉤에 대한 설명으로 가장 적절한 것은?

① ㉠ : 특정 상황을 가정하여, 자기 능력의 한계를 인식한 화자의 절망감을 드러낸다.
② ㉡ : 세상을 비추는 대상의 모습을 예찬하여, 부정적 현실을 개선하려는 의지를 드러낸다.
③ ㉢ : 세대 간의 상반된 생활상을 제시하여, 가난에서 비롯된 화자의 초조한 심리를 암시한다.
④ ㉣ : 현실의 어려움과 괴리된 공간의 사물들을 나열하여, 화자가 누리는 생활의 일면을 제시한다.
⑤ ㉤ : 본받고자 하는 성현들을 언급하여, 그들의 뜻을 계승하기 위해 노력하겠다는 다짐을 드러낸다.

34. <보기>를 참고하여 윗글을 감상한 내용으로 적절하지 않은 것은? [3점]

〈 보 기 〉

「낙지가」처럼 유배에서 풀려난 직후에 쓰인 사대부 가사는 복합적인 내면을 지닌 화자를 보여 준다. 화자는 소박한 삶에 만족하며 학문과 인격 수양에 전념하려는 태도를 보임으로써 정적들의 참소를 방지하고, 상징적 자연물에 의탁하여 자신의 결백과 절개를 과시하기도 한다. 또한 자연에 묻혀 사는 즐거움을 내세우면서도, 유교적 가치를 추구하여 임금의 은혜에 감사하는 자세를 함께 드러낸다.

① 화자가 그리워하던 가족들과 '짧은 처마 몇 칸 초가'에 모이는 것에서 소박한 삶을 영위하고 있음이 드러나는군.
② 화자가 '성은을 노래'하며 '감격한 눈물'이 앞을 가린다고 말하는 것에서 임금의 은혜에 감사하는 모습이 드러나는군.
③ 화자가 푸른 '소나무'를 보며 '선비의 높은 뜻'이 일어난다고 말하는 것에서 자연물을 빌려 자신의 절개를 과시하고 있음이 드러나는군.
④ 화자가 '마음에 끼인 티끌'을 씻어 내니 '가을 달'이 밝았다는 것에서 인격 수양을 끝내고 자연에서의 즐거움을 누리고자 하는 모습이 드러나는군.
⑤ 화자가 '충성과 신의'를 다해 '진리의 근원'을 찾아가는 것에서 유교적 가치를 추구하는 자세를 토대로 학문에 몰두하고 있음이 드러나는군.

* 확인 사항
○ 답안지의 해당란에 필요한 내용을 정확히 기입(표기)했는지 확인하시오.
○ 이어서, 「선택과목(화법과 작문, 언어와 매체)」 문제가 제시되오니, 자신이 선택한 과목을 선택하여 풀이하시오.

[35~37] 다음은 학생들을 대상으로 한 강연의 일부이다. 물음에 답하시오.

　△△고 학생 여러분, 안녕하세요? 저는 사회학자 ○○○입니다. 셰익스피어가 누군지는 다들 잘 아시죠? 셰익스피어는 "이 세상은 하나의 무대이며, 모두는 한낱 배우에 지나지 않는다."라는 대사를 썼는데요. 이를 사회학적 관점에서 이해한 학자가 있습니다. (목소리를 높여) 바로 어빙 고프만입니다. 오늘은 그의 자아 연출 이론에 관해 알아보겠습니다.

　어빙 고프만은 사회를 무대에, 개인을 배우에 빗대어, 개인 간의 사회적 상호 작용이 마치 연극과 같다고 보았습니다. 가령 학교에서 여러분은 학생의 역할을, 선생님은 선생님의 역할을 맡습니다. 물론 여러분 개개인은 상황에 따라 자식, 친구, 동아리장 등 맡는 역할이 다양하지요. 그 역할에 맞는 행동을 하는 과정에서 여러분의 자아가 연출됩니다. 자아는 주어진 무대, 즉 사회적 상황에서 행해지는 연기의 결과물이라는 거죠. 고프만은 그 연기를 안정적으로 유지하는 과정을 '인상 관리'라고 불렀습니다. 이는 사회적·심리적·물질적 목표를 달성하기 위해 타인이 보는 자신의 이미지를 의도적으로 통제하는 전략을 의미합니다.

　지금까지의 내용이 이해되시나요? 다시 말해 여러분은 연기자인 동시에 다른 친구들, 선생님, 부모님의 연기를 지켜보는 청중의 일원으로 살아가는 셈입니다. 무대에서는 사회적 기대에 맞춰 청중에게 바람직한 인상을 남기기 위해 애쓰고, 무대 뒤에서야 비교적 자연스럽게 행동할 수 있죠.

　그러면 우리에게 '진정한 자아'는 존재하지 않는 걸까요? 고프만은 진정한 자아가 우리의 연기 속에서만 실현된다고 답합니다. '나'가 본질적 욕구나 충동을 참는 대신, 추구하는 가치를 위해 일관된 바람직한 행동을 보인다면, 그것을 '거짓'이라고 매도할 수 있을까요? 결국 우리는 자아 탐색 과정에서 서로에게 보여 주는 모습이 진실인지 아닌지를 떠나, 그 모습들이 어떤 사회적 의미를 지니는지에 주목해야 합니다.

　이러한 관점에서, 청소년기는 자아가 확립되는 시기이므로 매우 중요합니다. 오늘 강연이 여러분에게 도움이 되었길 바랍니다. 강연 내용 중에서 잘 이해되지 않는 부분이 있다면 어빙 고프만의 저서 『자아 연출의 사회학』을 읽어 보세요. 감사합니다.

35. 위 강연자의 말하기 방식으로 가장 적절한 것은?

① 통계 자료를 인용하여 강연 내용을 뒷받침하고 있다.
② 구체적 사례를 들어 강연의 중심 내용을 설명하고 있다.
③ 대비되는 내용을 제시하여 강연 주제의 실용성을 부각하고 있다.
④ 비언어적 표현을 활용하여 자신이 말하고자 하는 바를 강조하고 있다.
⑤ 강연 진행 순서를 밝혀 청중이 강연 내용을 예측할 수 있도록 하고 있다.

36. 다음은 강연자의 강연 계획이다. 강연에 반영되지 <u>않은</u> 것은?

- **화제 선정**
  - 청중의 상황을 고려하여 청중에게 도움이 될 만한 주제를 선정해야겠다. ┈┈┈┈┈┈┈┈┈┈┈┈┈┈┈┈┈ ①
- **청중 분석**
  - 청중이 생소하게 느낄 수 있는 용어의 의미를 풀이해서 제시해야겠다. ┈┈┈┈┈┈┈┈┈┈┈┈┈┈┈┈┈ ②
  - 청중이 강연을 통해 전달된 내용 외의 추가적인 정보를 얻을 수 있는 방법을 제시해야겠다. ┈┈┈┈┈┈┈ ③
- **강연 전략**
  - 청중의 호기심을 유도하며 자연스럽게 강연 주제를 소개하기 위해 유명인의 글을 인용해야겠다. ┈┈┈┈┈ ④
  - 청중이 강연 내용을 쉽게 이해할 수 있도록 강연 중간에 앞서 설명한 내용을 요약하여 제시해야겠다. ┈┈┈ ⑤

37. 강연 내용을 참고할 때, <보기>에 제시된 청중의 반응을 이해한 내용으로 가장 적절한 것은?

< 보 기 >
청중 1: 우리가 무대 뒤에서야 자연스럽게 행동할 수 있다는 강연자의 말이 기억에 남아. 우리에게 가장 친숙한 공간인 집이 무대일지 무대 뒤일지도 궁금해지는걸.
청중 2: 이번 강연을 통해, 타인에게 보이는 내 모습을 통제하는 행위인 '인상 관리'라는 개념을 처음 알게 됐어. 인상 관리에는 구체적으로 어떤 전략들이 활용되는지 알고 싶어.
청중 3: 지금까지 우리는 자아 탐색 과정을 통해 진정한 자아를 찾는 것이 중요하다고 배웠잖아. 그런데 강연에서는, 연기 속에서 실현되는 자아의 사회적 의미가 더 중요하다고 해서 놀랐어.

① 청중 1은 강연 내용의 일부가 자신에게 인상 깊었던 이유를 추론하며 들었군.
② 청중 2는 새롭게 알게 된 강연 내용의 활용성을 비판적으로 평가하며 들었군.
③ 청중 3은 자신이 배운 내용을 바탕으로 강연 내용의 적절성을 평가하며 들었군.
④ 청중 1과 청중 2는 강연에서 언급되지 않은 내용에 대한 궁금증을 느끼며 들었군.
⑤ 청중 2와 청중 3은 자신의 배경지식을 활용하여 강연 내용의 정확성을 점검하며 들었군.

[38~42] (가)는 방송 대담의 일부이고, (나)는 이를 바탕으로 학생회 학생들이 나눈 대화이며, (다)는 학생회장이 작성한 보고서이다. 물음에 답하시오.

(가)

진행자 : 안녕하십니까? 특별 기획 '청소년 센터와 지역 사회'입니다. 오늘은 청소년 센터에 오래 근무하신 전문가 두 분을 모셨습니다. 먼저 청소년 센터의 역할에 관해 들어 보죠.

전문가 1 : 많은 청소년이 교우 관계나 진로 문제 등으로 고민합니다. 그리고 그러한 고민을 해결하는 데 필요한 정보를 찾는 일에도 막막함을 느끼죠. 청소년 센터는 상담과 진로 탐색 프로그램을 통해 청소년들이 고민 해결의 막막함을 해소할 수 있도록 도움을 제공하고 있습니다.

[A] 진행자 : 현재 청소년 센터가 청소년들에게 정서적 도움을 제공하고 있다는 말씀이시군요. 제가 생각하는 '청소년 센터' 역시 청소년들이 상담을 받는 공간입니다.

전문가 2 : 청소년 센터가 처음 생겼을 때는 청소년을 위한 정서적 지원이 주된 목적이었습니다. 그러나 이제 청소년 센터는 청소년이 주도하는 동아리 활동, 창작 활동 등을 지원하는 종합 공간으로 변모하고 있습니다. ◇◇구에서는 청소년 센터의 명칭을 '청소년 아트 센터'로 바꾸고 공간을 재단장했는데요, 건물 한 층 전체를 청소년들이 동아리 활동을 할 수 있는 창작 공간으로 재편하였습니다.

[B] 진행자 : 고개를 끄덕이시는 걸 보니 이런 변화가 긍정적이라고 보시는 것 같은데요. 이에 대해 어떻게 생각하십니까?

전문가 1 : 최근 통계청의 조사에 따르면, 청소년의 59.5%가 영상 시청으로 여가를 보낸다고 합니다. 저는 청소년 센터가 청소년들의 다양한 여가 활동과 문화 수준 향상에 기여해야 한다고 생각합니다.

전문가 2 : 이와 관련하여, 청소년 센터의 사업이 청소년 동아리 활동 지원에 집중할 필요가 있습니다. 청소년기의 동아리 활동은 청소년의 자아실현에 이바지할 뿐만 아니라, 협력을 통한 문제 해결 역량을 키워 주기 때문입니다.

[C] 진행자 : 동아리 활동이 협력을 통한 청소년의 문제 해결 역량을 기른다는 것에 관해 더 설명해 주시겠어요?

전문가 2 : 청소년들은 다른 구성원들과의 토의를 통해 공동의 목표와 그것의 실현을 위한 구체적인 계획을 수립하며 동아리 공동체를 운영해 갑니다. 그 과정에서 발생한 문제는 공동체 내부의 역량으로 해결해 나가죠. 이를 통해 청소년들은 지역 사회의 구성원으로서 갖추어야 하는 주체적·협동적 역량을 갖추게 됩니다. 즉, 동아리 활동에 대한 청소년 센터의 지원은 지역 사회의 미래를 위한 것이죠.

진행자 : 두 분 말씀을 들으며, 청소년 센터가 청소년과 지역 사회의 미래에 매우 중요하다는 사실을 알게 되었습니다.

(나)

학생회장 : '청소년 센터와 지역 사회'를 보고 우리 지역 청소년 센터에 건의문을 보내 보기로 했잖아. 오늘은 건의 내용을 함께 논의해 보자.

학생 1 : 전문가 분께서 청소년 센터의 주된 역할은 청소년에 대한 정서적 지원이라고 했으니, 청소년의 정신 건강과 관련한 정기 강연을 진행해 달라고 건의해 보자.

학생 2 : 그건 이미 우리 지역 청소년 센터에서 하고 있는걸? 물론 비정기적 강연이지만 말야. 강연보다는 또래 상담 프로그램을 운영해 달라고 하는 게 어떨까?

학생 1 : 학생들이 서로 상담해 주는 것 말이지? 나도 또래 상담이 전문가 상담보다 효과적이라는 얘기를 들었어.

학생회장 : 방송에서 많은 청소년이 교우 관계로 고민한다고 했는데, 그런 문제라면 공감대를 쉽게 형성할 수 있는 또래 상담이 도움이 될 거야. 또 건의할 거 있어?

학생 1 : 우리 지역 청소년 센터에서도 동아리 활동을 위한 공간을 따로 마련해 주면 좋겠어. 청소년 센터에 동아리 공간이 부족하다는 지적이 많거든.

학생 2 : 방송의 전문가 분께서 동아리 활동의 필요성을 길게 설명해 주셨잖아. 그 부분을 참고하면 좋겠다.

학생회장 : 알았어. 논의한 내용을 바탕으로 건의문을 써 볼게.

(다)

센터장님, 안녕하세요? 저는 ◎◎고등학교의 김△△입니다. 청소년 센터에 건의할 것이 있어, 이렇게 글을 부칩니다.

먼저, 또래 상담 프로그램의 운영을 요청합니다. 통계 조사에 따르면, 청소년의 17.6%가 교우 관계에 관한 고민을 겪습니다. 그런데 교우 관계에 관한 고민에는, 유사한 고민을 공유하며 쉽게 공감대를 형성하는 또래가 어른보다 더 큰 도움을 줄 수 있습니다. ㉠ 또래 상담은 전문적 교육을 받은 청소년이 또래 청소년을 상담하는 것으로, 이미 많은 청소년 센터에서 시행 중입니다. 이러한 또래 상담 프로그램은 청소년에 대한 정서적 지원이라는 청소년 센터의 목표에도 잘 부합합니다.

다음으로, 청소년 센터에 동아리 활동 공간을 조성해 주시길 요청합니다. ㉡ ◎◎고등학교 학생들을 대상으로 한 설문 조사 결과, 40%의 학생들이 '동아리 활동 공간의 부재'로 인해 동아리 활동을 하지 않는 것으로 나타났습니다. 동아리 활동은 여가의 질을 높이며, 동아리 내 의사 결정 과정을 통해 청소년이 주체적·협력적 역량을 키우는 기회입니다. ㉢ 현재 우리 지역 청소년 센터의 상담실 중 사용되지 않고 있는 공간을 동아리 활동 공간으로 전환한다면, 비용을 절약하면서도 청소년들의 동아리 활동을 지원할 수 있을 것입니다.

이러한 건의가 수용된다면, 우리 지역 청소년들이 청소년 센터에서 정서적 안정을 얻고 서로 협력하는 법을 배움으로써 지역 사회 발전에 이바지하는 구성원으로 자랄 수 있을 것입니다. 읽어 주셔서 감사합니다.

38. [A]~[C]에 대한 설명으로 가장 적절한 것은?

① [A]: '전문가 1'의 발언 내용을 요약하며 이를 통해 새롭게 알게 된 바를 언급하고 있다.

② [A]: '전문가 1'이 지적한 문제의 해결 방안을 제안하며 그에 관한 '전문가 2'의 견해를 궁금해하고 있다.

③ [B]: '전문가 2'의 발언에 대한 '전문가 1'의 반응을 언급하며 '전문가 1'에게 동의하는 뜻을 밝히고 있다.

④ [B]: '전문가 1'의 비언어적 표현에 담긴 의미를 추측하며 그에 관한 설명을 요청하고 있다.

⑤ [C]: '전문가 2'가 언급한 내용 일부를 재진술하며 이와 관련하여 예상되는 문제에 대한 우려를 표하고 있다.

39. 다음은 (가)의 전문가들이 대담을 준비하며 쓴 메모의 일부이다. ⓐ~ⓔ와 관련하여 계획한 내용 중 (가)에 나타나지 <u>않은</u> 것은?

[전문가 1]	[전문가 2]
• 청소년 센터는 청소년들이 겪는 문제를 해결하는 데 기여함. ············ ⓐ • 청소년 센터는 청소년 여가 활동의 다양화에 기여해야 함. ············ ⓑ	• 최근 청소년 센터는 청소년을 위한 종합 공간으로 변모하고 있음. ············ ⓒ • 청소년 센터는 청소년 동아리 활동을 지원해야 함. ············ ⓓ • 청소년 센터 운영은 결국 지역 사회를 위한 일임. ⓔ

① ⓐ: 상담과 진로 탐색 프로그램을 통해 청소년을 지원하는 청소년 센터의 효용을 강조한다.

② ⓑ: 청소년의 과반수가 여가를 보내는 방식이 획일화되어 있다는 자료를 근거로 제시한다.

③ ⓒ: ◇◇구의 사례를 통해 오늘날 청소년 센터가 지니는 의미가 확장되고 있음을 보여 준다.

④ ⓓ: 청소년기의 동아리 활동이 청소년의 자아실현에 도움이 된다는 점을 근거로 제시한다.

⑤ ⓔ: 동아리 활동이 이루어지는 과정과 지역 사회의 의사 결정 과정이 유사함을 근거로 제시한다.

40. (가), (나)의 담화 내용이 (다)에 반영된 양상으로 가장 적절한 것은? [3점]

① '학생회장'이 '전문가 1'의 발언을 언급하며 밝힌 의견이 또래 상담 프로그램 운영을 건의하는 배경으로 제시되었다.

② '학생회장'이 '전문가 2'의 발언을 언급하며 밝힌 의견이 청소년 센터의 공간 사용 현황으로 제시되었다.

③ '학생 1'이 '전문가 2'의 발언을 언급하며 밝힌 의견이 청소년 센터의 상담실 감축이라는 건의 사항으로 제시되었다.

④ '학생 2'가 '전문가 1'의 발언을 언급하며 밝힌 의견이 청소년 동아리 활동 지원의 기대 효과로 제시되었다.

⑤ '학생 2'가 '전문가 2'의 발언을 언급하며 밝힌 의견이 청소년의 여가 부족이라는 문제 상황으로 제시되었다.

41. <보기>를 바탕으로 (다)의 ㉠~㉢을 이해한 내용으로 가장 적절한 것은?

< 보 기 >

건의문에는 건의 내용이 명시되어야 한다. 특히 건의 내용이 개인의 이익이 아닌 공동체 구성원 전체의 이익을 위한 것이라면, ㉮건의 내용에 동의하는 사람이 많다는 사실을 강조하는 것이 건의 내용의 실현에 도움이 된다. 또 ㉯객관적 근거를 동원하여 건의 내용의 합리성을 부각하거나 ㉰건의 내용의 실현 가능성을 구체화하는 것은 건의 내용의 수용에 유리하게 작용한다.

① ㉠: 또래 상담 프로그램 운영에 찬성하는 청소년이 많다는 사실을 들고 있다는 점에서 ㉮에 해당한다.

② ㉡: 동아리 활동을 위한 공간이 부족함을 방증하는 근거 자료를 제시하고 있다는 점에서 ㉯에 해당한다.

③ ㉡: 청소년 센터 이용 경험이 있는 학생을 대상으로 한 조사 결과를 제시하고 있다는 점에서 ㉰에 해당한다.

④ ㉢: 동아리 활동 공간을 조성하기 위해 드는 비용을 구체적으로 제시하고 있다는 점에서 ㉯에 해당한다.

⑤ ㉢: 동아리 활동 공간을 마련하기 위해 센터 외부 공간을 대여하는 방안을 제시하고 있다는 점에서 ㉰에 해당한다.

42. 다음은 (다)의 4문단의 초고이다. 4문단에 반영된 수정 사항으로 적절하지 <u>않은</u> 것은?

청소년 센터는 무엇보다 청소년을 상담하는 상담사의 전문성을 확보하는 데 집중해야 합니다. 이번 건의를 통해 청소년 센터가 개선되길 바랍니다. 읽어 주셔서 감사합니다.

① 건의한 내용과 부합하지 않는 내용을 삭제한다.

② 건의 내용의 실현이 청소년에게 미칠 영향을 밝힌다.

③ 청소년 센터가 지역 사회에서 지니는 의의를 언급한다.

④ 건의 내용 전체를 포괄할 수 있도록 빠진 내용을 추가한다.

⑤ 청소년 센터가 청소년에게 주는 소속감과 그 이점을 제시한다.

[43~45] 다음은 작문 상황과 이를 바탕으로 학생이 작성한 초고이다. 물음에 답하시오.

[작문 상황]
학교 신문의 기고란에 디지털 혐오와 관련된 글을 쓰려 함.

[초고]
제목 : [＿＿＿＿＿＿[A]＿＿＿＿＿＿]

디지털 혐오는 인터넷, 소셜 미디어, 온라인 커뮤니티와 같은 디지털 공간에서 발생하는, 특정 개인이나 집단을 향한 혐오 행위를 말한다. 디지털 혐오는 그 행위를 보는 이에게 불쾌감을 유발하는 데 그치는 것이 아니라, 사회적 차별과 분열을 조장하는 등의 광범위한 부정적 영향을 미친다.

청소년은 특히 디지털 혐오를 높은 빈도로 접하는 계층이다. 청소년기에 청소년은 자신의 정체성을 형성하고 사회적 관계를 맺는 과정을 겪는데, 이때 주로 디지털 플랫폼을 사용하여 디지털 혐오에 더욱 쉽게 노출되기 때문이다.

특히 문제가 되는 것은 청소년 대다수가 디지털 혐오에 대한 올바른 대처법을 알지 못한다는 점이다. 청소년들은 디지털 혐오 행위를 당했을 때, 아예 대응하지 않거나 상황을 회피하는 경우가 많다. 이러한 점에서, 청소년들이 디지털 혐오에 법적으로 처벌이 가능하다는 점을 인지하고 다양한 디지털 혐오 유형에 적절히 대처할 수 있도록 가정과 학교 차원의 교육이 필요하다.

하지만 이러한 교육 중심의 접근은 문제의 근본적 원인을 해결하기보다는 개인의 인식 개선과 행동 변화만을 목표로 한다는 점에서 소극적인 해결 방식이라고 볼 수 있다. 근본적인 문제 해결을 위해서는 온라인 플랫폼이나 정부 차원의 적극적 대처가 필요하다. 먼저 온라인 플랫폼에서는 혐오 발언이나 행동을 식별하여 제한하는 기술을 마련하여 플랫폼에 적용해야 한다. 또한 정부는 온라인 플랫폼의 기술을 지원하는 동시에, 온라인 플랫폼과 협력하여 디지털 혐오를 규제할 수 있는 강력한 법적 기반을 마련해야 한다.

청소년기는 정체성과 사회적 관계를 수립하는 결정적 시기이므로, 디지털 혐오는 청소년들의 성장에 특히 심각한 영향을 미친다. 청소년들이 밝고 안전한 디지털 환경에서 성장할 수 있도록 디지털 혐오에 대한 우리 사회의 적극적 대처가 필요하다.

43. '작문 상황'을 고려하여 구상한 글쓰기 내용으로, 초고에 반영되지 않은 것은?

① 디지털 혐오가 개인적·사회적으로 끼치는 부정적 영향
② 디지털 혐오 피해자를 정서적으로 지원하기 위한 방안
③ 디지털 혐오 문제 해결이 청소년에게 특히 중요한 이유
④ 디지털 혐오에 대한 교육 중심의 접근 방식이 지닌 한계
⑤ 디지털 혐오 문제 해결에 다양한 주체의 참여가 필요한 상황

44. <보기>는 초고를 읽은 교사의 조언이다. 이를 반영하여 [A]를 작성한다고 할 때, 가장 적절한 것은?

───── < 보 기 > ─────
"디지털 혐오의 심각성과 글의 4문단에서 전달하려는 메시지가 잘 표현되도록 제목을 구성하면 좋겠어. 이때 비유적 표현을 활용하면 그 의미가 잘 전달될 거야."

① 디지털 혐오와의 전쟁, 청소년도 실천할 수 있는 대처 전략은 없을 것인가
② 디지털 혐오의 그늘에 놓인 청소년, 이제는 디지털 사회에서 벗어나야 한다
③ 청소년을 겨누는 디지털 혐오의 칼날, 온라인 플랫폼과 정부가 나서야 할 때
④ 정부 주도의 디지털 혐오 대처, 청소년이 안심할 수 있는 디지털 환경을 위해
⑤ 혐오 표현으로 오염된 디지털 공간, 가정과 학교에서부터 변화가 시작되어야 한다

45. <보기>는 초고를 보완하기 위해 추가로 수집한 자료이다. 자료의 활용 방안으로 적절하지 않은 것은? [3점]

───── < 보 기 > ─────

ㄱ. 전문가 인터뷰

"청소년의 디지털 혐오 경험률은 성인보다 2배가량 높고, 유형이 다양합니다. 성인은 '정치 성향'이나 '종교'에 혐오 표현이 집중된 반면, 청소년은 '신체·외모', '종교', '국적·인종', '장애', '성별' 등 다양한 유형의 혐오 표현을 접하고 있습니다."

ㄴ. 우리 학교 학생 대상 인식 조사 결과

ㄴ-1. 디지털 혐오에 어떻게 대처하나?

무대응	40%
상황 회피	33%
반대 표현	17%
동의 표현	4%
기타	6%

ㄴ-2. 디지털 혐오 행위를 줄이는 데 적절한 방안은? (중복 투표)

온라인 플랫폼 내 혐오 검열 기능 도입	64%
학교 내 혐오 차별 예방 교육 확대	54%
악의적 혐오 표현에 대한 사법 조치 강화	30%

ㄷ. 신문 기사

소수 민족 ○○족이 온라인 플랫폼 △△을 대상으로 손해 배상을 청구했다. △△이 ○○족에 대한 혐오 발언 게시물을 제한하는 조처를 하지 않았기에 ○○족이 사회적 폭력을 마주했다는 것이다.

① ㄱ에서 청소년의 디지털 혐오 경험률이 성인보다 높다는 전문가의 말을, 청소년들이 디지털 혐오에 쉽게 노출된다는 주장의 근거로 2문단에 추가해야겠어.
② ㄴ-2에서 응답자의 과반수가 디지털 혐오를 줄이는 데 필요한 것으로 선택한 방법을, 디지털 혐오에 대한 제도적 마련의 시급성을 부각하는 내용으로 4문단에 추가해야겠어.
③ ㄷ에서 디지털 혐오로 인해 사회적 폭력을 겪고 있는 ○○족의 사례를, 디지털 혐오가 우리 사회에 부정적 영향을 미칠 수 있음을 보여 주는 사건으로 1문단에 추가해야겠어.
④ ㄱ과 ㄴ-1을 활용하여, 청소년이 다양한 유형의 디지털 혐오에 적절히 대처하지 못한다는 사실을, 청소년 대상 교육을 진행할 때 고려해야 할 점으로 3문단에 추가해야겠어.
⑤ ㄴ-2와 ㄷ을 활용하여, 온라인 플랫폼이 혐오 표현을 자체적으로 검열할 필요가 있다는 사실을, 온라인 플랫폼의 적극적 대처가 필요한 이유로 4문단에 추가해야겠어.

─────────────
* 확인 사항
○ 답안지의 해당란에 필요한 내용을 정확히 기입(표기)했는지 확인하시오.

[35~36] 다음 글을 읽고 물음에 답하시오.

공명도 이론은 소리의 공명도를 바탕으로 음절 구조를 설명하는 이론이다. 공명도란 소리가 멀리까지 울리는 성질로, 조음 과정에서 기류의 장애를 유발하는 자음이 모음보다 공명도가 낮다. 또 자음에서는 비음(ㅁ, ㄴ, ㅇ), 유음(ㄹ)이 마찰음(ㅅ, ㅆ), 파찰음(ㅈ, ㅉ, ㅊ), 파열음(ㅂ, ㅃ, ㅍ, ㄷ, ㄸ, ㅌ, ㄱ, ㄲ, ㅋ)보다 공명도가 높다. 그리고 모음에 결합하는 반모음은 자음의 성격을 일부 지니기에 모음보다 공명도가 낮다. 이에 따라 국어 음운의 공명도를 정리하면 아래와 같다.

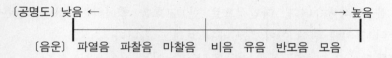

〔공명도〕 낮음 ←   → 높음

〔음운〕 파열음 파찰음 마찰음   비음 유음 반모음 모음

공명도 이론에 따르면, 음절의 핵(核)을 이루는 음운은 다른 음운보다 공명도가 높아야 한다. 우리말의 음절은 초성-중성-종성의 결합으로 이루어지는데, 이때 중성은 음절의 핵이 되므로 모음이 위치하게 된다. 그리고 음절이 앞뒤로 연결됨에 따라 앞 음절 종성과 뒤 음절 초성이 연쇄되는 경우에는, 음절의 경계를 분명히 하기 위해 뒤 음절 초성의 공명도는 앞 음절 종성의 공명도와 같거나 그보다 낮아야 한다.

[A]
이처럼 공명도에 따른 음절의 구조는 일종의 제약으로 기능하며, 음운 변동을 유발한다. 공명도 제약을 유발하는 상황은 크게 둘로 나눌 수 있다. 첫째는 앞 음절 종성이 뒤 음절 초성보다 공명도가 낮은 경우이다. '국물'이 이에 해당하는 경우로, 이때 앞 음절 종성 'ㄱ'을 같은 조음 위치의 'ㅇ'으로 교체하여 'ㅁ'과 공명도를 동일하게 맞추는 음운 변동이 일어난다. 둘째는 초성이나 종성의 매개 없이 중성의 모음끼리 인접하는 경우로, 이 경우에는 음절 경계에서 공명도 변화가 일어나지 않아 음절 경계가 모호해진다. 그리하여 '보-+-아→봐'의 예처럼 인접한 두 모음 중 하나가 모음보다 공명도가 낮은 음운으로 교체되거나 '가-+-아서→가서'의 예처럼 두 모음 중 하나가 탈락함으로써, 혹은 '피-+-어→[피여]'의 예처럼 두 모음 사이에 모음보다 공명도가 낮은 음운이 첨가됨으로써 공명도 제약의 위배를 해소하려는 노력이 이루어진다.

35. 윗글을 바탕으로 추론한 내용으로 적절한 것은?

① '벼'를 발음할 때, 음절 내에서 공명도가 낮아졌다가 높아지는 변화가 일어날 것이다.
② '안'과 '밖'을 단독으로 발음할 때, '안'은 '밖'에 비해 더 높은 공명도로 끝날 것이다.
③ '문답'의 발음에서는 앞 음절 종성과 뒤 음절 초성의 공명도 차이가 좁혀질 것이다.
④ '갓'을 단독으로 발음할 때, 초성과 종성의 공명도는 서로 다른 수준일 것이다.
⑤ '버섯'의 발음에서는 공명도를 높이는 방향으로 음운 변동이 일어날 것이다.

36. [A]를 바탕으로 <보기>의 국어 자료를 이해한 내용으로 적절하지 않은 것은? [3점]

< 보 기 >

㉠ 앞문 → [암문]   ㉡ 합리적 → [함니적]
㉢ 되-+-어 → [되여]   ㉣ 잠그-+-아 → [잠가]
㉤ 덤비-+-어 → [덤벼]

① ㉠에서는 공명도 제약으로 인해 앞 음절 종성의 공명도를 높이는 방향으로 음운 변동이 일어나고 있다.
② ㉡에서는 공명도 제약으로 인해 앞 음절 종성의 공명도는 높아지고 뒤 음절 초성의 공명도는 낮아지고 있다.
③ ㉢에서는 공명도가 같은 음운끼리 인접하는 것을 막기 위해 공명도가 더 낮은 음운이 첨가되고 있다.
④ ㉣에서는 음절 경계에서 공명도 변화가 일어나지 않는 상황을 회피하고자 음운의 탈락이 유발되고 있다.
⑤ ㉤에서는 음절 경계를 이루는 두 음운 중에 앞 음절의 음운이 공명도가 높은 방향으로 교체되고 있다.

37. <학습 활동>을 수행한 결과로 적절한 것은?

< 학습 활동 >

높임 표현은, 높이는 대상에 따라 주체 높임, 객체 높임, 상대 높임으로 나뉜다. 그리고 조사, 접사, 어미, 특수 어휘(체언, 용언) 등을 통해 실현된다. 한편, 특정 담화 상황에서 화자가 높이는 대상은 하나로 국한되지 않고 둘 이상이 될 수도 있다.
이를 통해 ㉠~㉤에 해당하는 문장을 하나씩 만들어 보자.
㉠ 조사와 접사를 활용하여 대상 하나를 높이는 문장
㉡ 어미와 특수 어휘를 활용하여 대상 하나를 높이는 문장
㉢ 접사와 특수 어휘를 활용하여 대상 하나를 높이는 문장
㉣ 조사와 어미를 활용하여 대상 둘을 높이는 문장
㉤ 조사와 특수 어휘를 활용하여 대상 둘을 높이는 문장

① ㉠ : 여기 있는 물건을 너희 숙모께 드릴래?
② ㉡ : 그렇게 이름난 분을 뵐 수 있어 영광이었어요.
③ ㉢ : 그럼 네가 직접 부모님 모시고 가는 거야?
④ ㉣ : 이제 교장 선생님의 훈화 말씀이 있으시겠습니다.
⑤ ㉤ : 귀가해 보니 집안 어른들께서 집에 모여 계셨다.

38. <보기>의 ㉠~㉢에 들어갈 내용으로 적절하지 <u>않은</u> 것은?

─ < 보 기 > ─

ⓐ 겨울바람이 거세게 불었다.
ⓑ 다시 보니 그도 제법 <u>늙었다</u>.
ⓒ 날씨가 맑아 빨래가 잘 말랐다.
ⓓ 정원에 핀 꽃이 참으로 예쁘다.
ⓔ 나는 그를 본 적이 <u>있다</u>. / 나는 오늘 집에 <u>있다</u>.

선생님: ⓐ와 ⓑ의 밑줄 친 단어의 품사를 확인하고, 일반적인 동사와 형용사의 특성과 비교해 보세요.
학생 1: [㉠   ]
선생님: 이번에는 활용 양상을 중심으로 ⓒ의 밑줄 친 단어의 품사를, ⓑ와 ⓓ의 밑줄 친 단어와 비교하여 판단해 볼까요?
학생 2: [㉡   ]
선생님: 잘했어요. 마지막으로 ⓔ에서 형태가 같지만 다른 품사로 쓰이는 단어의 품사를 판단해 볼까요?
학생 3: [㉢   ]

① ㉠: ⓐ의 '불다'는 대상의 움직임을 나타내는 동사이지만, '-려 한다'와 같이 의도를 나타내는 표현과 쓰이기 어려워요.
② ㉠: ⓑ의 '늙다'는 대상의 변화를 나타내는 동사이지만, 명령형 어미 '-어라'와 함께 쓰이기 어려워요.
③ ㉡: ⓒ의 '마르다'는 평서문에서 ⓑ의 '늙다'와 유사한 활용 양상을 보인다는 점에서 동사로 분류할 수 있어요.
④ ㉡: ⓒ의 '마르다'와 달리 ⓓ의 '예쁘다'는 문장에서 현재 시제 선어말 어미와 결합하여 쓰일 수 있어요.
⑤ ㉢: ⓔ의 '있다'는 선어말 어미 '-는-'과의 결합 여부에 따라 전자는 형용사로, 후자는 동사로 분류할 수 있어요.

39. <보기 1>을 참고할 때, <보기 2>의 ㉠~㉢에 들어갈 형태로 적절한 것은?

─ < 보 기 1 > ─

중세 국어의 의문문은 종류에 따라 의문형 어미나 조사가 달라졌는데, '-아' 계열 종결은 판정 의문문에서, '-오' 계열 종결은 설명 의문문에서 쓰였다. 그리고 주어가 2인칭일 때는 의문문의 종류와 관계없이 '-ㄴ다'가 쓰였다.

─ < 보 기 2 > ─

• 얻논 藥이 므스 [㉠   ]
[얻는 약이 어떤 것인가?]
• 이 두 사르미 眞實로 네 [㉡   ]
[이 두 사람이 진실로 너의 항것(상전)인가?]
• 薊門엔 뉘 北으로브터셔 [㉢   ]
[소문(문의 이름)에는 누가 북으로부터 오는가?]
• 옮겨 심곤 버드른 또 能히 [㉣   ]
[옮겨 심은 버드나무는 또 능히 있는가?]
• 그듸는 管仲 鮑叔의 가난흔 제 사괴요물 보디 [㉤   ]
[그대는 관중과 포숙이 가난할 때 사귐을 보지 아니하였는가?]

① ㉠: 것가   ② ㉡: 항것고   ③ ㉢: 오는다
④ ㉣: 잇는가   ⑤ ㉤: 아니ᄒᆞᆫ고

[40~43] (가)는 라디오 본방송이고, (나)는 이 방송을 들은 학생의 메모이다. 물음에 답하시오.

(가)

진행자: 요즘 볼 만한 전시가 없으시다고요? 매주 화요일, △△라디오 '전시 볼래요?'를 들으시면 그 생각이 바뀌실 겁니다. 오늘도 문자를 통해 방송에 실시간으로 참여하실 수 있으니, 많은 관심 부탁드려요. ⓐ 지금 스튜디오에는 미술 평론가로 활약하고 계신 김□□ 님께서 나와 계십니다.
평론가: 안녕하세요. 반갑습니다.
진행자: 3411 님께서 '저는 평론가님 블로그를 구독하는 애청자입니다. ⓑ 최근에 반 고흐 전에 다녀오셨던데, 혹시 그 전시에 대해 소개해 주시나요?'라고 보내 주셨어요.
평론가: 하하. 맞습니다. 지난주부터 한나 미술관에서 반 고흐 전을 시작했습니다. 개인적으로 반 고흐를 좋아하는데요, 오늘은 이 전시에 관해 이야기를 나눠 보려고 합니다.
진행자: 반 고흐의 실제 작품을 볼 수 있는 건가요?
평론가: 아닙니다. 이번 전시는 반 고흐의 다양한 작품을 미디어 아트의 형태로 감상할 수 있다는 점이 특별합니다.
진행자: 4852 님께서 '미디어아트라는 단어를 최근 기사에서 많이 접하긴 했는데, 구체적으로 무슨 뜻인가요?'라고 문자를 보내 주셨네요. 저도 궁금한데요?
평론가: 미디어아트는 단어 그대로 직역하면 '매체 예술'입니다. 현대 커뮤니케이션의 중요한 수단으로 여겨지는 대중 매체를 미술에 도입한 것을 말하지요.
진행자: 대중 매체는 신문이나 텔레비전 등을 말하는 건가요?
평론가: 맞습니다. ⓒ 이전까지의 전시회는 작품을 벽에 걸어 두고 감상하는 형태로 대부분 이루어졌지만, 미디어아트 전시회에서는 주로 스크린을 통해 작품을 감상하게 되지요. 관람객이 작품을 직접 조작하는 것도 가능합니다.
진행자: 기존 전시회와는 관람 형태가 달라지겠군요.
평론가: 보편적인 전시회에서는 주로 시각에 의존한 관람이 이루어졌다면, 미디어아트 전시회에서는 다양한 감각을 통해 작품을 느낄 수가 있습니다.
진행자: ⓓ 다음으로는 이번 전시의 기술 자문을 맡은 박◇◇ 자문가님과 전화 연결을 해 보겠습니다. 자문가님, 안녕하세요?
자문가: 네, 안녕하세요. 박◇◇입니다.
진행자: 반 고흐 전에 관해 이야기를 나누고 있었는데요, 이번 전시에서 특히 주목할 부분이 있을까요?
자문가: 이번 전시에서는 300여 점에 이르는 반 고흐의 작품에 최첨단 360도 비디오 맵핑 기술을 적용하였습니다. 이 기술을 통해 관람객은 더욱 생생한 감상을 할 수 있지요. 그뿐만 아니라 작품에 VR 기술을 적용하여 반 고흐의 방에 직접 들어간 것 같은 체험을 할 수도 있습니다. 어른뿐만 아니라 아이들도 함께 체험하기에 좋지요.
진행자: ⓔ 그야말로 예술과 기술의 만남이네요. 저도 주말에 꼭 아이들과 다녀와야겠습니다. 말씀 감사합니다.
자문가: 네, 감사합니다.
진행자: 반 고흐의 작품을 미디어아트로 만나볼 수 있는 이번 전시는 7월 15일까지 한나 미술관에서 진행됩니다. '전시 볼래요?'의 누리집 청취자 게시판에 반 고흐 전에 대한 기대 평을 남겨

주시면 추첨을 통해 200분께 무료 관람권을 드립니다. 포털 사이트에 '전시 볼래요?'를 검색하면 누리집에 접속하실 수 있습니다. 매주 화요일에 찾아오는 '전시 볼래요?', 다음 주에도 새로운 소식을 가지고 찾아오겠습니다. 감사합니다.

(나)

> 반 고흐 전을 소개하는 카드 뉴스를 만들어야겠어. 생소해 하는 학생들이 많을 테니, 먼저 ㉠ 미디어아트의 의미와 특징을 담은 카드에는 전문가들의 말을 정리해 해당 내용을 명확하게 전달해야지. 시각적 이미지도 함께 활용해야겠어. 또한 ㉡ 반 고흐 전에 관한 카드에는 카드 뉴스가 우리 학교 학생들을 대상으로 한다는 점을 고려하여 유용한 정보를 추가하고, 학생들이 전시를 쉽게 예매할 수 있는 방법을 제시해야지.

40. (가)에 나타난 정보 전달 방식으로 적절하지 <u>않은</u> 것은?

① 수용자에게 정보를 제공할 수 있는 시간상의 제약이 있으므로 전시와 관련한 추가 정보를 얻을 수 있는 방법을 소개한다.
② 수용자가 스튜디오의 현재 상황을 눈으로 확인할 수 없으므로 이를 청각적 정보로 전달한다.
③ 수용자에게 다음 방송 청취를 유도해야 하므로 방송의 송출 주기를 방송 처음과 마지막에 모두 언급한다.
④ 수용자들이 방송에 실시간으로 참여하는 것이 가능하므로 실시간 문자를 바탕으로 전달할 정보를 구성한다.
⑤ 수용자에게 신뢰할 수 있는 정보를 제공해야 하므로 전문가와의 문답을 이어 가는 방식으로 방송 내용을 전달한다.

41. 다음은 (가)가 끝난 후의 청취자 게시판이다. 참여자들의 소통 양상으로 가장 적절한 것은?

> **청취자 게시판** ✕ +
> ← → ⟳ ☆
>
> **달콤:** 포털 사이트에 검색했더니 반 고흐의 실제 작품을 볼 수 있는 전시가 아니더라고요? 미디어아트에 익숙하지 않은 사람도 많은데 이에 대해 설명해 줬으면 좋았겠어요.
> ↳ **방울:** 저는 반 고흐의 실제 작품을 볼 수 있는 전시가 아니라는 설명을 방송에서 들었는데요.
> ↳ **풀잎:** 방울 님 말씀이 맞아요. 저는 오히려 미디어아트라 더 좋을 것 같던데요?
> ↳ **달콤:** 앗. 제가 놓친 거군요. 알려 주셔서 감사해요.

① 방송 내용에 대한 '달콤'과 '방울'의 긍정적인 반응이 '풀잎'에 의해 강화되고 있다.
② 방송의 효용에 대한 '달콤'과 '방울'의 대조적인 반응이 '풀잎'에 의해 절충되고 있다.
③ 방송의 정보가 불충분하다고 지적한 '달콤'의 견해에 '방울'과 '풀잎'이 동의를 표하고 있다.
④ 방송이 끝난 뒤 '달콤'이 검색을 통해 새로 얻은 정보가 '방울'과 '풀잎'의 인식을 바꾸고 있다.
⑤ 자신이 방송 내용을 부분적으로 수용했다는 '달콤'의 깨달음이 '방울'과 '풀잎'에 의해 유발되고 있다.

42. 다음은 (나)에 따라 제작한 카드 뉴스이다. 제작 과정에서 고려한 내용으로 적절하지 <u>않은</u> 것은? [3점]

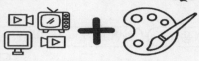

① 전문가들의 말을 정리하기로 한 ㉠에서는 반 고흐 전에 관한 자문가의 설명을 미디어아트의 특징으로 제시해야겠군.
② 내용을 명확히 드러내기로 한 ㉠에서는 내용에 따라 정보를 구분하고 각 정보에 번호를 매겨 항목화해야겠군.
③ 시각적 이미지를 활용하기로 한 ㉠에서는 미디어아트의 의미를 한눈에 파악할 수 있는 그림을 사용해야겠군.
④ 수용자를 고려하여 유용한 정보를 추가하기로 한 ㉡에서는 다양한 출발점을 전제로 미술관에 가는 방법을 제시해야겠군.
⑤ 전시를 쉽게 예매할 수 있는 방법을 제시하기로 한 ㉡에서는 예매 페이지로 이동할 수 있는 QR코드를 삽입해야겠군.

43. ⓐ~ⓔ에 대한 설명으로 가장 적절한 것은?

① ⓐ: 특수 어휘 '계시다'를 사용하여, 방송을 듣고 있는 불특정 다수의 청자를 높이고 있다.
② ⓑ: 연결 어미 '-던데'를 사용하여, 평론가에게 질문을 하게 된 배경을 밝히고 있다.
③ ⓒ: 보조사 '까지'를 사용하여, 전시회가 이루어지는 보편적인 기간을 나타내고 있다.
④ ⓓ: 보조 용언 '보다'를 사용하여, 전화가 연결된 상황임을 드러내고 있다.
⑤ ⓔ: 부사 '그야말로'를 사용하여, 자문가의 말을 반박하기 전에 상대를 존중하는 뜻을 나타내고 있다.

[44~45] (가)는 전자 제품을 판매하는 누리집의 일부이고, (나)는 이를 바탕으로 나눈 누리 소통망 대화이다. 물음에 답하시오.

(가)

[화면 1] 제품 구매 페이지

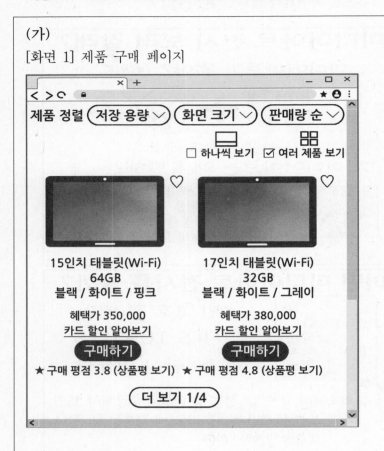

[화면 2] '화면 1'에서 '17인치 태블릿'을 선택한 화면

(나)

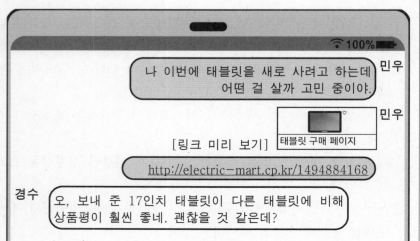

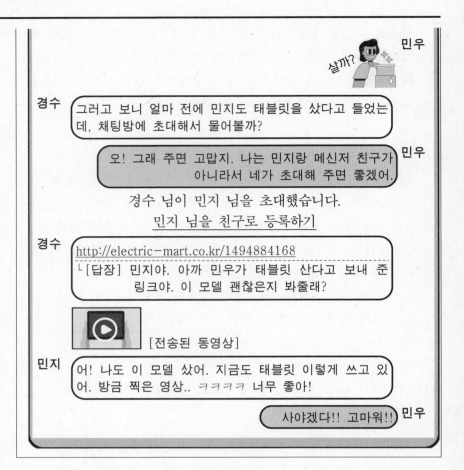

44. (가)에 대한 설명으로 적절하지 않은 것은?

① [화면 1]에서는 수용자가 제품들을 비교할 수 있도록 여러 제품을 한 화면에 표시했다.
② [화면 1]에서는 수용자가 선호하는 제품을 쉽게 찾을 수 있도록 특정 기준에 따른 제품 정렬 기능을 제공했다.
③ [화면 2]에서는 수용자가 제품을 간접적으로 체험해 볼 수 있도록 제품의 작동 과정을 살펴보는 기능을 제공했다.
④ [화면 2]에서는 제품의 특징 중 강조하고 싶은 내용의 글자를 다른 내용의 글자보다 크고 굵게 표시했다.
⑤ [화면 1]과 [화면 2]에서는 수용자의 제품 구매를 유도하기 위해 이전 구매자의 만족도를 표시했다.

45. (가)와 (나)에서 확인할 수 있는 매체 활용에 대한 이해로 가장 적절한 것은?

① (가)는 (나)와 달리 제한된 사람들을 대상으로 정보를 전달할 수 있군.
② (나)는 (가)와 달리 사용자들이 외부 정보를 공유했다는 사실을 확인할 수 있군.
③ (나)는 (가)와 달리 이미지와 문자를 결합하는 방식으로 특정 정보를 강조할 수 있군.
④ (가)의 내용이 (나)를 통해 전달되는 과정에서 사용자가 정보 형태를 바꾸어 유통할 수 있군.
⑤ (나)의 사용자들은 (가)에 제시된 정보를 해석한 결과를 바탕으로 (가)의 내용을 수정할 수 있군.

* 확인 사항
○ 답안지의 해당란에 필요한 내용을 정확히 기입(표기)했는지 확인하시오.

2025학년도 대학수학능력시험 대비 전형태 모의고사 2회

국어 영역

| 성명 | | 수험 번호 | | | | | | – | | | |

○ 문제지의 해당란에 성명과 수험 번호를 정확히 쓰시오.

○ 답안지의 필적 확인란에 다음의 문구를 정자로 기재하시오.

오래 보아야 사랑스럽다

○ 답안지의 해당란에 성명과 수험 번호를 쓰고, 또 수험 번호와 답을 정확히 표시하시오.

○ 문항에 따라 배점이 다릅니다. 3점 문항에만 점수가 표시되어 있습니다. 점수 표시가 없는 문항은 모두 2점입니다.

※ 시험이 시작되기 전까지 표지를 넘기지 마시오.

전형태 모의고사

[1~3] 다음 글을 읽고 물음에 답하시오.

일반적으로 독서 활동은 어떤 책을 읽어야겠다는 마음, 즉 독서 동기가 유발됨에 따라 독서 자료가 선택되고, 그 독서 자료를 실제로 읽는 독서 행위가 수행되는 일련의 과정으로 이루어진다. 따라서 독서 교육에서는 먼저 학생들에게 어떤 책을 읽어야겠다는 독서 동기를 유발하는 것을 중시한다.

학생의 독서 활동에 관한 연구에 따르면, 학생들에게 독서 동기를 유발하는 요인은 ㉠ 다섯 가지로 범주화하여 구분할 수 있다. 첫째, 책의 제목이나 두께, 삽화, 책에 쓰인 홍보 문구와 같은 책 자체의 외형적인 특성은 물리적 요인이라고 한다. 둘째는 개인의 흥미와 성향, 기대감, 인정 욕구 등과 같은 개인적 요인이다. 셋째는 교사의 관심이나 지도, 교과 학습 내용, 학교 도서실이나 학급 문고의 유무와 같은 학습 환경 요인이고, 넷째는 가족 구성원의 독서 성향이나 가정 내 구비된 도서의 종류와 같은 가정 환경 요인이다. 다섯째는 공공도서관이나 지역 사회의 독서 프로그램 서비스와 같은 사회 환경 요인이다.

이러한 다섯 가지 요인 중에서 앞의 두 가지가 책과 학생 개인의 관계에서 비롯하는 내적 요인이라면, 뒤의 세 가지는 학생을 둘러싼 환경에서 비롯하는 외적 요인으로 볼 수 있다. 이러한 요인들은 학생에게 복합적으로 작용하여 학생의 독서 동기를 유발한다. 예컨대 어떤 학생이 학교 도서실에 들어갔다가 디자인에 이끌려 특정한 책을 읽고 싶어졌다면, 학습 환경 요인과 물리적 요인이 함께 작용하여 학생의 독서 동기를 유발한 셈이다.

한편 독서 지도 이론에서 독서 동기를 유발하는 요인은 주변인의 개입을 기준으로 ㉡ 수동적 요인과 능동적 요인으로 구분되기도 한다. 수동적 요인은 학교나 지역 사회에서 도서관을 지어 주거나, 권장 도서 목록을 만들어 배포하는 것처럼 독서가 가능한 여건을 조성함으로써 학생의 독서 활동을 간접적으로 유도하는 것을 말한다. 반면 능동적 요인이란 교사나 부모 등이 학생의 독서 활동을 직접 교육하거나 지시하는 것인데, ⓐ 관련 연구에 따르면 학생의 독서 활동이 실질적으로 완료되는 데 상대적으로 큰 효과를 보이는 것은 후자로 나타났다.

1. 윗글의 내용과 일치하지 않는 것은?

① 독서 동기는 여러 요인이 종합적으로 작용하여 유발된다.
② 환경에서 비롯하는 외적 요인은 수동적 요인에 해당한다.
③ 일반적으로 독서 자료 선택은 독서 동기 유발에 후행한다.
④ 책의 외형적 특성에 이끌려 독서 동기가 유발될 수도 있다.
⑤ 독서 동기 유발 요인은 주변인의 개입을 기준으로도 나뉜다.

2. <보기>는 학생들의 독서 동기를 조사한 자료이다. ㉠과 ㉡의 구분을 바탕으로 자료를 이해한 것으로 가장 적절한 것은? [3점]

〈 보 기 〉

㉮ 부모님께서 즐겨 읽던 책의 제목이 신기했던 학생이 그와 같은 제목의 책을 학급 문고에서 발견하자 이를 읽고 싶은 마음이 들었다.
㉯ 평소 지구 과학 수업에서 천문 현상에 관심이 있던 학생이 집의 서재에서 천문학 관련 서적을 발견하자 이를 읽고 싶은 마음이 들었다.
㉰ 공공도서관을 방문한 학생이 담임 선생님이 수업 시간마다 읽으라고 말했던 책을 발견하자 선생님에게 인정받아야겠다는 생각에 이를 읽고 싶은 마음이 들었다.

① ㉠의 구분에 따르면, ㉮와 달리 ㉰는 학습 환경 요인이 아닌 사회환경 요인이 작용하여 독서 동기가 유발된 상황이다.
② ㉠의 구분에 따르면, ㉯와 달리 ㉰는 개인적 요인이 환경적 요인과 함께 작용하여 독서 동기가 유발된 상황이다.
③ ㉠의 구분에 따르면, ㉰와 달리 ㉮는 내적 요인 없이 외적 요인들만이 작용하여 독서 동기가 유발된 상황이다.
④ ㉡의 구분에 따르면, ㉯와 달리 ㉰는 수동적 요인과 능동적 요인이 함께 작용하여 독서 동기가 유발된 상황이다.
⑤ ㉡의 구분에 따르면, ㉯와 달리 ㉮는 부모님의 개입, 즉 능동적 요인이 작용하여 독서 동기가 유발된 상황이다.

3. <보기>의 관점에서 ⓐ를 고려하여 내릴 수 있는 결론의 내용으로 가장 적절한 것은?

〈 보 기 〉

학생의 독서 활동을 살펴보니, 학생에게 특정 책에 대한 독서 동기가 유발되더라도 그것이 그 책을 실제로 선택하여 구매하거나 대출하는 행위로 연결되지 않는 경우가 많았다.

① 학생이 도서관보다 서점에서 책의 외형적 특성을 직접 접하는 것이 학생의 독서 활동에 큰 도움이 되겠군.
② 학교 도서실이나 학급 문고, 공공도서관과 같은 환경을 조성하는 것이 학생의 독서 활동에 큰 도움이 되겠군.
③ 교사가 학생이 관심을 보이는 책을 교과 학습에 활용하여 읽도록 지도하는 것이 학생의 독서 활동에 큰 도움이 되겠군.
④ 환경적 요인보다 개인적 요인에 중점을 두어 학생의 독서 동기를 유발하는 것이 학생의 독서 활동에 큰 도움이 되겠군.
⑤ 권장 도서 목록을 바탕으로 학생이 특정 독서 자료를 선택하도록 유도하는 것이 학생의 독서 활동에 큰 도움이 되겠군.

[4~7] 다음을 읽고, 물음에 답하시오.

미생물의 활동으로 유기물에서 고체의 무기물 결정을 만들어 내는 작용을 '바이오미네랄리제이션(Biomineralization)'이라고 한다. 자연계에서는 생물의 생장이 이러한 작용을 거치기도 한다. 예를 들어 포유 동물의 체내 단백질 중 30% 가량을 차지하는 콜라겐에서 바이오미네랄리제이션이 일어나면, 인체의 뼈나 치아 조직 형성에 중요한 역할을 하는 수산화 인회석이 생성되고 이에 따라 뼈가 성장한다. 또한 조개의 단백질은 바닷물 속 미생물을 이용하여 각종 광물 이온을 포집, 농축하는 과정의 바이오미네랄리제이션을 거쳐 진주를 만들어 내기도 한다.

바이오미네랄리제이션은 혐기성 미생물의 호흡에 의한 것이다. 일반적인 의미의 호흡은 산소를 공급 받는 산화 작용과 산소가 제거되는 환원 작용이 반복적으로 일어나는 반응으로, 호기성 미생물은 공기 중의 산소를 직접 공급 받아 유기물을 분해하여 에너지를 얻는다. 반면 산소가 없는 조건에서 에너지를 만들어 생존하는 혐기성 미생물은 산소 대신 여러 무기 이온을 이용하여 호흡한다. ㉠ 혐기성 조건에서 일어나는 미생물의 호흡은 오염 물질의 정화에 활용된다. 대표적인 예로 셀레늄 정화가 있다. 토양 혹은 지하수에 용해되어 환경을 오염시키는 산화 셀레늄은 방사성을 띠고 있어 사람이 직접 처리하기에는 위험하다. 이때 금속 환원 미생물을 이용하면 원소 셀레늄을 생성해 오염 정도를 낮출 수 있는데, 용해도가 높은 산화 셀레늄과 달리 원소 상태의 셀레늄은 용해도가 낮아 인체에 흡수되는 양이 적어 위험성이 낮기 때문이다. 혐기성 미생물이 산화 셀레늄에 오염된 토양이나 지하수에서 호흡하면, 환원된 셀레늄 원소가 토양이나 지하수에 녹아 있는 철분 이온과 결합하여 고체 상태의 광물 철-셀레나이드를 생성하는 바이오미네랄리제이션이 일어난다. 이러한 일련의 과정을 ㉡ '셀레늄 배수 처리법'이라고 하며, 공정 과정에서 생성된 부산물이 독성을 지니지 않아 친환경적인 정화 방식으로 인정받고 있다.

바이오미네랄리제이션을 인공적으로 실현하는 기술은 여러 측면에서 효율성이 높아 각광받고 있다. 기질 특이성이 높은 효소 반응과 관련한 미생물 작용은, 해당 금속류와의 친화성이 높은 효소나 생체 단백질이 주어진다면 저농도 영역에서도 반응 효율이 비교적 높게 유지되므로 배수와 같은 혼합물 안에서 특정 금속 이온을 변환하는 데에 적합하다. 미생물은 적정한 영양소만 부여하면 자기 증식이 가능하므로 자발적이고 지속적인 정화가 가능하며, 상온 상압 상태에서 반응이 이루어지므로 에너지를 크게 절약할 수 있다. 또한 반응에 의해 발생하는 부산물도 생태계의 순환 질서에 포함되는 물질로서 쉽게 분해되기 때문에 환경 친화적이다.

그러나 바이오미네랄리제이션에 의한 금속류 제거 및 회수 기술을 실현하기 위해서는 앞으로 해결해야 할 과제가 몇 가지 남아 있다. 가장 중요한 문제는 미생물 반응이 물리 화학 반응에 비해 반응 속도가 느리다는 점이다. 그리고 배수나 폐기물 속에 존재하는 다른 유기 물질에 의해 미생물의 작용이 저해되기 쉽다는 점도 한계로 지적되고 있다. 이러한 제약들은 미생물을 이용하는 이상 불가피하지만 유전자 조작에 의한 미생물 촉매의 개발과 같은 다양한 연구를 통해 어느 정도는 극복할 수 있을 것이다.

4. 윗글을 읽은 후의 반응으로 적절하지 않은 것은?

① 진주는 광물 이온이 바이오미네랄리제이션을 거쳐 변형된 무기물에 해당되겠구나.
② 미생물은 일정한 조건이 갖추어진다면 특정 금속 이온과의 반응성이 높게 유지되는구나.
③ 바이오미네랄리제이션 기술은 오염된 토양이나 지하수를 정화하는 데에 활용될 수 있겠구나.
④ 바이오미네랄리제이션은 미생물 내부의 산소가 무기 이온으로 이동하는 과정을 포함하는구나.
⑤ 미생물은 적정한 환경만 부여된다면 무한에 가까운 바이오미네랄리제이션을 일으킬 수 있겠구나.

5. ㉠의 이유를 추론한 내용으로 가장 적절한 것은? [3점]

① 미생물의 호흡 과정에서 산소를 공급하여 유기물을 분해하기 때문에
② 미생물의 호흡 과정에 산화된 물질에서 제거된 산소가 사용되기 때문에
③ 미생물의 호흡 과정에 이용된 물질이 환원되어 그 용해도가 감소하기 때문에
④ 미생물의 호흡 과정에서 오염 물질에 용해되어 있는 무기 이온이 흡수되기 때문에
⑤ 미생물의 호흡 과정에서 오염 물질의 산소가 제거됨으로써 해당 물질이 소멸되기 때문에

6. ㉡에 대한 이해로 적절하지 않은 것은?

① 셀레늄에 작용하는 특정 미생물이 활용된다.
② 환원된 셀레늄은 고체 상태의 광물로 변환된다.
③ 부산물이 생성되지 않아 환경에 무해한 방식이다.
④ 산화된 셀레늄을 원소 상태의 셀레늄으로 환원시킨다.
⑤ 산화 상태의 셀레늄을 광물 결정으로 변환하는 과정이다.

7. 윗글을 바탕으로 <보기>를 이해한 것으로 적절하지 않은 것은?

─── 〈 보 기 〉 ───
뼈를 구성하는 골 기질은 콜라겐 섬유로 구성된 유기질과 무기질로 이루어져 있다. 뼈의 무기질에는 우리 몸 전체에 있는 칼슘의 99%, 인의 90%가 집중적으로 분포해 있으며, 뼈의 단단함을 결정한다. 칼슘과 인은 인산 칼슘의 고체 광물 형태인 수산화 인회석으로 존재한다.

① 칼슘과 인이 미생물과 결합하면 뼈가 성장하겠군.
② 골 기질은 수산화 인회석이 생성됨에 따라 생장하겠군.
③ 수산화 인회석은 고체 상태의 광물로서, 뼈의 단단함을 결정하겠군.
④ 수산화 인회석은 바이오미네랄리제이션을 거쳐 만들어진 무기질이군.
⑤ 콜라겐 섬유의 단백질은 환원 과정을 거치며 무기질 성분의 인산 칼슘으로 변형되겠군.

[8~11] 다음을 읽고, 물음에 답하시오.

팝아트는 현대 산업 사회의 대중 매체가 대량으로 생산한 기존의 이미지를 회화의 영역으로 끌어들였다. 팝아트 작가들이 이러한 소재를 차용한 것은 사회를 반영하려는 의도였다. 팝아트 작가들은 산업화라는 사회적 환경에 의해 ⓐ 굳어진 관습적인 이미지를 예술적 방식으로 환기하고, 이에 대한 대중의 사색을 ⓑ 이끌어 내는 데에서 회화의 목적을 찾았다. 즉 이러한 팝아트에서 작가의 창조성은 재현 대상인 이미지의 내용을 예술적으로 생산하는 데 있지 않고, 작가의 관점이나 의도, 행위를 통해 기존 이미지에 대한 반성을 불러일으키는 데 있다.

팝아트는 기존의 대중적 이미지를 회화적 은유를 통해 재현하기 위한 특별한 방식을 고민하였다. 팝아트 작가들은 기존 이미지를 사진, 실크스크린 등 원본과 다른 기법으로 재구성함으로써, 그러한 이미지를 생산한 사회의 현실을 효과적으로 ⓒ 드러낼 수 있다고 믿었다. 또 기존 이미지와 이를 드러내는 예술의 관계 자체가 회화의 내용이 된다는 점에서, 팝아트는 대량 생산에 기초한 현대 사회의 획일성을 회화를 통해 보여 주는 방법을 강조하였다. 따라서 팝아트에서 반복되는 기존 이미지는 단순한 모방이 아닌 작가의 관점을 표현하는 전략으로서 예술적 위상을 갖는다. 즉 팝아트 작가들이 기존 이미지에 낭만, 유머, 상징과 같은 다양한 요소를 투영한 것은 작가의 주관적 관점을 반영한 것이다. 작가들은 이를 통해 관객의 관점이나 정서적 반응에 효과적으로 개입할 수 있다고 생각하였다.

한편 팝아트의 영향을 받은 포토리얼리즘은 현대 산업 사회의 구체적인 모습이라는 내용을 사진을 활용하여 보여 주는 회화를 가리킨다. 포토리얼리즘은 실제로 찍은 사진을 수정하거나, 실제로 찍은 사진을 모방하여 다시 그리는 방식으로 실현되었다. 이러한 포토리얼리즘에서 산업적 기술의 산물인 카메라와 사진은 회화적 도구로 간주되었다. 당시 회화의 주류였던 순수 추상주의는 사실적 형태와 묘사를 거부하고 작가의 감정과 정신을 형상화하려는 경향을 보였다. 하지만 포토리얼리즘은 이에 반대하면서 구상적 재현에 집중하였다. 그런데 포토리얼리즘은 팝아트처럼 대중적으로 널리 알려진 기존 이미지를 활용하지는 않았다. 대신 포토리얼리즘은 건물, 자동차, 간판 등 실제 현대 사회의 부분적인 모습들을 담은 사진을 활용하여 도시적인 삶과 일상성을 표현하였다. 이러한 포토리얼리즘은 표현적인 측면에서는 최소한의 수단을 통해 공간이나 형태의 순수함을 간결하게 드러내려는 미니멀리즘의 영향을 받은 것으로 평가되지만, 사회적인 메시지의 측면에서는 예술의 사회적 의미를 거부하는 미니멀리즘과 차별화된다.

이러한 포토리얼리즘을 주창한 마이즐은 정보를 ⓓ 모으는 데 카메라와 같은 기계를 사용하고, 그러한 정보를 캔버스로 옮기는 데에도 기계적 수단을 사용하며, 완성된 작품을 사진처럼 보이게 하는 기술적 복제 능력을 갖춰야만 포토리얼리즘이라고 ⓔ 불릴 수 있다고 주장하였다. 이처럼 포토리얼리즘은 팝아트와 달리 작가의 주관성을 배제하고 대상을 객관적으로 묘사하는 기술적 기법을 추구하였다. 즉 포토리얼리즘은 팝아트처럼 기존 대상을 작가의 창조적 관점을 통해 재구성하는 것이 아니라, 대상을 정확성과 치밀함에 초점을 두어 비개성적으로 구현하는 것이다. 이에 올덴버그는 포토리얼리즘 예술가는 비개성화를 위한 훈련이 필요하다고도 주장하였다. 이러한 방식이 관객에게 작품을 중립적이고 개방적인 태도로 감상할 가능성을 제공하며, 이에 따라 결국 관객이 현대 사회에 대하여 스스로 사색하게 된다고 보았기 때문이다.

8. 윗글의 내용과 일치하는 것은?

① 팝아트는 창조성을 발휘하여 재현 대상의 내용을 예술적으로 재생산하려 하였다.
② 팝아트는 포토리얼리즘과 달리 기존 이미지와 예술 간의 관계를 작품의 내용으로 삼았다.
③ 팝아트는 순수 추상주의와 달리 추상적·은유적 표현을 거부하고 구상적인 재현을 중시하였다.
④ 포토리얼리즘은 미니멀리즘과 유사한 표현 방식을 통해 미니멀리즘과 유사한 의미를 추구하였다.
⑤ 마이즐은 작가가 실제 사진을 사용하지 않고, 그림을 사진처럼 보이게 하는 기술적 능력을 발휘해야 한다고 보았다.

9. 윗글을 참고할 때, 현대 산업 사회와 예술의 관계에 대하여 이해한 내용으로 적절하지 <u>않은</u> 것은?

① 팝아트는 현대 산업 사회의 기존 이미지에 낭만, 유머, 상징과 같은 요소를 투영하였다.
② 포토리얼리즘은 현대 산업 사회의 부분적이고 일상적인 모습을 정확하고 치밀하게 구현하는 데 집중하였다.
③ 기존 이미지의 반복으로 현대 산업 사회에 대한 모방을 넘어서려 했던 팝아트와 달리, 포토리얼리즘은 현대 산업 사회의 구체적인 모습을 담은 사진을 모방하였다.
④ 대량 생산에 기초한 현대 산업 사회의 획일성을 비판적으로 다루려 했던 팝아트와 마찬가지로, 포토리얼리즘은 현대 산업 사회의 기술적인 생산 방식을 거부하였다.
⑤ 작가의 관점에서 현대 산업 사회에 대한 반성을 일으키려 했던 팝아트와 달리, 포토리얼리즘은 중립적 묘사가 현대 산업 사회에 대한 메시지를 오히려 잘 전달한다고 보았다.

10. 윗글을 바탕으로 〈보기〉에 대해 이해한 반응으로 가장 적절한 것은? [3점]

〈 보 기 〉
19세기 리얼리즘 화가 쿠르베는 훌륭하고 이상적인 것을 예술의 대상으로 삼았던 기존 회화에 반발하면서, 직접 느끼고 경험할 수 있는 현실을 그려야 한다고 주장하였다. 그렇다고 쿠르베가 현실을 사진처럼 캔버스에 그대로 옮기려는 것은 아니었다. 쿠르베는 미화된 현실이 아니라 평범하고 일상적인 현실을 직시해야 민중의 생각과 감정을 잘 표현할 수 있다고 보았다. 실제로 쿠르베는 민중의 입장에서 사회를 비판하는 작품을 다수 남겼고, 정치적 활동에도 적극적이었다.

① 쿠르베는 팝아트가 작가의 의도를 가지고 관객의 관점이나 반응에 개입하려는 것에 부정적이겠군.
② 쿠르베는 순수 추상주의가 작가의 감정과 정신을 작품으로 형상화하기 위해 제시한 방법에 긍정적이겠군.
③ 쿠르베는 포토리얼리즘이 실제 현대 사회의 모습을 활용하여 도시적인 삶과 일상성을 표현하려는 것에 긍정적이겠군.
④ 쿠르베는 마이즐이 카메라 같은 기계적 수단을 통해 대상을 중립적으로 묘사해야 한다고 주장하는 것에 긍정적이겠군.
⑤ 쿠르베는 올덴버그가 대상을 기술적으로 묘사하려면 비개성화를 위한 훈련이 필요하다고 주장하는 것에 긍정적이겠군.

11. 문맥상 ⓐ~ⓔ와 바꿔 쓰기에 적절하지 <u>않은</u> 것은?

① ⓐ: 견고(堅固)해진
② ⓑ: 유도(誘導)해
③ ⓒ: 반증(反證)할
④ ⓓ: 수집(蒐集)하는
⑤ ⓔ: 명명(命名)될

〔12~17〕 다음을 읽고, 물음에 답하시오.

(가)
조세법률주의는 헌법 제59조 "조세의 종목과 세율은 법률로 정한다."에 따라, 조세는 법률 규정에 근거하여 이루어져야 한다는 조세법의 기본 원칙이다. 국민들은 재산권 침해 가능성이 있는 조세법의 입법 과정에 참여함으로써 국가 기관에 의한 재산권 침해를 최소화할 수 있다. 만약 조세가 법률로 규정되지 않으면 정부의 자의적인 과세가 가능해지고, 납세자는 자신에게 부과될 조세에 대한 예측 가능성이 ⓐ 떨어지기에 혼란을 겪을 것이다. 또 법률과 같은 명시적이고 합리적인 근거 없이 새로운 세금을 창설하거나 세율을 높이는 등 세액이 상승하면 국민의 조세 저항은 매우 커질 것이다. 이에 조세법은 새로운 세금 창설 및 세율 수정뿐만 아니라, 납세 의무 성립에 필요한 요건인 과세 요건 전반을 반드시 법률적으로 규정해야 한다는 조세법률주의를 따른다. 이러한 조세법률주의에 기초하여, 국민은 국회에서 제정하는 법률로 정해진 바에 따라 납세 의무자가 되어 납세 의무를 ⓑ 지게 된다.

조세법률주의에 따르면 국회가 제정한 법률이 아닌, 행정 기관이 제정하는 명령 또는 지방 자치 단체가 제정하는 규칙만으로는 새로운 과세 요건을 설정할 수 없다. 법률 규정을 위반하는 명령과 규칙 또한 효력이 없다. 재산권을 침해할 수 있는 조세법의 성격상 사후(事後)의 입법을 소급 적용하여 과세할 수도 없다. 이는 조세 납부 의무가 성립한 소득·수익·재산·행위·거래에 대하여, 의무가 성립한 이후 새로 입법된 세법을 소급하여 과세하지 못한다는 뜻이다. 또 조세법률주의는 조세법의 엄격한 해석을 원칙으로 ⓒ 한다. 따라서 관련 법이 미비하거나 법에 오류가 있는 등 합리적인 이유가 없다면, 통상적인 의미보다 법률을 넓게 적용하는 확대 해석, 또 법률로 규정되지 않은 사항에 그와 유사한 사항에 관한 법률을 적용하는 유추 해석은 조세법의 적용 과정에서 허용되지 않는다.

(나)

조세법은 기본적으로 ㉮ 조세법률주의를 엄격히 적용하는 것을 원칙으로 하지만, 이러한 조세법률주의의 엄격한 적용에는 한계가 있다. 먼저 조세와 관련한 모든 상황을 법률로 명시하여 규정하는 것은 현실적으로 불가능하다. 또 법률로 규정된 내용만으로 과세할 경우, 납세자 간 조세 부담이 공평해야 한다는 조세공평주의가 훼손되는 상황이 발생하기도 한다. 이에 헌법상 기본권인 평등권의 하위 개념으로서, 조세법률주의의 한계를 보완하고 조세공평주의를 구체적으로 실현하기 위해 도입된 개념이 바로 '실질 과세'이다.

조세공평주의에서 파생된 실질 과세 원칙이란 과세 요건의 형식보다는 실질에 따라 과세한다는 것으로서, 조세법 전반에 적용된다. 이에 따르면 납세 의무자는 단순히 과세 대상이 귀속되는 명의만을 가진 자를 말하는 것이 아니라, 과세 대상이 실질적으로 귀속되는 자를 말한다. 또 세액을 계산할 때에도 단순한 형식보다는 실질적 거래에 주목한다. 국제 조세 분야에서 자주 일어나는 단계 거래에도 실질 과세 원칙이 적용된다. 제삼자를 통하거나 둘 이상의 거래를 거치는 간접적 방법으로 이루어지는 단계 거래가 조세법의 혜택을 부당하게 ⓓ 받는 경우, 이를 당사자와의 직접 거래 또는 연속된 하나의 거래로 보고 과세하는 것이다. 다만 상속세, 증여세법 등 특수하고 예외적인 규정을 두는 세법은, 그 세법에 따라 실질 과세 원칙의 예외가 될 수 있다.

그런데 실질 과세 원칙과 관련하여 '형식'과 대립하는 '실질'에 대한 해석은 관점에 따라 달라지기도 한다. 가령 ㉠ 법적 실질설은 조세법을 적용하는 법률관계와 관련하여, 외형적으로 가장된 형식적 법률관계와 그 배후에 숨겨진 진실한 실질적 법률관계가 다를 때, 전자가 아닌 후자에 대하여 과세한다는 뜻으로 실질 과세 원칙을 해석한다. 법적 실질설은 조세법의 입법 과정에서는 경제적 실질을 따르는 것이 적절하지만, 이미 입법된 조세법의 적용 과정에서 법률로 규정되지 않은 경제적 실질을 따르는 것은 조세법의 핵심 원칙인 조세법률주의를 해친다고 본다. 법적 실질설의 관점에서 세법과 과세는 모두 헌법을 중심으로 하는 법률에 근거해야 하고, 경제적 실질에만 근거한 과세는 납세자의 재산권에 대한 부당한 침해가 된다. 또 조세 회피 행위와 관련된 구체적 규정이 없다면 법을 따른 납세 의무자의 거래를 조세 회피 행위로 볼

수 없다. 이는 조세법률주의에 대한 보완 과정에서도 조세법률주의라는 기본 원칙을 해치지 않는 것을 중시하는 관점으로 이해할 수 있다.

반면 ㉡ 경제적 실질설은 형식과 실질의 대립을 법적인 것과 경제적인 것의 대립의 의미로 해석하여, 법적 형식보다는 경제적 실질에 따라 과세해야 한다고 주장한다. 조세법상 법적 형식과 경제적 실질이 대립할 때 법적 실질설을 택하면 실질 과세 원칙의 적용 가능 범위가 매우 협소해지며, 법률로 규정되지 않은 방식의 조세 회피 행위가 만연해져 조세공평주의를 실현할 수 없게 된다. 경제적 실질설에 따르면, 기본적으로는 조세법률주의에 따라 법률로 규정된 과세 요건을 따르되, 조세 회피 행위에 대하여 법에 규정된 바가 없거나 조세 회피 행위가 제한적으로 열거되어 있다 하더라도, 양도·상속·증여 등의 경제적 거래가 실질적으로 ⓔ 이루어졌다면 실질 과세 원칙에 따라 과세하는 것이 조세 정의에 부합한다. 이는 조세공평주의에 따라 조세법률주의의 한계를 보완하려는 실질 과세 원칙의 본래 취지를 더 중시하는 관점으로 이해할 수 있다.

12. (가)에서 답을 찾을 수 없는 질문은?

① 조세의 종목과 세율은 법률에 명시되어 있는가?
② 정부가 국민들에게 자의적으로 과세할 수 있는가?
③ 납세 의무가 성립하는 과세 요건으로 어떤 항목이 있는가?
④ 국회가 아닌 기관이나 단체가 과세 요건을 설정할 수 있는가?
⑤ 법과 관련하여 확대 해석과 유추 해석의 의미는 무엇인가?

13. (가)와 (나)를 이해한 내용으로 적절하지 <u>않은</u> 것은?

① 납세 의무자는 조세법의 규정을 따르면서도 조세를 회피할 수 있는 여지가 있다.
② 헌법에 기초한 조세법의 규정을 엄격하게 따라야 조세공평주의를 실현할 수 있다.
③ 조세법은 납세자의 재산권을 침해할 수 있으므로 입법 과정에 국민의 참여가 필요하다.
④ 과세 대상이 귀속된 명의를 가진 사람과 그 과세 대상이 실질적으로 귀속된 사람이 다를 수 있다.
⑤ 새로운 세법으로 그 세법 제정 이전에 조세 납부 의무가 성립한 행위나 거래에 대해 과세할 수 없다.

14. (가)와 (나)를 참고할 때, ㉮의 입장에 부합하는 내용으로 가장 적절한 것은?

① 조세법의 입법 취지를 훼손하지 않는 범위에서 법률의 탄력적 해석으로 조세 수입을 높여야 한다.
② 실질 과세 원칙을 적용할 수 있는 범위를 가능한 한 넓게 해석하여 조세 회피 행위를 방지해야 한다.
③ 합리적인 이유가 없는 확대 해석이나 유추 해석은 국민의 조세 저항을 부를 수 있기에 허용되지 않는다.
④ 경제적 행위 및 거래의 특성은 시간에 따라 변화할 수 있기에 법률로 과세 요건을 명시하는 데에는 한계가 있다.
⑤ 명령이나 규칙으로 정해진 과세 요건을 따르지 않는 납세 의무자는 조세 회피 행위를 저지른 것으로 간주해야 한다.

15. ㉠과 ㉡을 이해한 내용으로 가장 적절한 것은?

① ㉠은 ㉡과 달리 특수한 규정으로 실질 과세 원칙에 예외를 둘 수 없다고 본다.

② ㉠은 ㉡과 달리 조세법의 적용 과정에서 '실질'을 법률관계에 국한하여 해석한다.

③ ㉠은 ㉡과 달리 조세법의 입법 및 적용 과정은 경제적 실질과는 무관해야 한다고 본다.

④ ㉡은 ㉠과 달리 조세의 종목 및 세율, 과세 요건 등은 법률로 규정되지 않아도 된다고 본다.

⑤ ㉠과 ㉡은 모두 법률로 규정된 내용만으로 공평한 과세를 할 수 있는 상황을 전제로 하고 있다.

16. (가)와 (나)를 참고할 때, <보기>에 대한 반응으로 적절하지 <u>않은</u> 것은? [3점]

〈 보 기 〉

외형적 법률상으로는 타당한 행위나 회계 처리라도, 실질적으로는 조세를 부당하게 감소시키려는 목적으로 행하였다면 법인의 행위나 계산이 부인되는데, 이를 '부당행위계산부인'이라 한다. 이는 납세의무자가 특수관계자와 시장가격에서 이탈한 비정상적인 거래를 하여 과세권자의 세금 징수 기회를 박탈한 것이다. 부당행위계산이 부인되면, 법인은 과세권자가 계산한 소득 금액에 따라 조세를 납부해야 한다. 단 특수관계자의 범위는 조세법에 제한적으로 열거되어 있다. 또 각 세목과 법률에서 적시된 거래 유형과 금액적 요건에 완전히 부합하지 않는 행위는 부당행위로 인정되지 않는다.

① '부당행위계산부인'에서는 행위의 목적을 파악하는 것이 중요하겠군.

② '부당행위계산부인'은 납세자 간 공평성 확보를 지향하는 점에서, 조세공평주의와도 관련이 있겠군.

③ 조세법률주의에 따르면, '특수관계자'와 비정상적인 거래를 하더라도 부당행위로 인정되지 않는 경우도 있겠군.

④ '부당행위계산부인'의 적용 요건을 규정한 시행령이 효력을 지니기 위해서는 그 시행령이 조세법에 근거해야겠군.

⑤ 법이 아닌 경제적 개념에 근거하여 과세한다는 점에서 '부당행위계산부인'은 납세자의 재산권을 침해할 수 있겠군.

17. 문맥상 ⓐ~ⓔ의 단어와 가장 가까운 의미로 쓰인 것은?

① ⓐ : 한번 정이 <u>떨어진</u> 사람과는 다시 친해지기 어렵다.

② ⓑ : 소나무 아래에 그늘이 <u>지자</u> 바람이 불기 시작했다.

③ ⓒ : 그는 귀국 후에 자연을 벗으로 <u>하여</u> 여생을 보냈다.

④ ⓓ : 언론사에서 피해자를 돕기 위한 기부금을 <u>받고</u> 있다.

⑤ ⓔ : 대법원은 대법원장과 여러 명의 대법관으로 <u>이루어진다</u>.

[18~21] 다음을 읽고, 물음에 답하시오.

두 번째로 내가 건우란 소년에 대해서 관심을 더욱 가지게 된 것은 학기 초 가정 방문을 나가기 전에 그가 써낸 작문을 읽고부터였다. (나는 가정 방문을 나가기 전 가끔 학생들에게 자기 자신에 관한 글을 써 오라고 하였다.)

ⓐ <섬 애기>란 제목의 그의 글은 결코 미문은 아니었다. 그러나 내용은 끔찍한 것이라 생각했다. 자기가 사는 고장 — 복숭아 꽃도, 살구꽃도, 아기 진달래도 피지 않는 조마이섬은, 몇 백 년, 아니 몇 천 년 갖은 풍상과 홍수를 겪어 오는 동안에 모래가 밀려서 된 나라 땅인데, 일제 때는 억울하게도 일본 사람의 소유가 되어 있다가 해방 후부터는 어떤 국회의원의 명의로 둔갑이 되었는가 하면, 그 뒤는 또 그 조마이섬 앞강의 매립 허가를 얻은 어떤 다른 유력자의 앞으로 넘어가 있다든가 하는 — 말하자면 선조 때부터 거기에 발을 붙이고 살아오던 사람들과는 무관하게 소유자가 도깨비처럼 뒤바뀌고 있다는, 섬의 내력을 적은 글이었다. 그저 그런 정도의 얘기를 솔직히 적었을 따름인데, 어딘지 모르게 무엇인가를 저주하는 듯한, 소년의 날카롭고 냉랭한 심사가 글 밑바닥에 깔려 있었다. 나는 나 자신이 갑자기 무슨 고발이라도 당한 심정으로 그 글발을 따로 제쳐서 책상 서랍 속에 넣어 두었다.

[중략 부분 줄거리] 폭우로 낙동강이 범람한다. '나'는 조마이섬 앞강의 매립 허가를 얻은 유력자가 매립을 위해 둑을 쌓아 놓은 일로 조마이섬 사람들과 마찰을 빚었다는 이야기를 전해 듣는다.

"건우네 가족도 무사히 피난했겠지요?"

먼저 내 입에서 아까부터 미뤄 오던 말이 나왔다.

"야……." / 해 놓고도 어쩐지 말끝이 석연치 않았다.

"집들은 물론 결단이 났겠지만, 사람은 더러 상하진 않았던가요?"

나는 이런 질문을 해 놓고, 이내 후회했다. 으레 하는 빈 걱정 같아서.

"집이고 농사고 머 있능기요. 다행히 목숨들만은 건졌지만, 그 바람에 갈밭새 영감이 또 안 끌려갔능기요."

윤춘삼 씨는 가슴이 내려앉는 듯한 무거운 한숨을 내쉬었다.

"건우 할아버지가?"

나는 하단서 그 접낫패에게 얼핏 들은 얘기를 상기했다.

"그래서 내가 지금 경찰서꺼정 갔다 오는 길인데, 마침 잘 만냈임더. 글 안 해도……."

기진맥진한 탓인지, 그는 내가 권하는 술잔도 들지 않고 하던 이야기만 계속했다. 바로 어제 있은 일이었다. 하단서 들은 대로 소위 배짱들이 만들어 둔 엉터리 둑을 허물어 버린 얘기였다.

— 비는 연 사흘 억수로 쏟아지지, 실하지도 않은 둑을 그대로 두었다가 물이 더 불었을 때 갑자기 터진다면 영락없이 온 섬이 떼죽음을 했을 텐데, 마침 배에서 돌아온 갈밭새 영감이 선두를 해서 미리 무너뜨렸기 때문에 다행히 인명에는 피해가 없었다는 것이다.

"그런데 와 건우 할아버진 끌고 갔느냐고요?"

윤춘삼 씨는 그제야 소주를 한 잔 훅 들이키고 다음을 계속했다.

— 섬사람들이 한창 둑을 파헤치고 있을 무렵이었다. 좀 더 똑똑히 말하다면, 조마이섬 서쪽 강둑길에 검정 지프차가 한 대 와 닿

은 뒤라 한다. 웬 깡패같이 생긴 청년 두 명이 불쑥 현장에 나타나더니, 둑을 허물어뜨리는 광경을 보자, 이내 노발대발 방해를 하기 시작하더라고. 엉터리 둑을 막아 놓고 섬을 통째로 집어삼키려던 소위 유력자의 앞잡인지 뭔지는 모르되, 아무리 타일러도, "여보, 당신들도 보다시피 물이 안류으로 이렇게 불어나는데 섬사람들은 어떻게 하란 말이오?" 해 봐도, 들어주긴커녕 그중 힘깨나 있어 보이는, 눈이 약간 치째진 친구가 되레 갈밭새 영감의 괭이를 와락 뺏더니 물속으로 핑 집어 던졌다는 거다.

그리곤 누굴 믿고 하는 수작일 테지만 후욕패설을 함부로 뇌까리자, 순간 화가 머리끝까지 치밀었을 갈밭새 영감도,

"이 개 같은 놈아, 사람의 목숨이 중하냐, 네놈들의 욕심이 중하냐?"

말도 채 끝내기 전에 덜렁 그 자를 들어 물속에 태질*을 해 버렸다는 것이다. 상대방은 "아이고." 소리도 못해 보고 탁류에 휘말려 가고, 지레 달아난 녀석의 고자질에 의해선지 이내 경찰이 둘이나 달려왔더라고.

"내가 그랬소!"

갈밭새 영감은 서슴지 않고 두 손을 내밀었다는 거다. 다행히도 벌써 그 때는 둑이 완전히 뭉개지고, 섬을 치덮던 탁류도 빙 에워 돌며 뭉그적뭉그적 빠져나가고 있었다는 것이다.

"정말 우리 조마이섬을 지키다시피 해 온 영감인데……, 살인죄라니 우짜문 좋겠능기요?"

게까지 말하고 나를 쳐다보는 윤춘삼 씨의 벌건 눈에서는 어느덧 닭똥 같은 눈물이 뚝뚝 떨어지기 시작했다. 법과 유력자의 배짱과 선량한 다수의 목숨…… 나는 이방인(異邦人)처럼 윤춘삼 씨의 캉캉한 얼굴을 건너다보았다.

폭풍우는 끝났다. 60년래 처음이니 뭐니 하고 수다를 떨던 라디오와 신문들도 이젠 거기에 대해선 감쪽같이 말이 없었다. 그저 몇몇 일간 신문의 수해 구제의연란에 다소의 금액과 옷가지들이 늘어 갈 뿐이었다. 섬사람들의 애절한 하소연에도 불구하고 육십이 넘는 갈밭새 영감은 결국 기약 없는 감옥살이로 넘어갔다. 그리고 9월 새 학기가 되어도 건우 군은 학교에 나오지 않았다. 끝내 돌아오지 않았다. 그의 일기장에는 어떠한 글이 적힐는지.

황폐한 모래톱 — 조마이섬을 군대가 정지*를 하고 있다는 소문이 들렸다.

- 김정한, 「모래톱 이야기」 -

*태질 : 세게 던지는 짓. / *정지 : 땅을 고르게 함.

18. 윗글에 대한 설명으로 가장 적절한 것은?

① 역순행적 구성을 통해 사건의 인과 관계를 의도적으로 감추고 있다.
② 공간의 이동을 통해 사건의 국면이 전환되는 양상을 그려내고 있다.
③ 후일담을 덧붙임으로써 사건 해결에 대한 긍정적 전망을 내비치고 있다.
④ 인물의 발화를 통해 인물의 내적 갈등이 해소되는 과정을 드러내고 있다.
⑤ 서술자가 관찰자의 관점에서 소외된 계층의 현실을 사실적으로 나타내고 있다.

19. 윗글에 대한 이해로 적절하지 <u>않은</u> 것은?

① 유력자는 조마이섬을 차지하기 위해 둑을 쌓고 사람을 보내어 둑을 지키게 했다.
② '나'는 윤춘삼을 만나기 전에 이미 건우 할아버지와 관련된 일을 알고 있었다.
③ 경찰은 갈밭새 영감을 변호하는 윤춘삼의 말을 듣지 않고 막무가내로 갈밭새 영감을 끌고 갔다.
④ 갈밭새 영감이 둑이 터질 경우를 대비하여 미리 손을 쓴 덕분에 인명 피해가 발생하지 않았다.
⑤ 갈밭새 영감은 청년들이 사람 목숨을 아랑곳하지 않는 모습에 분노하여 청년 하나를 물에 내던졌다.

20. ⓐ에 대한 설명으로 가장 적절한 것은?

① ⓐ는 조마이섬에 가해진 폭력을 국가에 고발하기 위해 건우가 작성한 글이다.
② ⓐ는 조마이섬의 소유자가 계속 바뀔 수밖에 없었던 이유를 통시적으로 고찰하고 있다.
③ ⓐ는 시대에 따라 소유자가 계속 바뀌는 자기 고장의 내력에 대해 건우가 적은 글이다.
④ ⓐ에는 자기 고장의 자연 경관이 볼품없다는 사실에 대한 건우의 부끄러움이 드러나 있다.
⑤ ⓐ에는 주민들이 조마이섬을 소유하지 못하는 불합리한 상황에 대해 저주하는 내용을 담고 있다.

21. <보기>를 참고하여 윗글을 감상한 내용으로 적절하지 <u>않은</u> 것은? [3점]

─── 〈 보 기 〉 ───

「모래톱 이야기」는 다수가 공유하는 '공유재'가 개인의 탐욕으로 사유화되던 1960년대의 모습을 그리고 있다. '조마이섬'은 자연적으로 형성된 공간이며, 그곳의 주민들이 오랜 시간 가꾸어 온 삶의 터전이라는 점에서 공유재의 성격을 지닌다. 그러나 근대화의 과정에서 조마이섬은 공유재의 성격을 잃고, 섬의 소유권은 계속 이전된다. 한편 국가는 조마이섬을 사적으로 소유하려는 외부 세력과 결탁하여 '공유재의 사유화'를 방조한다. 그리고 근대화 과정에서 소외된 민중은 국가와 결탁한 외부 세력에 맞서지만, 공권력에 제지당하며 삶의 터전에서 추방될 위기에 처한다.

① 갈밭새 영감이 살인죄로 감옥살이를 하게 된 것에서, 부당한 세력에 맞서던 주민이 공권력에 제지당한 모습을 확인할 수 있어.
② 해방 후 조마이섬의 소유권이 어떤 국회의원의 명의가 되는 것에서, 공유재의 사유화를 방조하는 국가의 모습을 확인할 수 있어.
③ 조마이섬의 소유자가 일본 사람, 국회의원, 유력자로 바뀌는 데에서, 공유재의 성격을 잃고 소유권이 이전되는 양상을 확인할 수 있어.
④ 유력자의 앞잡이들이 둑을 허무는 섬사람들을 방해하는 데에서, 다수가 공유하는 공유재를 사적으로 소유하려는 외부 세력의 의도를 확인할 수 있어.
⑤ 섬사람들이 집과 농사도 내버려 둔 채 목숨만 건졌다는 데에서, 근대화 과정에서 소외되어 삶의 터전에서 추방될 위기에 처한 민중의 모습을 확인할 수 있어.

[22~27] 다음을 읽고, 물음에 답하시오.

(가)

1
화안한 꽃밭 같네 참.

눈이 부시어, 저것은 꽃핀 것가 꽃진 것가 여겼더니, **피는 것 지는 것**을 같이한 그러한 **꽃밭**의 저것은 저승살이가 아닌것가 참. 실로 언짢달것가. 기쁘달것가.

거기 정신없이 앉았는 섬을 보고 있으면,

우리가 살았닥해도 그 많은 때는 **죽은 사람과 산 사람이 숨소리를 나누고 있는** 반짝이는 **봄바다**와도 같은 저승 어디쯤에 ㉠호젓이 밀린 섬이 되어 있는 것이 아닌것가.

2
우리가 소시(少時)적에, 우리까지를 사랑한 ⓐ남평 문씨 부인은, 그러나 사랑하는 아무도 없어 **한낮의 꽃밭 속에 치마를 쓰고 찬란한 목숨을 풀어헤쳤더란다.**

㉡확실히 그때로부터였던가. 그 둘러썼던 비단 치마를 새로 풀며 우리에게까지도 설레는 물결이라면 **우리는 치마 안자락으로 코 훔쳐 주던 때의 머언 향내 속으로 살달아 마음달아 젖는단것가.**

돛단배 두엇, 해동갑하여 그 참 **흰나비** 같네.

— 박재삼, 「봄바다에서」 —

(나)

오렌지에 아무도 손을 댈 순 없다
오렌지는 여기 있는 이대로의 오렌지다
더도 덜도 아닌 오렌지다
내가 보는 오렌지가 나를 보고 있다

마음만 낸다면 나도
오렌지의 포들한 껍질을 벗길 수 있다
㉢마땅히 그런 오렌지
만이 문제가 된다

마음만 낸다면 나도
오렌지의 찹잘한 속살을 깔 수 있다
마땅히 그런 오렌지
만이 문제가 된다

㉣그러나 오렌지에 아무도 **손을 댈 순 없다**
대면 순간
오렌지는 오렌지가 아니 되고 만다
내가 보는 오렌지가 나를 보고 있다

나는 지금 **위험한 상태다**
오렌지도 마찬가지 위험한 상태다
시간이 똘똘
배암의 또아리를 틀고 있다

그러나 다음 순간
오렌지의 포들한 껍질에
한없이 어진 그림자가 비치고 있다

누구인지 ㉤잘은 아직 몰라도.

— 신동집, 「오렌지」 —

(다)

순원(淳園)의 꽃 중에 이름이 없는 것이 많다. 대개 사물은 스스로 이름을 붙일 수 없고, 사람이 그 이름을 붙인다. 꽃이 이미 이름이 없다면 내가 이름을 붙이는 것이 좋을 수도 있지만 **또 어찌 꼭 이름을 붙여야만 하겠는가?**

사람이 사물을 대함에 그 이름만을 좋아하는 것은 아니다. 좋아하는 것은 이름 너머에 있다. 사람이 음식을 좋아하지만 어찌 음식 이름 때문에 좋아하겠는가? 사람이 옷을 좋아하지만 어찌 옷의 이름 때문에 좋아하겠는가?

(중략)

예전 초나라에 ⓑ어부가 있었는데 초나라 사람이 그를 사랑하여 사당을 짓고 대부 굴원(屈原)과 함께 배향하였다. 어부의 이름은 과연 무엇이었던가? 대부 굴원은 『초사(楚辭)』를 지어 스스로 제 이름을 찬양하여 정칙(正則)이니 영균(靈均)이니 하였으니, 이로써 **대부 굴원의 이름이 정말 아름답게 되었다.** 그러나 어부는 이름이 없고 단지 고기 잡는 사람이라 어부라고만 하였으니 이는 천한 명칭이다. 그런데도 대부 굴원의 이름과 나란하게 백 대(代)의 먼 후세까지 전해지게 되었으니, 어찌 그 이름 때문이겠는가? 이름은 정말 아름답게 붙이는 것이 좋겠지만 천하게 붙여도 무방하다. 있어도 되고 없어도 된다. 아름답게 해 주어도 되고 천하게 해 주어도 된다. 아름다워도 되고 천해도 된다면 꼭 아름다움을 생각할 필요가 있겠는가? 있어도 되고 없어도 된다면 없는 것이 정말 좋을 것이다.

[A] ┌ 어떤 이가 말하였다. "꽃은 애초에 이름이 없었던 적이 없는데 당신이 유독 모른다고 하여 이름이 없다고 하면 되겠는가?" 내가 말하였다. "없어서 없는 것도 없는 것이요, 몰라서 없는 것 역시 없는 것이다. 어부가 또한 평소 이름이 없었던 것은 아니요, 어부가 초나라 사람이니 초나라 사람이라면 그 이름을 당연히 알고 있었을 것이다. 그런데도 초나라 사람들이 어부에 대해 그 좋아함이 이름에 있지 않았기에 그 좋아할 만한 것만 전하고 그 이름은 전하지 않은 것이다. 이름을 정말 알고 있는데도 오히려 마음에 두지 않는데, 하물며 모르는 것에 꼭 이름을 붙이려고 할 필요가 있겠는가?"

— 신경준, 「이름 없는 꽃」 —

22. (가)~(다)에 대한 설명으로 가장 적절한 것은?

① (가)와 (나)는 각각 동일한 종결 어미의 반복을 활용하여 리듬감을 형성하고 있다.

② (가)와 (다)는 시간을 나타내는 표현을 활용하여 대상이 처한 상황의 긴박성을 강조하고 있다.

③ (나)와 (다)는 음성 상징어를 활용하여 대상의 경이로운 속성을 나타내고 있다.

④ (가), (나), (다)는 역설적 표현을 사용하여 대상의 의미를 부각하고 있다.

⑤ (가), (나), (다)는 상황의 객관적 관찰에 초점을 둠으로써 주관적 의미의 서술을 배제하고 있다.

23. <보기>를 바탕으로 (가)를 감상한 내용으로 적절하지 <u>않은</u> 것은?

─── 〈 보 기 〉 ───

(가)는 자신이 바라보는 '봄바다'를 '꽃밭'의 이미지와 중첩함으로써 죽음과 삶이 공존하는 공간의 역설적 의미를 형상화하고 있다. 화자는 감각적 이미지를 활용해 추상적 개념인 삶과 죽음을 형상화하여 죽은 자가 산 자의 삶에 끊임없이 영향을 미치고 있음을 구체화함으로써 두 대상의 연관성을 부각한다.

① '꽃밭'에서 꽃이 '피는 것'과 '지는 것'을 같이하는 것은, 생명력을 피워 내는 꽃과 잃어 가는 꽃이 공존하는 모습을 통해 삶과 죽음이 함께하는 공간의 역설적 의미를 드러내는군.

② '죽은 사람과 산 사람이 숨소리를 나누고 있'는 것은, 죽은 자와 산 자가 분리되는 모습을 통해 죽음과 삶이 구분되는 경계를 부각하는군.

③ '부인'이 '한낮의 꽃밭 속'에 '찬란한 목숨을 풀어헤쳤'다고 한 것은, 추상적 개념인 죽음을 감각적으로 구체화하여 보여 주는군.

④ '우리'가 '치마 안자락으로 코 훔쳐 주던 때의 머언 향내 속'으로 젖는다고 한 것은, 산 자가 죽은 자로부터 끊임없이 영향을 받고 있음을 보여 주는군.

⑤ '봄바다'에 '돛단배'가 뜬 것을 보며 '흰나비'를 떠올리는 것은, 화자가 봄바다와 꽃밭의 이미지를 중첩하고 있음을 드러내는군.

24. ㉠~㉤에 대한 이해로 가장 적절한 것은?

① ㉠은 화자가 바라보고 있는 풍경의 생동감 있는 분위기를 부각하는 시어이다.

② ㉡은 화자가 자신에게 다가오는 죽음을 깨닫게 된 순간을 부각하는 시어이다.

③ ㉢은 '그런 오렌지'가 '문제'로 여겨지는 것에 대한 의아함을 부각하는 시어이다.

④ ㉣은 화자가 '오렌지'가 '오렌지가 아니'게 되는 순간을 기다렸음을 부각하는 시어이다.

⑤ ㉤은 '그림자'를 보면서도 그 정체를 확신하지 못하는 화자의 모습을 부각하는 시어이다.

25. ⓐ, ⓑ에 대한 이해로 가장 적절한 것은?

① ⓐ는 현재 부재하는 대상이고, ⓑ는 현재 글쓴이가 마주하고 있는 대상이다.

② ⓐ는 '우리'들이 그리워하는 대상이고, ⓑ는 후세의 사람들에게 존경받는 대상이다.

③ ⓐ는 '우리'가 과거에 만났던 대상이고, ⓑ는 글쓴이가 미래에 만나기를 소망하는 대상이다.

④ ⓐ는 '우리'에게 금방 잊힐 것으로 예상되는 대상이고, ⓑ는 오랜 세월에 걸쳐 기억되는 대상이다.

⑤ ⓐ는 '우리'로 인해 외롭게 살아야 했던 대상이고, ⓑ는 후세 사람들에 의해 새로운 이름을 가지게 된 대상이다.

26. [A]에 대한 이해로 적절하지 <u>않은</u> 것은?

① '어떤 이'는 꽃이 이름이 있는데도 이를 없다고 단정하는 것은 바람직하지 않다고 여겼다.

② '나'는 꽃을 좋아하는 이유가 그 이름에 있지 않기에 꽃의 이름을 알 필요가 없다고 느꼈다.

③ '나'는 다른 이들도 꽃의 이름을 모르기에 자신이 꽃의 이름을 마음에 두지 않는다고 여겼다.

④ '어떤 이'는 '나'가 꽃을 이름으로 부르지 않는 이유가 꽃의 이름을 알지 못해서라고 생각했다.

⑤ '나'는 '어떤 이'에게 꽃의 이름을 모르는 것과 꽃의 이름이 없는 것이 다르지 않다고 반박했다.

27. <보기>를 바탕으로 (나), (다)를 감상한 내용으로 적절하지 <u>않</u>은 것은? [3점]

─── 〈 보 기 〉 ───

(나)와 (다)에는 대상의 본질에 관한 화자의 깨달음이 제시되고 있다. (나)의 화자는 대상의 본질에 다가가기 어려운 상황에서 기인한 긴장에 주목하면서도, 결국 본질을 파악할 수 있을 것이라는 기대를 보인다. 한편, (다)의 글쓴이는 대상의 본질을 파악하는 것보다 대상에 형식을 부여하는 것을 더 중시하는 세태에 문제를 제기하며, 대상이 지닌 본질의 중요성을 강조한다.

① (나)에서 '오렌지의 포들한 껍질을 벗길 수 있'지만 오렌지에 '손을 댈 순 없'는 것은 대상의 표면만을 파악할 수 있는 인간의 한계를 드러낸다고 볼 수 있군.

② (나)에서 '위험한 상태'가 지속되는 '시간'이 '배암의 또아리를 틀고 있'는 것은 본질을 이해하지 못하는 상황이 야기하는 긴장감을 형상화한다고 볼 수 있군.

③ (나)에서 '오렌지의 포들한 껍질'에 '어진 그림자가 비치고 있'는 것은 대상의 본질에 다가갈 수 있는 지혜를 갖춘 존재의 등장을 암시한다고 볼 수 있군.

④ (다)에서 '또 어찌 꼭 이름을 붙여야만 하겠는가?'라고 묻는 것은 대상에 형식을 부여하는 행위를 중시하는 세태를 비판하려는 의도를 반영한다고 볼 수 있군.

⑤ (다)에서 '대부 굴원의 이름이 정말 아름답게 되었다'는 것은 타인의 시선이 반영된 이름보다 스스로 붙인 이름이 더 가치 있다는 인식이 드러난다고 볼 수 있군.

[28~31] 다음을 읽고, 물음에 답하시오.

진공이 눈이 아득하고 생각이 막히니 손을 움직이지 못하였다. 세 판을 두어 공주가 크게 이겼다. 공주가 판을 밀어 놓은 후 현영을 돌아보고 미소 지으며 말하였다.

"바둑 세 판에 거의 부인이 치욕을 씻게 되고, 어머님의 명령을 요행히 욕 먹이지 않게 되었습니다."

좌중이 탄복하면서, 진공이 그토록 의기양양하다가 대패하고 부끄럽게 물러난 것을 일시에 기록하였다. 진공이 웃으며 말하였다.

"아까 너무 업신여기다가 졌으니 다시 두어 승부를 가르고자 합니다."

공주가 기뻐하지 아니하며 말하였다.

"제가 전에서 감히 두 번 무례치 못할 것이고 명공은 집안을 다스리고 나라를 다스려 천하를 다스리는 재주가 있으니 어찌 족히 아녀자와 더불어 바둑 두기를 다투겠습니까?"

다시 겨룸이 쉽지 않자 진공이 진심으로 공주에게 사례하였다. 모든 사람들이 탄복함을 이기지 못하여 다시 억지로 내기 둘 것을 청하지 못하였다. 날이 늦어지자 모든 사람들이 흩어졌다. 이부상서 유세기가 가만히 모친께 고하여 말하였다.

"공주의 성스러운 마음과 인자한 덕은 안 지 오래지만 오히려 그 재주를 다 알지 못하였습니다. 그런데 오늘 둘째 아우와 바둑 두는 수를 보니 이는 평범한 재주가 아닙니다. 그 손을 쓰는 재주가 **하늘의 별들이 운행하는 이치를 체득하여** 진단과 소옹의 역리와 복희와 헌원의 행군을 본받으니 호호탕탕함이 흡사 옛적의 성인과 같습니다. 어찌 탁한 말세의 아녀자라 하겠습니까? **진실로 두려우니**, 세형이 무슨 복으로 이를 다 누릴 수 있겠습니까? 이는 춘추의 어지러운 시대에 공자가 나시고 기린이 때 아닌데 나 속절없이 죽는 것과 같으니 공주가 반드시 오래 세상에 머물지 아니할 것입니다."

부인이 고개를 끄덕이며 말하였다.

"너의 소견이 옳다. 평범한 사람의 적은 재주도 오히려 아끼거든 하물며 **이같이 신기한 사람을 하늘이 아끼지 않으리오?**"

이렇게 탄식하고 즐거워하지 아니하였다.

[중략 부분 줄거리] 진양 공주는 25세의 젊은 나이에 죽게 되고, 부패한 관료들이 조정을 장악한다. 이에 분개한 진공이 직접 부패한 관료들을 처단하려고 하는데, 진양 공주가 죽기 전 남긴 편지를 보게 된다.

그 **편지**에는 다음과 같이 쓰여 있었다.

[A] ┌ 총재 진양은 머리를 조아리고 두 번 절하여 진공 좌하에 올립니다. 사람이 세상에 나서 한 번 살고 한 번 죽는 것은 예전이나 지금이나 면치 못하나니 진양이 어찌 홀로 면하리오. 그러나 공은 진양이 죽었다고 생각지 마시오. 몸은 비록 죽었으나 마음은 없어지지 아니하여 공의 신상과 국가를 위하여 염려하나니, 사례감 진규 등이 ⊙오늘날의 행실이 있을 줄 모른 것이 아니라, 하늘의 운수가 우리 종사를 길게 아니하시어 국맥을 끊는 빌미입니다. 진양이 어찌 하늘을 거역하여 망령되게 이 무리를 베어 후세의 시비를 들으리오? 진양이 국은을 입사와 분에 넘치게도 여주공의 직첩을 받아 천자 묻지 아니하시는 정사가 없고 듣지 아니하시는 말씀이 없으니, 어찌 작은 종류를 제어치 못하여 후환을 취하리오마
└

┌ 는 앞일과 사람의 일을 생각하건대 국맥이 마침내 환관의 손에 그릇된 것입니다. 오늘 저 무리를 없애나 후일 또다시 없으리오? 이런고로 묵묵히 그쳐 진양의 몸이 먼저 죽게 되었습니다.
└

[B] ┌ 이후 저 무리의 작화는 이르지 못하려니와 공이 비록 위세와 권세가 매우 중하나 임금과 신하가 서로를 알아주는 마음이 물고기와 물이 서로 즐기는 낙이 아니요, 시절이 때 아닌 줄 어찌 알지 못하고 일시 충성심과 분함 때문에 화를 돌아보지 않으십니까? 국사를 위하여 공의 몸은 비록 아끼지 않지만 당상의 부모님을 잊는 것이 옳습니까? 공이 이제 병사를 일으켜 환관을 친다면 일을 미처 이루지 못하여 천자께서 진노하시어 화가 구족에 미치리니 국가에 유익한 것이 없고 부질없이 죽어 필부가 계책 없이 하는 일처럼 될 것이니 가당치 않습니다. 공은 턱으로 저 무리를 감화시켜 조심하고 또 조심하여 **문호를 보전하기를 바라니** 붓과 벼루를 앞에 두고 정신이 어지럽고 혼란스러워 만 가지 일 가운데 하나를 고합니다.
└

진공이 보기를 마치자 머리가 쭈뼛하여 급히 서간을 향해 **손을 모으고 두 번 절하**면서 말하였다.

"내가 평일 현비를 알기를 학문을 좋아하고 의리를 기리어 성덕이 높은 줄은 아나 이같이 **신명하여 앞일을 꿰뚫어 볼 줄을 알리**오? 가히 제비와 참새가 기러기와 고니의 뜻을 모르니, 결혼하여 15년간 함께 지낸 부부라 하기 어렵도다. 또 그대가 죽지 않았다는 말이 진실로 맞으니 이제부터 슬퍼하기를 그치고 **그대의 가르침을 받들리라.**"

진공이 말을 마치자마자 눈물을 흘리니, 공자 형제와 좌우 궁녀가 참지 못하고 울었다.

- 작자 미상, 「유씨삼대록」 -

28. 윗글의 인물에 대한 이해로 적절하지 않은 것은?

① 진공은 기고만장했으나 진양 공주와의 바둑 대결에서 패하여 기세가 꺾였다.

② 공주는 바둑에서 이긴 후 거만한 태도를 취하며 진공의 요청을 곧바로 거절하였다.

③ 유세기는 진양 공주의 바둑 대결을 보고 공주의 재주를 높이 평가하였다.

④ 부인은 유세기에게 공주에 관한 일을 전해 듣고 기뻐하지 않는 모습을 보였다.

⑤ 진공은 편지를 읽고 앞일을 내다보는 공주에 비해 자신이 부족하다는 생각을 드러내었다.

29. '공주'를 중심으로 ㉠을 이해한 내용으로 적절하지 <u>않은</u> 것은?

① 무력으로 ㉠을 해결하는 것은 하늘을 거역하는 일이다.

② ㉠은 국맥이 환관의 손에 의해 위험해진 현재 상황을 가리킨다.

③ ㉠을 지금 해결하더라도, 나중에 비슷한 일이 또 발생할 수 있다.

④ 현재 진공의 지위가 높지 않은 것이 ㉠을 해결할 수 없는 원인 중 하나이다.

⑤ 진공의 방식으로는 ㉠을 해결할 수 없으며, 오히려 부정적 결과를 초래할 수 있다.

30. [A]와 [B]에 대한 이해로 적절하지 <u>않은</u> 것은?

① [A]와 [B]는 모두 상대에게 자신이 바라는 태도를 당부하고 있다.

② [B]와 달리 [A]에서는 자신의 지위를 언급하는 방식으로 자부심을 드러내고 있다.

③ [A]와 달리 [B]에서는 비유적 표현을 활용하여 부정적 현실에 대한 인식을 드러내고 있다.

④ [A]에서는 자신의 마음을, [B]에서는 시기의 부적절함을 들어 상대에 대한 염려를 드러내고 있다.

⑤ [A]에서는 세상의 이치를, [B]에서는 상대가 간과한 점을 언급하여 자신의 생각을 뒷받침하고 있다.

31. <보기>를 참고하여 윗글을 이해한 내용으로 적절하지 <u>않은</u> 것은? [3점]

> ───── 〈 보 기 〉 ─────
>
> 「유씨삼대록」에서 진양 공주는 비범한 능력을 지닌 인물로 형상화된다. 생전에는 가문 내의 인물과 겨루는 과정에서 그녀의 신이한 활약상이 드러나고, 사후에도 그녀는 초월적 능력을 바탕으로 서사에 지속적인 영향을 미친다. 이러한 면모는 진양 공주의 위상을 견고히 할 뿐만 아니라, 유씨 가문의 안정과 번영에 기여한다.

① '손을 쓰는 재주'가 '하늘의 별들이 운행하는 이치를 체득'했다는 데에서, 가문 내 인물과 겨루는 과정에서 진양 공주의 신이한 활약상이 드러났음을 알 수 있군.

② 유세기가 '진실로 두려'워하고 부인이 '이같이 신기한 사람을 하늘이 아'낀다고 말하는 데에서, 진양 공주가 사후에도 서사에 지속적인 영향을 미칠 것을 추측할 수 있군.

③ '편지'에서 진공에게 '문호를 보전하기를 바라'는 당부를 한 데에서, 진양 공주가 유씨 가문의 안정과 번영에 관심을 기울였음을 알 수 있군.

④ '신명하여 앞일을 꿰뚫어' 보았다는 데에서, 진양 공주의 초월적 능력이 미래를 예측하는 일과 관련되어 있음을 확인할 수 있군.

⑤ 진공이 '손을 모으고 두 번 절하'며 '그대의 가르침을 받들'겠다고 말하는 데에서, 진양 공주의 위상이 그녀가 죽은 뒤에도 유지되고 있음을 확인할 수 있군.

[32~34] 다음을 읽고, 물음에 답하시오.

(가)

　　┌ 가을바람이 건듯 불어 잎마다 붉었으니
　　│ 직녀가 물들여 짠 비단이 거울 면에 걸려 있는 듯
　　│ 꽃향기는 코를 감싸고 온갖 과일은 익었는데
　　│ 매화 화분 치자 그릇에 황색 백색 국화가 섞였어라
[A]│ 풍경도 좋거니와 물색(物色)도 그지없다
　　│ 빈산 소쩍새 소리는 소상강 변 대나무를 때리는 듯
　　│ 모래밭 갈매기 그림자는 형포의 저녁을 꿈꾸는 듯
　　│ 강 가운데 한밤중에 옥빛 달이 걸렸으니
　　└ 소동파가 적벽에서 누리는 흥취를 저 혼자 자랑할까
찬 하늘 누추한 집에 옥빛 가루가 흩날리니
천암만학(千巖萬壑) 가운데에 **경요굴***이 되었어라
창염장부(蒼髥丈夫)*와 봉일정은 **고절(孤節)**을 굳게 지켜
바위 위에 우뚝 서니 세한(歲寒)에 더욱 귀하다
　　┌ 어옹(漁翁)이 나를 불러 고기잡이 하자거늘
　　│ 석양을 빗겨 배 띄우고 이끼 낀 바윗가로 내려가서
　　│ 외로운 배 손수 저어 얼음 아래 그물을 걸으니
　　│ 은린옥척*이 그물마다 걸렸어라
[B]│ 드는 칼로 회를 치고 고기 팔아 빚은 술을
　　│ 깊은 잔에 가득 부어 취하도록 먹은 후에
　　│ 두건을 빗겨 쓰고 영귀문 돌아들어
　　│ 천대산 난가석*을 높이 베고 누웠으니
　　└ 장송(長松) 낙설(落雪)은 취기를 깨우는 듯
고요하고 쓸쓸한 가을 겨울에도 경물(景物)이 이러커든
꽃피는 춘삼월 녹음 어린 여름이야 한 입으로 다 이르랴
세상 밖에 **안개 노을** 혼자 좋아 **부귀공명 잊었**으니
인간 세상에 메조는 몇 번이나 익었는가
유정문 낮에 닫아 **인적이 끊겼**으니
하늘이 무너지고 땅이 터진들 그 누구라서 전할쏜가
고사리를 손수 캐어 샘물에 씻어 먹고
숭정(崇禎) 세월 보전하여 몸과 목숨이나 살아나면
장성(長城) 만 리 밖에 백골(白骨)이 쌓였은들
이곳이 도원(桃源)이라 검은 머리를 부러워할쏘냐
오현금(五絃琴) 줄을 골라 자지곡* 노래하니
소금도 장(醬)도 없이 맛 좋구나 강산(江山)이여
비름나물 밥 풀떼죽에 배 부르구나 풍경이여
　　　　　　　　　　　　　　　　　－ 채득기, 「봉산곡(鳳山曲)」 －

*경요굴 : 아름다운 구슬로 된 굴로, 신선들의 거처임.
*창염장부 : 푸른 수염의 장부라는 뜻으로, 소나무를 빗댄 표현.
*은린옥척 : 비늘이 은빛처럼 반짝이고 모양이 좋고 큰 물고기.
*난가석 : 바둑판을 새겨 놓은 바위.
*자지곡 : 은자들이 즐겼다는 악곡의 이름.

32. 윗글에 대한 설명으로 가장 적절한 것은?

① 대구적 표현을 활용하여 공간의 속성을 대비하고 있다.
② 가상의 상황을 제시하여 환상적 분위기를 조성하고 있다.
③ 의문형 어미를 사용하여 자연의 아름다움을 부각하고 있다.
④ 의인화된 자연물을 통해 자기반성의 태도를 보여 주고 있다.
⑤ 감각적 이미지를 통해 현실과 이상의 거리감을 좁히고 있다.

33. 윗글의 [A], [B]에 대한 이해로 적절하지 않은 것은?

① [A]에서 화자는 '가을바람'을 '잎'을 변화시키는 존재로 인식하여 달라진 자연 경관을 드러내고 있다.
② [A]에서 화자는 '소동파'와의 비교를 통해 '옥빛 달' 아래에서 흥취를 즐기는 자긍심을 드러내고 있다.
③ [B]에서 화자는 '그물'에 걸린 물고기를 '은린옥척'으로 표현하며 풍요로운 일상에 만족하는 모습을 보여 주고 있다.
④ [B]에서 화자는 취하도록 '술'을 마신 후 '난가석'을 베고 누우며 여유로운 삶의 자세를 보여 주고 있다.
⑤ [A]와 [B]에서 화자는 각각 '빈산'과 '외로운 배'를 제시하여 자신의 쓸쓸한 처지에 대한 한탄을 표출하고 있다.

34. <보기>를 바탕으로 윗글을 감상한 내용으로 적절하지 않은 것은? [3점]

──────〈 보 기 〉──────
강호 시가에서 화자가 은거하는 강호의 성격은 속세와의 관계에 따라 달라지는데, 화자가 속세와 갈등 관계에 놓여 있을 때 강호의 고립적이고 탈속적인 성격이 강해진다. 「봉산곡」에서 강호가 속세와 단절된 이상적 공간으로 그려지는 것은, 부정적 현실과 거리를 두고 지조를 지키기 위해 은거를 택했던 작가의 행적과 관련이 있다.
────────────────────

① '천암만학'이 '경요굴'과 같다는 데에서 주변 풍경을 아름답게 표현하여 강호를 이상적 공간으로 그려 내는 화자의 모습을 확인할 수 있군.
② '창염장부와 봉일정'이 '고절을 굳게 지'킨다는 데에서 강호에 자신이 지키고자 하는 긍정적 가치를 부여하는 화자의 시선을 확인할 수 있군.
③ '안개 노을'이 좋아 '부귀공명 잊었'다는 데에서 강호를 속세와 대비되는 탈속적 공간으로 여기는 화자의 시선을 확인할 수 있군.
④ '유정문'을 닫아 '인적이 끊'겼다는 데에서 속세와의 단절을 택한 채 고립되어 강호에 은거하려는 화자의 지향을 확인할 수 있군.
⑤ '장성 만 리 밖에 백골이 쌓'여 있어도 '이곳이 도원이라'는 데에서 속세와의 갈등이 초래한 결과를 외면하려는 화자의 모습을 확인할 수 있군.

──────────────────
* 확인 사항
○ 답안지의 해당란에 필요한 내용을 정확히 기입(표기)했는지 확인하시오.
○ 이어서, 「선택과목(화법과 작문, 언어와 매체)」문제가 제시되오니, 자신이 선택한 과목을 선택하여 풀이하시오.

[35~37] 다음은 수업 중 학생의 발표이다. 물음에 답하시오.

안녕하세요. 지난 세계사 수업 시간에, 도시 점령을 위해 페스트에 걸려 죽은 사람의 시신을 성안으로 던져 성안 사람들을 감염시키려 했던 끔찍한 사건을 살펴보았죠. 현대에도 이와 비슷한 '생물 테러 범죄'가 있어, 이와 관련한 발표를 준비했습니다.

2001년 미국에서는 우편물로 탄저균이 전달되어 22명이 감염되고 5명이 사망하였던 일이 있었습니다. 그리고 1995년 도쿄 지하철역에서는 독가스가 살포되어 13명이 사망하고 5,800여 명이 중상을 입은 일도 있었죠. 이러한 사건들에 관해 들어 보셨나요? (청중의 반응을 살피며) 아는 분도 계시고, 처음 듣는 분도 계시네요. 이처럼 바이러스, 세균, 곰팡이 등 유독한 생물 자원을 전파하여 인명을 해치고 사회적 혼란을 유발하는 행위를 생물 테러라고 합니다. (㉠ 자료 제시) 생물 테러에 활용되는 생물 무기는 크게 미생물 무기와 독소 무기로 구분됩니다. 미생물 무기는 대량 살상에, 독소 무기는 목표물이 있을 때 주로 사용되지요.

생물 테러는 생명 과학이 발전한 현대에 이르러 본격화되었는데, 보건복지부의 자료에 따르면 1960년부터 1999년까지 발생한 생물 테러는 무려 55건에 달합니다. 그런데 문제는 기술의 발전으로 생물 무기 제조가 쉬워지고 그 비용 또한 저렴해지면서 생물 테러의 건수와 규모가 계속 증가하고 있다는 점입니다. 게다가 잠복기를 지니는 생물 무기는 대부분 초기 대응이 어렵기에 테러 피해가 광범위하게 전파되어 피해가 가중될 수 있으며, 이러한 점에서 칼, 총과 같은 재래식 무기보다 생명에 훨씬 위협적입니다.

이로 인해, 우리 정부에서도 생물 테러를 막기 위한 제도 마련에 힘쓰고 있습니다. 우선, 생물 테러로 이용될 가능성이 큰 탄저, 두창, 보툴리눔독소증, 페스트, 바이러스성 출혈열을 법정 전염병으로 지정하여 관리하고 있습니다. (㉡ 자료 제시) 또한 해당 전염병의 발생 여부에 따라 주의 단계, 경보 단계, 비상 단계로 테러 대응 단계를 나누어 설정하고 있지요.

이런 정부 차원의 노력과 별개로 우리 역시 생물 테러 대응법을 숙지할 필요가 있습니다. 가령, 도서관, 학원 등 다중 이용 시설에 생물 테러 물질이 택배로 위장되어 배송될 수 있으니, (㉢ 자료 제시) 이처럼 의심스러운 택배나 우편물을 받았다면 열지 말고 112와 119로 신고해야 합니다. 또한 질병 관리청과 지역 보건소 누리집에서 생물 테러 대처 방안을 제공하고 있으니 이에 대해 확인해 보시길 바랍니다.

35. 위 발표자의 말하기 방식으로 적절하지 <u>않은</u> 것은?

① 정보의 출처를 언급하여 발표 내용의 신뢰도를 높이고 있다.
② 청중에게 질문을 던져 화제에 관한 청중의 사전 지식을 확인하고 있다.
③ 청중과 공유하는 경험을 제시하며 발표 주제의 선정 이유를 밝히고 있다.
④ 화제를 제시하기에 앞서 용어의 개념을 정의하여 청중의 이해를 돕고 있다.
⑤ 발표 내용과 관련하여 청중에게 바라는 점을 언급하며 발표를 마무리하고 있다.

36. 다음은 발표자가 제시한 자료이다. 발표자의 자료 활용에 대한 설명으로 가장 적절한 것은?

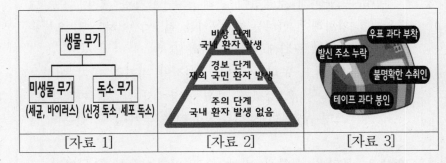

[자료 1]   [자료 2]   [자료 3]

① [자료 1]은 재래식 무기보다 생물 무기를 선호하는 이유를 설명하기 위해 ㉠에서 활용하였다.
② [자료 1]은 무기 종류에 따라 달라지는 생물 테러의 위험도를 설명하기 위해 ㉠에서 활용하였다.
③ [자료 2]는 생물 테러 대응을 위해 설정한 각 단계의 목표에 관해 설명하기 위해 ㉡에서 활용하였다.
④ [자료 2]는 정부가 특정 질병을 법정 전염병으로 선정한 이유에 관해 설명하기 위해 ㉡에서 활용하였다.
⑤ [자료 3]은 청중이 일상에서 생물 테러의 위험을 예방할 수 있는 방법을 제시하기 위해 ㉢에서 활용하였다.

37. 발표 내용을 바탕으로 할 때, <보기>에 나타난 학생들의 반응에 대한 이해로 가장 적절한 것은?

─〈 보 기 〉─
학생 1: 내가 듣기로는 생물 테러에 환풍기나 물탱크를 이용하기도 한다는데, 이럴 때는 어떻게 대처해야 할지 궁금하네. 보건소 누리집에 들어가 봐야겠어.
학생 2: 얼마 전 지하철에서 독가스 테러로 의심되는 사건이 벌어져 놀란 적이 있었어. 발표자의 말처럼 생물 테러 대처 방안을 잘 알아 둘 필요가 있겠어.
학생 3: 생물 무기가 재래식 무기보다 치명적이라고 했는데, 내가 찾아보니 미국 수도에 탄저균 100kg를 살포하면 수소 폭탄보다 더 위력적이라고 하더라고.

① 학생 1은 발표에서 사실과 다른 정보를 전달했다는 점을 부정적으로 평가하고 있다.
② 학생 2는 발표 내용과 관련한 과거 경험을 바탕으로 발표에 대한 공감을 표현하고 있다.
③ 학생 1과 학생 2는 모두, 발표 내용과 관련하여 생긴 궁금증을 해소할 추가 조사를 계획하고 있다.
④ 학생 1과 학생 3은 모두, 배경지식을 바탕으로 발표에서 직접 언급하지 않은 내용을 추론하고 있다.
⑤ 학생 2와 학생 3은 모두, 발표 내용의 일부를 언급하며 내용의 타당성에 대한 의문을 제기하고 있다.

[38~42] (가)는 '미술 비평 동아리' 학생들의 대화이고, (나)는 이를 바탕으로 '학생 1'이 작성한 초고이다. 물음에 답하시오.

(가)

학생 1 : 지난 회의에서, 교지에 우리 동아리 이름으로 글을 싣기로 했잖아. 창작된 지 50년이 넘은 미술 작품의 해외 반출을 제한하는 문화재 보호법에 관해 글을 쓰기로 했지. 다들 그 규제를 완화해야 한다는 데 동의한 걸로 기억하는데, 오늘은 구체적으로 그 근거에 관해 얘기해 보자.

학생 2 : 아무래도 우리 미술이 국제적인 평가를 받기 어렵다는 점을 들 수 있겠지. 해외 시장에서 작품의 가치를 인정받으면 우리 미술의 위상이 더욱 높아질 수 있는데 말이야.

학생 3 : 동의해. 문화재 보호법으로 인해, 얼마 전에 열린 국제아트페어에 우리나라 작품이 많이 출품되지 않았다는 기사를 읽었어. 50년이 넘은 다른 나라의 작품들이 소유주의 국적과 무관하게 거래되면서 세계적으로 그 가치를 인정받는 걸 생각하면 아쉽지.

[A]

학생 2 : 런던에서 열린 아트페어 말이지? 나도 그 기사를 읽었어. 우리 문화가 세계적으로 인기를 끌고 있는 상황을 언급하면서, 이제 미술 작품의 세계화에도 적극적인 태도를 가져야 한다고 주장한 게 인상적이었어.

학생 3 : 나도 그 부분을 글의 도입부에 활용하면 좋을 것 같아서 적어 놨어. 우리 통했네!

학생 1 : 좋다. 케이팝이나 케이드라마에 힘입어 우리 미술에 대한 세계적 관심도 높아졌다고 들었어. 그런데 문화재 보호법은 그런 상황을 잘 반영하지 못하는 거 같아.

학생 2 : 응. 제정된 지 약 60년이나 지난 문화재 보호법으로 인해 우리 미술이 세계로 진출하지 못하는 건 불합리해.

학생 1 : 그런데 미술 작품의 해외 반출을 우려하는 사람들도 많잖아.

학생 3 : 그런 의견도 글에서 언급하고 적절한 근거를 들어 반박하면 좋겠다. 어떤 근거를 제시하는 게 좋을까?

학생 2 : 미술 작품의 해외 반출이 너무 자유로워지면 문화적으로 중요한 작품들까지 유출될 가능성이 있지.

학생 3 : 문화적으로 중요한 작품이라는 게 어떤 의미야?

학생 2 : 국가에서 문화재로 지정하여 보호해야 할 작품을 말하는 거야. 지금은 문화재 보호법 덕분에 미술 작품의 해외 반출 과정이 정해진 절차에 따라 모두 검토되지만, 그렇지 않으면 개인이 문화재를 취득해서 불법적으로 해외에 유출할 수도 있으니까.

[B]

학생 3 : 해외 반출은 허용하되, 그 전에 문화재로서의 가치를 감정 받을 수 있도록 하는 제도를 만들면 어떨까?

학생 2 : 우리나라 민간 문화재 감정 기관의 신뢰도가 아직 높지 않아서 그게 현실적으로 어렵다고 해.

학생 3 : 그런 점을 보완하려면 문화재 감정의 전문성을 높이기 위한 노력이 필요하겠네.

학생 1 : 미술 작품에 대한 기존의 규제를 완화하려면 새로운 제도들을 함께 고려해야 하는구나.

학생 3 : 우리나라는 다른 나라에 문화재를 수탈당한 역사가 있잖아. 규제 완화에는 당연히 찬성하지만 다시는 그런 일이 일

어나지 않도록 잘 준비하여 진행할 필요가 있어.

학생 1 : 오늘 이야기 잘 들었어. 들으면서 메모해 뒀으니 내가 잘 정리해서 글을 써 볼게.

(나)

여러 화랑(畫廊)이 모여 미술 작품을 판매하는 아트페어는 세계 미술의 흐름을 확인할 수 있는 대표적 행사이다. 세계적으로 유명한 아트페어인 '프리즈'는 2년 연속 한국을 개최지로 선정하였다. 이는 케이팝이나 영화 등 우리 문화가 세계적으로 인기를 끌면서 우리 미술을 향한 관심 역시 높아졌음을 보여 준다. 그런데 우리나라 화랑들은 출품할 미술 작품이 없다고 걱정한다. 왜일까? 문화재 보호법에 따라, 창작된 지 50년이 넘은 미술 작품은 해외로 반출할 수 없기 때문이다.

이러한 규제는 한국의 미술 작품이 해외 시장의 평가를 받을 기회를 줄여 우리 미술계를 위축시킬 수 있다. 아트페어에 출품된 미술 작품들은 소유자의 국적과 상관없이 거래되면서 그 가치가 점점 높아진다. 그리고 이러한 과정을 통해 해당 국가의 미술계를 향한 관심도 계속 환기된다. 실제로 아트페어에서는 창작된 지 수백 년이 지난 미술 작품도 흔히 접할 수 있다. 그러나 우리나라는 법적 규제로 인해 최근 작가의 작품 위주로 아트페어에 참가할 수밖에 없다.

문화재 보호법은 1962년에 제정된 것으로, 우리 문화재의 무단 해외 반출이 많았던 시대상을 반영한 결과다. 그러나 문화재 보호법이 제정된 지 이미 60년이 지났으며, 우리 미술계의 환경도 많이 바뀌었다. 정○○ 미술 평론가는 "현행 문화재 보호법은 현실을 반영하지 못할 뿐 아니라 보호를 명분으로 우리 미술의 발전을 가로막는다."라며, "우리 미술을 향한 세계적 관심이 높아진 상황을 반영하여 낡은 규제를 수정해야 한다."라고 강조했다.

일각에서는 개인이 문화재를 취득하여 불법적으로 해외에 반출하는 일이 여전히 발생하므로 문화재 보호법의 유지가 필요하다고 주장하기도 한다. 그러나 이 문제는 '50년' 이상의 미술품 반출을 제한한다는 작위적인 기준으로는 해결할 수 없다. 대신, 전문성을 갖춘 감정 기관이 해외로 반출되기 전에 작품을 철저히 감정하도록 하는 제도로 보완할 수 있다. 즉 문화재 보호법의 규정을 수정하는 한편, 국가적으로 전문 인력을 양성하고 문화재 감정의 필요성을 홍보하는 등의 노력을 통해 민간 문화재 감정 기관의 전문성을 높일 필요가 있다.

변화하는 시대에 발맞춰 국가에서도 미술계의 요구를 받아들임으로써 더 개방적인 자세를 취해야 한다. 그것이 우리 미술의 가치를 드높이는 길이 될 것이다.

38. (가)의 '학생 1'에 대한 설명으로 가장 적절한 것은?

① 대화 참여자들에게 대화가 진행될 순서를 안내하고 있다.
② 대화 참여자에게 질문을 던져 대화 내용을 전환하고 있다.
③ 대화 참여자들의 대립을 조정하여 합의를 이끌어 내고 있다.
④ 대화 참여자에게 기존에 나눈 대화의 내용을 환기하고 있다.
⑤ 대화 참여자가 제시한 정보 중 잘못된 부분을 바로잡고 있다.

39. [A], [B]에서 나타나는 의사소통 방식에 대한 설명으로 적절하지 <u>않은</u> 것은?

① [A]에서 '학생 2'는 '학생 3'이 말한 내용에 관해 자신이 알고 있는 정보를 덧붙이고 있다.

② [A]에서 '학생 3'은 '학생 2'의 의견을 수용하는 이유를 최근의 경험을 들어 설명하고 있다.

③ [B]에서 '학생 2'는 '학생 3'이 제시한 해결 방안이 현실에서 실행되기 어려운 이유를 밝히고 있다.

④ [B]에서 '학생 3'은 '학생 2'가 지적하는 문제 상황을 인정하지 않고 새로운 문제를 제기하고 있다.

⑤ [B]에서 '학생 3'은 '학생 2'의 발언 중 이해하지 못한 부분을 밝히며 그에 관한 보충 설명을 요구하고 있다.

41. (나)의 글쓰기 방식에 대한 설명으로 가장 적절한 것은?

① 1문단에서는 핵심 개념의 정의를 제시하여 글의 화제를 전환하고 있다.

② 2문단에서는 개인적 경험을 언급하여 국내와 해외의 상황을 비교하고 있다.

③ 2문단에서는 대상 간의 인과 관계를 밝혀 현행 제도가 미치는 영향을 강조하고 있다.

④ 3문단에서는 전문가의 말을 인용하여 현행 제도에 대한 상반된 견해를 소개하고 있다.

⑤ 4문단에서는 현행 제도에 대한 통념을 제시한 후 이를 반박하여 글의 논지를 강화하고 있다.

40. 다음은 (가)에서 '학생 1'이 대화의 내용과 자신이 떠올린 생각을 작성한 │메모│이다. ㉠~㉤이 (나)에 반영된 양상으로 적절하지 않은 것은? [3점]

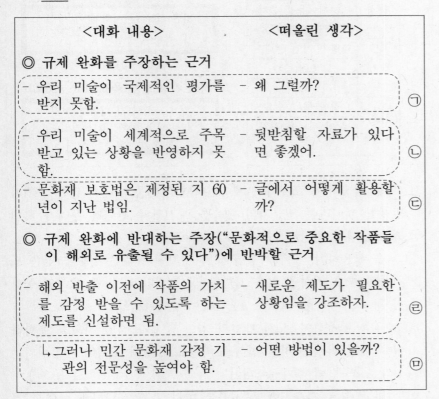

<대화 내용>	<떠올린 생각>
◎ 규제 완화를 주장하는 근거	
- 우리 미술이 국제적인 평가를 받지 못함.	- 왜 그럴까? ㉠
- 우리 미술이 세계적으로 주목받고 있는 상황을 반영하지 못함.	- 뒷받침할 자료가 있다면 좋겠어. ㉡
- 문화재 보호법은 제정된 지 60년이 지난 법임.	- 글에서 어떻게 활용할까? ㉢
◎ 규제 완화에 반대하는 주장("문화적으로 중요한 작품들이 해외로 유출될 수 있다")에 반박할 근거	
- 해외 반출 이전에 작품의 가치를 감정 받을 수 있도록 하는 제도를 신설하면 됨.	- 새로운 제도가 필요한 상황임을 강조하자. ㉣
└ 그러나 민간 문화재 감정 기관의 전문성을 높여야 함.	- 어떤 방법이 있을까? ㉤

① '학생 2'의 발화를 토대로 작성된 ㉠은, 해외 시장의 평가가 지니는 의미에 관한 내용을 추가하여 (나)에 반영되었다.

② '학생 1'의 발화를 토대로 작성된 ㉡은, 우리 미술에 대한 세계적 관심을 보여 주는 사례를 추가하여 (나)에 반영되었다.

③ '학생 2'의 발화를 토대로 작성된 ㉢은, 현행법의 수정이 필요한 상황을 드러내기 위한 내용으로 (나)에 반영되었다.

④ '학생 3'의 발화를 토대로 작성된 ㉣은, 현행법이 지닌 한계와 그 보완책을 제시하기 위한 내용으로 (나)에 반영되었다.

⑤ '학생 3'의 발화를 토대로 작성된 ㉤은, 민간에서 시도할 수 있는 문화재 보호 방안으로 구체화하여 (나)에 반영되었다.

42. 다음은 (나)의 마지막 문단을 고쳐 쓴 것이다. 그 과정에서 반영된 수정 계획으로 가장 적절한 것은?

> 문화재 보호법을 개선해 달라는 미술계의 요구는 오래전부터 있어 왔다. 우리 문화를 향한 세계적 관심이 나날이 높아지고 있는 상황에서, 우리 미술의 발전을 막는 낡은 규제를 하루빨리 개선하고 우리 미술의 가치를 드높여야 한다.

① 문화재 보호법이 지닌 역사적 가치를 우리 미술계의 특징과 연결하여 설명해야겠군.

② 문화재 보호법을 개선하기 위해 우리 사회가 해야 할 일들을 단계적으로 제시해야겠군.

③ 모호한 표현이 사용되었으니 문화재 보호법의 개선이 필요한 현재 상황을 구체화해야겠군.

④ 앞서 제시된 글의 내용을 포괄하지 못하니 현행 문화재 보호법의 장단점을 명확히 드러내야겠군.

⑤ 주장하는 바를 다시 강조할 필요가 있으니 독자의 인식 변화를 촉구하는 내용으로 수정해야겠군.

〔43~45〕 다음은 작문 상황과 이를 바탕으로 학생이 작성한 초고이다. 물음에 답하시오.

[작문 상황]
 학교 신문의 기고란에 지속 가능한 도시 개발과 관련된 글을 쓰려 함.

[초고]
 제목 : _____[A]_____
 전 세계에서 급속히 진행되고 있는 도시화로 인한 환경 오염, 교통 체증, 사회적 불평등 같은 문제들에 대해 우려의 목소리가 커지고 있다. 이에 국내에서도 스마트 도시, 탄소 중립 도시 등 지속 가능한 도시 조성을 위해 다양한 시도를 하고 있으나, 명확한 목표와 실행 계획이 부족하다는 비판이 제기되고 있다.

도시의 물리적 구조를 개선하는 일은 지속 가능한 도시 개발을 위한 필수 과제 중 하나이다. 이는 건축물, 교통 시스템, 공공 공간의 혁신을 포함하며, 에너지 효율과 지속 가능한 재료 사용을 고려한 친환경 건축물, 광범위한 대중교통 네트워크, 녹색 공간의 확장과 같은 형태로 나타난다.

하지만 진정으로 지속 가능한 도시 개발을 위해서는 물리적인 환경의 변화뿐만 아니라 사회적·문화적·경제적인 측면을 종합적으로 고려해야 한다. 도시는 건축물의 단순 집합이 아니라, 많은 사람이 다양한 사회적·문화적·경제적 배경 아래서 상호 작용하는 복잡한 시스템이기 때문이다.

이처럼 다양한 영역에서 발생하는 문제를 효과적으로 해결하기 위해서는 정책 결정 과정에서의 시민 참여가 특히 중요하다. 시민들은 그들이 살아가는 지역의 문제에 관해 가장 잘 아는 주체로서, 현실적이고 효과적인 해결책을 도출하는 데 기여할 수 있다. 또한 시민 참여의 확대는 정책 입안자나 도시 계획가들에게 책임감을 강제함으로써 도시 계획 과정의 투명성을 높이는 효과가 있다.

지속 가능한 도시 개발은 현재 세대의 필요를 충족시키는 것과 더불어, 미래 세대의 권리와 기회를 보전하는 것을 목표로 한다. 그리고 이러한 목표는 도시 내 다양한 문제에 관한 시민들의 적극적인 관심과 참여를 통해 달성될 수 있다.

43. '작문 상황'을 고려하여 구상한 글쓰기 내용으로, 초고에 반영되지 않은 것은?

① 지속 가능한 도시 개발의 경제적 효과
② 지속 가능한 도시 개발과 관련한 국내 현황
③ 지속 가능한 도시 개발을 위한 건축물의 특징
④ 지속 가능한 도시 개발과 도시 시스템 간의 연관성
⑤ 지속 가능한 도시 개발 계획의 투명성을 높이는 방법

44. <보기>는 초고를 읽은 교사의 조언이다. 이를 반영하여 [A]를 작성한다고 할 때, 가장 적절한 것은?

─── < 보 기 > ───
"독자의 감각을 자극하는 것은 독자의 관심을 유도한다는 점에서 좋은 글쓰기 전략이 될 수 있어. 글의 5문단에 담긴 결론을 효과적으로 전달하기 위해, 독자의 감각이 환기되도록 제목을 지어 보는 건 어떨까?"

① **종합적 계획으로 완성하는 도시의 내일** : 시민의 힘으로 세우는 지속 가능한 도시
② **첨단 도시의 시작** : 지속 가능한 재료와 에너지 효율성 확보로 재탄생한 황금빛 세상
③ **미래 세대와 공동의 목표를 향해** : 급속한 도시화에 따른 지속 가능한 도시 개발의 필요성
④ **지속 가능한 도시의 조건** : 민주적인 절차와 현실적인 계획의 조화로 만들어 가는 혁신적인 도시
⑤ **회색 도시에서 녹색 미래로** : 다양한 영역에 관심을 가지는 시민들의 적극적 참여로 만들어 가는 도시

45. <보기>는 초고를 보완하기 위해 추가로 수집한 자료이다. 자료의 활용 방안으로 적절하지 <u>않은</u> 것은? [3점]

─── < 보 기 > ───
ㄱ. 신문 기사
  지난 20일 열린 제20회 월드헬스시티포럼에서 지○○ 질병관리청장은 "도시화가 지속되면 머지않아 주택, 교통 등의 인프라 외에도 의료, 교육, 고용 같은 기본 서비스에서 도시 인구의 수요를 충족시키는 데 어려움이 발생할 것이다."라고 밝혔습니다.

ㄴ. 지속 가능한 도시 평가 자료

순위	도시명	환경·교통 관리 주요 전략
1	스톡홀름	·대기질 개선을 위한 녹지 공간 조성 ·교통 체증 해소를 위한 혼잡 통행료 부과
2	오슬로	·도로망 효율성 증진을 통한 교통 체증 완화 ·1천 km 규모의 자전거 전용 차로 추가 개설
3	코펜하겐	·대중교통 이용률 증진을 위한 도로 요금 인상 ·중심지 주변 산림 조성으로 기상 재해 대비

ㄷ. 지속 가능 발전 목표 관련 정책 자료집

ㄷ-1.
지속 가능 발전 계획

환경	초미세먼지 절감
	물 재이용률 증가
경제	벤처 기업 증대
	고용률 증가
사회 문화	시민 제안 수용
	노인 취업률 증가
	⋮

ㄷ-2.
한국 도시 개발 목표의 변화
새천년 개발 목표 (2001~2015)

┌─────────────────┐
│ 빈곤·의료 등 사회 분야 중심 │
│ 정부 중심의 참여 │
└─────────────────┘
⇩
지속 가능 발전 목표 (2016~2030)

┌─────────────────┐
│ 경제·사회·환경 다방면 고려 │
│ 정부, 시민 사회, 민간 기업 등 │
│ 모든 이해관계자 참여 │
└─────────────────┘

① ㄱ을 활용하여, 도시화가 계속된다면 가까운 미래에 많은 문제가 발생할 것이라는 전문가의 예측을 도시화와 관련된 우려가 확대되고 있다는 근거로 1문단에 추가해야겠어.
② ㄴ을 활용하여, 지속 가능한 도시 평가에서 높은 점수를 받은 도시들의 주요 전략을 지속 가능한 도시 개발 과제 중 도시의 물리적 구조를 개선한 예시로 2문단에 추가해야겠어.
③ ㄷ-2를 활용하여, 도시 개발의 참여 주체가 시민 사회를 포함하여 확대된 사실을 시민 참여를 바탕으로 정책 결정이 이루어지는 사례로 4문단에 추가해야겠어.
④ ㄱ과 ㄷ-1을 활용하여, 도시화로 인한 문제가 다양한 영역에 걸쳐 발생한다는 점을 도시 개발에 대한 총체적 관점의 필요성을 부각하는 내용으로 3문단에 추가해야겠어.
⑤ ㄴ과 ㄷ-2를 활용하여, 지속 가능한 도시의 환경 및 교통 관리 전략들을 지역 문제 해결을 위해 시민들이 실천할 수 있는 현실적 방안들로 4문단에 추가해야겠어.

---

* 확인 사항
○ 답안지의 해당란에 필요한 내용을 정확히 기입(표기)했는지 확인하시오.

[35~36] 다음 글을 읽고 물음에 답하시오.

대부분의 합성어는 단일어 어근끼리 결합한 어근 합성어이다. 그런데 합성어 중에는 그것을 구성하는 요소 중 하나가 용언의 파생형인 것이 존재하는데, 이를 종합 합성어라고 한다. 종합 합성어는 명칭으로 인해 합성어에 해당하는 것처럼 보이지만, 사실 그 성격이나 구성 방식을 명확히 규명하기 어렵다.

종합 합성어는 '고기잡이'와 같이 표면상 '명사'와 '용언의 파생형'로 구성된다. 이때 종합 합성어를 구성하는 명사와 용언의 파생형 간에는 통사적 구조에 따라 다음과 같은 의미 관계가 성립한다. 첫째는 ㉠ '주어+용언'의 관계로, 여기에는 '해돋이' 등이 있다. 둘째는 ㉡ '목적어+용언'의 관계로, '꽃꽂이', '줄넘기' 등이 그 예이다. 셋째는 ㉢ '부사어+용언'의 관계로, '소금구이', '귀걸이' 등이 해당한다. 그러나 명사와 용언의 파생형 간의 의미 관계만으로는 단어 형성 차원에서 종합 합성어의 구성 방식을 이해하기 어렵다.

[A]
이때 직접 구성 요소 분석을 활용할 수 있다. 종합 합성어에 대한 직접 구성 요소 분석은 다음과 같이 이루어질 수 있다. 첫째는 통사적 구성을 중심으로 한 분석이다. '해돋이'를 예로 들면, 어근 간의 관계에서 도출되는 '해가 돋다'라는 통사적 구성을 바탕으로, 직접 구성 요소를 '해돋-'과 '-이'로 분석할 수 있다. 이때 종합 합성어는 파생어로 분류되며 접사는 단어의 의미에 따라 그 의미가 달라진다. 이런 분석 방식은 언중의 언어생활에 부합한다는 장점이 있다. 하지만, '해돋다'와 같은 단어가 실재하지 않는다는 점, 그리고 '소매치기'와 같이 합성 과정에서 통사적 구성과는 무관하게 새로운 의미를 획득한 단어도 있다는 점에서 한계를 지닌다. 둘째는 개별 어근을 중심으로 한 분석이다. 이 경우에 '해돋이'의 직접 구성 요소는 각각 어근을 포함하는 '해'와 '돋이'로 분석된다. 이런 분석 방법은 종합 합성어 내에서 접사의 의미를 명사를 파생하는 것으로 한정할 수 있다는 장점이 있지만, '돋이'와 같은 파생 명사를 별도로 설정해야 하는 한계를 지닌다.

35. 윗글의 ㉠~㉢에 해당하는 예를 고른 것으로 적절한 것은?

	㉠	㉡	㉢
①	논밭갈이	구두닦이	책꽂이
②	코골이	손톱깎이	양손잡이
③	산울림	마음가짐	아침잠
④	억지웃음	젖먹이	보물찾기
⑤	판박이	재떨이	벽걸이

36. [A]를 바탕으로 <보기>의 @~@를 탐구한 내용으로 적절하지 않은 것은? [3점]

< 보 기 >
◦ 나는 @병따개로 병을 따서는 동생에게 건네었다.
◦ 그 영화는 짧은 시간 만에 ⓑ관객몰이에 성공하였다.
◦ 오랜만에 친구를 만나 닭 ⓒ소금구이를 함께 먹었다.
◦ 거리가 혼잡한 틈에 ⓓ날치기에게 지갑을 도둑맞았다.
◦ 그는 몇 달 동안 연습한 덕분에 ⓔ턱걸이에 능숙해졌다.

① @를 '병따-'와 '-개'로 분석하는 것은 '병을 따다'가 널리 쓰이는 언어생활을 고려한 결과로 볼 수 있다.
② ⓑ를 개별 어근을 중심으로 분석하면, 파생어 '몰이꾼'이 존재한다는 점에서 파생 명사를 별도로 설정해야 한다.
③ ⓒ는 파생어 '구이'가 이미 존재한다는 점에서 개별 어근을 중심으로 직접 구성 요소를 분석하는 것이 유리하다.
④ ⓓ는 '남의 물건을 잽싸게 채어 달아나는 도둑'이라는 의미이므로 통사적 구성에 따른 구성 요소 분석이 어렵다.
⑤ ⓔ의 직접 구성 요소를 통사적 구성에 따라 분석할 때, 접사 '-이'는 행위의 의미를 나타내게 된다.

37. <학습 활동>을 수행한 결과로 적절한 것은?

< 학습 활동 >
안긴문장은 다른 문장 안에서 문장 성분으로 기능하는 문장을 뜻한다. 안긴문장은 단독으로 특정 문장 성분을 이루기도 하지만, 조사와 결합하여 문장 성분을 이루기도 한다.

● 안긴문장이 단독으로 문장 성분으로 기능하는 예
例 철수가 몰래 집에 다녀왔다는 사실이 드러났다.
● 안긴문장이 조사와 결합하여 문장 성분으로 기능하는 예
例 그 일은 동생이 혼자 해결하기에 어려운 일이었다.

이를 참고하여 ㉠~㉤에 해당하는 문장을 하나씩 만들어 보자.
㉠ 안긴문장이 조사와의 결합 없이 서술어를 이루는 예
㉡ 안긴문장이 조사와의 결합 없이 부사어를 이루는 예
㉢ 안긴문장이 조사와의 결합 없이 목적어를 이루는 예
㉣ 안긴문장이 조사와 결합하여 주어를 이루는 예
㉤ 안긴문장이 조사와 결합하여 관형어를 이루는 예

① ㉠: 그녀의 목표는 매일 줄넘기를 천 개씩 하기이다.
② ㉡: 민수가 늑장을 부리는 바람에 열차를 놓쳐 버렸다.
③ ㉢: 그에게 덤볐다가는 봉변을 당하기 십상이다.
④ ㉣: 그 책의 교훈은 이익에 초연해야 한다는 것이 아니다.
⑤ ㉤: 매일 30분씩 책 읽기의 중요성은 과학적으로 증명됐다.

38. <보기 1>과 <보기 2>를 참고하여 국어의 음운 체계를 탐구한 내용으로 적절하지 <u>않은</u> 것은?

— < 보 기 1 > —

최소 대립쌍은 단 하나의 소리 차이로 인해 뜻이 구별되는 단어의 짝을 가리키며, 최소 대립쌍으로 변별되는 소리는 모두 음운의 자격을 지닌다. 가령 '부리'와 '뿌리'는 'ㅂ'과 'ㅃ'으로 인해 뜻이 달라지는데 이때의 'ㅂ'과 'ㅃ'은 음운의 자격을 지니게 된다. 이때 최소 대립쌍을 이용해 음운들을 추출하고, 이 음운 간의 자질 차이까지 규명하면 음운 체계를 설정할 수 있다.

— < 보 기 2 > —

조음 방법 \ 조음 위치		입술 소리	잇몸 소리	센입천장 소리	여린입천장 소리	목청 소리
파열음	예사소리	ㅂ	ㄷ		ㄱ	
	된소리	ㅃ	ㄸ		ㄲ	
	거센소리	ㅍ	ㅌ		ㅋ	
파찰음	예사소리			ㅈ		
	된소리			ㅉ		
	거센소리			ㅊ		
마찰음	예사소리		ㅅ			ㅎ
	된소리		ㅆ			
비음		ㅁ	ㄴ		ㅇ	
유음			ㄹ			

<국어의 자음 체계표>

① '갈기'와 '갈비'를 비교함으로써 조음 위치에서 구별되는 음운 쌍을 도출할 수 있다.

② '아이'와 '아기'를 비교함으로써 조음 방법에서 구별되는 음운 쌍을 도출할 수 있다.

③ '고궁'과 '조국'을 비교하는 경우에는 최소 대립쌍이 성립하지 않으므로 음운을 변별할 수 없다.

④ '딸리다'와 '달리다'를 비교함으로써 소리의 세기의 변화에 따라 구별되는 음운 쌍을 도출할 수 있다.

⑤ '불', '뿔', '풀', '물'을 서로 비교함으로써 동일한 조음 위치에서 발음되는 음운 간의 자질 차이를 확인할 수 있다.

39. <자료>를 바탕으로 <보기>의 ⓐ~ⓔ 중 어간의 형태가 바뀌는 활용 양상을 보이는 것만을 고른 것은?

— < 보 기 > —

ⓐ 모미 盧空애 올아 [몸이 허공에 올라]

ⓑ 어름 우희 누버셔 [얼음 위에 누워서]

ⓒ 期限이 ᄎ디 몯ᄒᆞ야셔 [기한이 차지 못하여서]

ⓓ 長子ㅣ 닐굽 아ᄃᆞ리러니 [장자의 일곱 아들이더니]

ⓔ 디나온 디롤 ᄯᅡ해 그서 [지나온 길을 땅에 그어]

— < 자 료 > —

<보기>에 나타난 어간과 어미

● 어간 : 눕-(눕다), 디나오-(지나오다), 몯ᄒᆞ-(못하다),
　　　　굿-(긋다), 오ᄅᆞ-(오르다), 이-(이다), ᄎ-(차다)

● 어미 : 선어말 어미(-더-), 전성 어미(-ㄴ),
　　　　연결 어미(-디, -니, -아/어, -아셔/어셔)

① ⓐ, ⓑ, ⓓ　　　② ⓐ, ⓑ, ⓔ　　　③ ⓐ, ⓒ, ⓓ
④ ⓑ, ⓒ, ⓔ　　　⑤ ⓒ, ⓓ, ⓔ

〔40~43〕 (가)는 실시간 인터넷 방송이고, (나)는 이를 본 학생이 누리 소통망에 올린 게시물이다. 물음에 답하시오.

(가)

진행자 : ⓐ 매주 수요일마다 우리의 전통문화를 탐구하는 시간이죠? '우리나라 문화 알기!' 이전 시간에는 '짚신'에 관해 알아봤는데요, 이어서 오늘은 우리나라의 '나막신'에 관해 알아보도록 하겠습니다. ⓑ 오늘도 실시간 채팅으로 함께 하실 수 있으니 우리 문화인들의 다양한 의견 들려주세요! 다만, 부적절한 표현은 채팅방에서 자동으로 감춰질 수 있습니다. 아, 문화인은 제 채널 구독자를 가리키는 애칭이랍니다.

현재 시청자 수: 249명

실시간 채팅

민아: 우와! 오늘도 재밌는 방송 부탁해요! 언니가 처음 채널을 열었을 때부터 함께한 애청자인데, 벌써 구독자가 1만 명이 되었네요! 축하드려요~♡
한비: 👍
도진: 저도 처음부터 구독했는데, 문화인으로서 자랑스러워요~

〔A〕

민아 : 우와! 오늘도 재밌는 방송 부탁해요! 언니가 처음 채널을 열었을 때부터 함께한 애청자인데, 벌써 구독자가 1만 명이 되었네요! 축하드려요~♡

설준 : 나막신은 우리나라뿐만 아니라 다른 국가에서도 발견되는 전통문화인 거죠? 예전에 일본에서 박물관에 갔다가 나막신을 본 적이 있거든요.

민아 님! 이 채널의 처음을 기억하고 계시다니 살짝 부끄럽네요. 그래도 감사합니다. 설준 님! 맞아요, ⓒ 나막신은 동서양의 많은 나라에서 발견된답니다.

나막신은 나무로 만든 신으로, 비나 눈이 올 때 주로 신었어요. 보편적으로 우리가 떠올리는 나막신은 판자형 나막신인데요. 판자형 나막신 말고 선형 나막신도 있습니다. 이 나막신은 판자형 나막신과 달리 발등까지 덮은 모양입니다. 이 그림을 보시면 두 나막신의 차이를 알 수 있으실 거예요.

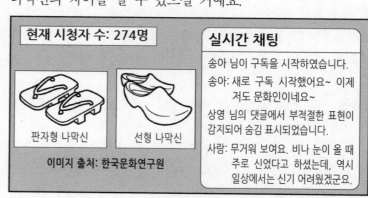

현재 시청자 수: 274명

판자형 나막신　선형 나막신
이미지 출처: 한국문화연구원

실시간 채팅

송아 님이 구독을 시작하였습니다.
송아: 새로 구독 시작했어요~ 이제 저도 문화인이네요~
상영 님의 댓글에서 부적절한 표현이 감지되어 숨김 표시되었습니다.
사랑: 무거워 보여요. 비나 눈이 올 때 주로 신었다고 하셨는데, 역시 일상에서는 신기 어려웠겠군요.

〔B〕

사랑 : 무거워 보여요. 비나 눈이 올 때 주로 신었다고 하셨는데, 역시 일상에서는 신기 어려웠겠군요.

사랑 님, ⓓ 실제로 나막신은 너무 무거워서 평소에는 잘 신지 않았다고 합니다. 가죽을 덧대거나 밀랍을 붙이는 방수 처리를 해서 정말 무거웠다고 해요.

〔C〕

희진 : 나막신을 신어 보는 체험을 할 수 있는 곳이 있을까요? 설명을 듣다 보니 나막신을 신어 보고 싶어졌어요. 그리고 다음 시간에는 친구들과 할 수 있는 전통 놀이를 소개해 주실 수 있을까요?

대호 : 어, 희진 님 채팅을 보니 저도 궁금해지네요. 나막신을 아직까지 신는 나라도 있나요? 요즘은 기능성 신발이 많으니 없을 것 같기도 하고……

희진 님의 의견은 잘 고민해 보겠습니다. 대호 님의 질문에 답할게요. ⓔ 네덜란드에서는 나막신이 여행객들을 위한 관광 상품으로 여전히 유행이라고 합니다.

오늘 나막신 이야기, 재미있으셨나요? 오늘 처음 문화인이 되신 분들, 모두 환영합니다. 제 채널을 구독하면 새 영상이 올라올 때마다 알림을 받을 수 있어요. 구독 안 하신 분들은 지금 꼭 구독 버튼 눌러주세요. 그럼 안녕!

(나)

상영
85명 읽음

안녕하세요. 문화인들! 어제 '우리나라 문화 알기!' 보셨나요? 요즘 제가 전통문화에 관심이 많아서 이번 나막신 편도 너무 재밌게 시청했습니다. 그런데 방송과 관련해서 말씀드리고 싶은 게 있어서 글을 씁니다.

> 상영 님의 댓글에서 부적절한 표현이
> 감지되어 숨김 표시되었습니다.

이건 제가 캡처한 방송 화면입니다. 실시간 채팅에서 부적절한 표현이 감지되면 이렇게 댓글이 자동으로 숨겨지는데, 방송에서 이런 기능이 있음을 먼저 알려 줘야 할 것 같아요. 또 방송 진행 중에 시청자 수가 계속 늘어나던데, 중간에 유입된 시청자를 위해 다시보기 서비스가 있다는 걸 방송 끝날 때 알려 주면 더 좋지 않을까요? 그리고 진행자 님이 질문을 남긴 시청자의 말에만 반응을 하고 답변해 주셔서 그 점이 아쉬웠어요.

시청자의 실시간 질문에 맞춰 정확한 정보를 전달하는 게 쉽지 않을 텐데 진행자 님 정말 대단해요. 다음 방송도 기대할게요!

좋아요(35) 댓글(2)

40. (가)에 나타난 의사소통 방식으로 적절하지 **않은** 것은?

① 진행자는 지난 방송의 내용을 언급하며, 그와 연결된 오늘의 방송 주제를 소개하고 있다.
② 진행자는 특정 시청자를 호명하며, 자신이 수용자의 반응을 살펴보고 있음을 드러내고 있다.
③ 진행자는 이미지를 병렬적으로 제시하여, 나막신의 종류에 따른 형태적 차이를 강조하고 있다.
④ 진행자는 방송을 위해 참고한 문헌들을 나열하여, 자신이 전달하는 정보의 신뢰성을 부각하고 있다.
⑤ 진행자는 자신의 채널을 구독하는 이들의 애칭을 언급하며, 새로운 구독자를 환영하는 뜻을 밝히고 있다.

41. [A]~[C]에서 알 수 있는 시청자의 수용 태도에 대한 설명으로 적절하지 **않은** 것은?

① [A]: 민아는 진행자를 친근한 방식으로 부르며 방송을 향한 애정을 드러내었다.
② [A]: 설준은 개인적 경험을 근거로 하여 방송 주제에 관해 궁금한 점을 제시하였다.
③ [B]: 사랑은 앞서 진행자가 제시한 정보를 사진에 대한 자신의 감상과 연결하여 이해하였다.
④ [C]: 희진은 방송 주제에 관한 아쉬움을 표출하며 다음 방송에서 개선되길 바라는 바를 언급하였다.
⑤ [C]: 대호는 희진의 발화에 공감하며 그로부터 떠올린 의문을 제기하고, 그에 대한 자신의 추측을 제시하였다.

42. 다음은 (나)를 작성하기 위한 메모이다. ㉠~㉢이 (나)에 반영된 양상으로 가장 적절한 것은? [3점]

> 방송에서 진행자가 놓친 부분이 좀 있는 것 같아. ㉠진행자가 방송에서 보인 아쉬운 점을 밝히고, ㉡이를 보완할 방법을 제안해야겠어. 그리고 ㉢방송에서 좋았던 점도 같이 언급하고 진행자를 응원하는 마음을 전달해야지.

① ㉠: 실시간 채팅 창에서 일부 시청자의 말에만 반응하고 답을 들려주었다는 점을 지적하기 위해, 질문에는 답변이 없었던 모습을 이야기하였다.
② ㉡: 화면에 노출되는 시청자 수를 바탕으로 중간에 유입된 시청자를 배려하기 위해, 놓친 방송을 다시 볼 수 있는 방법을 안내할 것을 제안하였다.
③ ㉡: 부적절한 표현의 명확한 기준을 제시하기 위해, 특정 채팅 내용이 숨김 처리되었을 경우 그 이유를 모든 수용자에게 공개할 것을 제안하였다.
④ ㉢: 학생들을 중심으로 전통문화를 향한 관심과 요구가 높아진 최근의 세태를 언급하면서, 전통문화를 다루는 방송의 가치를 긍정적으로 평가하였다.
⑤ ㉢: 수용자와 실시간으로 소통하면서도 처음에 안내했던 순서대로 방송을 진행했음을 언급하면서, 진행자의 전문성을 긍정적으로 평가하였다.

43. ⓐ~ⓔ에 대한 설명으로 적절하지 **않은** 것은?

① ⓐ: 보조사 '마다'를 사용하여, 방송이 주기적으로 진행된다는 사실을 드러내고 있다.
② ⓑ: 의존 명사 '수'를 사용하여, 수용자가 의견을 표출할 수 있는 능력이 있음을 나타내고 있다.
③ ⓒ: 격 조사 '에서'를 사용하여, 나막신을 발견하는 주체가 단체임을 드러내고 있다.
④ ⓓ: 부사 '실제로'를 사용하여, 나막신에 대한 수용자의 견해가 타당하다는 사실을 보여 주고 있다.
⑤ ⓔ: 격 조사 '으로'를 사용하여, 네덜란드에서 나막신이 여전히 소비되고 있음을 밝히고 있다.

[44~45] (가)는 전자책 앱의 첫 화면이고, (나)는 이 앱을 사용한 학생이 게시판에 올린 글과 직원의 답변이다. 물음에 답하시오.

(가)

(나)

1:1 문의 내용

전자책 앱 이용 관련하여...

답변 상태 : 완료
작성자 : 김**
작성일 : 2024.02.11.

안녕하세요. 전자책 앱에 관한 요청 사항과 질문이 있습니다.

먼저, 첫 화면에 제 최근 검색어가 뜨는데요, 가끔 다른 가족이 제 전자책을 읽을 때가 있어서 이 검색어 목록이 보이지 않았으면 좋겠어요. 그리고 전자책은 배송되지 않는 상품이라고 안내하면서, '주문 내역'의 아이콘이 트럭 모양인 것이 아쉬워요. 전자책에 익숙하지 않은 사용자는 혼란스러울 것 같아요. 마지막으로 저는 한꺼번에 여러 책을 읽는데, '지금 내가 읽고 있는 책'에는 제가 제일 최근에 읽은 책만 떠서 불편해요.

질문도 있습니다. '취향을 반영한 도서 추천'에서 추천하는 도서의 기준은 뭔가요? 또 요즘 타 앱에서 개인 정보가 유출되는 사고가 있어서 불안한데요, 개인 정보를 어떻게 관리하고 있는지 사용자가 확인할 수 있는 방법은 없을까요?

[수정하기] [삭제하기]

답변 : 전자책 앱 이용 관련하여...   다운로드

작성자 : 곽**
작성일 : 2024.02.12.

안녕하세요. 전자책 앱 직원입니다.

먼저 요청 사항에 관해 답변해 드리겠습니다. 전자책 앱 화면에 제시되는 최근 검색 이력은 '최근 검색어 저장' 기능을 'ON'에서 'OFF'로 바꾸면 노출되지 않습니다. 다음으로 '주문 내역'의 아이콘은 고객님의 의견을 반영하여 교체하기로 했습니다. 또 '지금 내가 읽고 있는 책'에서 가장 최근에 읽은 책 한 권만을 노출하는 것은 실제 사용자들의 앱 이용 패턴을 분석한 결과를 반영한 것이어서, 현 상태를 유지하기로 했습니다. 참고로, 현재 읽고 있는 책의 전체 목록은 '내 서재'를 눌러 확인하실 수 있습니다.

다음으로 질문에 대해 답변해 드리겠습니다. '취향을 반영한 도서 추천'에서는 고객님이 자주 읽은 분야의 인기 도서 혹은 고객님의 연령대에서 선호하는 도서를 노출합니다. 또한 전자책 앱 하단에 '개인 정보 처리 방침' 문서로 이어지는 하이퍼링크를 누르시면 우리 전자책 앱이 고객님의 개인 정보를 어떻게 관리하는지 확인하실 수 있으며, 이 게시물에도 해당 문서를 첨부해드리도록 하겠습니다.

고맙습니다.

답변에 만족하시나요? ● 만족 ○ 보통 ○ 불만족

44. (가)와 (나)에 대한 설명으로 가장 적절한 것은?

① (가)에서는 (나)와 달리 사용자끼리 파일을 주고받는 기능을 제공한다.
② (가)에서는 (나)와 달리 게시물을 수정·삭제할 수 있는 기능을 제공한다.
③ (가)에서는 (나)와 달리 특정 화제에 관한 여러 의견을 접할 수 있는 기능을 제공한다.
④ (나)에서는 (가)와 달리 특정 문제에 관해 문의할 수 있는 다양한 방법들을 표시한다.
⑤ (나)에서는 (가)와 달리 사용자가 검색을 통해 원하는 정보를 선별하는 기능을 제공한다.

45. ㉠~㉤과 관련하여 (나)를 이해한 것으로 적절하지 않은 것은?

① 학생은 다른 사람과 앱을 공유하는 상황을 고려하여 ㉠이 노출되지 않도록 해 줄 것을 요청하고 있다.
② 직원은 정보 선정에 활용되는 자료들을 고려하여 ㉡이 선정되는 기준을 학생에게 알려 주고 있다.
③ 학생은 전자책에 익숙하지 않은 사용자를 고려하여 ㉢의 이미지가 부적절함을 지적하고 있다.
④ 직원은 여러 사용자의 편의를 고려하여 ㉣에 제시되는 정보의 양에 관한 학생의 요청을 수용하지 않고 있다.
⑤ 직원은 정보 유출에 관한 학생의 우려를 고려하여 ㉤을 통해 사용자가 개인 정보를 관리하는 방법을 안내하고 있다.

---

* 확인 사항
○ 답안지의 해당란에 필요한 내용을 정확히 기입(표기)했는지 확인하시오.

2025학년도 대학수학능력시험 대비 전형태 모의고사 3회

국어 영역

| 성명 | | 수험 번호 | | | | | – | | | |

○ 문제지의 해당란에 성명과 수험 번호를 정확히 쓰시오.

○ 답안지의 필적 확인란에 다음의 문구를 정자로 기재하시오.

우리 모두 그렇다

○ 답안지의 해당란에 성명과 수험 번호를 쓰고, 또 수험 번호와 답을 정확히 표시하시오.

○ 문항에 따라 배점이 다릅니다. 3점 문항에만 점수가 표시되어 있습니다. 점수 표시가 없는 문항은 모두 2점입니다.

※ 시험이 시작되기 전까지 표지를 넘기지 마시오.

전형태 모의고사

[1~3] 다음 글을 읽고 물음에 답하시오.

우리는 '읽기' 활동을 단순히 글의 내용을 수용하는 것으로 생각한다. 그러나 글과 독자는 끊임없이 상호 작용하기에, 글을 읽는 독자의 머릿속에서는 글의 의미가 재구조화되는 '의미 구성 과정'이 일어난다. 이때 독자는 자신의 독서 과정을 조율하고 정보를 재구조화하는 능동적인 주체의 역할을 한다.

[A] 의미 구성 과정에서 독자는 '스키마'라는 자원을 활용한다. 스키마란 구조화된 지식의 체계로, 독서를 비롯한 개인의 경험이나 배경지식 등으로 구성된다. 독자는 자신의 스키마에 비추어 글에서 수용할 정보를 선별하며, 새로운 정보를 효과적으로 저장하고, 글의 내용과 스키마를 종합하여 새로운 의미를 도출해 낸다. 스키마에 관한 많은 연구에 따르면, ㉠ 스키마가 풍부한 독자는 ㉡ 그렇지 않은 독자와 의미 구성 과정에서 큰 차이를 보였다. 스키마가 풍부할 때 글의 내용을 더욱 잘 이해하였을 뿐만 아니라, 글을 읽은 후 그 내용을 얼마나 떠올릴 수 있는지를 나타내는 언어 회상 정도가 더 높았다. 즉, 글의 의미를 효과적으로 재구조화하기 위해서는 스키마의 활성화가 중요한 것이다.

그러나 ⓐ 성공적인 독서 활동이 스키마의 활성화만으로 이루어지는 것은 아니다. 숙련된 독자는 읽기 활동에 스키마와 더불어 질문하기, 예측하기, 토론하기와 같은 '독서 전략'을 활용한다. 독서 전략은 읽기에 필요한 인지 기능들을 조직화한 것으로, 읽기의 전(全) 과정에서 수행되어 의미 구성에 기여한다. 이러한 독서 전략을 활용하기 위해서는 '메타 인지 전략' 역시 수행되어야 한다. 메타 인지 전략은 자신의 인지 과정을 객관적 위치에서 점검하고 조정하는 것으로, 이에 따라 독자는 글에 대한 이해 정도를 스스로 점검하고, 독서 과정을 조정한다. 그리하여 앞 내용으로 돌아가거나, 읽기를 중단하고 참고 자료를 수집하는 등 독서 활동을 재구성한다.

스키마와 독서 전략, 메타 인지 전략은 모두 능동적인 독서 활동에 필요하다. 독서 전략은 글을 이해하는 기반이 되는 스키마를 활성화하여 독서 활동을 도우며, 메타 인지 전략은 스키마와 독서 전략에 대한 점검을 통해 독서 과정을 효과적으로 재구성한다. 이를 통해 독서는 점검·조정을 통해 끊임없이 앞으로 돌아가는 회귀적 과정이자 글과 독자가 상호 작용하는 역동적 과정이 된다.

1. 윗글에 대한 이해로 적절하지 않은 것은?

① 읽기 주체로서의 독자는 글의 의미를 구조화하는 능동적 태도를 지닌다.
② 충분한 독서 경험은 독자가 필요한 내용을 선별적으로 읽도록 돕는다.
③ 독서 전략은 읽기가 시작되어 종료될 때까지 활용되는 인지 기능 체계를 말한다.
④ 메타 인지 전략은 독자가 인지 과정을 조정하도록 하여 읽기가 중단되지 않도록 돕는다.
⑤ 독서 전략은 스키마의 활성화를, 메타 인지 전략은 스키마의 점검을 통해 역동적인 읽기를 가능하게 한다.

2. [A]를 바탕으로 ㉠과 ㉡에 대해 이해한 것으로 가장 적절한 것은?

① ㉠은 ㉡에 비해 글의 내용은 잘 기억하지만, 지식을 구조화하는 데는 미숙할 것이다.
② ㉠은 ㉡에 비해 글의 내용을 더 잘 이해하여 새로운 의미를 추론할 수 있을 것이다.
③ ㉡은 ㉠에 비해 정보를 능숙하게 선별하지는 못하더라도 더 효과적으로 저장할 수 있을 것이다.
④ ㉡은 ㉠에 비해 정보를 회상하는 능력은 떨어지지만, 정보 이해에 활용된 배경지식은 더 많을 것이다.
⑤ ㉠과 ㉡은 언어 회상 정도에는 차이가 있지만, 수용할 정보를 선별하는 능력에는 차이가 없을 것이다.

3. <보기>의 관점에서 ⓐ를 뒷받침할 수 있는 내용으로 가장 적절한 것은? [3점]

〈 보 기 〉
개인의 독서 행위는 다른 독자들과의 상호 작용을 통해 완성된다. 따라서 읽기는, 공동체 구성원들이 의사소통을 통해 해당 집단이 공유할 수 있는 보편적 의미를 형성하는 사회적 상호 작용의 결과라고 할 수 있다.

① 성공적인 독서를 위해서는 공동체가 공유하는 보편적 의미를 추론하며 글을 읽어야 한다.
② 읽기에 필요한 개인의 인지 과정을 공동체의 독자들이 상호 점검하는 객관적 행위가 필요하다.
③ 독자들끼리 읽기 자료와 관련한 경험과 생각을 공유하며 종합할 때 의미 구성 과정이 완성될 수 있다.
④ 독서를 시작하기 전에 글의 내용을 예측해 보는 독서 전략을 활용해야 유의미한 독서가 이루어질 수 있다.
⑤ 사회적 상호 작용이 이루어질 수 있도록 다양한 주제의 글을 제공하여 독자들이 자신의 스키마를 공유할 수 있어야 한다.

[4~7] 다음을 읽고, 물음에 답하시오.

　당뇨병은 혈중 포도당의 농도인 혈당이 ⓐ 과도하게 높아지는 질병으로, 신체의 복합적인 기능 이상을 유발한다. 사람이 섭취한 탄수화물은 위장에서 소화 효소에 의해 포도당으로 분해되고, 포도당은 혈액에 흡수되어 체내 세포들에 전달됨으로써 에너지원으로 사용된다. 이때 혈중 포도당을 세포로 유입시켜 에너지원으로 전환되도록 돕는 것이 호르몬의 일종인 인슐린이다. 건강한 사람은 혈당이 높아지면 췌장의 베타 세포에서 인슐린이 생산되어 혈당이 감소한다. 하지만 췌장의 기능이 ⓑ 저하되면 혈당이 조절되지 않아 당뇨병이 발생할 수 있다.

　최근 당뇨병 치료제와 관련하여 주목받는 혈당 조절 물질인 인크레틴은 소장에서 분비되는 호르몬의 일종으로, 섭취한 음식물에 의해 자극된 소장에서 분비된다. 인크레틴에는 췌장의 베타 세포에 작용하여 인슐린 분비를 증가시키는 효과가 있는데, 이러한 효과는 혈당에 비례한다. 기존의 혈당 조절 물질은 혈당에 상관없이 인슐린 분비를 촉진해 혈당이 과도하게 감소하는 저혈당의 부작용이 있었다. 하지만 인크레틴은 혈당이 충분히 감소하면 베타 세포를 자극하지 않게 되어 인슐린 분비량이 감소하기에, 저혈당의 발생 위험이 거의 없는 편이다.

　대표적인 인크레틴에는 아미노산 중합체인 GLP-1과 GIP가 있는데, 이들은 소장에서 호르몬을 분비하는 L-세포와 K-세포에서 각각 생산된다. 음식물의 자극에 따라 소장에서 분비되는 GLP-1과 GIP는 췌장의 베타 세포에서 ⓒ 발현하는 GLP-1 수용체와 GIP 수용체와 각기 결합하여 작용한다. 두 수용체의 안쪽에는 세포 내 신호 전달을 매개하는 G단백질이 ⓓ 부착되어 있는데, GLP-1 또는 GIP가 각각의 수용체와 결합하면, G단백질이 자극되어 아데닐산 고리화 효소가 활성화된다. 활성화된 아데닐산 고리화 효소는 아데노신삼인산(ATP)을 세포 내 신호 전달 물질인 고리형 아데노신일인산(cAMP)으로 합성하고, 그 cAMP는 특정 단백질에 인산기를 붙여 주는 단백질 인산화효소를 활성화한다. 이어서 활성화된 단백질 인산화효소는 CRE-결합 단백질의 인산화를 유도하고, 인산화에 의해 활성화된 CRE-결합 단백질은 베타 세포의 핵 안에 있는 인슐린 유전자의 프로모터 부위와 결합한다. 프로모터는 유전자 발현을 조절하는 부위이므로, 이에 따라 결과적으로 인슐린의 합성과 분비가 촉진되는 것이 ㉠ GLP-1과 GIP의 작용 기제이다. 한편 혈당이 충분히 감소하면, GLP-1과 GIP의 분비량도 현격히 감소하기에, 인슐린 분비량도 줄어들게 된다.

　이러한 인크레틴 중에서 GLP-1을 활용한 당뇨병 치료제로 DPP-4 억제제와 GLP-1 유사체가 있다. DPP-4는 체내 여러 조직에 ⓔ 산재하면서 혈중 GLP-1을 빠르게 비활성화하는 효소이다. 따라서 DPP-4 억제제를 사용하면, 억제제가 DPP-4에 결합하여 그 기능을 억제함으로써 혈중 GLP-1의 농도가 유지된다. 한편, GLP-1과 유사한 물질 구조로 이루어진 GLP-1 유사체는 DPP-4의 영향을 받지 않고 GLP-1 수용체와 결합할 수 있다. 따라서 당뇨병 환자에게 GLP-1 유사체를 주사하면, GLP-1이 DPP-4에 의해 비활성화되더라도 혈중 GLP-1의 농도가 증가한 것과 유사한 효과가 발생한다.

4. 윗글에서 알 수 있는 내용으로 가장 적절한 것은?

① 다른 조건이 일정할 때, 체내의 인슐린 분비량이 증가하면 체내 세포에서 소비하는 포도당의 양은 감소할 것이다.

② DPP-4는 체내의 특정 조직에만 존재하면서 혈당 조절 물질을 빠르게 비활성화하므로 당뇨병의 원인이 될 수 있다.

③ 저혈당이 발생하는 까닭은, 췌장의 기능 저하로 혈중 포도당이 세포로 잘 유입되지 않는 문제가 발생하기 때문이다.

④ 기존의 혈당 조절 물질을 당뇨병 치료제로 사용할 경우, 췌장의 베타 세포를 충분히 자극하지 못하는 부작용이 있다.

⑤ 혈당이 충분히 감소하면 수용체에 결합할 인크레틴의 분비가 줄어들어 베타 세포의 인슐린 유전자 발현이 감소할 수 있다.

5. ㉠에 대한 설명으로 가장 적절한 것은?

① GLP-1는 GIP와 달리 베타 세포에 있는 G단백질을 자극함으로써 아데닐산 고리화 효소를 활성화한다.

② G단백질은 세포 내 신호 전달을 매개하는 물질이고, 고리형 아데노신일인산은 세포 내 신호를 전달하는 물질이다.

③ GLP-1과 GIP는 모두 아미노산 중합체라는 공통점이 있으므로, 둘이 결합하는 베타 세포의 수용체도 서로 동일하다.

④ cAMP에 의해 활성화되는 단백질 인산화효소는 인슐린 유전자의 프로모터 부위에 결합하여 인슐린 유전자를 발현한다.

⑤ G단백질이 자극되어 활성화된 아데닐산 고리화 효소는 ATP에 고리형의 인산기를 붙여 CRE-결합 단백질을 합성한다.

6. 윗글을 바탕으로 <보기>를 이해한 반응으로 적절하지 <u>않은</u> 것은? [3점]

〈 보 기 〉

다음은 어떤 당뇨병 환자가 식사를 마친 시점을 시작점으로 하여, 그 환자의 혈당치 추이를 보여 주는 그래프이다. 단, 혈당의 정상 범위는 70~140mg/dl이고, 윗글에서 언급되지 않은 요인은 환자의 혈당에 영향을 미치지 않는다고 가정한다.

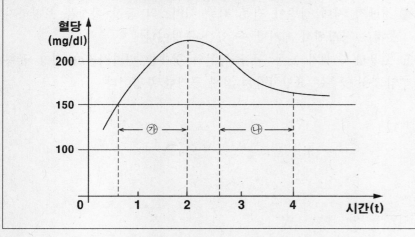

① ㉮ 구간에서 식사로 섭취한 음식물에 포함된 탄수화물이 위장의 소화 효소에 의해 포도당으로 분해되어 혈액에 계속 흡수되어 혈당이 높아지는 것이겠군.
② ㉮ 구간에서 자극된 환자의 체내에서 인크레틴이 정상적으로 생산되는 상황이라면, ㉯를 고려할 때 환자는 소장보다 췌장에 이상이 있을 가능성이 크겠군.
③ ㉯ 구간에서 DPP-4 억제제를 투여했을 때 환자의 혈당이 정상 범위로 돌아오지 않는다면, 환자의 당뇨병은 GLP-1의 부족 때문이 아니라고 추정할 수 있겠군.
④ ㉯ 구간에서 혈당이 충분히 감소하지 않는 것이 체내의 DPP-4 효소를 억제할 수 없기 때문이라면, GLP-1 유사체를 투여하여 GLP-1의 혈중 농도를 직접 증가시킬 수 있겠군.
⑤ ㉯ 구간에서 GLP-1 유사체를 투여했을 때 환자의 혈당이 정상 범위로 돌아왔다면, 약물은 소장의 L-세포에서 분비한 호르몬이 결합하는 수용체에 그 대신 결합한 것이겠군.

7. 문맥상 ⓐ~ⓔ와 바꾸어 쓰기에 적절하지 <u>않은</u> 것은?

① ⓐ: 지나치게
② ⓑ: 낮아지면
③ ⓒ: 나타나는
④ ⓓ: 붙어
⑤ ⓔ: 흩어지면서

[8~11] 다음을 읽고, 물음에 답하시오.

정부는 노동 시장의 고용량을 규제하여 특정 직종의 근로자에게 **경제적 지대**를 제공할 수 있다. 경제적 지대란 근로자가 현재 일하는 직종을 떠나 다른 직종에서 일할 때 받으려 하는 최소한의 임금인 근로 기회비용을, 현재 직종에서 일하면서 받는 임금에서 뺀 값과 같다. 특정 직종의 시간당 임금에 따른 노동 공급과 노동 수요를 나타내는 <그림>의 노동 시장에서, 특정 근로자가 얻는 경제적 지대는 시장 균형 임금에서 해당 근로자의 근로 기회비용을 뺀 값에 해당한다. 이때 근로 기회비용은 <그림>에서 노동 공급 곡선 aS의 높이로 나타난다.

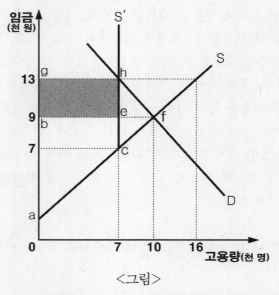

<그림>

예컨대 <그림>에서 노동 공급 의사가 있는 근로자 중 근로 기회비용이 7천 번째로 낮은 근로자 '갑'은, 임금이 시간당 7천 원 이상일 때 자신의 노동을 공급할 의사가 있다. 즉 '갑'의 근로 기회비용은 시간당 7천 원이다. 한편 노동 공급 곡선 aS와 노동 수요 곡선 D가 만나는 노동 시장 균형점 f에서 한계 근로자 '을'의 근로 기회비용은 시간당 9천 원이다. 한계 근로자는 특정 직종에 고용된 근로자 중 근로 기회비용이 가장 높은 근로자로서, 다른 근로자들과 같이 임금이 근로 기회비용 이상일 때에만 자신의 노동을 공급한다. 규제가 없다면 시장 균형은 f에서 형성되고, 균형 고용량은 1만 명, 균형 임금은 9천 원이 된다. 이때 '갑'은 경제적 지대를 2천 원 얻고, '을'은 경제적 지대를 얻지 못한다. 결과적으로 노동 시장에 대한 정부 규제가 없을 때 <그림>의 노동 시장에서 근로자들에게 지급되는 경제적 지대의 합은 △abf가 된다.

그런데 정부가 특정 직종의 고용량을 균형 고용량보다 낮은 수준으로 제한하는 규제를 시행하면, 해당 직종에 고용된 근로자들이 얻는 경제적 지대의 크기가 변화한다. 가령 <그림>에서 고용량이 7천 명으로 제한되면 노동 공급 곡선이 acS′로 바뀜에 따라 노동 시장 균형점은 acS′와 D가 만나는 지점인 h에서 형성된다. 즉 정부 규제로 인해 균형 고용량이 3천 명 감소하지만, 고용을 유지한 근로자들이 받는 임금은 시간당 4천 원 증가한다. 이러한 균형 임금 상승은 근로 기회비용이 더 높은 근로자들까지 해당 직종으로 유인하지만, 균형점 h에서 노동 공급 의사가 있는 근로자 9천 명은 고용되지 못한다. 한편 고용된 근로자들이 얻는 경제적 지대의 합은 □aghc가 된다. 즉 고용된 근로자들은 □bghe의 경제적 지대를 더 얻는다.

이때 □bghe는 새로 생산된 가치가 아니라, 근로자 및 근로자를 고용한 사용자의 생산물을 구매한 소비자로부터 이전된 가치이다.

따라서 고용량 규제는 사회적으로 바람직하지 않을 수 있다. 고용된 근로자들의 경제적 지대는 늘어나지만, 근로자들이 가장 생산적인 부분에 고용되어 생산에 기여함으로써 새로운 가치를 창출하지 못하므로 △chf만큼의 사회적 손실이 발생하기 때문이다. 노동수요 곡선의 높이는 각 근로자가 생산에 기여하는 정도를 나타내므로, 고용량 규제가 없다면 사회적으로 △chf만큼 생산물이 증가할 것이다. 한편 이러한 손실 중 △cef는 규제로 인해 일자리를 잃은 근로자들이 규제가 없어 시장 균형점이 f였을 때 얻었던 경제적 지대와 같다.

경제적 지대를 얻는 근로자 집단은 자신들의 이익을 높이기 위해 고용량을 줄이는 규제를 강화하기를 원한다. 이러한 지대를 추구하는 집단은 고용량을 규제하는 정책의 시행·강화·유지를 위해 로비*를 벌이곤 한다. 실제로 각국에서 의료, 법률, 금융, 회계 등 전문 지식이 필요한 직종 부문으로의 신규 진입은, 면허나 인증 제도 등을 통해 일정한 조건을 갖추고 자격 시험을 통과한 사람들에게만 허용된다. 이러한 규제의 본래 취지는 전문 서비스의 품질을 높이고 소비자를 보호하기 위한 것이다. 하지만 이러한 부문에 대한 정부 규제가 경제적 지대를 통한 이익 추구에 부합하는 양적 규제로 변질되면서, ⊙ 고용량 규제 방식을 개선해야 한다는 주장이 제기되고 있다.

*로비 : 정부, 의회 등을 이루는 구성원에게 이해 문제를 진정하거나 탄원하는 일.

8. 윗글의 내용과 일치하는 것은?

① 지대 추구를 막기 위해 고용량을 규제하는 정부의 정책을 인증 제도로 대체할 필요가 있다.
② 근로자는 자신의 근로 기회비용이 해당 직종에서 얻는 경제적 지대보다 높을 때 그 노동 시장에 참여한다.
③ 노동 시장의 균형 임금 상승은 근로 기회비용이 상대적으로 높은 근로자를 노동 시장에 참여하도록 유인한다.
④ 시장 균형 수준에서 한계 근로자의 근로 기회비용은 고용된 다른 근로자들의 근로 기회비용보다 낮게 나타난다.
⑤ 정부가 어떤 노동 시장의 고용량을 규제하면 해당 노동 시장의 균형점은 노동 수요 곡선을 벗어난 영역에 형성된다.

9. 경제적 지대 에 대한 이해로 적절하지 않은 것은? [3점]

① 고용량 규제로 인해 일자리를 잃은 근로자 수에 따라 경제적 지대의 크기가 변화할 수 있다.
② 경제적 지대는 노동자 집단이 균형 고용량을 줄이는 정부 규제를 선호하게 만드는 요인으로 작용할 수 있다.
③ 규제 시행 이후 일자리를 유지한 근로자 집단에 돌아가는 경제적 지대의 몫은 규제 시행 이전보다 더 커진다.
④ 노동 시장의 균형 고용량이 줄어들수록 고용된 개별 근로자들에게 돌아가는 경제적 지대의 몫은 더 커지는 경향이 나타난다.
⑤ 정부의 고용량 규제로 일자리를 잃은 근로자들의 경제적 지대 손실분은 규제 시행 후 균형 임금이 낮을수록 더 커진다.

10. 윗글을 참고할 때, ⊙에 대한 추론으로 가장 적절한 것은?

① 고용된 근로자 각각의 근로 기회비용을 더욱 높이는 방식으로 규제가 개선되어야 한다는 주장이다.
② 공급되는 서비스의 품질보다는 서비스의 양을 조정하는 방식으로 규제가 개선되어야 한다는 주장이다.
③ 전문 직종에 종사하는 근로자 집단의 로비가 더 원활해지는 방향으로 규제가 개선되어야 한다는 주장이다.
④ 경제적 지대 상승이 전문 직종 서비스의 품질 향상을 보장하지 못하는 상황에서 제기할 수 있는 주장이다.
⑤ 고용량 규제가 노동 공급 곡선의 형태를 변화시키고 시장 균형 임금을 낮추는 요인이라는 점에 근거한 주장이다.

11. 윗글과 <그림>을 참고할 때, <보기>에 제시된 상황을 이해한 반응으로 적절하지 않은 것은?

───── 〈 보 기 〉 ─────

국가 '병'은 현재 시행되고 있는, 직종 A의 고용량을 통제하는 규제를 폐지하려 한다. 규제를 폐지하면 <그림>과 같이 나타나는 직종 A의 노동 시장 균형은 규제가 없었던 상황으로 되돌아갈 것이다. 그 결과 공급자 간 경쟁이 활성화되고, 장기적으로 직종 A 부문의 기술 개발 및 혁신도 촉진될 것으로 보인다. 그런데 경제학자 '정'은 직종 A의 고용량을 지금보다는 늘리되, 규제가 전혀 없을 때의 고용량보다는 적은 수준으로 고용량을 통제하는 쪽이 더 사회적으로 바람직하다고 주장하고 있다.

① 정이 주장하는 대로 규제가 시행되면, A에서 규제로 발생하는 사회적 손실의 크기는 지금보다 줄어들겠군.
② 병은 A에 대한 고용량 규제 폐지로 얻을 수 있는 사회적 이익이 시간당 900만 원보다 클 것이라고 예상하겠군.
③ A의 한계 근로자의 근로 기회비용은 규제가 완전히 폐지될 때보다 정의 주장대로 규제가 시행될 때 더 높아지겠군.
④ 정은 규제를 폐지할 때보다 고용량 규제를 유지할 때 A에서 제공되는 서비스의 품질이 높아진다고 주장할 수 있겠군.
⑤ 병에서 A의 고용량 규제가 폐지될 때, A에 고용된 근로자들이 얻는 경제적 지대의 합은 시간당 4,500만 원보다 크겠군.

[12~17] 다음을 읽고, 물음에 답하시오.

(가)

뷔르거는 18세기 유럽에서 자본주의의 발전에 힘입어 형성된 시민사회를 제도 예술의 출발로 파악하였다. 시민사회는 다양하게 표출되는 개인의 욕구를 전근대적 국가와 전통의 영향으로부터 보호하는 각종 제도를 수립했다. 근대 이후 예술지상주의를 추구하며 형식을 강조하는 탐미주의가 발달한 것도 이러한 제도에 기반한 것이었다. 그러나 마르쿠제에 따르면, 제도는 각 사회 영역의 자율성이라는 명분 아래 제도 내에서만 욕구를 실현하도록 하여 사회 전체의 기능을 유지한다. 즉 제도는 제도 내에서만 개인의 허구적 만족을 허용함으로써 개인의 욕구가 사회 전체에서 무효과성을 지니도록 고안된다는 것이다. 뷔르거는 마르쿠제의 분석을 받아들여, 예술이 인간성을 실현하려 하였지만, 실제로는 제도의 보호에 안주하여 독자적인 영역을 구축함으로써 사회적 삶과 ⓐ분리되는 자기 분열에 이르렀다고 보았다.

뷔르거는 고정 관념의 해체를 목표로 혁신을 추구하는 아방가르드 예술을 이러한 제도 예술의 모순을 드러낸 예술의 자기비판으로 규정하였다. 제도 예술은 제도의 성격에서 기인하는 무효과성과 더불어 제도에 ⓑ의탁하여 자신의 독립성을 유지하려는 무관심성이라는 특성을 지닌다. 뷔르거는 아방가르드를 이러한 병폐를 극복하려는 시도이자, 파편화된 삶을 넘어 예술을 통해 사회적 삶 자체를 변혁하려는 유토피아적 운동으로 평가하였다. 아방가르드 예술 중 다다이즘은 우발적 행위를 연출하는 해프닝 등의 기법을 통해 기존 예술을 조롱하며, 초현실주의는 제도 예술로 인해 예술의 자율성이 예술의 고립으로 변질되는 상황을 비판하고자 무의식을 ⓒ탐색하고, 합리적으로 조직된 제도에 대항하는 방법을 모색한다.

한편 뷔르거는 역사적 사건들은 일회적이며 개별적이라는 역사주의의 관점을 취해, 20세기 초의 아방가르드를 역사적 아방가르드로 규정하고, 이후 이러한 흐름이 현대까지 지속된 것을 아방가르드의 좌절된 반복이라 명명했다. 반복된 저항이 결국 제도 예술로 수용되었기 때문이다. 뒤샹이 변기에 서명하여 미술관에 전시한 <샘>이라는 작품은 사회적으로 인정되는 관례에 의문을 던진 아방가르드 작품이었지만, 변기라는 오브제가 비싼 값에 유통되는 결과를 낳았다. 뷔르거는 아방가르드 이후 예술에 의문을 던지는 시도들이 모두 제도에 흡수되고 말았다고 평가하였다. 그에 따르면, 제도 예술은 제도를 타파하려는 행위조차 제도화하는 힘을 발휘하여 예술에 대한 부정까지 제도 예술로 포섭하는 것이다.

(나)

뷔르거의 아방가르드 예술에 대한 해석은 예술의 사회적 맥락을 밝혔다는 점에서 의미를 지닌다. 뷔르거의 이론에 의해 아방가르드는 제도 예술과 달리, 탐미주의와 같은 기존 예술과 ⓓ투쟁함으로써 유토피아를 향한 진보를 이루려는 예술적 의도로 규정되었기 때문이다.

하지만 뷔르거는 아방가르드의 성격을 역사에 일회적으로 출현한 새로움이자 영웅적 과거로, 이후의 아방가르드적 시도들을 제도 내에서 반복된 비생산적 역사로 규정하였다. 제도 예술의 내적 모순을 원인으로, 아방가르드의 출현을 기념비적인 결과로 파악한 것이다. 그러나 이러한 뷔르거의 역사관은 제도화의 반복 속에서 예술에 대한 체념을 보여 줄 뿐이다. 작가의 손을 떠난 예술 작품은 감상자의 능동적 해석에 의해 완성된다고 주장하는 수용이론에 따르면, 뒤샹의 <샘>이라는 작품은 당대의 사회를 배경으로 단번에 예술의 개념을 뒤바꾼 것이 아니다. <샘>의 지위는 뒤샹에 필적하는 업적들이 추후 반복됨으로써, 또 이를 통해 뒤샹에 대한 예술적 비평이 재인식되는 과정에서 얻어진 것이다. ㉠뷔르거가 생각한 아방가르드의 역사는 단일한 원인과 결과로 구성되어 있다. 그러나 역사는 반복 속에서 복수의 원인과 결과를 형성하는 것이다.

예술 평론가인 포스터에 따르면, 변위(變位)란 대상의 위치가 관찰자의 시점에 따라 바뀌는 것을 의미한다. 즉, 이 개념은 과거를 규정하는 관점이 현재에 의존적이라는 것을 의미한다. 프로이트는 과거의 사건이 우리의 의식에 ⓔ각인한 외상은, 이를 회상하고 재기록하는 사후적 사건에 의해 극복된다고 보았다. 포스터는 이러한 프로이트의 견해를 수용하여 탐미주의와 아방가르드라는 역사적 외상이 현재의 시점에서 변위에 따라 사후적으로 재구성되어야 한다고 주장하였다. 이러한 관점에서 포스터는 뷔르거가 회고적 관점이 지닌 역사적 기능, 즉 ㉡과거가 현재에 의해 극복된다는 사실을 인식하지 못하였다고 비판하였다. 뷔르거가 제도 예술이 예술을 장악하는 힘을 과대평가하고, 아방가르드에 대한 회고적 재구성을 통해 역사 속에서 아방가르드를 소생시킬 주체의 힘을 과소평가했다는 것이다.

12. 다음은 (가)와 (나)를 읽고 수행한 독서 활동지의 일부이다. Ⓐ~Ⓔ 중 적절하지 않은 것은?

	(가)	(나)
글의 화제	아방가르드 예술에 대한 견해 ······················· Ⓐ	
서술 방식의 공통점	구체적인 작품을 제시하고 그것에 담긴 의미를 설명함. ······················· Ⓑ	
서술 방식의 차이점	(가)는 (나)와 달리 화제와 관련된 개념이 성립된 역사적 배경을 제시함. ··········· Ⓒ	(나)는 (가)와 달리 논지를 강화하기 위해 다른 이의 견해를 인용함. ·········· Ⓓ
서술된 내용 간의 관계	(가)에서 소개한 이론에 대해 (나)에서 그 의의를 밝히고 한계를 지적함. ······················· Ⓔ	

① Ⓐ　　② Ⓑ　　③ Ⓒ　　④ Ⓓ　　⑤ Ⓔ

13. 제도에 대한 이해로 적절하지 않은 것은?

① 뷔르거는 제도에 기반한 제도 예술의 등장이 자본주의의 발전과 관련이 있다고 보았다.

② 뷔르거는 제도가 제도 예술이 사회적 삶과 분리되는 독자성을 띠게 된 원인이라고 보았다.

③ 마르쿠제는 사회가 유지되기 위해서는 무효과성을 지닌 제도가 수립되어야 한다고 보았다.

④ 마르쿠제는 제도가 개인들의 욕구 실현을 사회 전체에서 허용함으로써 인간성을 실현한다고 보았다.

⑤ 탐미주의는 전통이 개인의 욕구를 침해하지 않도록 보호하는 제도를 바탕으로 예술의 형식을 중시했다.

14. ⓐ의 이유를 추론한 내용으로 가장 적절한 것은?

① 뷔르거는 아방가르드 예술이 나타난 이후 제도 예술이 사라졌다고 보았기 때문이다.

② 뷔르거는 아방가르드 예술이 현대에 접어들어 제도 예술이 되었다고 보았기 때문이다.

③ 뷔르거는 아방가르드 예술이 현재에 영향을 주지 못하는 개별적인 사건이라고 보았기 때문이다.

④ 뷔르거는 아방가르드 예술이 비평을 통해 재인식될 기회를 얻지 못했다고 보았기 때문이다.

⑤ 뷔르거는 아방가르드 예술이 작가들과 무관하게 감상자에 의해 발생한 것이라고 보았기 때문이다.

15. (가)의 '뷔르거'의 관점을 바탕으로 할 때, ⓑ에 대해 반박할 수 있는 말로 가장 적절한 것은?

① 아방가르드의 소생을 위해서는 회고적 재구성이 아니라 일회적인 유토피아적 운동이 필요하다.

② 20세기 초의 아방가르드는 어떠한 새로움도 생산해 내지 못했으므로 현재에 의해 극복될 수 없다.

③ 역사주의의 관점으로 아방가르드 예술을 평가하는 것은 예술에 대한 체념으로 이어질 가능성이 크다.

④ 영웅적 과거에서 나타난 아방가르드 예술의 기념비적 결과는 반복된 좌절 속에서 과거가 극복된 사례이다.

⑤ 기존 예술에 문제를 제기했던 시도들이 제도화로 인해 모두 실패한 것은 과거가 극복될 수 없음을 보여 준다.

16. <보기>는 예술가들의 다양한 견해이다. 이에 대해 (가)의 '뷔르거'의 관점(A)과 (나)의 글쓴이의 관점(B)에서 설명한 내용으로 적절하지 <u>않은</u> 것은? [3점]

─────〈 보 기 〉─────

ㄱ. 본질적으로 그림은 전장의 말이나 누드 여인 혹은 어떤 일화이기 이전에 일정한 질서에 따라 조합된 색채로 뒤덮인 평면이다. 모든 예술은 곧 형식이다.

ㄴ. 보편적으로 예술은 우리의 삶에 관계한다. 그러나 우리 예술가의 임무는 예술과 삶을 완전히 단절시킴으로써 감상자의 예술적 소양을 고취하는 데에 있다.

ㄷ. 나는 우리가 당연시해 온 예술에 의문을 던지기 위해 병 건조대를 그들의 얼굴에 집어 던졌다. 그런데 그들은 이제 그 병 건조대의 예술성에 비싼 값을 매기고 있다.

① A: ㄱ이 그림의 주제보다 색채와 평면이라는 형식을 강조하는 것은, 시민사회의 제도적 보호 속에서 예술이 고립되도록 만들 것입니다.

② A: ㄴ은 예술과 삶의 보편적인 관계를 바꾸려 한다는 점에서 아방가르드가 지향한 유토피아적 변혁을 실천하고 있다고 볼 수 있습니다.

③ A: ㄷ이 던진 병 건조대가 비싸게 팔리는 것은, 제도를 부정하는 행위까지도 포섭하는 제도 예술의 모습을 보여 준다고 할 수 있습니다.

④ B: ㄱ이 근대 이후의 탐미주의를 의미한다면, 그로부터 야기된 문제를 극복하기 위해서는 현재의 관점에서 그 의미를 재구성할 필요가 있습니다.

⑤ B: ㄷ의 행위가 반복되어 현대에도 계속된다면, 이는 예술의 제도화가 아니라 새로운 아방가르드가 등장하기 위한 복수의 원인이 쌓이는 과정일 것입니다.

17. 문맥상 ⓐ~ⓔ와 바꿔 쓰기에 적절하지 <u>않은</u> 것은?

① ⓐ: 빗나가는   ② ⓑ: 기대어

③ ⓒ: 살피고   ④ ⓓ: 겨룸으로써

⑤ ⓔ: 새긴

〔18~21〕 다음을 읽고, 물음에 답하시오.

<아니리>
이렇게 다담상을 차려 하인들께 먼저 상을 들이게 하고 강화주 좋은 술을 꽃잔에 부어들고,
"옛소 시숙님, 약주 한잔 잡수시오."
놀보놈 제수가 권하는 술이니 선뜻 점잖게 받아먹는 것이 아니라, 책상다리를 쪽 올리고,
"야 홍보야 너는 형제간이라 내 속을 잘 알지. ⓐ 남의 집 소대상 날에 가서 술을 먹어도 권주가 없이 안 먹는다. 네 처 곱게 차린 김에 권주가 한마디 시켜라."
홍보 마누라가 이 말을 듣더니 기가 막혀 잡았던 술잔을 공중에 피르르…… 내던지고,

<진양(원계)>
"여보 시숙님 여보 여보 아주버님, 제수더러 **권주가** 하라는 말은 세상 어디 가 보았소. 지성이면 감천이라더니 나도 이제는 쌀과 돈이 많이 있소. 돈과 쌀 있다고 너무 뻐기지 마오. ⓑ 추운 겨울날 자식들을 앞세우고 구박당하여 나오던 일은 죽어서도 못 잊겠소. 보기 싫소. 어서 가시오. 마음을 바로잡았으면 무엇 하러 내 집에 왔소 안 갈라면 내가 먼저 들어갈라요."
치맛자락 돌려 떨치고 일어서며 안으로 들어간다.

<아니리>
놀보가 보더니,
"야 홍보야, 네 계집 못쓰겠다. 썩 당장 버려라. 내가 다시 장가 들여 주마. 그리고 저 윗목에 벌건 궤가 무엇이냐?"

"화초장(花草欌)이라고 하옵니다."

"화초장이여? 거 좋다. 그 속에 뭣 들었느냐?"

"금은보화가 가득 들었습니다."

"그럼 하나도 꺼내지 말고 저 장을 내게 다오."

"예 그렇게 하옵지요. ⓒ 형님 먼저 건너가시면 하인에게 보내오리다."

"아서라 모든 일은 튼튼하게 하는 것이 제일이니 내가 아주 지고 갈란다. 내놓아라."

"형님, 내일 아침에 하인에게 보내오리다."

"뭐 이놈 밤새 좋은 보물은 다 빼내고 빈 궤만 보낼라고야? 아니다. 온 김에 지고 갈란다."

흥보가 명주 한 필 내다가 질빵을 걸어놓으니, 놀보가 화초장을 지고 가며 잊어버릴까 봐, 또는 본래 잊음이 많은 놈이라 외고 가는디,

<중중머리(평·단계·흥나게)>

"화초장 화초장 화초장 화초장 하나를 얻었다. 얻었네 얻었네 화초장 하나를 얻었네."

[중략 부분 줄거리] 흥보가 다리가 부러진 제비를 돌봐 주고 금은보화가 든 박을 얻었다는 것을 알게 된 놀보는 일부러 제비의 다리를 부러뜨리고 치료한다. 놀보 역시 제비에게 박 씨를 받아 심는데, 자란 박을 자르니 몹쓸 것들이 나와 놀보의 재산을 빼앗으려 한다.

<아니리>

요란하게 나오더니, / "여봐라."

상여꾼들 벽력같이 외치는 소리,

"주인 놀보 어디 갔나? 큰 **병풍** 치고 **제사상** 놓고 촛대에 밀초 켜고, 향로에 **향** 피워라. 방 더울라 불 때지 말고, 고양이 들어갈라 구들을 막아라."

이런 야단이 없구나. 놀보 넋을 잃고 처자를 데리고 상제(喪制)에게 문안하고 공손히 묻자오되,

"어떠한 상례 행차인지 내력이나 아사이다."

상제가 대답하되, / "오 네가 박놀본가?"

"예."

"우리 댁 노 생원님이 너를 찾아보시려고 첫 박통 속에 행차하셔서, 너를 속량하여 주고 돌아오신 후에, 노인이 병환으로 하루 내에 별세를 하시는디, 놀보의 안방 터가 매우 좋은 명당이라, ⓔ 내 말하고 찾아가면 반겨 허락할 것이니, 그리고 신적(信迹)을 가지고 가라고 유언하시기로 천 리를 멀다 않고 찾아왔다."

소매에서 능청 주머니를 슬그머니 내놓으니 놀보가 이것 보니 송장보다 더 밉고 징한지라, 꿇어 엎드려 섧게 비는디,

<중머리(계면·재담·섬임)>

"아이고 상제님 상제님 소인 살려주옵소서. **노 생원님 하신 유언** 임종 시에 하셨으니, **정신이 혼미하야 잊어버리고 한 말씀이**니, 상제님 살려주옵소서. 산이치(山理致)로 할지라도 이 집터가 명당이면 하루아침에 집이 망하오리까. ⓜ 운이 다한 땅이오니, 내 집보다 더 좋은 명당 가르쳐드릴 터이니 그리로 가시기를 바라나이다."

"이놈 그곳이 어디란 말인고?"

"여기서 멀지 않은 곳으로 마을 이름은 복덕촌에 박흥보 집이온데, 그 터 **명당** 덕으로 억십만금 하루아침에 부자가 된 천하제일가는 명당이오니, 그리 가옵소서."

"이놈 놀보야. 그것은 내가 생각할 일이요. 네 원이 그러하면 묏자리 쓸 땅값을 돈으로 대신 바친다고 하였지."

<아니리>

"예 예. 바치오리다."

"그럼 삼만 냥을 곧 바치어라. 너 이놈 이 능청 주머니에다 넣어 갈 것이다."

놀보 질겁하야 / "예 예. 바치오리다."

놀보가 밖으로 뛰어나가서 삼만 냥을 빚을 얻어,

"상제님 받으시오."

돈을 받고 두어 걸음 나가더니, 갑자기 사라져 보이지 않더라. 상여 행차 보낸 연후에 남아 있는 박통 또 타려고 달려드니 놀보 마누라 만류한다.

<중머리(단계성)>

[A]

┌ "타지 맙소, 타지를 마소 그 박 씨에 쓰인 글자 값을 보(報) 자 원수 구(仇) 자 원수 갚자 한 말이라, 탈수록 망할 테니 제발 그만 타지 마소. 부모님이 모은 세간 잡것들에게 다 뜯기니, 이럴 줄 알았더면 시아재 굶을 적에 도와주지 아니하였을까. 만일 잡것 또 나오면 아무것도 가진 것 없는 우리 신세 무엇으로 감당할까. 가련한 우리 부부 목숨까지 없 └ 앨 테니 내 허리를 함께 켜소."

그 자리 엎드려 슬피 운다.

– 작자 미상, 「흥보가」 –

18. 윗글의 내용에 대한 이해로 적절하지 않은 것은?

① '흥보 마누라'는 '놀보'의 언행으로 인한 불쾌한 마음을 표현하였다.

② '흥보'는 대화의 주제를 전환하여, 자신의 아내를 흉보는 '놀보'를 제지하였다.

③ '놀보'는 누구의 상례인지 알지 못하는 상황에서도 상제에게 공손하게 행동하였다.

④ '상제'는 '놀보'의 사정을 참작하여 처음과 다른 방안을 제시하였다.

⑤ '놀보 마누라'는 '놀보'와 달리 박을 가르는 것이 위험하다는 사실을 감지하였다.

19. ㉠~㉤에 대한 이해로 가장 적절한 것은?

① ㉠: 자신의 평소 행실을 언급하며 이어질 말의 정당성을 제시하고 있다.

② ㉡: 상대에게 벌어질 일을 제시하며 특정 행동을 재촉하고 있다.

③ ㉢: 상대의 요구를 수용하는 체하여 위기에서 벗어날 방도를 마련하고 있다.

④ ㉣: 다른 인물의 말을 인용하여 자신과 상대가 했던 약속을 상기하고 있다.

⑤ ㉤: 자신의 불우한 상황을 강조하여 더 나은 생활 공간을 얻게 해 달라고 간청하고 있다.

20. [A]에 대한 설명으로 가장 적절한 것은?

① 앞으로의 일을 가정하며 자신의 계획을 드러내고 있다.

② 과거 사건을 회상하며 현재 사건의 원인을 드러내고 있다.

③ 유사한 어구를 반복하여 상대에 대한 원망을 드러내고 있다.

④ 현재의 처지를 환기하며 과거 행적에 대한 후회를 드러내고 있다.

⑤ 사물의 의미를 해석하며 현재 상황을 역전할 방법을 드러내고 있다.

21. <보기>를 참고하여 윗글을 이해한 내용으로 적절하지 <u>않은</u> 것은? [3점]

〈 보기 〉

판소리는 완창보다는 일부만 구연되는 경우가 많아 다른 서사 갈래와 달리 전체 내용의 응집성보다 각 부분의 독립성이 강하다는 특징이 있다. 이는 장면이나 인물의 성격을 부각하기 위해, 특정 대상을 나열하거나 특정 표현을 반복함으로써 장면의 길이를 늘려 내용을 장황하게 제시하는 방식으로 나타나기도 한다. 이처럼 특정 장면의 독립성이 강해지면 해당 장면이 전체 서사 구조의 일관성을 벗어나기도 하는데, 이를 '부분의 독자성'이라고 한다.

① '흥보 마누라'가 '놀보'에게 '권주가'를 강요당하는 것에서, 선한 인물이 선행에 보답을 받아 행복을 이루는 서사와 어울리지 않는 독립적인 장면을 확인할 수 있겠군.

② '놀보'가 '흥보'에게서 받은 '화초장'을 지고 가며 '화초장'을 반복해 외우는 것에서, 단어의 반복을 통해 해당 장면을 장황하게 제시하는 방식을 확인할 수 있겠군.

③ '상여꾼들'이 '큰 병풍'과 '제사상', '밀초', '향' 등을 연달아 제시하는 것에서, 대상을 나열하여 악인이 벌을 받는 장면을 부각하고 있음을 확인할 수 있겠군.

④ '놀보'가 '노 생원님 하신 유언'을 '정신이 혼미하야 잊어버리고 한 말씀'이라고 말하는 것에서, 인물의 성격이 일관성을 벗어나는 부분의 독자성을 확인할 수 있겠군.

⑤ '놀보'가 자신이 처한 상황을 회피하고자 '흥보'의 집이 '명당'임을 반복하여 언급하는 것에서, 해당 장면의 길이를 늘려 인물의 성격을 부각하고 있음을 확인할 수 있겠군.

〔22~27〕 다음을 읽고, 물음에 답하시오.

(가)

예 놀던 길가에 ㉠초가집 짓고서	結廬臨古道
날마다 큰 강물을 바라만 본다.	日見大江流
거울에 새긴 난새*는 혼자서 늙어 가고	鏡匣鸞將老
꽃동산의 나비도 가을 신세란다.	園花蝶已秋
쓸쓸한 모래밭에 기러기 내리고	寒沙初下雁
저녁 비에 조각배 홀로 돌아오는데,	暮雨獨歸舟
하룻밤에 비단 창문 닫긴 내 신세니	一夕紗窗閉
어찌 **옛적 놀이를 생각**이나 하랴.	那堪憶舊遊

　　　　　　　　　　　　　　　- 허난설헌, 「기녀반*」 -

*난새 : 중국 전설에 등장하는 상상의 새.
*기녀반 : 처녀 때의 친구들에게 전함.

(나)

풍아(風雅)*의 깊은 뜻을 전하는 이 그가 뉘신고
고조(古調)*를 좋아하나 아는 이 전혀 없네
정성(正聲)*이 하 아득하니 다시 불러 보리라

　　　　　　　　　　　　　　　　　　　　<제1곡>

위의(威儀)도 거룩하고 예모(禮貌)*도 넓으시고
해학을 좋아하나 가혹함이 되올소냐
아마도 성덕지선(盛德至善)을 못 잊을까 하노라

　　　　　　　　　　　　　　　　　　　　<제3곡>

좌상(座上)에 손이 있고 술통에 술이 가득
중심(中心)*을 즐길지니 외모를 위할소냐
덕음(德音)이 밝으시니 곧 반응이 나타나리라

　　　　　　　　　　　　　　　　　　　　<제4곡>

이 해 저물었으니 아니 놀고 어찌하리
즐김을 좋아하나 거칠음은 말지어다
아마도 직사기우(職思其憂)*야 그가 어진 선비일까 하노라

　　　　　　　　　　　　　　　　　　　　<제5곡>

두었던 종고금슬(鐘鼓琴瑟)* 날로 즐겨 놀지어다
백년 후 돌아보오 ㉡화옥(華屋)*에 누가 들소니
생전에 다 즐기지 못하면 뉘우칠까 하노라

　　　　　　　　　　　　　　　　　　　　<제6곡>
　　　　　　　　　　　　　- 권익륭, 「풍아별곡」 -

*풍아 : 시문을 짓고 읊는 풍류의 이치. / *고조 : 옛 곡조.
*정성 : 옳은 곡조의 음악. / *예모 : 예절에 맞는 몸가짐.
*중심 : 마음속. / *직사기우 : 마땅히 그 근심을 생각함.
*종고금슬 : 종, 북, 거문고, 비파. / *화옥 : 화려하게 지은 집.

(다)

　ⓐ 계미년에 집안 어른께서 금릉(金陵)의 원님 자리를 그만두고 서울로 돌아오셨을 때가 생각난다. 키 작은 어린아이로서 나는 방에 들어가 집안 어른들과 형님들께 절을 하여 조카로서 예를 갖추었다. 그때에는 두 집안의 자제들이 무려 수십 명에 이르렀고, 무리를 이뤄 많은 사람이 모여 살았다. 아침부터 저녁까지 즐겁게

노느라고 사람 사는 일이 손쉽게 바뀌는 것도 모르는 채 단란하게 모여 사는 커다란 즐거움을 다행으로만 여길 뿐이었다.

　그로부터 ⓑ 이태 뒤에 순성(蓴城)에서 객지 생활을 시작했다가 삼 년이 지나 돌아와 보니 남자는 장가들고 여자는 시집가서 제각기 가정을 꾸리고 살았다. 그렇게들 각각 사는 데 재미를 붙였으나 지난날처럼 즐겁게 지내는 일은 갈수록 드물어져 갔다. 그래도 다행스럽게 두 집안의 부모 형제들이 병도 없고 사고도 없이 살았다.

　또 ⓒ 그로부터 이태가 지나 영주(永州)에서 돌아온 뒤로부터 지금까지 팔구 년이 흘렀다. 그사이에 사람 사는 일은 날마다 달라지고 돌아가시는 분을 애도하는 일이 계속 이어졌다. 그때마다 불현듯 남아 있는 자로서 슬퍼하지 않을 수 없었다. 아, 슬픈 일이다! 사람 사는 일이란 이렇듯이 영원하지 않구나!

　인생은 늙기 쉬워 한 백 년을 허둥지둥 보낸다. 어째서 한 집안에서 즐거움을 함께 나누던 사람이 중년의 나이도 되지 않아 이렇게 앞서거니 뒤서거니 죽는단 말인가?

　　　　　　　　　　　(중략)

　아, 슬픈 일이다! **인간 세상이란 이렇듯이 감정에 휘둘리기 쉽구나!** 인간 세상이란 이렇듯이 감정에 휘둘리기 쉬워!

[A] ┌ 지난날 청년 장년이던 사람은 그다지 늙지도 않았건마는
　　│ 강보에 누워 있던 아기들은 벌써 다 자라 있다. 잠깐 사이나
　　│ 마 즐거워할 수 있음에도 불구하고 지난날 사연을 차마 입
　　│ 에 올리지 못하는 까닭은, 돌아가신 분들을 향한 남아 있는
　　└ 자의 슬픔이 가슴속에서 솟아날까봐 걱정돼서다.

[B] ┌ 아! 사람으로서 이런 처지에 이른다면 어떻게 하늘과 신에
　　│ 게 원망하는 마음을 품지 않을 수 있으랴! 지금 나는 40세
　　│ 를 살지 50세를 살지 알 수가 없지만, 내 나이 수십 년을 잘
　　│ 라내서 지난날 반나절의 즐거움과 바꾸고 싶다마는, 그런 일
　　│ 이 어떻게 가능하랴? 옛사람이 이런 말을 했다.
　　│ 　"뜻대로 되는 것보다 즐거운 것은 없고, 뜻대로 되지 않는
　　│ 것보다 시름겨운 것은 없다."
　　│ 　정말 음미할 만한 말이다. 그래서 나는 자꾸만 탄식이 새
　　└ 어 나오는 것을 금할 수 없다. 무술년 첫봄에 쓴다.

　　　　　　　　　　　　　　　　　- 신익상, 「감구서」 -

22. (가)~(다)에 대한 설명으로 가장 적절한 것은?

① (가)는 일상을 벗어난 공간을 위주로 하여 그 공간에 대한 낙관적 전망을 드러내고 있다.

② (나)의 <제5곡>은 하강의 이미지를 통해 화자가 느끼는 위기감을 강조하고 있다.

③ (다)는 현실적인 문제의 해결 방안으로 옛 공동체의 회복을 제시하고 있다.

④ (가)와 (다)는 모두 과거와 대비되는 현재 상황을 제시하여 대상의 부재에서 촉발된 정서를 부각하고 있다.

⑤ (나)의 <제3곡>과 (다)는 모두 유사한 소재를 나열하여 삶에서 중요하게 여기는 가치를 보여 주고 있다.

23. (가)와 (나)에 대한 이해로 적절하지 않은 것은?

① (가)의 '비단 창문'은 외부와 단절된 화자의 현재 처지를 드러내는 표현이다.

② (나)의 '외모를 위할소냐'는 '중심'을 추구하려는 화자의 심리를 드러내는 표현이다.

③ (가)의 '꽃동산의 나비'는 화자와 상반된 상황에 있는, (나)의 '손'은 화자와 즐거운 시간을 보내는 대상이다.

④ (가)의 '바라만 본단다'는 화자의 수동적 자세를, (나)의 '즐겨 놀지어다'는 화자의 능동적 자세를 보여 준다.

⑤ (가)의 '조각배'는 화자가 느끼는 외로움을, (나)의 '직사기우'는 화자가 바람직하게 여기는 태도를 암시한다.

24. ㉠, ㉡에 대한 이해로 가장 적절한 것은?

① ㉠은 화자의 관조적 태도를 반영하고, ㉡은 화자의 예찬적 태도를 반영한다.

② ㉠은 화자가 겪는 내적 갈등을 환기하고, ㉡은 화자가 간직한 추억을 환기한다.

③ ㉠은 화자가 현실을 인식하는 배경이 되고, ㉡은 화자가 현실을 대하는 자세의 근거가 된다.

④ ㉠은 화자를 둘러싼 적막한 분위기를 부각하고, ㉡은 화자를 둘러싼 아늑한 분위기를 부각한다.

⑤ ㉠은 자연과의 합일에 대한 화자의 지향을 드러내고, ㉡은 입신양명에 대한 화자의 지향을 드러낸다.

25. (다)를 이해한 내용으로 적절하지 않은 것은?

① ⓐ는 '나'가 가족들과 함께 '무리를 이뤄' 사는 단란한 삶을 행복으로 여겼던 시간이다.

② ⓐ는 '나'가 '사람 사는 일'에 발생할 변화를 깨닫지 못하고 만족했던 시간이다.

③ ⓑ 이후 '나'는 예전처럼 '즐겁게 지내는 일'이 점점 더 어려워짐을 느꼈다.

④ ⓑ 이후 '나'는 이전과 달리 '제각기 가정'을 꾸린 삶에서 재미를 느끼며 사는 가족들의 모습을 발견하였다.

⑤ ⓒ 이후 '나'는 죽음에 대한 '남아 있는 자'의 슬픔이 영원하지 않음을 깨달았다.

26. [A]와 [B]에 대한 이해로 가장 적절한 것은?

① [A]에 나타난 글쓴이의 우려는 [B]에서 초월적 존재를 향한 동경으로 연결된다.

② [A]에 나타난 글쓴이의 망설임은 [B]에서 옛사람의 말에 반박하는 이유가 된다.

③ [A]에 나타난 글쓴이의 상실감은 [B]에서 지난날의 기억에 즐거워함으로써 해소된다.

④ [A]에 나타난 글쓴이의 서러움은 [B]에서 자신의 소망에 대한 회의적 태도로 이어진다.

⑤ [A]에 나타난 글쓴이의 의아함은 [B]에서 새로운 이상을 품도록 만드는 계기로 작용한다.

27. <보기>를 바탕으로 (가)~(다)를 감상한 내용으로 적절하지 않은 것은? [3점]

──────── 〈 보 기 〉 ────────

시간의 흐름은 거스를 수 없다는 점에서 삶의 유한성을 환기한다. 이러한 유한성을 인식한 이는 인간의 무력함을 깨닫고 허무감을 느끼기도 하지만, 이를 삶을 살아가는 동력으로 삼기도 한다. (가)는 어린 시절로 다시 돌아갈 수 없는 슬픔을, (나)는 현재를 충실히 즐기려는 태도를, (다)는 세월에 따라 변하는 현실에 대한 탄식을 문학적으로 형상화한 작품이다.

① (가)의 화자가 '거울에 새긴 난새'가 '혼자서 늙어' 간다고 느끼는 것에서, 시간의 흐름이 화자에게 인간의 무력함을 환기하고 있음을 알 수 있어.

② (가)의 화자가 '예 놀던 길가'에서 '옛적 놀이를 생각'조차 할 수 없다고 여기는 것에서, 어린 시절로 돌아가 옛 친구와 만날 수 없음에 안타까워하고 있음을 알 수 있어.

③ (나)의 화자가 아득해진 '정성'을 '다시 불러 보'겠다는 것에서, 지나버린 세월에 대한 허무감을 극복하려는 의지를 드러내고 있음을 알 수 있어.

④ (나)의 화자가 '생전에 다 즐기지 못하면' 후회할 수 있다고 생각하는 것에서, 인간의 유한성에 대한 인식을 토대로 현재 삶의 태도를 결정하고 있음을 알 수 있어.

⑤ (다)의 글쓴이가 '인간 세상'이 '감정에 휘둘리기' 쉽다고 생각하는 것에서, 세상 사람들과 달리 유한성을 동력으로 삼아 살아가려 하고 있음을 알 수 있어.

[28~31] 다음을 읽고, 물음에 답하시오.

밖에서 들어오니, 아내가 어둡고 추운 방에 혼자 앉았다가 대뜸 근심스런 어조로, 좀 전에 이 댁 노파가 나와 이 방을 비워 달라더라고 한다. 이유는 이제 ⓐ 구공탄을 들이는데 이 방(실은 헛간)을 사용하여야겠단다는 것이다. 그러나 그날로 아내가 이 댁 식모한테서 들은 말은 이와는 아주 다른 것이었다.

아까 낮에 예의 노파 한패가 몰려왔는데, 그중 한 노파가 이쪽 뜰 구석 다복솔 뒤에 감추인 거적닢을 발견했다는 것이다. 이런 때는 늙어서 눈 안 어둡는 것도 탈이었다. ㉠ 그게 무엇인가 싶어 가까이 가 들여다보고는 휙 고개를 돌리며, 애 퉤 퉤! 대체 이런 데다 뒷간을 만들다니 될 말인가. 그 담음으로 이 댁 노파에게, 정원에다 그런 변소를 내다니 아우님도 환장을 했는기요? ㉡ 여기서 주인 노파도 한바탕, 거지 떼란 할 수 없다느니, 사람이 사람 모양만 했다고 사람이냐고 사람의 행실을 해야 사람이 아니냐느니, 자기네 집이 피난민 수용소가 아닌 바에 당장 내보내고 말아야겠다느니, 야단법석을 했다는 것이다. 그리고는 아내한테 나와 방을 비워 줘야겠다는 영을 내린 것이었는데, 그래도 이 노파가 우리한테 나와서는 거기다 뒷간을 만들었으니 나가 달라는 말은 못 하고, 이제 구공탄을 들이게 됐으니 방을 비워 줘야겠다고 한 것이었다. 실은 이 점이 이 노파로 하여금 자신이 말한 인간은 인간다운 행실을 해야 한다는 것을 몸소 실천해 뵈는 대목이 아닌가 한다. 왜냐하면, 노파 자신이 우리들에게 안뜰 변소를 사용치 못하게 하고, 거기다 거적닢을 치게끔 분부를 해놓았으니, 진드기 아닌 우리가 오줌똥 안 눌 수는 없고, 실로 면목이 없는 행실이나 거기 대소변을 보지 않을 수 없었다는 걸 잊지 않은 점에서. 그리고 한 걸음 더 나아가 지금 우리가 들어 있는 곳이 실은 **사람이 살 방이 아니라, 구공탄이나 들일 헛간**이라는 걸 밝혀 준 점에서.

이쯤 되어, 변호사댁 헛간에서 쫓겨난 **우리 초라하기 짝이 없는 황순원 가족 부대**는 대구 시내를 전전하기 수삼 차, 드디어 삼월 하순께는 부산으로 흘러 내려오게까지 되었다.

[중략 부분 줄거리] 부산에 온 '나'의 가족은 변호사 집에 얹혀살고 있는 처제네에서 당분간 신세를 지려 했으나 이 집 주인 역시 방을 비워 달라고 한다. 고민 끝에 '나'는 친구에, 아이들 둘은 외가에, 그 아래 아이 둘과 아내는 처제네 방에 머물기로 한다.

아직 자리에서 일어나기도 전인데 벌컥 문이 열리더니, 거기 이 댁 변호사 영감이 나타난 것이었다. 무섭게 부릅뜬 눈이었다. 그리고 성난 음성으로 고함을 지르는 것이었다. 당신네들도 인간인기요? 오늘 아침으로 당장 나가소. 여관으로라도 나가소. 사람이란 염치가 있어야 않소. **만일 오늘도 아니 나가면 법으로 해결 짓겠소.**

처제와 아내 편에서도 가만있을 수만 없었다. 무슨 일이 있어도 노상에로나 여관으로는 못 나가겠다고 했다. 이 댁 큰딸 둘이 응원을 오고, 부인과 큰아들까지 출동했다. ㉢ 서울 모 법과대학에 적을 두고 있다는 이 댁 큰아들은 폭력행위로까지 나오려는 것을 그래도 나이 먹은 법률가가 법적으로 따져서 이래서는 안 되겠다고 생각한 듯, 젊은 법률가를 떼어 가지고 가더라는 것이다.

[A] 나는 남포동 예의 열아홉 식구가 들어 있는 방 한구석에서 아내의 말을 잠자코 듣고 있었다. 변호사 영감이 우리들더러 인간이 아니라는 건 벌써 대구서 그 노파한테 낙인을 찍힌 바니 별반 놀라운 사실이 아니다. 그가 또 법적으로 해결을 짓겠다는 것도, 그가 법률가라 응당 그럴 수 있는 일이다. 단지 여관으로라도 나가라는 데는 곤란하다. **여관에 들 수 있는 형편이라면 우리가 왜 이러고 있을 것인가.** 다음에 염치가 없다는 대목도 그렇다. 피난민의 신세니 가다오다 염치없는 일도 있긴 하겠지만, 이 댁에 대해서 그렇게 몰염치한 짓만 한 것 같지는 않다. 그동안 처제가 있는 방에는 다다미 석 장 새로 간 것까지 합하면 매달 이만 원 가까울 정도의 금액을 내고 있는 셈이요, 어제만 해도 한방 부인네가 시삼촌한테로 옮겨 간 뒤, 우리는 이 댁 부인에게 우리가 가진 옷가지를 마저 돈으로 바꿔 가지고라도 보증금을 들여 놓겠다는 말을 했던 것이다.

그때 부인의 대답은 **자기네는 돈이 아쉬워서 그러는 게 아니**고 그 방이 필요해서 그런다는 것이었다. 그 방을 ⓑ 식모를 줘야겠다는 것이다. ㉣ 아내가 다시 그러면 그 식모가 들어와 잘 자리를 내어 줄 터이니 같이 들어와 자게 해달라고 했다. 그렇게는 안 된다는 것이다. 하는 수 없다. 방을 구하기까지 좀 참아 달라는 수밖에 없었다. 식모 말이 났으니 말이지, 이 주인댁에서 식모 식모 하는 여인은 그네 자신이 처제와 아내에게 한 말에 의하면, 주인댁과 과히 멀지도 않은 친척으로 이번에 딸네 집에 왔다가 들러서

밀린 빨래도 해주고 바느질도 해주느라고 머물러 있다는 것이며, 본래 이 집에는 식모라고 붙어 있지를 못한다는 것과, 결국 식모 노릇하는 게 늙은 할머닌데 지금 잠깐 시골 작은아들네 집에 다니러 갔다는 것, 그리고 이 방만 해도 언젠가 왔을 때도 헛간 비슷이 늘 비어 있더라는 것이다. 이 댁 늙은 할머니가 식모 노릇을 한다는 건 이미 몇 달 같이 살아온 처제가 아는 일이었다. ⑩ 하여튼 우리가 염치없다는 건 우리가 방을 속히 얻는 재주가 없다는 데서 오는 것뿐이었다.

- 황순원, 「곡예사」 -

28. [A]의 서술 방식에 대한 설명으로 가장 적절한 것은?

① 서술자가 관찰자적 입장에서 사건의 전모를 밝히고 있다.
② 동시에 벌어지는 사건들을 병치하여 이야기의 흐름을 지연시키고 있다.
③ 작중 인물이 아닌 서술자가 인물 간의 갈등이 지속하는 상황을 제시하고 있다.
④ 다양한 인물로 서술의 초점을 옮겨 가며 갈등 상황을 다각적으로 조명하고 있다.
⑤ 서술자가 직접 경험한 사건을 진술함으로써 현실에 대한 서술자의 인식을 드러내고 있다.

29. ㉠~⑩에 대한 이해로 적절하지 않은 것은?

① ㉠ : 정원에다 뒷간을 만들게 한 주인 노파에 대한 '나'의 비판적 반응을 제시하고 있다.
② ㉡ : 타인을 배려하지 않고 자신의 안위만을 중요시하는 주인 노파의 언행을 제시하고 있다.
③ ㉢ : 도의적인 책임은 외면한 채 이해관계에 골몰하고 있는 집주인 가족의 횡포가 드러나고 있다.
④ ㉣ : 불편함을 감수하고서라도 셋방살이를 포기할 수 없는 가족의 안타까운 상황이 제시되고 있다.
⑤ ⑩ : 피난 생활에서 직면한 문제를 해결하지 못하는 무능함에 대한 '나'의 자조적인 태도가 드러나 있다.

30. ⓐ, ⓑ에 대한 설명으로 가장 적절한 것은?

① ⓐ에 대한 '나'의 이해를 계기로 '주인 노파'에 대한 '나'의 인식이 전환되었다.
② '아내'는 '이 댁'에 대한 '나'의 거리감을 해소하기 위해 '나'에게 ⓐ에 대한 소식을 전했다.
③ '변호사 영감 부인'은 '나'의 가족들로 인해 ⓑ와 관련된 경제적 손실을 입은 상황에 대해 불만을 표출했다.
④ '나'의 가족들은 피난 상황에 점차 적응하여 ⓐ보다 ⓑ를 둘러싼 문제에 더 적극적으로 대응하는 모습을 보인다.
⑤ ⓐ와 ⓑ는 각각 '주인 노파'와 '변호사 영감 부인'이 '나'의 가족들을 내쫓기 위해 제시한 표면적 이유에 해당한다.

31. <보기>를 참고하여 윗글을 이해한 내용으로 적절하지 않은 것은? [3점]

〈 보 기 〉

「곡예사」는 작가가 한국 전쟁 당시 대구와 부산에서 겪은 피난민으로서의 힘겨운 삶을 사실적으로 형상화한 자전적 소설이다. 특히 주인공 가족과 이들이 의탁한 집의 가족들이 영위하는 그늘 없는 일상이 충돌할 때, 피난민의 삶의 비극성은 더욱 부각된다. 집주인들은 주인공의 절박한 사정을 도외시하고, 주인공 가족을 노골적으로 비하하는 태도를 보인다. 이처럼 자신의 이익에만 관심을 가질 뿐 타자의 처지에는 무감각 상태에 이른 인물들은 독자에게 전쟁이 만들어낸 인간성 상실 및 도덕성 훼손 문제를 환기한다.

① '사람이 살 방이 아니라, 구공탄이나 들일 헛간'에서 지냈다는 데에서, 열악한 환경에서 삶을 이어가야 했던 피난민의 힘겨움이 사실적으로 제시되고 있군.
② '우리 초라하기 짝이 없는 황순원 가족 부대'라는 구절에서, 이 소설이 작가가 실제로 겪은 피난 체험을 바탕으로 창작된 자전적인 성격의 작품임이 드러나고 있군.
③ '변호사 영감'이 '나'의 가족에게 '만일 오늘도 아니 나가면 법으로 해결 짓겠다'고 으름장을 놓는 데에서, 피난민의 절박한 사정보다 자신의 이익을 중시하는 인물의 비인간적 면모가 나타나고 있군.
④ '여관에 들 수 있는 형편이라면 우리가 왜 이러고 있을 것인가.'라는 말에서, 타자의 처지에 무관심한 인간상을 지적함으로써 전쟁이 만들어낸 도덕성 훼손의 문제를 독자에게 환기하고 있군.
⑤ '자기네는 돈이 아쉬워서 그러는 게 아니'라는 말에서, 그늘 없는 일상을 영위하는 집주인이 주인공 가족을 노골적으로 비하하는 태도를 보이고 있음이 드러나고 있군.

[32~34] 다음을 읽고, 물음에 답하시오.

(가)

노래가 낫기는 그중 나아도
구름까지 갔다간 되돌아오고,
네 발굽을 쳐 달려간 말은
바닷가에 가 멎어 버렸다.
㉠ 활로 잡은 산(山)돼지, 매(鷹)로 잡은 산(山)새들에도
이제는 벌써 입맛을 잃었다.
꽃아. ㉡ 아침마다 개벽(開闢)하는 꽃아.
네가 좋기는 제일 좋아도,
물낯바닥에 얼굴이나 비취는
헤엄도 모르는 아이와 같이
㉢ 나는 네 닫힌 문(門)에 기대 섰을 뿐이다.
문(門) 열어라 꽃아. 문(門) 열어라 꽃아.
벼락과 해일(海溢)만이 길일지라도
문(門) 열어라 꽃아. 문(門) 열어라 꽃아.
　　　　　　－ 서정주, 「꽃밭의 독백 － 사소(娑蘇)* 단장(斷章)」－

*사소 : 사소는 신라 시조 박혁거세의 어머니. 처녀로 잉태하여, 산으로 신선 수행을 간 일이 있는데, 이 글은 그 떠나기 전 그의 집 꽃밭에서의 독백.

(나)

나는 시방 위험(危險)한 짐승이다.
나의 손이 닿으면 너는
㉣ 미지(未知)의 까마득한 어둠이 된다.

존재(存在)의 흔들리는 가지 끝에서
너는 이름도 없이 피었다 진다.
눈시울에 젖어 드는 이 무명(無名)의 어둠에
추억(追憶)의 한 접시 불을 밝히고
㉤ 나는 한밤내 운다.

나의 울음은 차츰 아닌 밤 돌개바람이 되어
탑(塔)을 흔들다가
돌에까지 스미면 금(金)이 될 것이다.

……얼굴을 가리운 나의 신부(新婦)여.
　　　　　　－ 김춘수, 「꽃을 위한 서시」－

32. (가)와 (나)에 대한 설명으로 가장 적절한 것은?

① (가)와 (나)는 모두 현재와 대비되는 과거를 환기하고 있다.
② (가)와 (나)는 모두 부정적 현실에 대한 화자의 대응 방식이 나타나 있다.
③ (가)는 (나)와 달리 동일한 문장을 반복하여 화자의 상실감을 강조하고 있다.
④ (나)는 (가)와 달리 대상에게 말을 건네는 방법을 통하여 시상을 전개하고 있다.
⑤ (나)는 (가)와 달리 시어의 대립적 이미지를 활용함으로써 부정적 시대 현실에 대한 비판적 인식을 표출하고 있다.

33. ㉠~㉤에 대한 설명으로 적절하지 않은 것은?

① ㉠ : 화자가 회의감을 느끼는 대상으로, 화자가 초월적 세계를 추구하는 동기가 된다.
② ㉡ : 화자가 지향하는 새로운 세계의 표상으로, 화자가 현재 상황을 극복할 수 있도록 조력한다.
③ ㉢ : '문(門)' 너머의 세계에 도달하고자 하나 자신의 한계를 느끼고 있는 화자의 심정을 나타낸다.
④ ㉣ : 화자가 계속해서 존재를 밝히고자 노력하지만, 그 실체가 명확하게 규정되지 않는 대상이다.
⑤ ㉤ : 대상의 존재를 파악하는 것이 쉽지 않다는 사실을 알게 된 화자의 슬픔과 고통이 반영된 행위이다.

34. <보기>를 바탕으로 (가)와 (나)를 감상한 결과로 적절하지 않은 것은? [3점]

〈 보 기 〉
(가)와 (나)는 모두 존재의 본질을 탐구하는 철학적 사고 과정을 시로 형상화한 작품이다. (가)의 화자는 인간이 지닌 인식 능력의 한계를 자각한 후에, 포기하지 않고 의지적인 태도로 존재의 본질에 도달하고자 한다. (나)의 화자 역시 존재의 본질에 도달하지 못한 상태를 혼돈이나 무질서로 여기면서 그것을 극복하고자 하고, 인간의 노력으로 존재의 본질을 인식할 수 있다는 믿음을 보인다.

① (가)에서 '노래'가 '구름까지 갔다간 되돌아오고' '말'이 '바닷가에 가 멎어 버렸다'고 느끼는 데에서, 인간의 인식 능력의 한계를 자각하는 화자의 모습을 볼 수 있군.
② (가)의 '벼락과 해일(海溢)만이 길일지라도' '문(門) 열어라 꽃아'에서, '꽃'이라는 존재의 본질에 도달하고자 하는 의지적인 화자의 모습을 볼 수 있군.
③ (나)에서 '얼굴을 가리운 나의 신부(新婦)여'는 아직 존재의 본질을 인식하지 못한 화자의 상황을 보여 주는 것이겠군.
④ (나)의 '위험(危險)한 짐승'에서 존재의 본질에 도달하지 못한 상태를 혼돈이나 무질서로 여기는 화자의 인식을 볼 수 있군.
⑤ (나)에서 '탑(塔)'을 흔드는 '돌개바람'이라는 시련에도 불구하고 '울음'이 '금(金)이 될 것'으로 생각하는 데에서, 인간의 노력으로 존재의 본질을 인식할 수 있다는 화자의 믿음을 볼 수 있군.

* 확인 사항
o 답안지의 해당란에 필요한 내용을 정확히 기입(표기)했는지 확인하시오.
o 이어서, 「선택과목(화법과 작문, 언어와 매체)」 문제가 제시되오니, 자신이 선택한 과목을 선택하여 풀이하시오.

[35~37] 다음은 학생들을 대상으로 한 강연의 일부이다. 물음에 답하시오.

안녕하세요? □□고 학생 여러분, 해양 과학 기술원의 연구원 △△△입니다. 지난 시간에는 해양 생태계의 먹이 사슬에 관해 이야기했었죠. 오늘은 여과 섭식을 하는 생물이 해양 생태계에 미치는 영향에 관해 알려드리겠습니다. 강연을 시작하기 전에 하나 보여드릴 게 있어요. (사진을 제시하며) 5억 년 전에 여과 섭식을 하며 살았던 라디오돈트의 화석 사진인데요. 이들은 수염과 같이, 몸통에 붙어 있는 기관인 부속지를 이용해 바닷물을 걸러 작은 플랑크톤들을 먹었습니다. 이처럼 물에 흘러오는 먹이를 걸러 먹는 일을 여과 섭식이라고 합니다.

생태계 내의 특정 생물이 무엇을 먹는지, 어떻게 먹이를 구하는지는 그 생물뿐만 아니라 생태계 전체에 영향을 준다는 사실을 지난번 강연에서 언급했었지요. 여과 섭식 생물은 특히 해양의 정화와 생태계 순환에 중요한 역할을 한답니다. 우리가 자주 먹는 굴도 여과 섭식을 하는 생물인데요. 굴은 물에서 질소를 걸러내 주변을 깨끗한 물로 만듭니다. 과다한 질소는 해로운 조류의 번식을 유발하는데, 굴이 질소를 걸러내는 양은 모래나 진흙 바닥보다 약 7배 정도 많습니다. 이때 굴은 시간당 최대 5리터의 물을 걸러낼 수 있고, 오염 물질을 여과하여 흡수하거나 바다에 침전시킵니다. 이에 관한 보고서는 해양 과학 기술원 누리집에서 확인하실 수 있어요.

그런데 이렇게 물을 정화하는 여과 섭식 생물들에게 심각한 피해를 주는 물질이 있는데, 무엇인지 아시나요? (청중의 반응을 살피며) 잘 모르시는 것 같네요. 바로 미세 플라스틱입니다. 통계에 따르면 지중해, 멕시코만, 뱅골만 등에 서식하는 고래들은 하루 수백 개에서 수천 개에 이르는 미세 플라스틱 조각을 삼킨다고 합니다. 이는 고래의 영양 흡수량을 줄일 뿐만 아니라, 소화 기관을 파괴할 수 있습니다. 또 플라스틱의 독성은 생물의 성장이나 번식을 방해하지요. (목소리를 높여) 미세 플라스틱으로 인한, 여과 섭식 생물의 개체 수 감소는 해양 생태계 전체를 위협할 수 있습니다.

35. 위 강연자의 말하기 방식으로 가장 적절한 것은?

① 강연 중간중간에 강연 내용을 요약하여 제시하고 있다.
② 화제에 관한 연구 경력을 밝히며 강연을 시작하고 있다.
③ 화제의 특성을 보여 주는 역사적 사건을 제시하고 있다.
④ 과거와 현재의 비교를 통해 화제의 속성을 부각하고 있다.
⑤ 반언어적 표현을 활용하여 화제의 중요성을 부각하고 있다.

36. 다음은 강연자의 강연 계획이다. 강연에 반영되지 않은 것은?

● **화제 선정**
 - 지난 강연과 이어지는 느낌을 주기 위해 해양 생태계와 관련된 화제를 선정해야겠다. ·· ①
● **청중 분석**
 - 청중이 강연 내용을 더욱 신뢰할 수 있도록 모든 자료를 인용할 때 출처를 밝혀야겠다. ································· ②
 - 강연을 들은 청중이 강연 내용과 관련한 정보를 추가로 얻을 수 있는 방법을 안내해야겠다. ······················· ③
● **강연 전략**
 - 강연에 대한 청중의 흥미를 유발하기 위해 강연 초반에 시각적 자료를 제시해야겠다. ···························· ④
 - 강연에 대한 청중의 집중을 유지하기 위해 청중에게 질문을 던진 후 반응을 살펴야겠다. ·························· ⑤

37. 강연 내용을 참고할 때, <보기>에 제시된 청중의 반응을 이해한 내용으로 가장 적절한 것은?

< 보 기 >

청중 1: 내가 알기로는 라디오돈트가 출현한 이후 여과 섭식 방식에도 변화가 있었다고 해. 다음 주 강연 주제가 '해양 생태계의 진화 과정'이니까 그와 관련된 내용을 들을 수 있겠지?
청중 2: 강연에서 굴이 물에 있는 질소를 모래나 진흙 바닥보다 잘 걸러낸다고 했는데, 그러면 여과 섭식 생물 중에서 굴의 정화 능력이 가장 뛰어난 건가?
청중 3: 여과 섭식 생물이 물을 정화할 뿐 아니라 생태계 순환에도 큰 역할을 한다고 했는데, 생태계 순환에 미치는 영향에 관해서는 알려 주지 않아서 아쉬워. 내가 인터넷으로 조사해 봐야겠다.

① 청중 1은 강연 내용과 관련하여 자신의 배경지식을 떠올리고 있군.
② 청중 2는 과거의 경험을 떠올리며 강연의 정보 전달 방식이 지닌 문제점을 지적하고 있군.
③ 청중 3은 강연에서 새롭게 알게 된 정보를 바탕으로 자신의 의견을 수정하고 있군.
④ 청중 1과 청중 3은 강연에서 설명한 내용을 일상생활에 적용할 방법을 찾아보려는 계획을 세우고 있군.
⑤ 청중 2와 청중 3은 강연을 비판적으로 수용하며 강연에서 보완해야 할 내용을 언급하고 있군.

[38~42] (가)는 반대 신문식 토론의 일부이고, (나)는 토론에 참여한 반대 측 학생이 작성한 소감문의 초고이다. 물음에 답하시오.

(가)

사회자 : 오늘 토론의 논제는 '생활동반자법 입법화를 철회해야 한다.'입니다. 먼저 찬성 측 입론해 주십시오.

찬성 1 : 최근 국회에서는, 상호 합의에 따라 생활을 공유하며 돌보는 관계에 있는 성인 두 사람에게 혼인에 준하는 권리와 의무를 부여하는 법안인 '생활동반자법'의 입법에 대해 논의하고 있습니다. 그런데 생활동반자법은 중대한 문제들을 내포합니다. 혼인과 출산을 바탕으로 성립하는 기존의 핵가족 형태는 산업화 과정에서 형성된 가장 합리적인 가족 형태로, 현재까지 우리 사회의 재생산을 책임져 왔습니다. 그런데 2050년이면 한국 사회의 핵가족이 17.3%까지 줄어든다고 합니다. 이처럼 우리 사회의 근간인 핵가족 형태가 흔들리고 있는 상황에서 생활동반자법은 가족 공동체의 위기를 가속화할 뿐입니다. 실제로 프랑스에서는 생활동반자법과 유사한 '시민연대계약'을 도입하였는데, 도입 20년 만에 혼인율이 20% 넘게 감소하고, 혼인 외 출산율은 63.5%로 급증하였습니다. 이처럼 생활동반자법 제정은 사회적 합의로 구성된 기존의 가족 형태를 위협하여 불필요한 사회적 비용을 초래할 것입니다. 또한 생활동반자법은 공공복지 정책과 관련된 문제를 일으킬 수 있습니다. 생활동반자 관계를 가장하여 국민연금이나 고용 보험, 건강 보험 등의 수급자로 지정받거나 주택 정책에서 유리한 조건을 누리는 사례가 발생할 수 있기 때문입니다. 그리고 가족에게만 허용되던 중대한 의료 결정, 상주 등의 권한도 생활동반자에게 이전될 수 있는 만큼 신중한 법제화가 필요하다고 생각합니다.

사회자 : 이어서 반대 측에서 반대 신문해 주십시오.

반대 2 : ㉠기존의 핵가족 형태가 우리 사회에 가장 합리적이라는 주장의 근거는 무엇인가요?

찬성 1 : 산업화 시대부터 지금까지 핵가족이 가장 지배적인 가족 형태로 존재해 왔으니 가장 합리적인 가족 형태라고 볼 수 있습니다.

반대 2 : ㉡핵가족이 지배적인 가족 형태가 된 것은 산업화라는 시대적 특수성 때문 아닐까요? 지배적인 가족 형태라는 이유만으로 핵가족이 가장 합리적이라고 보기는 어렵습니다. ㉢오히려 핵가족의 위기가 새로운 시대에 걸맞은 대안적 가족 형태의 배경이 되는 것 아닐까요?

찬성 1 : 대안적 가족 형태에 관한 사회적 합의는 아직 이루어지지 않았습니다. 그러니 핵가족 형태가 여전히 우리 사회에 가장 필요한 가족 형태라고 할 수 있습니다.

반대 2 : 그렇지만 ㉣들어 주신 통계 수치를 보아도 핵가족 형태가 감소하고 대안적 가족 형태가 늘어나고 있는 것이 엄연한 현실인데, 지금 찬성 측의 주장은 당위만을 앞세우는 것 아닌가요? 이러한 상황에서 대안적 가족 형태에 관한 제도적 지원책이 제대로 마련되지 않은 것은 큰 문제입니다. 따라서 생활동반자법의 제정이 시급합니다.

찬성 1 : 그러나 앞서 말씀드린 것처럼 생활동반자 관계로 인해 현재의 복지 정책이 악용될 가능성이 큽니다. 그리고 생활동반자 관계와 기존 가족 관계의 충돌도 문제입니다. 연명 치

료 결정이나 장례식 등의 경우에서 생활동반자와 가족의 의견이 다를 수 있기 때문입니다.

반대 2 : 어떠한 정책이든 현실적 한계를 내포하기 마련입니다. ㉤그렇다고 그 한계에 골몰하여 가족 형태가 변화해 가는 현재 추세에 적절히 대응하지 않으면 호미로 막을 일을 훗날 가래로 막게 되지 않을까요?

사회자 : 네, 이제 반대 측 입론을 들어보겠습니다.

(나)

나는 평소 신문을 통해 여러 시사적 쟁점을 접하곤 하였지만, 그것들을 깊이 생각해 볼 기회는 적었다. 그래서 이번에 생활동반자법을 논제로 치러진 토론 대회에 참가하여 시사적 쟁점에 관한 깊이 있는 접근을 시도해 보았다.

토론을 준비하면서 나는 익숙한 신문을 자료 수집 매체로 선택하였다. 그러나 친구는 신문이 시의성을 띤 자료 수집에는 좋지만, 자료의 전문성이 떨어질 수 있다며 논문과 보고서를 선택하였다. 이 과정에서, 수집하려는 자료의 성격에 따라 다른 매체를 선택해야 한다는 사실을 배울 수 있었다.

자료 수집 과정에서 나는 생활동반자법 도입에 찬성하는 근거를 마련하고자 가족의 다양성을 긍정하는 국민 인식 조사 결과를 먼저 찾았다. 이어서, 국민 여론과 달리 여성 가족부가 현재 법체계의 혼란을 최소화하고자 핵가족 형태의 유지를 지향한다는 보도 자료를 찾은 후, 핵가족 외의 가족 형태를 이룬 사람들이 권리를 침해받는 사례를 제시한 신문 기사도 수집하였다. 한편, 친구는 찬성 측 입론에 대한 반박 근거를 마련하고자 먼저 프랑스의 시민연대계약에 관한 논문을 검토하였다. 친구는 찬성 측에서 시민연대계약을 가족 공동체의 위기를 부각하는 근거로 활용할 것에 대비하여, 출산율 증가라는 시민연대계약 도입의 장점을 부각하는 전략을 세웠다. 이어서, 친구는 생활동반자법의 시행을 가정한 보고서에서 생활동반자법은 기존의 혼인 관계가 보장하는 권리보다 제한된 권리만을 제공할 뿐이라는 점을 확인하였다.

자료 수집 후에는 친구와 모의 토론을 진행하며, 토론 기술에 대한 상호 평가를 해 보았다. 친구는 내가 상대의 주장과 근거에 문제를 제기하는 데 더 적극적인 태도를 보이면 좋겠다고 평가해 주었다. 한편, 나는 친구에게 말하기 속도가 다소 빠르다고 지적해 주었다. 이런 평가를 바탕으로 실제 토론 대회에서는 더욱 발전된 모습을 보일 수 있었다.

[A] 토론 대회를 준비하면서 다양한 매체를 활용해 자료를 수집하기도 하고, 모의 토론을 진행해 보기도 했다. 이런 여러 노력이 실제 토론에 임하는 데 큰 도움이 되었다.

38. (가)의 '찬성 1'의 입론에 대한 설명으로 가장 적절한 것은?

① 외국의 사례를 들어 예상되는 반론에 반박하고 있다.

② 자료의 출처를 밝혀 근거의 신뢰성을 강화하고 있다.

③ 자신의 주장에 유리하도록 중심 개념을 정의하고 있다.

④ 통계적인 수치를 활용하여 문제의 심각성을 부각하고 있다.

⑤ 사회적 통념의 한계를 드러내어 주장의 타당성을 높이고 있다.

39. 반대 신문의 목적을 고려했을 때, ㉠~㉤에 대한 이해로 적절하지 않은 것은? [3점]

① ㉠은 핵가족의 위기가 심각한 문제라는 상대측 주장의 전제가 타당한지 확인하고 있다.

② ㉡은 일반적인 문제를 특수한 사례로 국한하는 상대의 논리에 허점이 있음을 지적하고 있다.

③ ㉢은 상대가 부정적으로 평가한 현실 상황을 시대 변화의 측면에서 긍정적으로 재해석하고 있다.

④ ㉣은 상대가 자신의 주장을 뒷받침하고자 제시한 근거를 언급하여 상대의 주장에 담긴 맹점을 지적하고 있다.

⑤ ㉤은 상대의 주장이 현실화될 경우 문제가 발생할 수 있음을 지적하여 상대의 의견을 반박하고 있다.

40. (가)의 토론 내용과 (나)의 자료를 바탕으로 반대 측 입론 내용을 추론했다고 할 때, 적절하지 않은 것은?

쟁점 : 생활동반자법은 가족과 사회의 위기를 가속화하는가?
[자료] 프랑스의 시민연대계약 관련 논문
↳반대 측 입론 : 생활동반자법과 유사한 제도를 시행해 출산율을 높인 프랑스의 사례를 볼 때, 핵가족 외의 가족 형태에 대한 지원은 인구 위기의 해결책이 될 수 있다. ···············①
[자료] 여성 가족부 관련 보도 자료
↳반대 측 입론 : 사회적 변화에 대응해 다양한 가족 형태를 인정하는 정책을 수립하고자 하는 여성 가족부의 입장을 바탕으로, 생활동반자법을 통해 사회적 위기 해결에 기여해야 한다. ·············②
쟁점 : 생활동반자 관계의 법적 승인이 가족 구성원의 권리 혹은 현행 복지 정책에 문제를 초래하는가?
[자료] 생활동반자법 시행에 관한 분석 보고서
↳반대 측 입론 : 생활동반자 관계는 가족 관계가 보장받는 권리보다 제한된 권리만을 보장받으므로, 실제 가족 구성원이 보장받는 권리나 복지 혜택을 침해하지 않는다. ············③
쟁점 : 생활동반자 관계를 법적으로 보장해야만 하는가?
[자료] 가족 다양성에 관한 국민 인식 조사 결과
↳반대 측 입론 : 가족의 법적 범위를 확대해야 한다는 의견이 대다수임을 고려할 때, 생활동반자를 가족으로 인정하는 법률 제정은 국민 여론을 반영한 적절한 처사이다. ···········④
[자료] 생활동반자 관계의 개인이 권리를 침해받는 사례에 관한 신문 기사
↳반대 측 입론 : 생활동반자는 법적 보호자가 될 수 없어 응급 환자의 치료가 이루어지지 못하는 실정을 고려할 때, 생활동반자법은 개인의 권리 보장을 위해 필수적이다. ············⑤

41. (나)를 작성할 때 활용한 내용 조직 방법으로 적절한 것은?

① 1문단에서는 토론 주제와 관련한 개인적 경험을 밝히며 토론에 참여하게 된 계기를 제시하였다.

② 2문단에서는 자료 수집에 활용할 수 있는 매체들을 비교하며 특정 매체의 장단점을 제시하였다.

③ 3문단에서는 토론을 위해 준비한 자료들을 자료 수집 방법에 따라 항목화하여 제시하였다.

④ 3문단에서는 토론 준비 과정에서 발생한 문제와 그 문제를 해결하기 위해 기울인 노력을 제시하였다.

⑤ 4문단에서는 상호 평가 내용에 관한 분석을 바탕으로 말하기 방식에 문제가 생긴 원인을 제시하였다.

42. 다음은 [A]를 고쳐 쓴 것이다. 그 과정에서 반영된 교사의 조언으로 가장 적절한 것은?

> 친구와 함께 이번 토론을 준비하면서, 특정 목적에 맞는 적절한 자료를 수집하기 위해서는 매체의 특징을 고려해야 한다는 사실을 깨달았다. 또한 모의 토론 연습을 하면서, 토론자가 갖추어야 할 올바른 말하기 방식에 관해 배울 수 있었다. 이러한 알찬 준비 과정을 바탕으로 실제 토론에 충실히 임했던 것은 매우 보람 있는 경험이었다.

① 토론 준비 과정에서의 노력과 그 성과가 불분명하니, 이를 구체화하여 제시해 보렴.

② 토론 준비 과정과 실제 토론에서 배운 점을 누락하고 있으니, 이를 보충하여 제시해 보렴.

③ 글의 첫 문단과의 관련성이 드러나지 않으니, 토론 대회 참여 목적을 달성했는지를 제시해 보렴.

④ 토론 준비 과정만을 언급하고 있으니, 토론 준비 과정이 실제 토론에 어떻게 도움이 되었는지도 제시해 보렴.

⑤ 토론 준비 과정에서 발생한 친구와의 갈등 상황만을 다루고 있으니, 갈등을 해결한 방식도 함께 제시해 보렴.

[43~45] (가)는 기획 기사를 연재 중인 학교 신문의 일부이고, (나)는 학생이 작성한 〈2편〉의 초고이다. 물음에 답하시오.

(가) 학교 신문의 일부

제85호	□□고등학교
[기획 주제] 범람하는 온라인 마케팅, 합리적 소비의 적인가	

1편	온라인 플랫폼의 다양한 마케팅 기법
2편	다크 패턴, 어떻게 규제해야 하나? - 마케팅을 넘어 소비자 기만을 일삼는 온라인 다크 패턴
3편	다크 패턴, 해외에서는 어떻게 규제하고 있나? - 이른 법제화와 명시적 금지를 통한 소비자 보호, 우리도 배워야…

* 제84호에 〈1편〉, 제85호에 〈2편〉, 제86호에 〈3편〉을 싣습니다.

(나) <2편>의 초고

전편에서 설명했듯, 온라인 플랫폼 마케팅은 소비자가 제품에 관한 정보나 혜택을 손쉽게 얻을 수 있도록 한다. 그러나 지나친 마케팅은 소비자의 합리적 구매 결정을 방해할 수 있다. 최근에는 인터페이스를 설계·수정·조작하는 방식으로 온라인 플랫폼 사용자에게 '눈속임'을 시도하는 '다크 패턴'의 문제가 심각해지고 있다.

다크 패턴은 소비자를 속여 이득을 갈취하는 모든 온라인 인터페이스를 통칭하는 개념이다. 공정거래위원회는 다크 패턴을 편취형, 오도형, 방해형, 압박형으로 구분한 후, 네 범주를 다시 19개의 세부 유형으로 분류한다. 소비자보호원이 국내 전자 상거래 모바일 앱 100개를 조사한 결과에 따르면, 97개 앱에서 최대 여섯 가지 유형의 다크 패턴이 발견되었다.

지금은 다크 패턴의 유형에 따라 전기통신사업법, 전자상거래법, 개인정보보호법 등의 기존 법을 적용하여 다크 패턴을 규제하고 있다. 가령 '거짓 할인', '거짓 추천', '숨겨진 정보', '속임수 질문'과 같은 유형은 소비자를 직접 기만하는 행위이므로 전자상거래법에 따라 규제된다. 한편, '숨은 갱신'이나 '잘못된 계층 구조'와 같은 유형은 그 자체로 거짓 정보를 제시하는 것은 아니므로, 기존 법으로 규제하기가 쉽지 않다. 이에 새로운 법 제정이 필요하다는 주장이 제기되고 있다.

그런데 새로운 법안 마련은 다음과 같은 문제들을 동반한다. 첫째, 공정거래위원회가 분류한 유형 외에도 신종 다크 패턴이 계속 생겨나고 있으므로 모든 다크 패턴을 규제하는 법률의 제정이 어려운 실정이다. 둘째, 이미 존재하는 법에 의해 규제될 수 있음에도, 새로운 법을 통해 다크 패턴을 금지 행위로 규제하면 사업자에 대한 중복 규제가 될 수 있다.

소비자를 보호하기 위한 법안을 마련하는 것은 좋으나, 다크 패턴에 대한 지나친 규제는 사업자의 자유를 침해할 위험이 있다. 따라서 정부는 사업자와 소비자를 모두 고려하여 다크 패턴에 대한 신중한 접근을 시도해야 한다.

43. '초고'에 활용된 쓰기 전략으로 가장 적절한 것은?

① 다크 패턴의 개념과 유형을 구체적 사례를 들어 설명한다.
② 다크 패턴의 유형 변화 과정을 통시적 관점에서 분석한다.
③ 전문 기관의 자료를 인용하여 다크 패턴의 실태를 밝힌다.
④ 새로운 법안 마련이 어려운 이유와 해결 방안을 제시한다.
⑤ 다크 패턴 문제를 해결하여 얻을 수 있는 효과를 언급한다.

44. <보기>를 반영하여 <3편>의 1문단을 다음과 같이 작성했다고 할 때, @~@ 중 적절하지 <u>않은</u> 것은?

─────── < 보 기 > ───────
편집부장 : 학교 신문에 연재되는 기획 기사 <3편>을 작성하려고 해. 기획 기사인 만큼, 1문단에서는 <2편> 초고의 핵심 내용을 간단히 제시한 후 <3편>의 표제와 부제의 내용이 드러나도록 하자.

지난 호에서는 @ 다크 패턴의 개념과 범주, 유형에 관해 알아보았다. ⓑ 다크 패턴의 유형 대부분은 현행법으로 규제할 수 있지만, 일부 유형은 규제할 법적 근거가 부족하다. 이에 ⓒ 새로운 법을 제정해야 한다는 의견이 제기되고 있으나 법안을 마련하는

과정에서 여러 문제들이 동반될 수 있다. 이와 관련하여 ⓓ 일찍이 다크 패턴을 명시적으로 금지해 법제화한 미국과 유럽 연합에 관심이 쏠리고 있다. 그러나 ⓔ 해외와 국내의 현실은 엄연히 다르므로 해외 사례를 수용하는 것은 적절하지 않다. 이번 호에서는 해외의 다크 패턴 규제 사례를 살펴보며, 국내 다크 패턴을 규제할 적절한 방법에 관해 논의하고자 한다.

① @   ② ⓑ   ③ ⓒ   ④ ⓓ   ⑤ ⓔ

45. <보기>는 학생이 '초고'를 보완하기 위해 추가로 수집한 자료이다. 자료의 활용 방안으로 적절하지 <u>않은</u> 것은? [3점]

─────── < 보 기 > ───────
ㄱ. 조사 결과
다크 패턴 유형별 피해 비율

응답	비율(%)
숨은 갱신	66.0
순차 가격 정책	5.4
거짓 할인	7.5
취소·탈퇴 방해	17.1
속임수 질문	3.0
거짓 추천	1.0

출처 : 한국소비자원

ㄴ. 전문가 인터뷰
"다크 패턴 규제 법안은 사업자의 자유를 침해할 수 있고, 소비자의 후생을 저하시킬 수도 있어요. 따라서 소비자들이 사후에 다크 패턴에 의한 의사 결정을 철회할 수 있도록 보장하는 게 더 효과적일 수 있습니다."

ㄷ. 보고서의 일부

1. 다크 패턴의 사례	2. 신종 다크 패턴의 등장
<편취형 다크 패턴> • 순차 공개 가격 정책 : 첫 화면에 가격을 낮게 표시하였다가 결제가 진행됨에 따라 숨겨진 가격들을 더하는 것. • 숨은 갱신 : 무료 체험 서비스가 유료로 전환될 때 알리지 않는 것.	• 인공 지능 기술 이용 : 인공 지능 기술을 통해, 실제 사용자가 상품에 대한 긍정적 평가를 담은 게시글 혹은 댓글을 작성한 것으로 가장함으로써 상품 구매를 촉구하거나 상품의 구매 링크를 제공하는 것.

① ㄱ을 활용하여, '숨은 갱신' 유형의 다크 패턴으로 인한 피해가 크다는 사실을, 이를 제한할 법적 근거가 없는 현재 상황의 심각성을 부각하는 내용으로 3문단에 추가한다.

② ㄴ을 활용하여, 다크 패턴 규제를 위한 새로운 법률이 오히려 소비자의 후생을 저하시킬 수 있다는 사실을, 정부가 신중한 태도를 보여야 하는 이유로 5문단에 추가한다.

③ ㄷ-1을 활용하여, '편취형' 다크 패턴 범주에 '순차 공개 가격 정책'과 '숨은 갱신' 유형이 포함된다는 사실을, 공정거래위원회의 분류를 구체화하는 내용으로 2문단에 추가한다.

④ ㄷ-2를 활용하여, 인공 지능 기술을 이용한 신종 다크 패턴이 등장했다는 사실을, 사업자에 대한 중복 규제가 발생할 수 있다는 주장을 정당화하는 근거로 4문단에 추가한다.

⑤ ㄴ과 ㄷ-1을 활용하여, '편취형' 다크 패턴으로 인해 이루어진 상품 구매의 경우 그 철회를 보장하는 조항을, 새롭게 제정되는 법에 포함되어야 할 내용으로 3문단에 추가한다.

* 확인 사항
○ 답안지의 해당란에 필요한 내용을 정확히 기입(표기)했는지 확인하시오.

[35~36] 다음 글을 읽고 물음에 답하시오.

관형절은 의미와 형식을 기준으로 '관계 관형절'과 '동격 관형절', 그리고 '연계 관형절'로 나눌 수 있다.

> (1) 횃불을 든 사람들이 집을 수색하기 시작했다.
> (2) 그가 우리를 도와주었다는 사실을 잊지 맙시다.
> (3) 교칙을 어긴 대가로 나는 선생님께 벌점을 받았다.

관계 관형절은 피수식어가 관형절 내부의 한 성분으로 쓰일 수 있는 경우를 말한다. (1)에서 피수식어 '사람들'은 관형절의 주어가 된다. 반면, 동격 관형절은 피수식어가 관형절 내부의 한 성분으로 쓰이지 않는 경우이다. (2)의 밑줄은 동격 관형절로, 피수식어 '사실'을 문장 성분으로 포함하지 않으며, 그 내용은 '사실'을 구체화한 것이다. 관계 관형절과 동격 관형절은 생략된 문장 성분의 유무와 생략 가능성으로 구별할 수 있다. 먼저 관계 관형절은 문장 성분 중 하나가 생략되어 있는데, 이는 동격 관형절이 모든 문장 성분을 갖춘 것과는 대조적이다. 그리고 동격 관형절은 관계 관형절과 달리 생략되었을 때 전체 문장의 의미가 어색해진다.

한편 (3)의 밑줄은 연계 관형절인데, 형식상 동격 관형절과 다르지 않다. 그러나 동격 관형절처럼 관형절이 피수식어의 내용을 구체화하는 대신, 관형절이 안은문장 '나는 선생님께 벌점을 받았다'와 원인-결과의 관계를 이룬다는 점에서 구분된다. 즉, 관형절과 안은문장의 사건이 일정한 의미 관계를 이루는 경우를 연계 관형절로 볼 수 있다.

중세 국어에서도 현대 국어와 마찬가지로 관형절이 활용되었다. 다만, 중세 국어의 관형절은 고유한 문법적 특징도 지니고 있었다. 첫째는 관형격 조사 'ㅅ'이 용언의 종결형 뒤에 붙어 관형절을 이루었다는 점이고, 둘째는 관형절이 명사절처럼 쓰이기도 하였다는 점이다. 셋째는 관형절의 문장 성분을 나타내는 특수한 표지가 존재하였다는 점으로, 관형절의 주어를 나타낼 때 주격 조사 대신 관형격 조사가 활용된다거나, 피수식어가 관형절의 목적어나 부사어에 해당할 때 이를 나타내고자 관형절에서 선어말 어미 '-오/우-'가 활용되었다.

35. 윗글을 바탕으로 추론한 내용으로 적절한 것은?

① '그 집은 사람이 살지 않는 곳이다.'에 안겨 있는 관형절에는 목적어가 생략되어 있다.

② '그는 종일 하늘에 뜬 구름만을 보고 있다.'에 안겨 있는 관형절이 생략되면 문장이 어색해진다.

③ '네가 여기까지 온 목적을 알지 못하겠다.'에 안겨 있는 관형절은 안은문장과 원인-결과의 관계를 이룬다.

④ '할아버지께서 돌아가셨다는 소식을 방금 들었다.'에 안겨 있는 관형절에서는 생략된 성분을 찾을 수 없다.

⑤ '선생님께서는 고난을 극복할 용기를 주셨다.'에 안겨 있는 관형절에는 피수식어와 일치하는 문장 성분이 생략되어 있다.

36. 윗글을 바탕으로 <보기>의 중세 국어 자료를 이해한 내용으로 적절하지 <u>않은</u> 것은? [3점]

< 보 기 >

㉠ 廣熾는 너비 光明이 비취닷 뜨디오
  [광치는 넓게 광명이 비친다는 뜻이고]

㉡ 그 지븨셔 차반 밍ᄀᆞ는 쏘리 워즈런ᄒᆞ거늘
  [그 집에서 예물로 낼 음식 만드는 소리가 소란스럽거늘]

㉢ 대중이 부텨의 니르시는 부모 은덕을 듣고
  [대중이 부처가 이르시는 부모의 은덕을 듣고]

㉣ 아춤마다 ᄆᆞ레 지순 樓 우희 올아 브라노라
  [아침마다 물에 지은 누각 위에 올라 바라노라.]

㉤ 그딋 혼 조초 ᄒᆞ야 뉘읏븐 ᄆᆞᅀᆞ물 아니호리라
  [그대가 한 바를 좇아 뉘우치는 마음을 아니하리라.]

① ㉠: 용언의 종결형 '비취다' 뒤에 관형격 조사 'ㅅ'이 쓰여 관형절을 이루고 있다.

② ㉡: 관형절 '차반 밍ᄀᆞ는'이 피수식어 '쏘리'의 내용을 구체화하고 있다.

③ ㉢: 관형격 조사 '의'가 쓰여 관형절의 주어가 '부텨'임을 나타내고 있다.

④ ㉣: 어간 '짓-' 뒤에 선어말 어미 '-우-'가 붙어 피수식어가 관형절의 부사어임을 나타내고 있다.

⑤ ㉤: '그딋 혼'이 서술어 '조초 ᄒᆞ야'의 목적어로 쓰이는 데서 관형절의 명사적 용법을 확인할 수 있다.

37. <보기>에 대한 이해로 적절하지 <u>않은</u> 것은?

< 보 기 >

㉠ 꽃잎[꼰닙] ㉡ 낱낱이[난나치] ㉢ 맛없는[마덤는]

① 모음 'ㅣ'는 ㉠에서 교체의 조건이, ㉡에서 첨가의 조건이 된다.

② ㉠에서 첨가된 음운과 ㉢에서 탈락한 음운은 서로 다르다.

③ ㉠, ㉢에서는 실질 형태소 간의 경계가 조건이 되어 음운 변동이 일어난다.

④ ㉡, ㉢에서는 음운 변동이 각각 세 번씩 일어난다.

⑤ ㉠~㉢에서는 모두 조음 방법이 동화되는 음운 변동이 일어난다.

38. <보기>의 품사 분류 기준에 따라 예문의 단어를 분류해 보았다. 기준에 따라 단어를 분류한 것으로 적절한 것은?

─────────── < 보 기 > ───────────

[품사 분류 기준]
◦ 형태: 형태의 변화 여부 → 가변어 / 불변어
◦ 기능: 문장 내에서 수행하는 기능
→ 체언, 용언, 관계언, 수식언, 독립언
◦ 의미: 여러 단어가 공유하는 의미
→ 명사, 대명사, 수사, 동사, 형용사, 관형사, 부사, 감탄사, 조사

[예문]
어제 운동장에서 달리던 사람은 나의 형이다.

	기준	분류 (※ ∥는 분류의 경계를 표시함.)
①	형태	달리다 ∥ 어제, 운동장, 에서, 사람, 은, 나, 의, 형, 이다
②	기능	운동장, 사람, 나, 형 ∥ 달리다, 이다 ∥ 에서, 은, 의 ∥ 어제
③	기능	운동장, 사람, 나, 형 ∥ 달리다 ∥ 에서, 은, 의, 이다 ∥ 어제
④	의미	운동장, 사람, 형 ∥ 나 ∥ 달리다, 이다 ∥ 어제 ∥ 에서, 은, 의
⑤	의미	운동장, 사람, 나, 형 ∥ 달리다 ∥ 어제 ∥ 에서, 은, 의, 이다

39. <보기>의 ㉠~㉺에 대한 설명으로 적절한 것은?

─────────── < 보 기 > ───────────

(두 사람이 옷 가게에서 만난 상황)
영희: 민지야. 잘 지냈어? ㉠우리 정말 오랜만에 만나네.
민지: 그러게. 그런데 ㉡오늘 지수도 오기로 하지 않았어?
영희: 아, 지수가 ㉢어제 내게 전화를 해서는 "갑자기 집에 일이 생겨서 ㉣내일 같이 못 갈 것 같아."라고 하더라고.
민지: 그래? 아쉽게 되었네. ㉤한 달 전부터 ㉥우리 같이 옷 보러 가기로 약속했었잖아.
영희: 그러게……. ㉦걔도 아쉬울 테니까 우리 조그만 선물을 사다 줄까?
민지: 그래. 그럼 네가 ㉧접때 머리핀을 산 ㉨거기 갈까?
영희: 아, 며칠 전에 산 머리핀? 그거 이 가게에서 샀어.
민지: 좋네. ㉩여기서 같이 옷을 보고 선물을 사면 되겠다.

① ㉠은 ㉥과 달리 청자를 포함하지 않는 지칭어이다.
② ㉡은 ㉢을 기준으로 ㉣에 해당하는 날을 가리킨다.
③ ㉤은 ㉧과 동일한 시점을 나타내는 지시 표현이다.
④ ㉦이 가리키는 대상은 ㉠이 가리키는 대상에 포함된다.
⑤ ㉨는 ㉩와 달리 화자와 청자 모두에게서 먼 공간을 가리킨다.

[40~43] (가)는 보이는 라디오의 본방송이고, (나)는 이 방송을 들은 학생의 메모이다. 물음에 답하시오.

(가)

진행자: 매주 월요일, 최근 여행 경향에 관해 알아보는 '요즘 여행'을 시작합니다. #○○○○로 문자를 보내 방송에 참여하실 수 있고요, 보이는 라디오 시청자는 실시간 댓글도 이용하실 수 있습니다. 다만 문자는 한 건당 200원으로 유료 서비스라는 점을 유의해 주세요. ⓐ오늘도 스튜디오에는 여행가 신□□ 님이 나와 계십니다.
여행가: 안녕하세요. 반갑습니다.
진행자: 지난 시간에 알려 주셨던 '레트로 여행'에 대한 반응이 뜨겁습니다. 오늘은 어떤 여행을 저희에게 알려 주실지 기대가 됩니다.
여행가: 하하. 살짝 부담스러운데요? ⓑ오늘은 '오프그리드 여행'에 관해 말씀을 드릴까 합니다.
진행자: 오프그리드는 전기나 가스 같은 에너지를 직접 생산하는 생활 방식을 일컫는 말로 알고 있는데, 맞나요?
여행가: 잘 알고 계시네요. 오프그리드 여행은 전원의 삶을 즐기기 위해 떠나는 여행입니다. ⓒ최소한의 필요 용품만을 가지고 떠나 자연을 느끼며 휴식하는 여행이지요. 도시에서 받았던 스트레스를 해소하고 온전히 '나'에게 집중할 수 있다는 점에서 최근 주목받고 있습니다.
진행자: 말만 들어도 평화로운데요. 아, 잠시만요. 많은 분들이 실시간 문자를 통해, 지난주 방송했던 레트로 여행에 관해 물으시네요. 갑작스럽지만 간단히 설명 부탁드립니다.
여행가: 레트로 여행은 향수를 불러일으키는 여행지로 여행을 떠나는 것을 말합니다. 요즘 학생들이 아날로그 감성이라는 말을 많이 하죠? 비교적 예전의 모습을 잃지 않은 지역으로 떠나는 여행을 레트로 여행이라 합니다.
진행자: 발전한 도시 지역에서 벗어난다는 점을 생각하면, 오늘 주제인 오프그리드 여행과도 비슷하네요. 그럼 우리나라의 대표적인 오프그리드 여행지는 어딘가요?
여행가: 네. 오늘 두 곳을 소개해 드리려고 하는데요, 먼저 ◇◇군에 위치한 ◇◇ 자작나무숲 사진을 보여 드리겠습니다. 얼마 전 '국민의 숲'으로 지정되어 일반인에게 개방된 국유림입니다. 숲을 오가는 전기차를 운영하고 있으니, 체험을 원한다면 ◇◇군 누리집에서 신청하시면 됩니다.
진행자: ⓓ초록색을 보니까 심신이 안정되는 기분입니다. 라디오로만 듣고 계신 분들도 궁금하시죠? 저희가 방송국 누리집에 미리 사진을 올려 두었으니 확인해 보세요. 아, 2452 님께서 실시간 댓글로 '오프그리드면 핸드폰도 못 쓰나요?'라고 물어보셨어요. 어, 저도 궁금한데요?
여행가: 핸드폰이나 인터넷을 전혀 사용하지 않는 분들도 물론 계십니다. 그러나 여행을 떠나는 사람마다 유연하게 결정할 수 있어요.
진행자: 그렇죠. 누가 감시하고 있다가 "그건 오프그리드가 아니

잖아!" 하고 점수를 깎는 것도 아닐 테니까요. 하하. 벌써 1부
마칠 시간이 다 되었네요. 두 번째 여행 장소 소개는 2부로 미
루고 잠시 광고 시간이 있겠습니다.

여행가 : 네, ⓔ <u>오프그리드 여행에 꼭 필요한 게 바로 아웃도어
의류입니다.</u> 방수를 비롯하여 다양한 기능을 갖춘 △△패션의
아웃도어 의류가 캠핑의 계절을 맞아 할인 중이라고 하니까요,
관심 있으신 분들은 △△패션 누리집을 참고하세요.

(나)

> 지리 수업 시간에 오프그리드 여행에 관해 발표해야겠어. ㉠ 오
> 프그리드의 의미와 효과에 관한 슬라이드는 여행가의 말을 정리
> 하되 오프그리드의 효과가 잘 나타날 수 있도록 표현하고, 시각적
> 이미지를 활용해야지. ㉡ '◇◇ 자작나무숲'에 관한 슬라이드에서
> 는 여행에 유용한 정보를 추가하고, 수용자의 기대감을 불러일으
> 킬 수 있는 홍보 문구를 넣어야지.

40. (가)에 나타난 정보 전달 방식으로 적절하지 <u>않은</u> 것은?

① 수용자에게 요금이 부과되는 서비스를 활용하므로 방송의 첫머
리에 이와 관련된 정보를 전달한다.
② 수용자가 방송에 대한 흥미를 유지해야 하므로 가상의 상황을
설정하여 유쾌한 분위기를 조성한다.
③ 수용자가 방송에 실시간으로 참여할 수 있으므로 이어질 정보의
순서를 수용자의 요청에 따라 조정한다.
④ 시각 자료를 함께 접할 수 있는 수용자가 있으므로 이를 고려하
여 방송 주제와 관련된 장소의 이미지를 제시한다.
⑤ 수용자에게 정보를 제공할 수 있는 시간이 한정적이므로 방송
주제와 관련성이 높은 정보를 우선적으로 선별하여 전달한다.

41. 다음은 (가)가 끝난 후의 청취자 게시판이다. 참여자들의 소통
양상으로 가장 적절한 것은?

> 청취자 게시판 ✕ +
> ← → C 🔒
>
> **너구리** : 레트로 여행처럼 이번 주 주제와 상관없는 이야기를 방송 중
> 간에 하는 경우가 많네요. 그래서 생략되는 정보가 있을 것 같
> 아 찜찜합니다.
> ┗ **고라니** : 맞아요. 지난번에도 시청자 댓글에 대답하다가 이야기
> 가 삼천포로 빠지기도 했어요. 아쉽습니다.
> ┗ **염소** : 저도 공감해요! 그런데 진행자님 누리 소통망에 매회
> 주제와 관련한 추가 정보가 올라오는 거 아시나요? 저는 그나
> 마 그걸 보면서 만족 중이에요.

① 방송 구성에 관한 '너구리'의 오해가 '고라니'와 '염소'의 댓글을
통해 수정되고 있다.
② 방송에 대한 '너구리'의 감상이 '고라니'와 '염소'에게 공유되며
공감대를 형성하고 있다.
③ 방송 내용에 관한 '너구리'와 '고라니'의 서로 다른 생각이 '염소'
에 의해 절충되고 있다.
④ 방송 내용에 관한 '너구리'와 '고라니'의 공통된 생각에 '염소'가
근거를 들어 반박하고 있다.
⑤ 방송에 대한 '너구리'와 '고라니'의 부정적 감정이 '염소'에 의해
긍정적 감정으로 전환되고 있다.

42. 다음은 (나)에 따라 제작한 발표 자료이다. 제작 과정에서 고려
한 내용으로 적절하지 <u>않은</u> 것은? [3점]

> **오프그리드 여행이란?**
> **최소한의 필요 용품**만을 가지고 **자연**을 느끼며
> 휴식을 즐기는 여행
> ➡ **도시에서 받았던
> 스트레스를 해소**하고
> 온전히 '나'에게 집중할 수 있어
> 유행 중!

> **오프그리드 여행지: ◇◇ 자작나무숲** 🌲
> **특징**: 얼마 전 '국민의 숲'으로 지정되어 일반인에게
> 개방된 국유림
> **주소**: ▽▽도 ◇◇군 자작로 341 [QR] 전기차 탐방
> 예약하려면
> 찰칵!
> **추천하는 프로그램**: 전기차 탐방, 트래킹, 아이들을
> 위한 숲속 교실
> **자작나무숲에서 우리 삶의 쉼표가 될 시간을 함께해요!**

① 여행가의 말을 정리하기로 한 ㉠은 오프그리드 여행의 의미와
효과에 관한 내용을 간추려 하나의 슬라이드로 구성하자.
② 오프그리드의 효과를 잘 나타내기로 한 ㉠에는 오프그리드 여행
을 통해 얻을 수 있는 점을 강조하여 드러내자.
③ 시각적 이미지를 활용하기로 한 ㉠에는 이미지를 삽입하여 오프
그리드 여행에서 금지되는 것들을 나타내자.
④ 여행에 유용한 정보를 추가하기로 한 ㉡에서는 방송에서 언급되
지 않은 체험 프로그램을 소개하자.
⑤ 홍보 문구를 넣기로 한 ㉡에서는 자작나무숲에 대한 긍정적 인
식을 할 수 있도록 비유를 활용한 문구를 사용하자.

43. ⓐ~ⓔ에 대한 설명으로 가장 적절한 것은?

① ⓐ: 종결 어미 '-ㅂ니다'를 사용하여, 주체인 여행가를 공손하게
높이고 있다.
② ⓑ: 보조사 '은'을 사용하여, '오늘'이 문장의 주어로 사용됨을 보
여 주고 있다.
③ ⓒ: 연결 어미 '-며'를 사용하여, 오프그리드 여행의 조건을 나열
하고 있다.
④ ⓓ: 피동 접사 '-되다'를 사용하여, 감정 변화가 외부의 요인에
의한 것임을 드러내고 있다.
⑤ ⓔ: 부사 '바로'를 사용하여, 오프그리드 여행을 방송에서 소개하
는 이유가 무엇인지 밝히고 있다.

[44~45] (가)는 전자 문서로 된 사용 설명서의 일부이고, (나)는 이를 바탕으로 나눈 누리 소통망 대화이다. 물음에 답하시오.

(가)

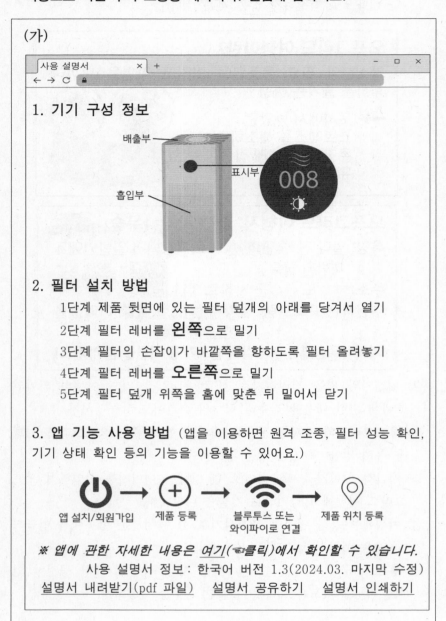

1. 기기 구성 정보

배출부
표시부
흡입부
008

2. 필터 설치 방법

1단계 제품 뒷면에 있는 필터 덮개의 아래를 당겨서 열기
2단계 필터 레버를 **왼쪽**으로 밀기
3단계 필터의 손잡이가 바깥쪽을 향하도록 필터 올려놓기
4단계 필터 레버를 **오른쪽**으로 밀기
5단계 필터 덮개 위쪽을 홈에 맞춘 뒤 밀어서 닫기

3. **앱 기능 사용 방법** (앱을 이용하면 원격 조종, 필터 성능 확인, 기기 상태 확인 등의 기능을 이용할 수 있어요.)

앱 설치/회원가입 → 제품 등록 → 블루투스 또는 와이파이로 연결 → 제품 위치 등록

※ 앱에 관한 자세한 내용은 <u>여기(📱클릭)</u>에서 확인할 수 있습니다.
사용 설명서 정보 : 한국어 버전 1.3(2024.03. 마지막 수정)
<u>설명서 내려받기(pdf 파일)</u>   <u>설명서 공유하기</u>   <u>설명서 인쇄하기</u>

(나)

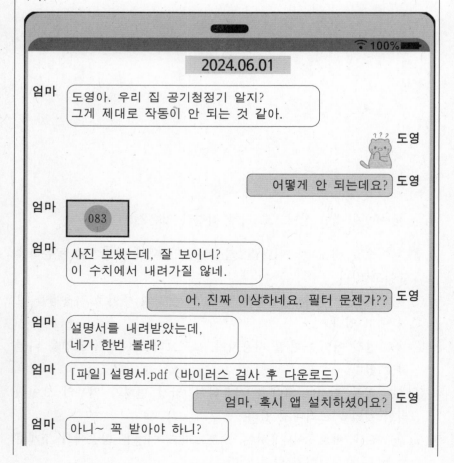

📶 100%

2024.06.01

엄마 도영아. 우리 집 공기청정기 알지? 그게 제대로 작동이 안 되는 것 같아.

???도영

어떻게 안 되는데요? 도영

엄마 083

엄마 사진 보냈는데, 잘 보이니? 이 수치에서 내려가질 않네.

어, 진짜 이상하네요. 필터 문제가?? 도영

엄마 설명서를 내려받았는데, 네가 한번 볼래?

엄마 [파일] 설명서.pdf (바이러스 검사 후 다운로드)

엄마, 혹시 앱 설치하셨어요? 도영

엄마 아니~ 꼭 받아야 하니?

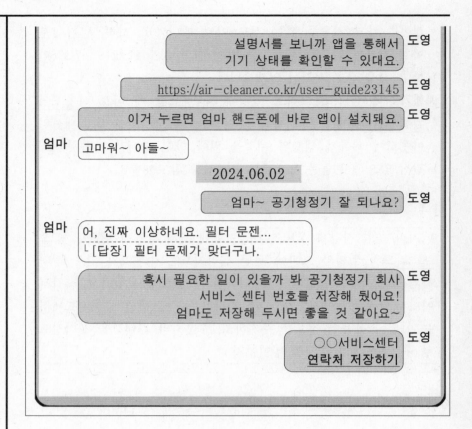

설명서를 보니까 앱을 통해서 기기 상태를 확인할 수 있대요. 도영

https://air-cleaner.co.kr/user-guide23145 도영

이거 누르면 엄마 핸드폰에 바로 앱이 설치돼요. 도영

엄마 고마워~ 아들~

2024.06.02

엄마~ 공기청정기 잘 되나요? 도영

엄마 어, 진짜 이상하네요. 필터 문젠...
└ [답장] 필터 문제가 맞더구나.

혹시 필요한 일이 있을까 봐 공기청정기 회사 서비스 센터 번호를 저장해 뒀어요! 엄마도 저장해 두시면 좋을 것 같아요~ 도영

○○서비스센터 연락처 저장하기 도영

44. (가)의 정보 구성 및 제시 방식으로 가장 적절한 것은?

① 기기 구성 정보에서는 제품을 구성하는 부분을 나누어 각 부분의 작동 원리를 전달했다.
② 기기 구성 정보에서는 표시부가 나타내는 아이콘을 나열하여 각각이 의미하는 내용을 설명했다.
③ 필터 설치 방법에서는 혼동하기 쉬운 정보를 글자의 크기와 굵기를 다르게 표시하여 강조했다.
④ 앱 기능 사용 방법에서는 앱 화면을 제시하여 앱을 설치했을 때 사용할 수 있는 여러 기능을 소개했다.
⑤ 사용 설명서에서는 마지막으로 수정된 날짜와 수정된 내용을 함께 제공했다.

45. (가)와 (나)에서 확인할 수 있는 매체 활용에 대한 이해로 적절하지 <u>않은</u> 것은?

① (가)는 이미지를 삽입하여 대상의 작동 과정을 알기 쉽게 전달할 수 있군.
② (나)는 답장 기능을 사용하여 상대방에게 이전의 대화 내용을 환기할 수 있군.
③ (가)는 (나)와 달리 사용자가 필요한 자료를 바로 출력하여 볼 수 있군.
④ (나)는 (가)와 달리 사용자들이 다양한 형태의 자료를 쌍방향으로 주고받을 수 있군.
⑤ (가)와 (나)는 모두 하이퍼링크를 사용하여 수용자에게 외부의 정보를 제공할 수 있군.

* 확인 사항
○ 답안지의 해당란에 필요한 내용을 정확히 기입(표기)했는지 확인하시오.

※ 시험이 시작되기 전까지 표지를 넘기지 마시오.

실전동형 모의고사

Season 1

Success is the sum of small efforts,
repeated day in and day out.
성공이란 매일 반복되는 작은 노력의 합이다.
- Robert Collier -

WORK BOOK

01 001 ☐☐☐ procure

002 ☐☐☐ obtain

02 003 ☐☐☐ weird

004 ☐☐☐ vertical

03 005 ☐☐☐ have a long face

04 006 ☐☐☐ versatile

007 ☐☐☐ susceptible

008 ☐☐☐ substantial

05 009 ☐☐☐ on edge

010 ☐☐☐ out of order

011 ☐☐☐ second to none

012 ☐☐☐ over the moon

06 013 ☐☐☐ punctuality

07 014 ☐☐☐ stem from

015 ☐☐☐ grandiose

016 ☐☐☐ polish

017 ☐☐☐ intelligible

018 ☐☐☐ sophisticated

08 019 ☐☐☐ improvisation

020 ☐☐☐ novel

021 ☐☐☐ in advance

022 ☐☐☐ stark

023 ☐☐☐ subservient

09 024 ☐☐☐ preoccupy

025 ☐☐☐ ignorance

026 ☐☐☐ potent

027 ☐☐☐ discount

028 ☐☐☐ dismiss

10 029 ☐☐☐ employ

030 ☐☐☐ collectively

031 ☐☐☐ shorthand

11 032 ☐☐☐ tap

033 ☐☐☐ drip

034 ☐☐☐ plumber

12 035 ☐☐☐ make it

13 036 ☐☐☐ modification

037 ☐☐☐ by no means

14 038 ☐☐☐ divulge

039 ☐☐☐ implement

16 040 ☐☐☐ severe

041 ☐☐☐ engage in

042 ☐☐☐ despair

043 ☐☐☐ rage

044 ☐☐☐ exaggerate

045 ☐☐☐ articulate

17 046 ☐☐☐ confide

047 ☐☐☐	stunning	
048 ☐☐☐	institution	
049 ☐☐☐	strained	
050 ☐☐☐	exacerbate	
051 ☐☐☐	wither	
18 052 ☐☐☐	blur	
053 ☐☐☐	commodity	
054 ☐☐☐	intermediary	
055 ☐☐☐	middleman	
056 ☐☐☐	substitute	
057 ☐☐☐	command	
19 058 ☐☐☐	autonomous	
059 ☐☐☐	press	
060 ☐☐☐	infringement	
061 ☐☐☐	inadvertently	
062 ☐☐☐	virtue	
20 063 ☐☐☐	abstain from	
064 ☐☐☐	withdraw	
065 ☐☐☐	tenant	
066 ☐☐☐	evict	
067 ☐☐☐	resort to	
068 ☐☐☐	lexicon	
069 ☐☐☐	ostracism	

ANSWER

01	001	얻다		037	결코 ~이 아닌
	002	얻다	**14**	038	누설하다
02	003	이상한		039	시행하다
	004	수직의	**16**	040	극심한
03	005	우울해 보이다		041	~에 몰입하다, 관여하다
04	006	다재다능한		042	절망(감)
	007	걸리기 쉬운		043	분노
	008	상당한		044	과장하다
05	009	초조한		045	정확히 말하다
	010	고장 난	**17**	046	털어놓다
	011	제일의		047	깜짝 놀랄, 충격적인
	012	매우 행복한		048	기관
06	013	시간 엄수		049	껄끄러운, 불편한
07	014	~에서 비롯되다		050	악화시키다
	015	웅장한		051	약해지다, 쇠퇴하다
	016	다듬다	**18**	052	흐릿하게 하다 .
	017	이해하기 쉬운		053	상품
	018	정교한		054	중간의, 중개의
08	019	즉흥 (연주)		055	중개인
	020	새로운		056	대체(물)
	021	사전에, 미리		057	요구하다, 명령하다
	022	극명한	**19**	058	자율적인, 자주적인
	023	종속하는		059	언론, 보도
09	024	사로잡다		060	침해, 위반
	025	무지		061	무심코, 우연히
	026	강력한		062	선(행), 미덕
	027	무시하다	**20**	063	~을 삼가다
	028	묵살[일축]하다		064	철수하다, 물러나다
10	029	이용[사용]하다		065	세입자
	030	총체적으로, 집단적으로		066	내쫓다
	031	약칭		067	~에 의지하다
11	032	수도꼭지		068	어휘
	033	뚝뚝 떨어지다		069	외면[배척]
	034	배관공			
12	035	시간 맞춰 가다, 참석하다			
13	036	수정, 변경			

word review 2

01	001	surveillance
	002	clumsy
	003	reckless
	004	practiced
	005	awkward
02	006	ingest
	007	squeeze
	008	swallow
03	009	detect
	010	irrespective of
	011	in spite of
	012	by means of
04	013	bring up
	014	carry on
	015	get even with
	016	make do with
05	017	eliminate
	018	obsolete
06	019	diligence
08	020	hesitate
	021	insane
10	022	detergent
11	023	look into

	024	intervention
	025	settle
	026	alongside
12	027	be reluctant to
	028	empowerment
	029	authority
	030	morale
13	031	cognitive
	032	faculty
	033	causality
	034	thereby
	035	impart
	036	implant
	037	envision
14	038	initial
	039	infer
	040	elicit
15	041	aviation
	042	discrimination
	043	thwart
16	044	cardiologist
	045	constantly
	046	outdo

	047 ☐☐☐ ambitious	
	048 ☐☐☐ prone to	
17	049 ☐☐☐ spectator	
	050 ☐☐☐ tactic	
	051 ☐☐☐ comprehensive	
	052 ☐☐☐ appreciate	
	053 ☐☐☐ robust	
	054 ☐☐☐ precisely	
18	055 ☐☐☐ volatility	
	056 ☐☐☐ deviate from	
	057 ☐☐☐ alert	
19	058 ☐☐☐ overall	
	059 ☐☐☐ deviation	
	060 ☐☐☐ compensating	
	061 ☐☐☐ incorporate	
	062 ☐☐☐ in stock	
	063 ☐☐☐ component	
20	064 ☐☐☐ remarkable	
	065 ☐☐☐ conclusion	
	066 ☐☐☐ respectively	
	067 ☐☐☐ call upon	
	068 ☐☐☐ subject	

ANSWER

01	001 감시			037 상상하다, 마음속에 그리다	
	002 서투른		14	038 초기의	
	003 무모한			039 추론하다	
	004 능숙한			040 (반응을)끌어내다	
	005 서투른		15	041 비행, 항공	
02	006 삼키다			042 차별	
	007 짜내다			043 좌절시키다	
	008 삼키다		16	044 심장 전문의	
03	009 탐지하다, 발견하다			045 끊임없이	
	010 ~와 상관없이			046 능가하다	
	011 ~에도 불구하고			047 야심 있는	
	012 ~을 사용해서			048 ~의 경향이 있다	
04	013 ~을 기르다		17	049 관중	
	014 ~을 계속하다			050 전술, 전략	
	015 ~에게 복수하다			051 광범위한, 종합적인	
	016 ~으로 임시변통하다			052 제대로 이해하다	
05	017 없애다, 제거하다			053 강력한, 튼튼한	
	018 시대에 뒤떨어진, 구식의			054 정확히	
06	019 근면		18	055 변동성	
08	020 주저하다, 망설이다			056 ~에서 벗어나다	
	021 미친			057 경고하다	
10	022 세제		19	058 전체적인	
11	023 주의 깊게 살피다, 조사하다			059 편차	
	024 개입			060 보정하는	
	025 해결하다			061 포함하다	
	026 ~와 함께			062 재고로	
12	027 ~을 주저하다			063 부품	
	028 권한 부여		20	064 주목할 만한	
	029 권한			065 결론	
	030 사기			066 각각	
13	031 인지적인			067 ~을 요청하다	
	032 능력			068 피실험자	
	033 인과관계				
	034 그리하여				
	035 전하다, 알리다				
	036 주입하다, 심다				

01	001 ☐☐☐	by virtue of
	002 ☐☐☐	as to
	003 ☐☐☐	apart from
02	004 ☐☐☐	composing
	005 ☐☐☐	exceptional
	006 ☐☐☐	moderate
	007 ☐☐☐	linguistic
	008 ☐☐☐	outstanding
03	009 ☐☐☐	laborious
	010 ☐☐☐	arduous
	011 ☐☐☐	improper
04	012 ☐☐☐	maintenance
	013 ☐☐☐	carry out
05	014 ☐☐☐	tremendous
	015 ☐☐☐	dope
	016 ☐☐☐	craze
	017 ☐☐☐	application
06	018 ☐☐☐	disclose
07	019 ☐☐☐	late
	020 ☐☐☐	principle
	021 ☐☐☐	privilege
	022 ☐☐☐	commit
	023 ☐☐☐	rigorous

	024 ☐☐☐	payoff
08	025 ☐☐☐	reinvent
	026 ☐☐☐	coverage
09	027 ☐☐☐	unconscious
	028 ☐☐☐	mimic
	029 ☐☐☐	relatable
	030 ☐☐☐	blatant
	031 ☐☐☐	misinterpret
10	032 ☐☐☐	wane
	033 ☐☐☐	dim
	034 ☐☐☐	coarse
	035 ☐☐☐	station
	036 ☐☐☐	shelter
	037 ☐☐☐	societal
11	038 ☐☐☐	apparently
	039 ☐☐☐	abandoned
12	040 ☐☐☐	have bags under one's eyes
13	041 ☐☐☐	civilization
	042 ☐☐☐	imitate
	043 ☐☐☐	acclaim
	044 ☐☐☐	explicitly
	045 ☐☐☐	roughly
15	046 ☐☐☐	integrity

	047 □□□	set about
16	048 □□□	estimate
	049 □□□	out of touch with
	050 □□□	competence
17	051 □□□	govern
	052 □□□	consumption
	053 □□□	circulate
	054 □□□	converge
18	055 □□□	eradicate
	056 □□□	exterminate
19	057 □□□	meditation
	058 □□□	introspection
	059 □□□	obsession
	060 □□□	cogitation
	061 □□□	suspend
	062 □□□	bewilderment
	063 □□□	whim
20	064 □□□	cramp
	065 □□□	reassured
	066 □□□	side effect
	067 □□□	definite

ANSWER

01	001 ~덕분에			036 주거
	002 ~에 관해			037 사회의
	003 ~을 제외하고		**11**	038 듣자[보아] 하니
02	004 작곡			039 버려진, 유기된
	005 뛰어난		**12**	040 다크서클이 생기다, 피곤해 보이다
	006 평범한			
	007 언어의		**13**	041 문명
	008 뛰어난			042 모방하다
03	009 힘든			043 찬사
	010 힘든			044 노골적으로, 명백히
	011 부당한			045 대략
04	012 유지, 보수		**15**	046 진실성, 청렴
	013 수행하다			047 착수하다
05	014 엄청난, 대단한		**16**	048 추정하다
	015 섞다			049 ~을 잘 모르는, 동떨어져 있는
	016 대유행, 열풍			050 능력, 역량
	017 용도, 사용		**17**	051 다스리다
06	018 밝히다, 공개하다			052 소비
07	019 고인이 된			053 유포하다, 순환하다
	020 원칙			054 집중되다, 수렴되다
	021 특권		**18**	055 근절하다
	022 약속하다			056 박멸하다
	023 엄격한		**19**	057 명상
	024 보답, 보상			058 자기 성찰
08	025 다른 모습을 보여주다, 재창조하다			059 집착
				060 사고, 숙고
	026 보도[방송]			061 중단하다
09	027 무의식적인			062 어리둥절함, 당황
	028 모방하다			063 변덕, 일시적인 기분
	029 공감대를 형성하는		**20**	064 경련
	030 노골적인, 뻔한			065 안심하는
	031 잘못 해석하다, 오해하다			066 부작용
10	032 약해지다, 줄어들다			067 확실한, 명확한
	033 어둑한, 흐릿한			
	034 거친, 조잡한			
	035 (사회적) 지위			

01	001 ☐☐☐	emphasis	024 ☐☐☐	draft
	002 ☐☐☐	stress	025 ☐☐☐	mind
	003 ☐☐☐	engagement	10	026 ☐☐☐	exponentially
02	004 ☐☐☐	concurrent	027 ☐☐☐	ritual
03	005 ☐☐☐	redundant	11	028 ☐☐☐	look forward to
	006 ☐☐☐	anticipate	029 ☐☐☐	come up with
	007 ☐☐☐	loosely	030 ☐☐☐	have sth in mind
	008 ☐☐☐	streamline	12	031 ☐☐☐	wrap sth up
	009 ☐☐☐	discreet	032 ☐☐☐	inside out
	010 ☐☐☐	atypical	13	033 ☐☐☐	mock
	011 ☐☐☐	optimize	034 ☐☐☐	shake off
04	012 ☐☐☐	give off	035 ☐☐☐	undergo
	013 ☐☐☐	cope with	14	036 ☐☐☐	nurse
	014 ☐☐☐	leave out	037 ☐☐☐	infant
05	015 ☐☐☐	maintain	038 ☐☐☐	ingest
	016 ☐☐☐	insist	039 ☐☐☐	premature
	017 ☐☐☐	prioritize	040 ☐☐☐	compromised
08	018 ☐☐☐	star	15	041 ☐☐☐	protest
09	019 ☐☐☐	claim	042 ☐☐☐	inclement weather
	020 ☐☐☐	branch	16	043 ☐☐☐	wind up
	021 ☐☐☐	intellectual	044 ☐☐☐	hold back
	022 ☐☐☐	accuse A of B	045 ☐☐☐	pass down
	023 ☐☐☐	plagiarize	046 ☐☐☐	noble

17	047 ☐☐☐	appropriation
	048 ☐☐☐	dominant
	049 ☐☐☐	discriminate
	050 ☐☐☐	in the first place
	051 ☐☐☐	fad
	052 ☐☐☐	hostility
18	053 ☐☐☐	intuition
	054 ☐☐☐	instinct
	055 ☐☐☐	collapse
	056 ☐☐☐	utilize
	057 ☐☐☐	distinguish
19	058 ☐☐☐	metaphor
	059 ☐☐☐	accumulate
	060 ☐☐☐	property
	061 ☐☐☐	reinforce
	062 ☐☐☐	likelihood
20	063 ☐☐☐	inherently
	064 ☐☐☐	spatial
	065 ☐☐☐	admittedly
	066 ☐☐☐	cognition

ANSWER

01	001	중점		14	036	수유하다
	002	중점			037	유아
	003	참여			038	섭취하다
02	004	동시에 발생하는			039	미숙한
03	005	불필요한, 쓸모없는			040	면역 반응 등이 제대로 발휘되지 못하는
	006	예상하다				
	007	막연히, 대략		15	041	항의, 시위
	008	간소화[능률화]하다			042	악천후
	009	조심스러운		16	043	끝내다
	010	비전형적인, 이례적인			044	참다
	011	최적화하다, 가장 효과적으로 하다; 낙관하다			045	물려주다
					046	숭고한, 고결한
04	012	발산하다		17	047	도용, 유용
	013	대처하다			048	우세한, 지배적인
	014	제외하다			049	차별하다
05	015	주장하다			050	애초에
	016	주장하다			051	유행
	017	우선시하다			052	적대감
08	018	~에게 주연을 맡기다		18	053	직관, 직감
09	019	주장하다			054	본능
	020	부문, 분과			055	무너지다, 붕괴되다
	021	지식인			056	활용하다
	022	A를 B로 비난하다			057	구별하다
	023	표절하다		19	058	비유, 은유
	024	초안			059	모으다, 축적하다
	025	지성(인)			060	소유지, 재산
10	026	기하급수적으로			061	강화하다, 보강하다
	027	의식			062	가능성
11	028	~을 기대하다		20	063	본질적으로
	029	생각해 내다			064	공간의
	030	~을 염두에 두다, 생각하다			065	인정하건대
12	031	마무리 짓다			066	인지
	032	(안팎을) 뒤집어				
13	033	모의의				
	034	~을 떨쳐버리다				
	035	겪다				

01	001 □□□	fine dust
	002 □□□	hazardous
	003 □□□	inevitable
	004 □□□	feasible
02	005 □□□	deem
	006 □□□	circumspect
	007 □□□	humble
	008 □□□	stubborn
	009 □□□	plausible
03	010 □□□	at the drop of a hat
	011 □□□	instantly
	012 □□□	eventually
04	013 □□□	make fun of
	014 □□□	ridicule
	015 □□□	scold
	016 □□□	portray
08	017 □□□	additive
	018 □□□	metabolism
	019 □□□	develop
	020 □□□	diabetes
09	021 □□□	memorabilia
	022 □□□	possess
	023 □□□	yearn for

	024 □□□	nomadic
	025 □□□	surplus
10	026 □□□	evolve
	027 □□□	notably
	028 □□□	emblematic of
	029 □□□	ascendency
	030 □□□	acknowledge
13	031 □□□	in terms of
	032 □□□	pitfall
	033 □□□	comprehension
	034 □□□	antagonism
	035 □□□	recipient
14	036 □□□	enhance
	037 □□□	advance
	038 □□□	augment
	039 □□□	vastly
	040 □□□	lifespan
	041 □□□	illusion
15	042 □□□	trigger
	043 □□□	disgust
	044 □□□	conflict
	045 □□□	sacrifice
16	046 □□□	foster

047 ☐☐☐	drop out of
17 048 ☐☐☐	unwittingly
049 ☐☐☐	malady
050 ☐☐☐	secrete
051 ☐☐☐	coagulate
052 ☐☐☐	encase
053 ☐☐☐	intruder
18 054 ☐☐☐	nominal
055 ☐☐☐	prevail
056 ☐☐☐	adjust to
19 057 ☐☐☐	hence
058 ☐☐☐	inferior
059 ☐☐☐	rigid
20 060 ☐☐☐	adjacent
061 ☐☐☐	surrender
062 ☐☐☐	enraged
063 ☐☐☐	hilarious
064 ☐☐☐	gratification

ANSWER

01	001 미세먼지		037 발전, 진보
	002 위험한		038 늘리다, 증가시키다
	003 불가피한		039 대단히, 엄청나게
	004 실현 가능한		040 수명
02	005 간주하다		041 오해, 환상
	006 신중한	15	042 촉발하다
	007 겸손한		043 혐오감을 유발하다; 혐오감
	008 완고한		044 갈등, 충돌
	009 그럴듯한		045 희생하다
03	010 즉시	16	046 조성하다
	011 즉시		047 ~을 그만두다
	012 결국	17	048 무의식적으로, 부지불식간에
04	013 놀리다		049 질병, 병폐
	014 조롱하다		050 분비하다
	015 야단치다		051 응고시키다
	016 묘사하다		052 감싸다, 둘러싸다
08	017 첨가물		053 침입자
	018 신진대사	18	054 명목상의
	019 (병)에 걸리다		055 만연하다, 우세하다
	020 당뇨병		056 ~에 적응하다
09	021 수집품, 기념품	19	057 이런 이유로, 그래서
	022 소유[보유]하다		058 열등한
	023 ~을 갈망하다, 동경하다		059 경직된, 융통성 없는
	024 유목의, 방랑의	20	060 인접한
	025 잉여의, 과잉의		061 넘겨주다, 인도하다
10	026 발전하다, 진화하다		062 격분한
	027 특히		063 재미있는, 우스운
	028 ~을 상징하는, ~의 표상인		064 만족
	029 우위, 지배		
	030 인정하다		
13	031 ~라는 면에서		
	032 함정		
	033 이해		
	034 적대감		
	035 수신인		
14	036 높이다		

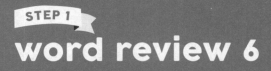

01	001 □□□	placate
	002 □□□	precede
02	003 □□□	inept
	004 □□□	amused
03	005 □□□	undeniable
	006 □□□	abide by
	007 □□□	conform to
	008 □□□	make light of
04	009 □□□	supplant
	010 □□□	restore
05	011 □□□	convince
	012 □□□	unanimously
06	013 □□□	wet behind the ears
	014 □□□	incompetent
	015 □□□	inexperienced
07	016 □□□	inertia
	017 □□□	indefinitely
	018 □□□	friction
08	019 □□□	nostalgic
09	020 □□□	diffusion
	021 □□□	go through
	022 □□□	sequence
	023 □□□	weigh

024 □□□	afterward
025 □□□	innovation
026 □□□	fulfillment
10	027 □□□	contemplate
11	028 □□□	pile up
	029 □□□	put off
13	030 □□□	let sb down
	031 □□□	off color
	032 □□□	come down with
14	033 □□□	alike
	034 □□□	demonstrate
	035 □□□	achievable
	036 □□□	optimistic
15	037 □□□	be true of
	038 □□□	nourishing
	039 □□□	accumulation
16	040 □□□	competent
	041 □□□	disoriented
	042 □□□	trifling
	043 □□□	leap
17	044 □□□	attraction
	045 □□□	burst
18	046 □□□	revelation

047 ☐☐☐	speculation	
048 ☐☐☐	enquirer	
049 ☐☐☐	generous	
050 ☐☐☐	indispensable	
051 ☐☐☐	ingredient	
052 ☐☐☐	enterprise	
19 053 ☐☐☐	interdependent	
054 ☐☐☐	commonality	
055 ☐☐☐	implementation	
056 ☐☐☐	heritage	
057 ☐☐☐	aristocratic	
20 058 ☐☐☐	contemporary	
059 ☐☐☐	transitory	
060 ☐☐☐	fleeting	
061 ☐☐☐	antecedent	
062 ☐☐☐	proponent	

ANSWER

01	001 달래다		036 낙관적인
	002 선행하다	**15**	037 ~에 해당되다
02	003 솜씨 없는		038 영양가 있는
	004 즐거워하는		039 축적
03	005 부인할 수 없는	**16**	040 유능한
	006 따르다		041 방향 감각을 잃은, 갈피를 못 잡는
	007 따르다		
	008 경시하다		042 사소한, 하찮은
04	009 대체하다		043 뛰다, 도약하다
	010 회복하다	**17**	044 끌림, 매력
05	011 확신시키다, 설득하다		045 갑작스러운 활동, 폭발
	012 만장일치로	**18**	046 계시
06	013 머리에 피도 안 마른		047 추측
	014 무능한		048 조사자
	015 경험이 부족한		049 관대한
07	016 관성		050 필수적인
	017 무한히		051 요인
	018 마찰		052 산업
08	019 향수를 불러일으키는	**19**	053 상호 의존적인
09	020 확산		054 공통점
	021 거치다		055 실행, 이행
	022 순서		056 유산
	023 따져 보다		057 귀족의, 귀족적인
	024 나중에, 그 뒤에	**20**	058 당대의, 현대의
	025 혁신		059 일시적인, 잠시의
	026 충족		060 한순간의, 잠깐 동안의
10	027 숙고하다, 고찰하다		061 선조
11	028 쌓아 올리다		062 지지자
	029 미루다		
13	030 ~을 실망시키다		
	031 몸이 안 좋은		
	032 (병에) 걸리다		
14	033 (앞에 언급한 두 사람이) 둘 다, 모두		
	034 입증하다		
	035 달성 가능한		

01	001 ☐☐☐	probe		024 ☐☐☐	signpost
	002 ☐☐☐	strengthen		025 ☐☐☐	advent
02	003 ☐☐☐	hold good		026 ☐☐☐	pose
	004 ☐☐☐	skeptical	11	027 ☐☐☐	confirm
	005 ☐☐☐	confidential		028 ☐☐☐	heroine
03	006 ☐☐☐	not a chance	12	029 ☐☐☐	speak for
	007 ☐☐☐	send sb one's best wishes		030 ☐☐☐	indifferent
05	008 ☐☐☐	vexed		031 ☐☐☐	apparent
	009 ☐☐☐	deceive	13	032 ☐☐☐	erode
06	010 ☐☐☐	intake		033 ☐☐☐	inundate
	011 ☐☐☐	come to one's senses		034 ☐☐☐	blow past
07	012 ☐☐☐	manipulate		035 ☐☐☐	livelihood
	013 ☐☐☐	convert		036 ☐☐☐	exceed
08	014 ☐☐☐	fascinating	14	037 ☐☐☐	essential
	015 ☐☐☐	intricate		038 ☐☐☐	negligible
	016 ☐☐☐	tremendous	15	039 ☐☐☐	turn to
09	017 ☐☐☐	negotiation		040 ☐☐☐	turn down
	018 ☐☐☐	lace	16	041 ☐☐☐	aggression
	019 ☐☐☐	spot		042 ☐☐☐	temperamentally
	020 ☐☐☐	baseline	17	043 ☐☐☐	as of
10	021 ☐☐☐	realm		044 ☐☐☐	immigrant
	022 ☐☐☐	extraction		045 ☐☐☐	ethnic
	023 ☐☐☐	profoundly		046 ☐☐☐	migratory

	047 □□□	retailing
18	048 □□□	advanced
	049 □□□	concur with
	050 □□□	simultaneously
19	051 □□□	counterintuitive
	052 □□□	wildfire
	053 □□□	casualty
	054 □□□	burrow
	055 □□□	fertile
20	056 □□□	street vendor
	057 □□□	arbitrary
	058 □□□	seizing
	059 □□□	uprising
	060 □□□	regime
	061 □□□	parliamentary election
	062 □□□	authoritarian
	063 □□□	catalyst
	064 □□□	ensue
	065 □□□	prompt
	066 □□□	abdicate

ANSWER

01	001 조사하다		14	037 필수적인
	002 강화하다			038 무시해도 되는
02	003 유효하다		15	039 의지하다
	004 회의적인			040 거절하다
	005 기밀[비밀]의		16	041 공격성
03	006 어림없다			042 기질적으로
	007 ~에게 안부 전해주다		17	043 ~기준으로
05	008 화가 난			044 이민자
	009 속이다, 기만하다			045 민족의
06	010 섭취(량)			046 이주의
	011 정신을 차리다			047 소매업
07	012 조작하다		18	048 고급의
	013 바꾸다			049 ~와 일치하다
08	014 매혹적인			050 동시에
	015 복잡한		19	051 직관에 반하는
	016 엄청난			052 산불
09	017 협상			053 사상자, 피해자
	018 담다, 가미하다			054 굴을 파다
	019 발견하다			055 비옥한
	020 (비교의) 기준점		20	056 노점상
10	021 영역			057 독단적인
	022 추출			058 압수
	023 극심하게, 크게			059 봉기, 반란, 폭동
	024 방향을 제시하다			060 정권, 체계
	025 도래, 출현			061 의회 선거, 의원 선거
	026 불러일으키다			062 권위주의적인, 독재적인
11	027 확인하다			063 촉매, 기폭제
	028 여자 주인공			064 뒤따르다
12	029 ~을 대변하다			065 촉발하다, 재촉하다
	030 무관심한			066 포기하다, 퇴위하다
	031 명백한			
13	032 침식하다			
	033 범람하다, 침수시키다			
	034 넘어서다, 초과하다			
	035 생계 수단			
	036 초과하다			

01	001 □□□	laudable
	002 □□□	promising
	003 □□□	commendable
	004 □□□	superficial
02	005 □□□	moderation
	006 □□□	temperance
	007 □□□	solicitude
	008 □□□	dialect
	009 □□□	anguish
03	010 □□□	dine
05	011 □□□	disproportionately
	012 □□□	neighborhood
	013 □□□	ethnicity
06	014 □□□	thereafter
07	015 □□□	put forward
	016 □□□	psychotic
	017 □□□	perpetrator
08	018 □□□	ratification
	019 □□□	enact
	020 □□□	enforce
	021 □□□	sympathetic
	022 □□□	smuggling
09	023 □□□	impromptu

	024 □□□	collaboration
10	025 □□□	acceptability
11	026 □□□	factored into
12	027 □□□	be fed up with
	028 □□□	be aware of
	029 □□□	be alarmed at
	030 □□□	grumble
13	031 □□□	contempt
	032 □□□	dictate
	033 □□□	entirely
	034 □□□	shrink
	035 □□□	slouch
	036 □□□	hardwired
14	037 □□□	exhibit
	038 □□□	respiration
	039 □□□	stunt
	040 □□□	exploit
15	041 □□□	impetus
	042 □□□	in need
	043 □□□	worthiness
	044 □□□	debilitate
17	045 □□□	strike
	046 □□□	consolidation

047 ☐☐☐ vast

048 ☐☐☐ circuit

049 ☐☐☐ disperse

050 ☐☐☐ swiftly

051 ☐☐☐ terrain

18 052 ☐☐☐ prosperity

053 ☐☐☐ in short order

054 ☐☐☐ accelerate

055 ☐☐☐ explode

056 ☐☐☐ bale

057 ☐☐☐ comprise

19 058 ☐☐☐ coherent

059 ☐☐☐ subject

060 ☐☐☐ distortion

20 061 ☐☐☐ inextricably

062 ☐☐☐ compatible

063 ☐☐☐ mobilization

064 ☐☐☐ connectedness

ANSWER

01	001 칭찬할 만한		14	037 보이다, 나타내다
	002 조짐이 좋은			038 호흡
	003 칭찬할 만한			039 성장을 방해하다
	004 피상적인			040 착취하다, 이용하다
02	005 절제		15	041 자극(제), 추동력
	006 절제			042 어려움에 처한
	007 염려			043 가치 있음
	008 방언			044 심신을 약화시키다
	009 고통		17	045 공격하다
03	010 식사하다			046 통합
05	011 불균형적으로			047 방대한, 어마어마한
	012 지역			048 순환, 노선
	013 민족성			049 전파시키다, 퍼뜨리다
06	014 그 후에			050 빠르게
07	015 제안하다, 내세우다			051 지형, 지역
	016 정신병의; 정신병 환자		18	052 번영, 번성
	017 가해자, 범인			053 즉시
08	018 비준, 인가			054 가속화하다, 촉진하다
	019 제정하다			055 폭발적으로 증가하다
	020 집행하다, 강제하다			056 더미, 뭉치
	021 동조하는			057 구성하다, 차지하다
	022 밀수, 밀반입		19	058 일관성 있는
09	023 즉흥적인			059 국민
	024 협력, 공동 작업			060 왜곡
10	025 수용성		20	061 불가분하게
11	026 ~에 포함된			062 양립 가능한
12	027 ~에 진저리가 나다			063 동원
	028 ~을 알다			064 유대감
	029 ~에 놀라다			
	030 투덜거리다			
13	031 경멸			
	032 지배하다, 좌우하다			
	033 전적으로			
	034 움츠리다, 줄어들다			
	035 숙이다, 구부정하게 서다			
	036 타고난, 내장된			

01	001 ☐☐☐	spill the beans
	002 ☐☐☐	keep sth to oneself
	003 ☐☐☐	keep one's fingers crossed
	004 ☐☐☐	slack off
02	005 ☐☐☐	ignite
	006 ☐☐☐	outrage
	007 ☐☐☐	allot
	008 ☐☐☐	predominant
	009 ☐☐☐	pursuits
03	010 ☐☐☐	make up
	011 ☐☐☐	molecule
	012 ☐☐☐	cluster
	013 ☐☐☐	impaired
05	014 ☐☐☐	yield
	015 ☐☐☐	thrive
	016 ☐☐☐	surrender
	017 ☐☐☐	struggle
06	018 ☐☐☐	allergic to
	019 ☐☐☐	at odds with
	020 ☐☐☐	cut out for
	021 ☐☐☐	a far cry from
07	022 ☐☐☐	volatile
	023 ☐☐☐	continuity

024 ☐☐☐	compatriot
025 ☐☐☐	conversely
026 ☐☐☐	quaint
027 ☐☐☐	supposed
08	028 ☐☐☐	run late
	029 ☐☐☐	frankly
	030 ☐☐☐	shiver
09	031 ☐☐☐	disrupt
	032 ☐☐☐	debilitating
	033 ☐☐☐	abnormality
	034 ☐☐☐	onset
10	035 ☐☐☐	pronounced
	036 ☐☐☐	influx
	037 ☐☐☐	poverty
	038 ☐☐☐	surpass
11	039 ☐☐☐	harvest
12	040 ☐☐☐	infinitely
	041 ☐☐☐	malleable
	042 ☐☐☐	plastic
	043 ☐☐☐	on the fly
	044 ☐☐☐	propensity
13	045 ☐☐☐	fasting
	046 ☐☐☐	arousal

047 ☐☐☐ stimulate	
048 ☐☐☐ off-limits	
049 ☐☐☐ halt	
050 ☐☐☐ abstinence	
14 051 ☐☐☐ compel	
052 ☐☐☐ spurious	
053 ☐☐☐ confession	
054 ☐☐☐ servile	
055 ☐☐☐ coherent	
056 ☐☐☐ obscure	
15 057 ☐☐☐ once in a blue moon	
16 058 ☐☐☐ be bound to	
059 ☐☐☐ currency	
060 ☐☐☐ subsidy	
17 061 ☐☐☐ extensive	
062 ☐☐☐ traverse	
18 063 ☐☐☐ recession	
064 ☐☐☐ downturn	
065 ☐☐☐ cultivate	
066 ☐☐☐ outdated	
19 067 ☐☐☐ alternatively	
068 ☐☐☐ entitled to	
20 069 ☐☐☐ obligation	

ANSWER

01	001 비밀을 털어놓다		037 빈곤
	002 ~을 비밀로 해 두다		038 능가하다, 뛰어넘다
	003 행운을 빌다	11	039 얻다, 획득하다
	004 게으름 피우다	12	040 무한히
02	005 불이 붙다; 점화하다		041 잘 변하는
	006 격분, 격노하게 만들다		042 바뀌기 쉬운,
	007 할당하다		가소성(可塑性)이 있는
	008 지배적인		043 그때그때
	009 (주로 복수형) 활동		044 성향
03	010 차지하다, 구성하다	13	045 단식, 금식
	011 분자		046 각성
	012 무리를 이루다		047 자극하다
	013 손상된		048 출입 금지의
05	014 굴복하다		049 중단시키다
	015 번영하다		050 절제, 금욕
	016 굴복하다	14	051 강요하다
	017 투쟁하다		052 거짓된
06	018 ~을 몹시 싫어하는		053 자백
	019 ~와 사이가 나쁜		054 비굴한
	020 ~에 적합한		055 일관성 있는
	021 ~와는 거리가 먼		056 모호한
07	022 변동성이 있는	15	057 극히 드물게
	023 연속성	16	058 ~해야만 하다, 의무가 있다
	024 동포, 같은 나라 사람		059 통화
	025 반대로		060 보조금
	026 별난	17	061 광범위한, 대규모의
	027 소위 ~라는		062 가로지르다, 횡단하다
08	028 늦는	18	063 불황
	029 솔직히 말하면		064 침체기
	030 떨다		065 양성하다
09	031 지장을 주다, 방해하다		066 구식의
	032 쇠약하게 하는	19	067 (~아니면) 그 대신에
	033 이상		068 ~할 권리가 있는
	034 시작, 발현	20	069 의무
10	035 명백한, 두드러진		
	036 유입		

word review 10

01	001 □□□	insatiable
	002 □□□	attainable
	003 □□□	selfish
	004 □□□	unquenchable
	005 □□□	earnest
02	006 □□□	stave off
03	007 □□□	standing
	008 □□□	deter
	009 □□□	defend
	010 □□□	invader
05	011 □□□	fruitless
	012 □□□	futile
	013 □□□	fatal
	014 □□□	consistent
	015 □□□	sufficient
06	016 □□□	put up with
	017 □□□	do away with
	018 □□□	go along with
	019 □□□	keep up with
07	020 □□□	insomnia
08	021 □□□	humid
	022 □□□	transition
09	023 □□□	abuse

	024 □□□	modify
	025 □□□	associated with
	026 □□□	considerable
	027 □□□	alteration
	028 □□□	intrusive
10	029 □□□	amid
	030 □□□	incidence
11	031 □□□	pour
12	032 □□□	occupy
	033 □□□	beckon
	034 □□□	discernible
	035 □□□	scrutiny
	036 □□□	interval
13	037 □□□	seclusion
	038 □□□	primarily
	039 □□□	endeavor
	040 □□□	exploration
	041 □□□	definition
15	042 □□□	hone
	043 □□□	fuse
	044 □□□	subsequent
	045 □□□	innate
16	046 □□□	inevitably

047 ☐☐☐ exceedingly

048 ☐☐☐ equivalent

17 049 ☐☐☐ extract

050 ☐☐☐ commercially

051 ☐☐☐ relevant

052 ☐☐☐ improvement

18 053 ☐☐☐ manipulation

054 ☐☐☐ hinge on

055 ☐☐☐ pivotal

056 ☐☐☐ attic

19 057 ☐☐☐ resilient

058 ☐☐☐ adept at

059 ☐☐☐ component

060 ☐☐☐ take hold

061 ☐☐☐ subsequently

062 ☐☐☐ extinguish

20 063 ☐☐☐ subsistence

064 ☐☐☐ unprecedented

065 ☐☐☐ abundance

066 ☐☐☐ unparalleled

067 ☐☐☐ tolerance

068 ☐☐☐ perceive

ANSWER

01	001 만족할 줄 모르는	13	037 고립, 은둔
	002 이룰 수 있는		038 주로
	003 이기적인		039 노력, 시도
	004 충족시킬 수 없는		040 탐구
	005 진심어린		041 정의
02	006 예방하다	15	042 연마하다
03	007 상설의		043 융합[결합]되다
	008 단념시키다, 저지하다		044 이후의
	009 방어[수비]하다		045 타고난
	010 침략자	16	046 필연적으로, 불가피하게
05	011 소용없는		047 매우, 몹시
	012 소용없는		048 동등한
	013 치명적인	17	049 추출하다
	014 한결같은		050 상업적으로
	015 충분한		051 관련 있는
06	016 참다		052 개선, 향상
	017 없애다	18	053 조작, 조종
	018 찬성하다		054 ~에 달려 있다
	019 뒤처지지 않다		055 중심이 되는, 중요한
07	020 불면증		056 다락(방)
08	021 습한	19	057 회복력 있는
	022 전환		058 ~하는 데 능숙한
09	023 학대		059 요소
	024 수정하다		060 장악하다
	025 ~와 연관된		061 이후에
	026 상당한		062 소멸시키다
	027 변화	20	063 최저 생활
	028 거슬리는		064 전례 없는
10	029 가운데에		065 풍요로움
	030 발생, 발생의 정도		066 비할 데 없는, 견줄 것이 없는
11	031 (비가) 마구 쏟아지다		067 관용
12	032 점유하다, 차지하다		068 감지[인지]하다
	033 손짓하다, 부르다		
	034 식별할 수 있는		
	035 시선, 뚫어지게 보기		
	036 (시간) 간격		

01 For example, think how easy it is to make a decision about another culture if, after meeting several international students from India, you concluded that everyone in India spoke English.   1회 10번

02 Unless a drone is fully autonomous, we assume that the actions of the drone are subject to ethical evaluation based upon the actions of the person controlling the drone, the intentions of that person and the consequences produced by the drone.   1회 19번

03 But it is unlikely that this person's enjoyment of the game will be as robust as that of the hockey fan who understands precisely what the players and teams are trying to do at every turn of the game.   2회 17번

04 A custom boot manufacturer, in contrast, will have a strong incentive to incorporate the materials and processes it has in stock and expects to use in future even if this produces a boot that is not precisely right for the present customer.   2회 19번

05 The investigators assessed the health of the retirees of both sexes and questioned them in detail about how much help and encouragement they called upon from relatives, friends, or neighbors, as well as how much they themselves helped others.   2회 20번

06 Laws and public policies governing the media, career opportunities in communications industries, social and personal issues arising from media consumption, and even theories of the media and their role in society are all changing in a direction that reflects that trend.

3회 17번

07 But we cannot regard as selfish a process whose goal is to root out the obsession with self and to cultivate altruism.

3회 19번

08 It is not engaging the mind in endless cogitation in an attempt to analyze the past or anticipate the future, nor is it a simple process of relaxation in which inner conflicts are temporarily suspended in a vague, amorphous state of consciousness.

3회 19번

09 A person of color might be discriminated against because of a hairstyle that relates to their culture while you, as part of the dominant group, can get away with appropriating that same hairstyle, making it trendy and never understanding the experiences that contributed to the invention of the hairstyle in the first place.

4회 17번

10 The U.S. Food and Drug Administration (FDA) considers zero-calorie sugar alternatives, including sucralose, aspartame, and acesulfame-K, safe when consumed in acceptable amounts, as they don't raise your blood sugar levels.

5회 8번

11 The resolution to this conflict differs from one individual to the next, but a lot depends on people's understanding of fairness, the money they have to sacrifice to punish those who are unfair, and their level of disgust at being treated unfairly.

5회 15번

12 In a 2012 study, Jeffrey Cooper and his colleagues at Trinity College Dublin discovered that the prefrontal cortex (PFC), the part of our brain that is activated in humans performing short-term memory tasks and so is considered the home of working memory, plays a big role in the first flush of attraction.

6회 17번

13 The way a person behaves while enjoying a croissant and coffee during the meet and greet may be different from the way they behave when the atmosphere is laced with stress and tension.

7회 9번

14 The street protests that ensued in Tunis, the country's capital, eventually prompted the authoritarian president, who had ruled Tunisia with an iron fist for more than 20 years, to abdicate his position and flee to Saudi Arabia.

7회 20번

15 Bollman's studies in this area were conducted with common, inexpensive vegetables, and it was found that the soldiers did not eat cabbage that was prepared differently from the ways in which they expected to see other vegetables prepared.

8회 10번

16 It brings with it a sense of common purpose and shared commitment to a cause, which enables single activists and/or organizations to regard themselves as inextricably linked to other actors, not necessarily identical but surely compatible, in a broader collective mobilization. 8회 20번

17 A poor country seeking a loan from the International Monetary Fund (IMF) may have no alternative but to accept IMF advice to devalue its currency and cut budgetary subsidies. 9회 16번

18 Access to huge text data sets and improved technical capability means text can be analyzed to extract additional high-quality information above and beyond what the document actually says. 10회 17번

19 People who suffer from post-traumatic stress disorder, for example, avoid many aspects of their lives, such as people, places, events, and opportunities, as these may serve as reminders of the trauma. 10회 19번

20 However, as a global average, when per capita income reaches the range of $13,000 per year, additional income adds relatively little to our happiness, while other factors such as personal freedom, meaningful work, and social tolerance add much more. 10회 20번

01

For example, think how easy it is to make a decision (about another culture) if, after meeting several
    V   O SC' 가S' V' 진S'   분사구문

international students from India, you concluded that everyone (in India) spoke English.
                                S'' V''   O''   S'''   V''' O'''

구문 해설

명령문으로 쓰인 주절과 분사구문이 삽입된 if절로 구성된 문장이다. how가 명사절을 이끌어 think의 목적어 역할을 하고 있고, 그 명사절 내에서 가주어(it)-진주어(to make) 구문이 쓰이고 있다. 쉼표로 삽입된 after meeting 이하는 주어가 if절의 주어와 같아서 생략되고 의미 강조를 위해 접속사가 남은 형태의 분사구문이다. that은 명사절을 이끌어 concluded의 목적어 역할을 하고 있다. speak는 일반적으로 자동사이지만, 목적어로 언어가 나오는 경우 3형식 타동사로 쓰일 수 있다.

문장 해석

예를 들어, 몇 명의 인도 유학생을 만난 후 인도의 모든 사람이 영어를 사용한다고 결론 내린다면, 또 다른 문화에 대한 결정을 내리는 것이 얼마나 쉬운지 생각해 보라.

02

Unless a drone is fully autonomous, we assume that the actions of the drone are subject to ethical
       S'1   V'1   SC'1   S V   O   S'2   V'2 SC'2

evaluation [based upon the actions of the person [controlling the drone], the intentions of that person and
                   A   B

the consequences [produced by the drone]].
    C

구문 해설

unless는 '~하지 않는다면'이라는 의미의 조건 접속사이다. that은 명사절을 이끌어 assume의 목적어 역할을 하고 있다. based upon 이하는 ethical evaluation을 수식하는 과거분사구이며, upon의 목적어로 명사 the actions, the intentions, the consequences가 'A, B and C' 형태로 병렬되었다. controlling the drone은 the person을 수식하는 현재분사구이고, produced by the drone은 the consequences를 수식하는 과거분사구이다.

문장 해석

드론이 완전히 자율적이지 않은 한, 우리는 드론의 행동들이 그 드론을 조종하는 사람의 행동, 그 사람의 의도, 그 드론이 만들어내는 결과에 근거한 윤리적 평가의 대상이 된다고 상정한다.

03

But it is unlikely that this person's enjoyment of the game will be as robust as that of the hockey fan [who
understands precisely what the players and teams are trying to do (at every turn of the game)].

구문 해설
가주어(it)-진주어(that절) 구문이 사용되었다. 'as ~ as'는 원급 비교 표현으로, 뒤의 비교 대상 that은 enjoyment를 가리키는 대명사이다. who는 the hockey fan을 선행사로 받는 주격 관계대명사이며, what은 명사절을 이끄는 관계대명사로 understands의 목적어와 do의 목적어 역할을 동시에 하고 있다.

문장 해석
하지만 이 사람의 경기에 대한 즐거움은 선수와 팀이 경기 매 순간 하려고 하는 것을 정확히 이해하는 하키 팬의 즐거움만큼 강력하지는 않을 것이다.

04

A custom boot manufacturer, in contrast, will have a strong incentive to incorporate the materials and
processes [(that) it has in stock and expects to use (in future)] even if this produces a boot [that is not
precisely right (for the present customer)].

구문 해설
to incorporate는 a strong incentive를 수식하는 to 부정사의 형용사적 용법으로 쓰였다. processes와 it 사이에는 목적격 관계대명사 that[which]이 생략되어 있고, 관계사절 내에서 동사 has와 expects가 and로 병렬되었다. even if는 '~일지라도'라는 의미의 양보 접속사이며, 양보 부사절 내의 that은 a boot을 선행사로 받는 주격 관계대명사이다.

문장 해석
그와 반대로, 맞춤형 등산화 제조업체는 현재 고객에게 꼭 맞지 않는 등산화를 생산하더라도 그 업체가 재고로 가지고 있고 미래에 사용할 예정인 재료와 프로세스를 포함시킬 강력한 동기를 가질 것이다.

05

The investigators assessed the health (of the retirees of both sexes) and questioned them (in detail) about
S   V1   O1   V2   O2

how much help and encouragement they called upon (from relatives, friends, or neighbors), as well as
B   O'1   S'1 V'1

how much they (themselves) helped others.
A   S'2   V'2 O'2

구문 해설

주절의 동사 assessed와 questioned가 and로 병렬된 구조이다. 'B as well as A'는 'A뿐만 아니라 B도'라는 의미의 상관접속사로, how가 이끄는 명사절 두 개가 연결되어 전치사 about의 목적어 역할을 하고 있다. 첫 번째 how절의 much는 명사 help and encouragement를 수식하는 수량한정사로 쓰였고, 두 번째 how절의 much는 동사 helped를 수식하는 부사로 쓰였다. themselves는 주어인 they를 수식하는 재귀대명사의 강조 용법으로 쓰였다.

문장 해석

조사자들은 남녀 퇴직자들의 건강을 평가했고, 그들에게 그들 자신이 다른 사람들을 얼마나 도왔는지 뿐만 아니라, 그들이 친척, 친구, 또는 이웃으로부터 얼마나 많은 도움과 격려를 부탁했는지에 관해 상세히 질문했다.

06

Laws and public policies [governing the media], career opportunities (in communications industries),
S1   S2

social and personal issues [arising from media consumption], and (even) theories of the media and their
S3   S4

role (in society) are (all) changing (in a direction [that reflects that trend]).
              V   S관·대

구문 해설

주어 4개가 'A, B, C, and D' 형태로 병렬된 구조이다. governing the media는 첫 번째 주어 Laws and public policies를 수식하는 현재분사구이고, arising from media consumption은 세 번째 주어 social and personal issues를 수식하는 현재분사구이다. that은 a direction을 선행사로 받는 주격 관계대명사이다.

문장 해석

매체를 지배하는 법과 공공 정책, 통신 산업의 일자리 기회, 매체 소비로 발생하는 사회 및 개인 문제, 심지어 매체 이론과 그것의 사회적 역할까지 모두 그러한 추세를 반영하는 방향으로 변화하고 있다.

07

But <u>we</u> <u>cannot regard</u> as <u>selfish</u> <u>a process</u> [<u>whose</u> <u>goal</u> <u>is</u> <u>to root out</u> the obsession (with self) and <u>to cultivate</u>
　　S　　V　　　　　　　　OC　　O　　소유격관·대　S'　V'　SC'1　　　　　　　　　　　　　　　　　SC'2

altruism].

구문 해설
'regard A as B'는 'A를 B라고 간주하다'라는 의미의 표현으로, 목적어가 너무 길어 목적격 보어와 도치된 형태이다. whose는 a process를 선행사로 받는 소유격 관계대명사로, 뒤에 명사를 포함해 완전한 문장이 오고 있다. and로 병렬된 to root out과 to cultivate는 to 부정사의 명사적 용법으로 쓰여 주격 보어 역할을 하고 있다.

문장 해석
그러나 우리는 자기에 대한 집착을 뿌리 뽑고 이타심을 기르는 것을 목표로 하는 과정을 이기적이라고 간주할 수 없다.

08

<u>It</u> <u>is</u> <u>not</u> <u>engaging</u> the mind (in endless cogitation) (in an attempt to analyze the past or (to) anticipate the
S1　V1　　SC1

future), nor <u>is</u> <u>it</u> <u>a simple process</u> of relaxation [in which <u>inner conflicts</u> <u>are</u> (temporarily) <u>suspended</u> (in a
　　　　　V2　S2　SC2　　　　　　　　　전O관·대　　S'　　　　　　　　V'

vague, amorphous state of consciousness)].

구문 해설
부정 동의를 뜻하는 등위접속사 nor로 두 개의 절이 연결된 구조이다. engaging은 주절의 주격 보어 역할을 하는 동명사이다. or로 병렬된 to analyze와 (to) anticipate는 an attempt를 수식하는 to 부정사의 형용사적 용법으로 쓰였다. 두 번째 절에서 부정어 nor가 문두에 위치하여 주어와 동사가 도치되었다. '전치사 + 관계대명사' 형태인 in which 뒤에 완전한 문장이 나왔고, which의 선행사는 a simple process이다.

문장 해석
그것은 과거를 분석하거나 미래를 예측하려는 시도로 정신을 끝없는 생각에 끌어들이는 것이 아니며, 내면의 갈등이 모호하고 확실한 형태가 없는 의식 상태 속에서 일시적으로 멈추는 단순한 이완 과정도 아니다.

09

A person of color might be discriminated against (because of a hairstyle [that relates to their culture])
S · V · S관·대
while you, (as part of the dominant group), can get away with appropriating that same hairstyle, making it
S' · V' · O' · 분사구문
trendy and never understanding the experiences [that contributed to the invention of the hairstyle (in the
S관·대
first place)].

구문 해설

첫 번째 that은 a hairstyle을 선행사로 받는 주격 관계대명사이고, 두 번째 that은 the experiences를 선행사로 받는 주격 관계대명사이다. while은 대조를 나타내는 부사절 접속사이다. making 이하는 분사구문으로, 분사 making과 never understanding이 and로 병렬된 형태이다. 5형식 동사로 쓰인 making은 형용사 trendy를 목적격 보어로 취하고 있다.

문장 해석

유색인종은 그들의 문화와 관련 있는 헤어스타일 때문에 차별받을 수 있는 반면, 지배 집단의 일원인 당신은 그 헤어스타일을 유행으로 만들고 애초에 그것이 만들어진 원인이 된 경험들을 절대 이해하지 못한 채 똑같은 헤어스타일을 도용하고도 그냥 넘어갈 수 있다.

10

The U.S. Food and Drug Administration (FDA) considers zero-calorie sugar alternatives, (including
S · V · O
sucralose, aspartame, and acesulfame-K), safe when consumed (in acceptable amounts), as they don't
A · B · C · OC · 분사구문 · S' · V'
raise your blood sugar levels.
O'

구문 해설

5형식 간주동사로 쓰인 considers는 형용사 safe를 목적격 보어로 취하고 있으며, 명사 3개가 'A, B, and C' 형태로 병렬된 전치사구가 쉼표로 삽입되어 목적어를 보충해주고 있다. when consumed in acceptable amounts는 분사구문으로, 의미상 주어가 앞서 언급된 zero-calorie sugar alternatives임이 명확하여 생략되었다. as는 이유를 나타내는 접속사로 쓰였다.

문장 해석

미 식품의약국(FDA)은 수크랄로스, 아스파탐, 아세설팜 칼륨을 포함한 칼로리가 없는 설탕 대체물이 혈당 수치를 높이지 않기 때문에 허용 가능한 양으로 섭취될 때 안전하다고 간주한다.

11

The resolution (to this conflict) differs (from one individual to the next), but a lot depends on people's
S1   V1   S2   V2   O2

understanding (of fairness), the money [[(that) they have to sacrifice to punish those [who are unfair]], and
O2   the money   O관·대   S'   V'   S관·대

their level of disgust (at being treated unfairly).
O2

구문 해설

전치사 from과 to가 짝을 이뤄 '~부터 ~까지'라는 의미로 쓰였다. 두 번째 절에서 (동)명사구 3개가 'A, B, and C' 형태로 병렬되어 목적어 역할을 하고 있다. the money와 they 사이에는 목적격 관계대명사 that[which]이 생략되어 있고, who는 불특정 다수를 칭하는 대명사 those를 선행사로 받는 주격 관계대명사이다. to punish는 목적을 나타내는 to 부정사의 부사적 용법으로 쓰였다.

문장 해석

이 갈등에 대한 해결책은 개인마다 다르지만, 많은 것이 공정성에 대한 사람들의 이해, 불공정한 사람들을 처벌하기 위해 희생해야 하는 돈, 불공정한 대우를 받는 것에 대한 혐오 감의 수준에 달려 있다.

12

(In a 2012 study), Jeffrey Cooper and his colleagues (at Trinity College Dublin) discovered that the
S   V   O   S'

prefrontal cortex (PFC), the part of our brain [that is activated (in humans [performing short-term memory
동격   S관·대   V''1

tasks]) and so is considered the home of working memory], plays a big role (in the first flush of attraction).
V''2   V'   O'

구문 해설

첫 번째 that은 명사절을 이끌어 discovered의 목적어 역할을 하고 있고, 두 번째 that은 명사절의 주어 the prefrontal cortex와 동격인 the part를 선행사로 받는 주격 관계대 명사이다. 관계사절 내에서 동사 is activated와 is considered가 and so로 병렬되었으며, performing short-term memory tasks는 humans를 수식하는 현재분사구이다.

문장 해석

2012년 연구에서, Trinity College Dublin 소속의 Jeffrey Cooper와 그의 동료들은 단기 기억 작업을 수행하는 인간에게서 활성화되기에 작업 기억의 집이라고 여겨지는 우리 뇌 의 부위인 전두엽 피질(PFC)이 끌림이 처음 한창일 때 큰 역할을 한다는 것을 발견했다.

13

The way [a person behaves while enjoying a croissant and coffee (during the meet and greet)] may be
S   S'1   V'1   분사구문   V

different (from the way [they behave when the atmosphere is laced (with stress and tension)]).
SC   S'2 V'2   S''   V''

구문 해설
명사절을 이끄는 두 개의 the way가 비교되는 구조로, the way 대신 관계부사 how를 사용할 수도 있다. while enjoying 이하는 의미 강조를 위해 접속사가 남은 형태의 분사구문으로, while은 시간을 나타내는 접속사로 쓰였다. they는 앞서 언급된 a person을 가리키는 대명사로, 흔히 성별을 모를 때 he or she 대신 사용된다.

문장 해석
사람이 만나서 인사를 하는 동안 크루아상과 커피를 즐기면서 행동하는 방식은 분위기에 압박감과 긴장감이 담길 때 행동하는 방식과 다를 수 있다.

14

The street protests [that ensued (in Tunis, the country's capital)], eventually prompted the authoritarian
S   S관·대   동격   V   O

president, [who had ruled Tunisia (with an iron fist) (for more than 20 years)], to abdicate his position and
      S관·대   OC1

(to) flee (to Saudi Arabia).
OC2

구문 해설
that은 주어 The street protests를 선행사로 받는 주격 관계대명사이고, who는 목적어 the authoritarian president를 선행사로 받는 주격 관계대명사이다. 쉼표로 이어진 the country's capital은 Tunis와 동격 관계이다. 5형식 동사로 쓰인 prompted는 and로 병렬된 to 부정사 to abdicate와 (to) flee를 목적격 보어로 취하고 있다.

문장 해석
그 국가의 수도인 튀니스에서 이어진 거리 시위는 결국 20년 넘게 튀니지를 철권통치해오던 독재 대통령이 사임하고 사우디아라비아로 달아나게 했다.

15

Bollman's studies (in this area) were conducted (with common, inexpensive vegetables), and it was
S1   V1   가S2 V2

found that the soldiers did not eat cabbage [that was prepared (differently from the ways [in which they
진S2   S'   V'   O'   S관·대 V''   전O관·대 S'''

expected to see other vegetables prepared]]].
V'''   O'''   O''''   OC''''

구문 해설

두 개의 절이 and로 병렬된 구조이며, 두 번째 절에서 가주어(it)-진주어(that절) 구문이 쓰이고 있다. that절 내의 that은 cabbage를 선행사로 받는 주격 관계대명사이다. '전치사 + 관계대명사' 형태인 in which 뒤에 완전한 문장이 나왔고, which의 선행사는 the ways이다. 3형식 동사로 쓰인 expected는 to 부정사 to see를 목적어로 취하고, 5형식 지각동사로 쓰인 see는 목적어와 수동 관계를 나타내는 과거분사 prepared를 목적격 보어로 취하고 있다.

문장 해석

이 분야에서 Bollman의 연구는 흔하고 저렴한 채소로 수행되었고, 군인들은 그들이 다른 채소가 준비되는 것을 보길 기대한 방식과 다르게 준비된 양배추는 먹지 않는다는 사실이 밝혀졌다.

16

It brings (with it) a sense (of common purpose and shared commitment (to a cause)), [which enables
S V   O   S관·대 V'

single activists and/or organizations to regard themselves as (inextricably) linked (to other actors, (who are)
O'   OC'   O''   OC''

[not necessarily identical but surely compatible]), (in a broader collective mobilization)].
A   B

구문 해설

which는 긴 전치사구가 수식하고 있는 목적어 a sense를 선행사로 받는 주격 관계대명사이다. 5형식 동사로 쓰인 enables는 to 부정사인 to regard를 목적격 보어로 취하고, 5형식 간주동사로 쓰인 regard는 형용사(과거분사) linked를 목적격 보어로 취하고 있다. 쉼표로 삽입된 not necessarily identical but surely compatible은 other actors를 수식하고 있으며, not 앞에 who are가 생략되어 있다. 관계사절 내에서 'A가 아니라 B'라는 의미의 'not A but B' 상관접속사가 사용되었다.

문장 해석

그것은 공동 목표와 하나의 대의명분에 대한 공동 책임이라는 의식을 안고 오는데, 그것은 혼자인 활동가 그리고/또는 조직이 더 넓은 집단 동원에서, 반드시 같지는 않지만 분명 양립할 수 있는 다른 행위자들과 자신이 불가분의 관계로 연결되어 있다고 여길 수 있게 한다.

17

A poor country [seeking a loan (from the International Monetary Fund (IMF))] may have no alternative but
to accept IMF advice to devalue its currency and (to) cut budgetary subsidies.

구문 해설
seeking a loan from the International Monetary Fund는 주어 A poor country를 수식하는 현재분사구이다. 'have no alternative but to RV'는 '~할 수밖에 없다'라는
의미의 관용표현이다. and로 병렬된 to devalue와 (to) cut은 IMF advice를 수식하는 to 부정사의 형용사적 용법으로 쓰였다.

문장 해석
국제통화기금(IMF)에서 대출을 받으려는 가난한 나라는 자국 통화를 평가 절하하고 보조금 예산을 삭감하라는 IMF의 조언을 받아들이는 것 말고는 다른 대안이 없을 수도 있다.

18

Access (to huge text data sets and improved technical capability) means (that) text can be analyzed to
extract additional high-quality information (above and beyond what the document actually says).

구문 해설
긴 전치사구가 주어 Access를 수식하는 구조이며, 동사 means와 text 사이에 명사절 접속사 that이 생략되어 있다. to extract는 목적을 나타내는 to 부정사의 부사적 용법으
로 쓰였다. what은 명사절을 이끄는 관계대명사로, 전치사 above and beyond의 목적어 역할과 동사 says의 목적어 역할을 동시에 하고 있다.

문장 해석
방대한 텍스트 데이터 세트와 개선된 기술 능력으로의 접근은 문서가 실제로 말하는 것을 넘어선 추가적인 고품질 정보를 추출하기 위해 텍스트가 분석될 수 있다는 것을 의미
한다.

19

People [who suffer from post-traumatic stress disorder], (for example), avoid many aspects (of their lives),
S   S관·대   V   O

(such as people, places, events, and opportunities), as these may serve (as reminders of the trauma).
         A   B   C   D   S'   V'

구문 해설

who는 주어 People을 선행사로 받는 주격 관계대명사이다. 명사 4개가 'A, B, C, and D' 형태로 병렬된 전치사구가 쉼표로 삽입되어 목적어 many aspects를 보충해주고 있다. as는 이유를 나타내는 접속사로 쓰였다.

문장 해석

예를 들어, 외상 후 스트레스 장애를 겪는 사람들은 사람, 장소, 사건, 기회와 같은 삶의 많은 측면들을 피하는데, 이 측면들이 그 정신적 외상을 상기시키는 역할을 할 수 있기 때문이다.

20

However, (as a global average), when per capita income reaches the range of $13,000 (per year),
                                           S'1   V'1   O'1

additional income adds (relatively little) to our happiness, while other factors (such as personal freedom,
S   V   O   S'2   A

meaningful work, and social tolerance) add (much) more.
     B   C   V'2   O'2

구문 해설

while은 대조를 나타내는 부사절 접속사로 쓰였다. 명사 3개가 'A, B, and C' 형태로 병렬된 전치사구가 while절의 주어 other factors를 보충해주고 있다.

문장 해석

그러나 세계 평균적으로, 1인당 소득이 연간 13,000달러의 범위에 도달할 때, 개인의 자유, 의미 있는 일, 사회적 관용과 같은 다른 요소들은 훨씬 더 많은 행복을 더하는 반면, 추가적인 소득은 우리의 행복을 비교적 조금 더한다.

01   She considers punctuality a crucial trait for her assistants to have.   O / X

02   His laptop had been stolen when coming back from the bathroom.   O / X

03   Even elderly people are happy to praise for what they did well.   O / X

04   We used to playing soccer in the parking lot when we were in elementary school.   O / X

05   A crucial early aspect of jazz — indeed, the aspect <u>what</u> many point to as the defining feature of jazz — is improvisation.   O / X

06   This involves the musician freely <u>played</u> novel notes, notes that were not written in advance by a composer.   O / X

07   The format of the improvisation and the degree of freedom of the performer <u>varies</u> depending on the type of jazz.   O / X

08   그 책에는 많은 오류가 있었다.   O / X
   → There was a number of errors in the book.

09   약물치료는 생활 습관 수정보다 덜 유익하다.   O / X
   → Medication is less beneficial as lifestyle modification.

10 우리는 직업을 선택할 때 아무리 주의해도 지나치지 않다. ○ / ✕

→ We cannot be too careful when choosing a job.

11 이 일에 빨리 익숙해지는 것은 결코 쉬운 일이 아니다. ○ / ✕

→ It is by no means easy to get used to this job quickly.

12 그는 결코 너의 비밀을 누설할 사람이 아니다. ○ / ✕

→ He is the last person divulge your secret.

13 그는 팔짱을 낀 채 벽에 기대고 있었다. ○ / ✕

→ He was leaning against the wall with his arms folding.

14 우리는 그 정책이 앞으로 어떻게 시행될지 고려할 필요가 있다. ○ / ✕

→ We need to consider how the policy will implement in future.

15 지난달 내가 퇴사를 했더라면 지금 제주도에 있을 텐데. ○ / ✕

→ If I had left the company last month, I would have been in Jeju Island now.

✓
ANSWER

01 O	06 X, played → playing	11 O
02 X, coming → he came	07 X, varies → vary	12 X, divulge → to divulge
03 X, praise → be praised	08 X, was → were	13 X, folding → folded
04 X, playing → play	09 X, as → than	14 X, implement → be implemented
05 X, what → that 또는 which	10 O	15 X, would have been → would be

01   A person who makes no mistakes make nothing.   ○ / ✕

02   Lots of restrictions on exports have recently eliminated.   ○ / ✕

03   It is not possible to predict when it will happen again.   ○ / ✕

04   We often need to keep up with the trend to avoid to become obsolete.   ○ / ✕

05   Wakanda was a closed country for the last decades.   ○ / ✕

06   Love, honest, and diligence are great values I should have.   ○ / ✕

07   The number of homeless people in the cities are increasing.   ○ / ✕

08   Had she known he was the boss, she wouldn't have argued with him.   ○ / ✕

09   이 책은 너무 어려워서 읽을 수 없다.   ○ / ✕
→ This book is so difficult that I can read it.

10   너는 작은 방에 누워 있느니 차라리 나가는 것이 낫겠다.   ○ / ✕
→ You would rather go out than to lie in a small room.

11   나는 오픈 북 시험을 위해 책을 가져오는 것을 잊었다.   ○ / ✕
→ I forgot bringing the book for the open book exam.

12 그 남자는 그녀에게 왜 그의 의견을 무시했는지 물었다.   O / X

→ The man asked her why she ignored his opinions.

13 운동을 끝내자마자 나는 어깨가 아프기 시작했다.   O / X

→ Scarcely I had finished working out when my shoulder started to hurt.

14 무슨 문제가 있으면 주저하지 말고 연락하세요.   O / X

→ Don't hesitate to contact to me if you have any problems.

15 우리가 빨리 물을 퍼내지 않으면 이 배는 가라앉을 것이다.   O / X

→ This ship will sink unless we will pump out the water quickly.

16 그가 그런 제안을 했다니 미쳤음이 틀림없다.   O / X

→ He should have been insane to make such a suggestion.

✓
ANSWER

01 X, make → makes	**06** X, honest → honesty	**12** O
02 X, have recently eliminated → have recently been eliminated	**07** X, are → is	**13** X, I had finished → had I finished
	08 O	**14** X, to me → me
03 O	**09** X, can → can't	**15** X, will pump out → pump out
04 X, to become → becoming	**10** X, to lie → lie	**16** X, should → must
05 X, was → has been	**11** X, bringing → to bring	

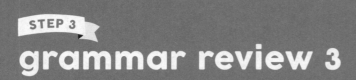

01   You have to be more careful about that you trust.   ◯ / ✕

02   It was an amazing achievement for such young a professional gamer.   ◯ / ✕

03   Our genes determine how tall we will be and what we will look like.   ◯ / ✕

04   The bereaved families demanded that the names of the victims were not disclosed.   ◯ / ✕

05   우리는 내년에 다시 당신과 함께 일하기를 고대합니다.   ◯ / ✕
     → We look forward to work with you again next year.

06   그는 아무리 화가 나더라도 목소리를 높이지 않는다.   ◯ / ✕
     → No matter how angry he is, he doesn't rise his voice.

07   그 로봇 청소기는 비싸지만 구매할 가치가 있다.   ◯ / ✕
     → The robot vacuum cleaner is costly but worth purchased.

08 Roberto는 인터뷰를 하지 않았고 Diaz도 그랬다.　　　　　　　　　　　　　　　○ / ✕

　　→ Roberto didn't give an interview, and neither Diaz did.

09 우리가 어제 그 차를 샀었더라면 얼마나 좋을까.　　　　　　　　　　　　　　　○ / ✕

　　→ I wish we bought the car yesterday.

10 어떤 경우에도 그들이 스포트라이트를 받아서는 안 된다.　　　　　　　　　　　○ / ✕

　　→ On no account they should be in the spotlight.

11 두 명의 후보 모두 청렴한 삶을 살지 못했다.　　　　　　　　　　　　　　　　　○ / ✕

　　→ Both of the candidates lived a life of integrity.

12 집에 도착하자마자, 그는 즉시 여행 준비에 착수했다.　　　　　　　　　　　　　○ / ✕

　　→ Upon arrived home, he immediately set about preparing for the trip.

✓
ANSWER

01 X, that → what	05 X, work → working	09 X, bought → had bought
02 X, such young a → such a young 또는 so young a	06 X, rise → raise	10 X, they should → should they
	07 X, purchased → purchasing	11 X, Both → Neither
03 O	08 X, Diaz did → did Diaz	12 X, arrived → arriving
04 X, were not → (should) not be		

01 스마트폰은 노인들이 사용하기 어렵다.   O / X

→ Smartphones are difficult for the elderly to use them.

02 모든 사람이 신용카드를 가질 만큼 나이가 많은 것은 아니다.   O / X

→ Not everyone is enough old to have a credit card.

03 네가 집에 도착하면 나는 빨래를 이미 했을 것이다.   O / X

→ I will have already done the laundry if you get home.

04 새 프린터는 이전 모델보다 더 빠르게 작동한다.   O / X

→ The new printer operates more quickly than the previous model was.

05 그의 마음을 바꾸려고 해 봐야 소용없다.   O / X

→ It is no use to try to change his mind.

06 그는 네가 현금을 주머니에 넣는 것을 보았다.   O / X

→ He saw you to put the cash in your pocket.

07 월드 베이스볼 클래식은 4년마다 열린다.   O / X

→ The World Baseball Classic held every four years.

08 어린이의 약 80%가 매일 비디오 콘텐츠를 소비한다.   O / X

→ About 80 percent of children consumes video content on a daily basis.

09   He will investigate the matter and then proposing a resolution.   O / X

10   People were exciting to watch the movie starring Tom Cruise.   O / X

11   I do Pilates three times a week, what makes me keep in shape.   O / X

12   This information on potential clients has collected since last year.   O / X

13   The scientists could not demonstrate that the earth was round.   O / X

14   The death toll in Poland seems very higher than the official count.   O / X

15   Why they participated in the protest will be differ from individual to individual.   O / X

16   Inclement weather kept the police from searching for the missing child.   O / X

ANSWER

01 X, use them → use

02 X, enough old → old enough

03 O

04 X, was → did

05 X, to try → trying

06 X, to put → put 또는 putting

07 X, held → is held

08 X, consumes → consume

09 X, proposing → propose

10 X, exciting → excited

11 X, what → which

12 X, has collected → has been collected

13 X, was → is

14 X, very → far

15 X, be differ → differ

16 O

01   The current financial crisis is worse than those of the past.   ○ / ✕

02   It is really thoughtful for you to remember my birthday.   ○ / ✕

03   Please give me the key when you leave from the hotel.   ○ / ✕

04   This wine is discounted for 7 days, after which it will return to its normal price.   ○ / ✕

05   지난 토요일에 한국시리즈 4차전이 있었다.   ○ / ✕
      → There had been Game 4 of the Korean Series last Saturday.

06   아인슈타인은 세계의 다른 어떤 과학자보다 위대하다.   ○ / ✕
      → Einstein is greater than any other scientists in the world.

07   국무총리는 2020년 총선이 연기될 것이라고 발표했다.   ○ / ✕
      → The Prime Minister announced that the 2020 general election will be delayed.

08   많은 값싼 모조품들이 시장에서 비싼 가격에 팔리고 있다.   O / X

→ A number of cheap imitations is being sold at expensive prices in the market.

09   비록 키가 작지만 그는 누구보다 강하다.   O / X

→ Short as he is, he is stronger than anyone else.

10   그는 모든 면에서 경쟁자들보다 뛰어나다.   O / X

→ He is superior than his competitors in every respect.

11   한우는 너무 비싸서 매일 먹을 수 없다.   O / X

→ Korean beef is too expensive to eat it every day.

12   우리는 예정된 오찬을 취소할 수밖에 없었다.   O / X

→ We had no choice but cancelling the scheduled luncheon.

ANSWER

01 X, those → that	05 X, had been → was	09 O
02 X, for → of	06 X, scientists → scientist	10 X, than → to
03 X, leave from → leave	07 X, will → would	11 X, eat it → eat
04 O	08 X, is → are	12 X, cancelling → to cancel

01   Of all the people in this room, how much can manage their diets properly?   O / X

02   I think difficult to find a replacement for him by next month.   O / X

03   His argument was so convinced that the board unanimously approved the plan.   O / X

04   At tomorrow's meeting, they discussed how to motivate employees.   O / X

05   이 노래는 내가 가져본 적이 없는 것에 대해 향수를 불러일으킨다.   O / X
     → This song makes me nostalgic for something I never had.

06   가능한 한 적게 드세요, 그렇지 않으면 비만이 될 것입니다.   O / X
     → Eat as little as you can, and you will become obese.

07   이것이 카타르 월드컵에서 누가 우승할 것인지에 대한 나의 예측이다.   O / X
     → This is my prediction as to whom will win the Qatar World Cup.

08 네가 좀 더 조심했더라면 차에 치이지 않았을 텐데.　　　　　　　　　　　　　　　　　　O / X

→ If you had been more careful, you wouldn't have run over.

09 너뿐만 아니라 그도 이 일에 열정을 가지고 있다.　　　　　　　　　　　　　　　　　　　O / X

→ He as well as you have a passion for this work.

10 지금 이 순간 너의 판단이 나의 판단보다 나을 수도 있다.　　　　　　　　　　　　　　　　O / X

→ Your judgment may be better than me at this moment.

11 수면 부족은 시간이 지남에 따라 그의 건강을 악화시켰다.　　　　　　　　　　　　　　　　O / X

→ Lack of sleep caused his health worsen over time.

12 그녀는 그 남자의 어깨를 잡고 그의 눈을 똑바로 쳐다보았다.　　　　　　　　　　　　　　O / X

→ She caught the man by the shoulders and looked him in the eyes.

ANSWER

01 X, much → many	05 O	09 X, have → has
02 X, think → think it	06 X, and → or	10 X, me → mine
03 X, convinced → convincing	07 X, whom → who	11 X, worsen → to worsen
04 X, discussed → will discuss	08 X, have run over → have been run over	12 O

01   내가 그녀의 전화번호를 안다면 너에게 줄 수 있을 텐데.   O / X

→ If I knew her phone number, I could have given it to you.

02   나는 그녀와 이야기하면 할수록 더 피곤해졌다.   O / X

→ The more I talked with her, the more I became tired.

03   그의 지시를 정확히 따르는 것이 매우 중요하다.   O / X

→ It is of great importance to follow his instructions exact.

04   그는 그들에게 속아온 것에 대해 정말로 화가 났다.   O / X

→ He was really vexed at having deceived by them.

05   부모님과 나는 아르헨티나에 가본 적이 없다.   O / X

→ My parents and I have never gone to Argentina.

06   나는 약속을 많이 잡는 것보다 집에 누워 있는 것을 좋아한다.   O / X

→ I prefer lying at home to make many appointments.

07   의사는 그에게 단백질 섭취를 줄일 것을 제안했다.   O / X

→ The doctor suggested that he reduced his protein intake.

08   그는 돈을 다 잃고 나서야 정신을 차렸다.   O / X

→ It was not until he lost all his money that he came to his senses.

09 Ever since humans developed this ability, they <u>were converting</u> forested areas into non-forested areas. ○ / ✕

10 Fire was a tool that could <u>be utilizing</u> to alter the landscape. ○ / ✕

11 The art of dyeing can be extremely complex and time consuming, <u>what</u> can be demonstrated by the ancient art of batik. ○ / ✕

12 Batik is an Indonesian word that means wax-written and is used to <u>describing</u> a fascinating dyeing practice. ○ / ✕

13 The process of applying the wax, dyeing, repeating, and removing the dye <u>are</u> believed to help the artist develop spiritual discipline. ○ / ✕

✓
ANSWER

01 X, could have given → could give	05 X, gone → been	10 X, utilizing → utilized
02 X, more I became tired → more tired I became	06 X, make → making	11 X, what → which
03 X, exact → exactly	07 X, reduced → (should) reduce	12 X, describing → describe
04 X, having deceived → having been deceived	08 O	13 X, are → is
	09 X, were converting → have been converting 또는 have converted	

01 Discrimination makes upward mobility <u>high</u> difficult. ○ / ✕

02 Discrimination then adds another <u>challenges</u> for people who might be educated and talented but who belong to a visible minority. ○ / ✕

03 Therefore, not only <u>it is</u> difficult to get a job that would allow them to move into a wealthier neighborhood, but people also face difficulties because of their ethnicity. ○ / ✕

04 Nothing changed thereafter he quit drinking soda. ○ / ✕

05 She objected to considering for the team leader position. ○ / ✕

06 We blamed them for show very poor leadership in defending the capital. ○ / ✕

07 Samsung is one of the lead brand in the smartphone and electronic device market. ○ / ✕

08 방에 있는 가구들은 모두 상태가 좋다.   O / X

→ All of the furniture in the rooms are in good condition.

09 유리는 피아노 경연을 위해 연습하느라 바쁘다.   O / X

→ Yuri is busy practicing for the piano competition.

10 그 다람쥐는 사람의 눈으로 감지할 수 없다.   O / X

→ The squirrel isn't barely detectable by the human eye.

11 생물 다양성의 상실이 경제 위기를 초래할 수 있다.   O / X

→ The loss of biodiversity may result from an economic crisis.

✓
ANSWER

01 X, high → highly	05 X, considering → being considered	09 O
02 X, challenges → challenge	06 X, show → showing	10 X, isn't barely → isn't
03 X, it is → is it	07 X, lead brand → leading brands	11 X, result from → result in
04 X, thereafter → after	08 X, are → is	

01 The problem with human activity is <u>what</u> it puts a lot of pollution in the air. ○/✕

02 While people continue to pollute the atmosphere, they are killing the only resource they <u>have</u> to clean it. ○/✕

03 Forests play an important role in reducing air pollution, and <u>it</u> also prevent global warming. ○/✕

04 Clearly, if the Earth's forests <u>lose</u> there will be disastrous consequences. ○/✕

05 The reality of the move from country to city is seldom as <u>profitable</u> as hoped. ○/✕

06 Rural-urban migration was a trend <u>what</u> characterized the Industrial Revolution in the developed world. ○/✕

07 The movement of people from rural areas to urban areas <u>became</u> more pronounced for the past 100 years. ○/✕

08 Urban poverty is fast becoming a significant problem, <u>surpassed</u> rural poverty as a chief concern. ○/✕

09 너의 친구들은 행복하기 위해 의지할 수 있는 사람들이다. ○ / ✕

→ Your friends are the people to rely on to be happy.

10 그것은 개인의 선택이라기보다는 의무이다. ○ / ✕

→ It is not so much an obligation as a personal option.

11 그 집은 산으로 둘러싸인 작은 도시에 있다. ○ / ✕

→ The house is located in a small city surrounding by mountains.

12 대서양은 아시아 대륙보다 훨씬 더 크다. ○ / ✕

→ The Atlantic Ocean is even more bigger than the Asian continent.

ANSWER

01 X, what → that

02 O

03 X, it → they

04 X, lose → are lost

05 O

06 X, what → that

07 X, became → has become

08 X, surpassed → surpassing

09 O

10 X, an obligation as a personal option
→ a personal option as an obligation

11 X, surrounding → surrounded

12 X, more bigger → bigger

01 그것을 끄려면 제가 어느 버튼을 눌러야 하나요?   O / ✕

→ Which button should I press to turn off it?

02 그는 완전히 이성을 잃었던 것처럼 보였다.   O / ✕

→ He looked as if he had lost his reason completely.

03 내가 돈을 인출하기 전에 그 은행은 이미 파산한 상태였다.   O / ✕

→ The bank has already gone bankrupt before I withdrew my money.

04 당신의 계획이 현실적이지 않다면, 우리가 그것을 수정하는 것을 도울 수 있다.   O / ✕

→ If your plan is not realistic, we can help to get it to modify.

05 Have you read the book that he sent it to you last month?   O / ✕

06 Had it not been for her help, I would have been in prison.   O / ✕

07 For more informations about the project, call this number.   O / ✕

08 I always help someone who I think suffer from insomnia.   O / ✕

09 그제서야 그녀는 그가 어디서 태어났는지 알았다. ○ / ✕

→ Only then she knew where he was born.

10 밖이 너무 습했기 때문에 나는 집으로 돌아가고 싶었다. ○ / ✕

→ Being so humid outside, I wanted to go back home.

11 공항에 주차된 오토바이 몇 대가 파손되었다. ○ / ✕

→ Several motorcycles parked at the airport was damaged.

12 유럽인들은 녹색 전환이 경제 성장의 원천이 될 것인지에 대해 의견이 분분하다. ○ / ✕

→ Europeans are divided on if the green transition will be a source of economic growth.

✓
ANSWER

01 X, turn off it → turn it off	**05** X, sent it → sent	**09** X, she knew → did she know
02 O	**06** O	**10** X, Being → It being
03 X, has → had	**07** X, informations → information	**11** X, was → were
04 X, to modify → modified	**08** X, suffer → suffers	**12** X, if → whether

Staff

Writer	심우철
Director	김지훈
Researcher	한은지 / 노윤기 / 정규리 / 장은영
Assistant	최아름
Design	강현구
Manufacture	김승훈
Marketing	윤대규 / 장승재 / 황민순

발행일   2023년 2월 13일 (2쇄)

내용문의 http://cafe.naver.com/shimson2000

2023
심우철

최근 10회분 공무원 영어 시험의
유형 및 난이도를 완벽히 재현한
봉투 모의고사

실전동형 모의고사

season 1

Success is the sum of small efforts,
repeated day in and day out.

성공이란 매일 반복되는 작은 노력의 합이다

- Robert Collier -

정답 및 해설

커넥츠 공단기
인터넷 강의
gong.conects.com

심우철 교수

약력

연세대학교 졸업, 연세대 국제학 대학원 졸업

現) 공단기 영어 대표강사

現) (주)심슨영어사 대표이사, 심슨북스 대표이사

前) 이투스 영어영역 대표강사

前) 메가스터디 영어영역 대표 강사

前) 노량진 메가스터디학원 최다 수강생 보유

저서

심우철 합격영어 I 구문 / II 문법 / III 독해

보카익스트림 (공무원 영어 단어 완성)

심우철 VOCA BASIC

문법 풀이 전략서

구문 600제 / 문법 600제 / 독해 600제

심우철 하프 모의고사

심우철 실전동형 모의고사

이것만은 알고 가자

최소시간 X 최대효과
초고효율 심우철 합격영어

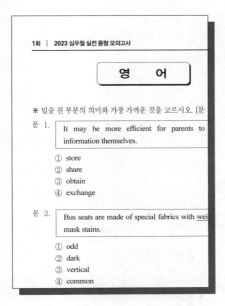

최근 5개년 10회분 시험 완벽 반영

2018년부터 2022년까지 최근 5개년의 국가직·지방직 기출을 완벽하게 재현했습니다. 각 문항에 실제 시험과 동일한 유형을 배치하고, 최근 기출의 난이도를 고려하여 문제를 제작하였습니다. 지문의 길이와 문항의 난도 또한 실제 시험과 최대한 동일하게 구성된, 심우철 실전 동형 모의고사가 시험장에서 여러분의 자신감이 되어줄 것입니다.

모의고사에 수록된 어휘, 구문, 문법 복습용 워크북 제공

모의고사에 출제된 문항을 이용해 어휘, 구문, 문법 세 가지 요소를 모두 복습할 수 있도록 워크북을 제공합니다. 어휘 테스트지를 제공하여 실전 동형 모의고사에 수록된 핵심 어휘를 복습할 수 있도록 구성하였습니다. 핵심 구문 패턴을 학습할 수 있도록 구문 분석을 제공합니다. 문법 문항 선택지의 정오를 복습하고, 어려운 문법 포인트를 학습할 수 있도록 변형 문제를 제공합니다. 실전 동형 모의고사 한 권으로 문제 풀이와 더불어 어휘, 구문, 문법까지 모두 학습할 수 있습니다.

풍부하고 상세한 해설지 제공

최소시간 x 최대효과의 모토를 해설지에도 담았습니다. 수험생들의 번거로움을 덜고자 해설지에 지문을 수록하여 복습을 용이하게 하였고, 빠른 정답을 제공하여 정답 확인 시간을 최소화할 수 있도록 하였습니다. 또한, 혼자서도 학습할 수 있도록 상세한 해설을 수록하였습니다. 특히 정답뿐만 아니라 오답 보기에 대한 해설까지 자세하게 풀이하여 최대효과를 누릴 수 있도록 하였습니다.

Answer

1회차

01	02	03	04	05
③	①	③	②	②
06	**07**	**08**	**09**	**10**
①	③	②	①	③
11	**12**	**13**	**14**	**15**
③	②	②	②	③
16	**17**	**18**	**19**	**20**
②	④	②	②	④

2회차

01	02	03	04	05
④	④	④	③	②
06	**07**	**08**	**09**	**10**
②	①	④	③	④
11	**12**	**13**	**14**	**15**
④	④	③	③	④
16	**17**	**18**	**19**	**20**
④	④	④	③	①

3회차

01	02	03	04	05
②	④	①	④	③
06	**07**	**08**	**09**	**10**
③	①	①	④	③
11	**12**	**13**	**14**	**15**
②	③	④	④	②
16	**17**	**18**	**19**	**20**
①	③	①	①	③

4회차

01	02	03	04	05
①	①	④	③	④
06	**07**	**08**	**09**	**10**
④	④	②	③	③
11	**12**	**13**	**14**	**15**
④	③	③	③	③
16	**17**	**18**	**19**	**20**
②	③	③	①	③

5회차

01	02	03	04	05
①	③	①	②	④
06	**07**	**08**	**09**	**10**
④	③	④	②	③
11	**12**	**13**	**14**	**15**
④	②	②	②	④
16	**17**	**18**	**19**	**20**
④	②	④	①	②

6회차

01	02	03	04	05
②	②	②	③	②
06	**07**	**08**	**09**	**10**
④	③	③	②	④
11	**12**	**13**	**14**	**15**
③	③	④	②	④
16	**17**	**18**	**19**	**20**
①	④	③	③	②

7회차

01	02	03	04	05
②	②	②	①	③
06	**07**	**08**	**09**	**10**
②	④	④	①	③
11	**12**	**13**	**14**	**15**
②	③	③	①	④
16	**17**	**18**	**19**	**20**
③	②	①	①	④

8회차

01	02	03	04	05
②	①	③	②	④
06	**07**	**08**	**09**	**10**
②	③	④	②	④
11	**12**	**13**	**14**	**15**
②	③	③	①	④
16	**17**	**18**	**19**	**20**
③	④	③	①	④

9회차

01	02	03	04	05
①	③	③	④	③
06	**07**	**08**	**09**	**10**
③	③	③	②	③
11	**12**	**13**	**14**	**15**
④	②	③	④	①
16	**17**	**18**	**19**	**20**
③	④	③	③	④

10회차

01	02	03	04	05
③	④	④	③	①
06	**07**	**08**	**09**	**10**
②	②	③	③	④
11	**12**	**13**	**14**	**15**
①	③	②	②	③
16	**17**	**18**	**19**	**20**
④	①	③	②	③

01	02	03	04	05
③	①	③	②	②
06	07	08	09	10
①	③	②	①	③
11	12	13	14	15
③	②	②	②	③
16	17	18	19	20
②	④	②	②	④

01 밑줄 친 부분의 의미와 가장 가까운 것은? [어휘]

It may be more efficient for parents to <u>procure</u> the information themselves.

① store
② share
③ obtain
④ exchange

[해설] procure는 '얻다'라는 뜻으로, 이와 의미가 가장 가까운 것은 ③ 'obtain(얻다)'이다.
① 저장하다 ② 공유하다 ④ 교환하다
[해석] 부모들이 직접 정보를 <u>얻는</u> 것이 더 효율적일 수 있다.

[정답] ③

02 밑줄 친 부분의 의미와 가장 가까운 것은? [어휘]

Bus seats are made of special fabrics with <u>weird</u> patterns to mask stains.

① odd
② dark
③ vertical
④ common

[해설] weird는 '이상한'이라는 뜻으로, 이와 의미가 가장 가까운 것은 ① 'odd(이상한)'이다.
② 어두운 ③ 수직의 ④ 흔한
[해석] 버스 좌석은 얼룩을 가리기 위해 <u>이상한</u> 무늬가 있는 특별한 직물로 만들어진다.
[어휘] fabric 직물 mask 가리다 stain 얼룩

[정답] ①

03 밑줄 친 부분의 의미와 가장 가까운 것은? [이디엄]

He <u>had a long face</u> when he saw people he trusted appear in the music video.

① was angry
② was surprised
③ looked sad
④ looked happy

[해설] have a long face는 '우울해 보이다'라는 뜻으로, 이와 의미가 가장 가까운 것은 ③ 'looked sad(슬퍼 보이다)'이다.
① 화가 나다 ② 놀라다 ④ 행복해 보이다
[해석] 그는 자신이 믿었던 사람들이 그 뮤직비디오에 등장한 것을 보았을 때 <u>우울해 보였다.</u>

[정답] ③

04 밑줄 친 부분에 들어갈 말로 가장 적절한 것은? [어휘]

If your immunity decreases due to lack of exercise, you will be more _____ to various diseases, so you should maintain exercise habits.

① versatile
② susceptible
③ convenient
④ substantial

[해설] 빈칸에는 면역력이 떨어질 때 나타날 수 있는 결과에 관한 표현이 와야 한다. 따라서 빈칸에 들어갈 말로 가장 적절한 것은 ② 'susceptible(걸리기 쉬운)'이다.
① 다재다능한 ③ 편리한 ④ 상당한
[해석] 운동 부족으로 면역력이 떨어지면 각종 질병에 더 <u>걸리기 쉬울</u> 테니 운동 습관을 유지해야 한다.
[어휘] immunity 면역력

[정답] ②

05 밑줄 친 부분에 들어갈 말로 가장 적절한 것은? [이디엄]

Both escalators in the subway station were _____, so I had to take the stairs.

① on edge
② out of order
③ second to none
④ over the moon

[해설] 빈칸에는 내가 계단을 이용해야 했던 이유가 와야 한다. 따라서 빈칸에 들어갈 말로 가장 적절한 것은 ② 'out of order(고장 난)'이다.
① 초조한 ③ 제일의 ④ 매우 행복한
[해석] 지하철역에 있는 에스컬레이터가 둘 다 <u>고장 나서</u> 나는 계단을 이용해야 했다.

[정답] ②

06 어법상 옳은 것은?

문법

① She considers punctuality a crucial trait for her assistants to have.
② His laptop had been stolen when coming back from the bathroom.
③ Even elderly people are happy to praise for what they did well.
④ We used to playing soccer in the parking lot when we were in elementary school.

해설 consider는 5형식 동사로 쓰여 'consider + O + (to be/as) + 형/명' 구조를 취할 수 있는데, 여기서는 목적격 보어 자리에 명사가 왔다. 또한 to have는 a crucial trait을 수식하는 to 부정사의 형용사적 용법으로 쓰였는데, 수식 대상과 have의 목적어가 동일하므로 중복을 피해 뒤에 목적어 자리가 비어있는 것도 적절하다.
② (coming → he came) 분사구문의 의미상 주어는 주절의 주어와 같을 때만 생략할 수 있다. 여기서 주절의 주어는 '그의 노트북'이고, 화장실에서 돌아온 것은 그의 노트북이 아닌 '그'이므로 주어가 달라 생략할 수 없다. 따라서 when coming을 when he came으로 고쳐 주어를 명시해줘야 한다.
③ (praise → be praised) praise는 '~을 칭찬하다'라는 의미의 타동사이다. praise 뒤에 목적어가 없고 의미상 노인들이 '칭찬을 받고' 기뻐한다는 것이므로, praise를 be praised로 고쳐야 한다.
④ (playing → play) 'used to RV'는 '~하곤 했다'라는 의미의 조동사이므로, playing을 play로 고쳐야 한다.
해석 ① 그녀는 시간 엄수를 그녀의 조수가 가져야 할 중대한 특성으로 여긴다.
② 그가 화장실에서 돌아왔을 땐 그의 노트북을 도난당한 상태였다.
③ 심지어 노인들도 그들이 잘한 것에 대해 칭찬을 받고 기뻐한다.
④ 우리는 초등학교 때 주차장에서 축구를 하곤 했다.
어휘 punctuality 시간 엄수 trait 특성

정답 ①

07 다음 글의 내용과 일치하지 않는 것은?

불일치

Aleksandr Scriabin was a Russian composer noted for his use of unusual harmonies. Born in 1872 in Moscow, he was trained as a soldier from 1882 to 1889 but studied music at the same time and took piano lessons. His reputation stems from his grandiose symphonies and his sensitive, exquisitely polished piano music. Although Scriabin was an admirer of Frédéric Chopin in his youth, he early developed a personal style. As his thought became more and more mystical, egocentric, and ingrown, his harmonic style became ever less generally intelligible. Meaningful analysis of his work only began appearing in the 1960s, and yet his music had always attracted a devoted following among modernists.

① Scriabin is known for using unique harmonies.
② Scriabin's fame is due to his sophisticated piano music.
③ Scriabin imitated Chopin's harmonic style.
④ Even before the 1960s, Scriabin's work attracted modernists.

해설 4번째 문장에서 Scriabin은 Chopin의 숭배자였지만, 일찍이 독자적인 스타일을 발전시켰다고 했으므로, 글의 내용과 일치하지 않는 것은 ③ 'Scriabin은 Chopin의 화음 스타일을 모방했다.'이다.
① Scriabin은 특이한 화음을 사용하는 것으로 알려져 있다. → 첫 문장에서 언급된 내용이다.
② Scriabin의 명성은 그의 정교한 피아노 음악 덕분이다. → 3번째 문장에서 언급된 내용이다.
④ 1960년대 이전에도 Scriabin의 작품은 모더니스트들을 끌어들였다. → 마지막 문장에서 언급된 내용이다.
해석 Aleksandr Scriabin은 특이한 화음 구사로 유명한 러시아 작곡가였다. 1872년에 모스크바에서 태어난 그는 1882년부터 1889년까지 군인으로 훈련받았지만 동시에 음악을 공부했고 피아노 레슨을 받았다. 그의 명성은 그의 웅장한 교향곡과 섬세하고 정교하게 다듬어진 피아노 음악에서 비롯된다. Scriabin은 비록 젊은 시절에 Frédéric Chopin의 숭배자였지만, 일찍이 독자적인 스타일을 발전시켰다. 그의 사상이 점점 더 신비스럽고 자기중심적이며 내향적으로 되어감에 따라, 그의 화음 스타일은 점점 더 일반적으로 이해하기 어려워졌다. 그의 작품에 대한 의미 있는 분석은 1960년대에 들어서야 나타나기 시작했지만, 그의 음악은 항상 모더니스트들 사이에서 헌신적인 추종자들을 끌어들였었다.
어휘 composer 작곡가 noted 유명한 harmony 화음 reputation 명성 stem from ~에서 비롯되다 grandiose 웅장한 symphony 교향곡 sensitive 섬세한, 민감한 exquisitely 아주 아름답게, 정교하게 polish 다듬다 admirer 숭배자 mystical 신비로운 egocentric 자기중심적인 ingrown 내향적인 intelligible 이해하기 쉬운 analysis 분석 devoted 헌신적인 sophisticated 정교한

정답 ③

08 밑줄 친 부분 중 어법상 옳지 않은 것은? [문법]

A crucial early aspect of jazz — indeed, the aspect ① that many point to as the defining feature of jazz — is improvisation. This involves the musician freely ② played novel notes, notes that were not written in advance by a composer. The format of the improvisation and the degree of freedom of the performer ③ vary depending on the type of jazz. This feature marks a stark contrast with pre-twentieth century European music, in ④ which the performer was largely subservient to the composer.

[해설] (played → playing) involves라는 동사가 나왔으므로 played는 문장의 동사가 될 수 없다. 또한 뒤에 novel notes라는 목적어가 나왔고, 문맥상 음악가가 '연주하는' 것이므로 과거분사로도 쓰일 수 없다. 따라서 played를 현재분사 playing으로 고쳐야 한다.

① that은 the aspect를 선행사로 받는 목적격 관계대명사로 쓰였고, point to 뒤에 목적어 자리가 비어있는 것은 적절하다.

③ 문장의 주어는 The format ~ and the degree ~ performer인데, 여기서 and를 기준으로 2개의 관사가 쓰였으므로 복수명사로 취급해야 한다. 따라서 vary의 수일치는 적절하다.

④ which는 pre-twentieth century European music을 선행사로 받는 목적격 관계대명사로 적절하게 쓰였다. 앞에 전치사 in과 결합하여 뒤에 완전한 문장이 오고 있다.

[해석] 재즈의 중대한 초기 양상은, 실제로 많은 사람이 재즈의 본질적인 특징으로 가리키는 양상인 즉흥 연주이다. 이것은 작곡가에 의해 미리 쓰이지 않은 새로운 음들을 자유롭게 연주하는 음악가를 포함한다. 즉흥 연주의 구성 방식과 연주자의 자유도는 재즈의 유형에 따라 달라진다. 이 특징은 연주자가 대체로 작곡가에게 종속되었던 20세기 이전의 유럽 음악과는 극명한 대조를 나타낸다.

[어휘] crucial 중대한, 결정적인 defining 본질적인, 결정적인 improvisation 즉흥 (연주) novel 새로운 note 음 in advance 사전에, 미리 composer 작곡가 format 구성 방식 vary 달라지다 stark 극명한 contrast 대조 subservient 종속하는

[정답] ②

09 다음 글의 제목으로 가장 적절한 것은? [제목]

We are preoccupied by the size of things: big cars, big sandwiches, and big salaries. In dreams, and in the bestselling books we buy, we seek grand thoughts. The logic we use is the bigger the idea, the bigger the value, but often that's not true. There's a myth at work here, an assumption that big results only come from radical changes. However, there's good evidence for a counter-argument. The problems that hold people back from greatness are often small things, consistently overlooked. The problem is a simple idea that is rejected by ignorance, lack of discipline or ordinary incompetence. If those simpler, smaller, ideas were set free, the effect would be as potent as any grand theory. Yet somehow we discount simple ideas for being playthings, for being too small to be worthy, dismissing the surprising power hidden in our smallest decisions.

① Small Things Make a Great Difference
② The Myth about How to Change Ourselves
③ Great Ideas That Were Originally Rejected
④ The Path of Greatness Filled with Challenges

[해설] 우리는 크기에 사로잡혀 아이디어가 클수록 가치가 더 크다고 생각하지만, 그것은 잘못된 믿음으로, 실제로는 지속적으로 간과되는 작은 것들이 사람들을 위대하게 만든다는 내용의 글이다. 따라서 글의 제목으로 가장 적절한 것은 ① '작은 것들이 큰 차이를 만든다'이다.

② 우리 자신을 바꾸는 방법에 대한 잘못된 믿음 → 잘못된 믿음에 관한 내용이긴 하나, 이는 크기로 그 가치를 판단하는 우리의 통념에 대해 지적하는 것으로, 우리 자신을 바꾸는 방법에 대한 내용은 구체적으로 언급되지 않았다.

③ 처음에 거부되었던 훌륭한 아이디어들 → '훌륭한 아이디어'는 주제를 담기에 너무 포괄적이며, 기존에 거부당한 아이디어들을 소개하는 글 또한 아니다.

④ 난제로 가득 찬 위대함의 길 → 이 글은 위대함의 길에 있어서 작은 것의 중요성에 관한 내용이지, 그 길의 어려움에 관한 내용이 아니다.

[해석] 우리는 큰 차, 큰 샌드위치, 그리고 많은 월급과 같은 것들의 크기에 사로잡혀 있다. 꿈속에서, 그리고 우리가 사는 베스트셀러 책에서, 우리는 위대한 생각을 찾는다. 우리가 사용하는 논리는, 아이디어가 클수록 그 가치가 더 크다는 것이지만, 흔히 그것은 사실이 아니다. 여기에 작용하는 잘못된 믿음이 있는데, 그것은 중대한 결과는 급진적인 변화에서만 온다는 가정이다. 그러나 반론을 위한 좋은 증거가 있다. 사람들을 위대함으로부터 멀어지게 하는 문제들은 흔히 지속적으로 간과되는 작은 것들이다. 문제는 무지, 훈련 부족 또는 흔한 무능력에 의해 거부당하는 단순한 아이디어이다. 그러한 더 간단하고, 더 작은 아이디어들이 자유로워진다면, 그 효과는 어떤 위대한 이론만큼이나 강력할 것이다. 하지만 어찌 된 일인지 우리는 단순한 아이디어를 노리개라는(흥미롭지만 중요하지 않다는) 이유로, 가치를 지니기에는 너무 작다는 이유로 무시하는데, 이는 우리의 가장 작은 결정에 숨겨진 놀라운 힘을 묵살해버린다.

[어휘] preoccupy 사로잡다 grand 위대한 assumption 가정 radical 급진적인 counter-argument 반론 consistently 지속적으로 overlook 간과하다 reject 거부하다 ignorance 무지 discipline 훈련 ordinary 흔한, 평범한 incompetence 무능력 potent 강력한 discount 무시하다 plaything 노리개 dismiss 묵살[일축]하다

[정답] ①

10 다음 글의 흐름상 가장 어색한 문장은? [일관성]

When we generalize, we are allowing a few instances to represent an entire class of events, people, or experiences. ① It is easy to fall into the trap of employing generalizations, as they are easy to arrive at. ② For example, think how easy it is to make a decision about another culture if, after meeting several international students from India, you concluded that everyone in India spoke English. ③ Indian English is one among several varieties of English, which have collectively been called the New Varieties of English. ④ These sorts of cultural generalizations are popular because they are easy to create, as they rely on limited samples. In addition, when repeated with enough regularity, they become shorthand to represent an entire collection of people, events, or things.

해설 몇몇 사례들이 모든 것을 대표하는 일반화에 대한 내용의 글로, 인도 국제 학생들을 보고 인도의 모든 사람이 영어를 사용한다는 결론을 내리는 것을 일반화의 예로 제시한다. 따라서 글의 흐름상 가장 어색한 문장은 일반화와 관계가 없는, 인도 영어가 영어의 새로운 품종이라는 내용의 ③이다.

해석 우리가 일반화할 때, 우리는 몇몇 사례들이 모든 종류의 사건, 사람들, 또는 경험을 대표하도록 허용하고 있는 것이다. 일반화에 도달하기 쉽기 때문에, 일반화를 사용하는 함정에 빠지는 것은 쉽다. 예를 들어, 몇 명의 인도 유학생을 만난 후 인도의 모든 사람이 영어를 사용한다고 결론 내린다면, 또 다른 문화에 대한 결정을 내리는 것이 얼마나 쉬운지 생각해 보라. (인도 영어는 영어의 여러 변종들 중 하나인데, 그것들은 총체적으로 '영어의 새로운 품종'이라고 불린다.) 이러한 종류의 문화적 일반화는 제한된 표본에 의존하기 때문에 쉽게 형성할 수 있기에 대중적이다. 게다가, 충분히 규칙적으로 반복될 때, 그것들은 사람, 사건 또는 사물의 전체 집합을 대표하는 약칭이 된다.

어휘 generalize 일반화하다 represent 대표하다, 나타내다 employ 이용[사용]하다 conclude 결론 내리다 variety 변종 collectively 총체적으로, 집단적으로 rely on ~에 의존하다 regularity 규칙성 shorthand 약칭

정답 ③

11 밑줄 친 부분에 들어갈 말로 가장 적절한 것은? [생활영어]

A: Would you come over here and take a look at this tap?
B: Is there something wrong with it?
A: I turned it off but the water keeps dripping.
B: Hold on, let me call a plumber.
A: _____?
B: Yeah, but we're having the same problem again so I thought I should call a professional this time.

① Would you like help with fixing it
② Do you have the number with you
③ Weren't you able to fix it last time
④ Did you make sure to turn it off

해설 수도꼭지가 고장 나서 B가 배관공을 부르려고 하는 상황이다. 빈칸 내용에 해당하는 A의 물음에 대한 B의 답이 같은 문제가 생겨서 이번엔 전문가를 부르려 한다는 것임을 보아, 예전에 전문가를 부르지 않고 같은 문제를 해결한 경험이 있는 것을 알 수 있다. 따라서 빈칸에 들어갈 말로 가장 적절한 것은 ③ '저번엔 네가 고칠 수 있지 않았어'이다.

① 수리하는 거 도와줄까
② 전화번호 가지고 있어
④ 그거 확실히 잠갔어

해석 A: 여기 와서 이 수도꼭지 좀 봐줄래?
B: 무슨 문제라도 있어?
A: 내가 이걸 잠갔는데도 물이 자꾸 뚝뚝 떨어져.
B: 잠시만, 배관공을 부를게.
A: 저번엔 네가 고칠 수 있지 않았어?
B: 응, 근데 또 같은 문제가 생겨서 이번에는 전문가를 불러야겠다고 생각했어.

어휘 tap 수도꼭지 drip 뚝뚝 떨어지다 plumber 배관공 professional 전문가

정답 ③

12 밑줄 친 부분에 들어갈 말로 가장 적절한 것은?

> A: Hey, what are you all excited about?
> B: We're going camping tomorrow! Do you want to join us?
> A: I'd love to, but I can't. I have my piano lesson tomorrow.
> B: Well, what time is your lesson?
> A: It's from 3 to 5 in the afternoon.
> B: _____.
> A: How? What time are you guys going?
> B: We're leaving at 6 p.m., so we can pick you up on the way.

① That will be too late for us
② You'll be able to make it then
③ I'll definitely join you next time
④ It's actually my first time camping

해설 B가 캠핑을 같이 가자고 제안했으나 A가 피아노 레슨 때문에 못 갈 것 같다고 하였다. 그런데 B가 피아노 레슨 시간을 듣고 빈칸 내용을 언급하자, A가 그 방법과 출발 시간을 묻고 이후 합류를 암시하는 내용이 나오는 것으로 보아, 빈칸은 A가 같이 갈 수 있다는 내용임을 알 수 있다. 따라서 빈칸에 들어갈 말로 가장 적절한 것은 ② '너 그럼 갈 수 있겠다'이다.

① 그건 우리한테 너무 늦을 거야
③ 다음엔 꼭 너와 함께할게
④ 사실 나 캠핑하는 거 처음이야

해석 A: 안녕, 다들 뭐가 그렇게 신나는 거야?
B: 우리 내일 캠핑하러 가! 우리랑 같이 갈래?
A: 그러고 싶지만 못 가. 나 내일 피아노 레슨 있거든.
B: 음, 레슨이 몇 시인데?
A: 오후 3시부터 5시까지야.
B: 너 그럼 갈 수 있겠다.
A: 어떻게? 너희들 몇 시에 가는데?
B: 우리는 오후 6시에 출발하니까 가는 길에 널 데리러 갈 수 있어.

어휘 pick sb up ~을 (차에) 태우러 가다 make it 시간 맞춰 가다, 참석하다 on the way 도중에

정답 ②

---

13 우리말을 영어로 잘못 옮긴 것은?

① 그 책에는 많은 오류가 있었다.
 → There were a number of errors in the book.
② 약물치료는 생활 습관 수정보다 덜 유익하다.
 → Medication is less beneficial as lifestyle modification.
③ 우리는 직업을 선택할 때 아무리 주의해도 지나치지 않다.
 → We cannot be too careful when choosing a job.
④ 이 일에 빨리 익숙해지는 것은 결코 쉬운 일이 아니다.
 → It is by no means easy to get used to this job quickly.

해설 (as → than) 앞에 비교급 표현 less가 쓰였으므로, 상관어구로 원급 표현 as가 아닌 than이 와야 한다.
① a number of 뒤에 복수명사인 errors가 온 것은 적절하고, a number of errors가 문장의 주어이므로 동사 were의 수일치도 적절하다.
③ 'cannot ~ too'는 '아무리 ~해도 지나치지 않다'라는 뜻을 갖는 구문으로 우리말에 맞게 적절히 쓰였다. 참고로 분사구문의 의미상 주어는 주절의 주어 We와 같아서 생략되었다.
④ easy가 사용된 난이형용사 구문이 적절하게 쓰였다. by no means는 '결코 ~이 아닌'이라는 의미의 표현이고, 'get used to (동)명사'는 '~에 익숙해지다'라는 의미의 표현으로 각각 우리말에 맞게 적절히 쓰였다.

어휘 medication 약물(치료) modification 수정, 변경

정답 ②

---

14 우리말을 영어로 잘못 옮긴 것은?

① 그는 결코 너의 비밀을 누설할 사람이 아니다.
 → He is the last person to divulge your secret.
② 그는 팔짱을 낀 채 벽에 기대고 있었다.
 → He was leaning against the wall with his arms folding.
③ 우리는 그 정책이 앞으로 어떻게 시행될지 고려할 필요가 있다.
 → We need to consider how the policy will be implemented in future.
④ 지난달 내가 퇴사를 했더라면 지금 제주도에 있을 텐데.
 → If I had left the company last month, I would be in Jeju Island now.

해설 (folding → folded) 부대 상황을 나타내는 'with + O + OC'의 분사구문이 사용되었다. 여기서 그의 팔이 '접히는' 것이므로 현재분사 folding을 과거분사 folded로 고쳐야 한다.
① 'the last + 명사 + to RV'는 '결코 ~하지 않을 명사'라는 뜻을 갖는 to 부정사의 관용 표현으로 우리말에 맞게 적절히 쓰였다.
③ 의문부사 how가 간접의문문을 이끌어 '의문사 + S + V'의 어순으로 적절하게 쓰였다. 또한 정책이 '시행되는' 것이므로 수동태로 쓴 것도 적절하다.
④ if절과 주절의 시제가 다른 혼합가정법 구문이다. if절에는 과거의 사실과 반대되는 가정이, 주절에는 현재의 사실과 반대되는 가정이 나오므로, if절에 가정법 과거완료시제를 쓰고, 주절에는 가정법 과거시제를 쓴 것은 적절하다.

어휘 divulge 누설하다 lean 기대다 implement 시행하다

정답 ②

15 밑줄 친 (A), (B)에 들어갈 말로 가장 적절한 것은?

연결사

What is a mental frame? 'Mental frame' is just one way of referring to a set of all the ideas, expectations and thoughts which guide what we do.   (A) , we have one mental frame which guides our behavior when we are completing an addition task in mathematics. We have another mental frame which guides the way in which we categorize animals into mammals and other animals. The word 'mental' is used because these ideas, expectations and thoughts are in our own minds. They help to organize and guide — 'frame' — all of the things that we do and say. Each of us,   (B) , has a mental frame that guides our behavior, and this mental frame may change as we experience new things or new ways of doing things.

	(A)	(B)
①	By contrast	similarly
②	By contrast	instead
③	For example	therefore
④	For example	however

해설 우리가 하는 일을 지도하는 모든 생각, 기대, 사고의 집합을 나타내는 정신적 틀(mental frame)에 관한 내용의 글이다. (A) 앞에서 '정신적 틀'의 개념을 소개하고 (A) 뒤에서 이러한 정신적 틀의 예시로서 수학에서 덧셈을 하는 행위를 언급하므로, (A)에 들어갈 연결사로 가장 적절한 것은 For example이다. 또한 (B)가 있는 문장 앞에서는 '정신적 틀'에서 '정신적'과 '틀'의 의미를 분리해서 설명하고 있고 (B) 이후에는 이 두 의미가 통합된 '정신적 틀'이 우리 모두의 행동을 지도하며 새로운 경험에 따라 바뀌기도 한다는 내용으로 마무리되므로, (B)에 들어갈 연결사로 가장 적절한 것은 therefore이다.

해석 정신적 틀이란 무엇인가? '정신적 틀'은 그저 우리가 하는 일을 지도하는 모든 생각, 기대, 사고의 집합을 가리키는 한 가지 방법이다. 예를 들어, 우리는 수학에서 덧셈 과제를 완수하고 있을 때 우리의 행동을 지도하는 한 가지 정신적 틀을 가지고 있다. 우리는 동물을 포유류와 다른 동물로 분류하는 방법을 지도하는 또 다른 정신적 틀을 가지고 있다. 이러한 생각, 기대, 사고가 우리 자신의 마음속에 있기 때문에 '정신적(mental)'이라는 단어가 사용된다. 그것들은 우리가 행동하고 말하는 모든 것을 체계화하고 지도하는, 즉 '틀을 잡는(frame)' 것을 돕는다. 그러므로 우리 각자는 우리의 행동을 지도하는 정신적 틀을 가지고 있으며, 이 정신적 틀은 우리가 새로운 것, 또는 일을 하는 새로운 방식을 경험함에 따라 변할 수도 있다.

어휘 frame 틀; 틀을 잡다 refer to ~을 가리키다 expectation 기대 guide 안내하다, 인도[지도]하다 complete 완료[완성]하다 addition 덧셈 categorize 분류하다 mammals 포유류

정답 ③

16 밑줄 친 부분에 들어갈 말로 가장 적절한 것은?

빈칸완성

Imagine if you had a shooting pain in your left shoulder that was so severe it actually took your breath away. The pain kept you from working, sleeping, and fully engaging in your life. When you finally arrive at the doctor's office and she asks what's going on, there's suddenly tape over your mouth and your hands are tied behind your back. You try yelling through the tape and freeing your hands so you can point to your shoulder, but there's no use. You're just there — inches and minutes from help and possible relief — but you can't communicate or explain the pain. I would imagine in that situation most of us would either fall to the floor in despair or fling ourselves around the room in uncontrollable rage. This is not that different from what can happen to us when we are unable to _____ our emotions. We feel hopeless or we feel a destructive level of anger.

① exaggerate   ② articulate
③ control   ④ provoke

해설 우리의 감정을 어깨 통증에 비유한 내용의 글이다. 빈칸 앞에서 어깨가 너무 아픈 상황에서 속 시원히 고통을 '전달하거나 설명할' 수 없다면 절망과 분노를 느끼게 될 것이라고 하므로, 빈칸에 들어갈 말로 가장 적절한 것은 ② '정확히 말할'이다.
① 과장할 → 고통이나 감정을 과장해서 말하는 경우는 언급되지 않았다.
③ 통제할 → 감정의 '통제'가 아닌 '전달'이 글의 핵심 소재이다.
④ 유발할 → 고통이나 감정을 '설명하는' 행위가 곧 고통 또는 감정을 '유발하는' 행위라고 보기는 어렵다.

해석 왼쪽 어깨에 너무 심한 쑤시는 통증이 있어서 실제로 숨이 막힌다고 상상해보라. 그 고통은 당신이 일하고 잠들고 생활에 온전히 집중하는 것을 방해했다. 당신이 마침내 병원에 도착해서 의사가 무슨 일이냐고 물을 때, 갑자기 당신의 입에 테이프가 붙여지고 손은 등 뒤로 묶인다. 당신은 테이프 사이로 소리를 지르고 손을 풀어서 어깨를 가리키려 해보지만, 소용이 없다. 당신은 도움과 가능한 (고통의) 완화로부터 바로 코앞에 있을 뿐, 그 고통을 전달하거나 설명하지 못한다. 나는 그 상황에서 우리 대부분은 절망감에 빠져 바닥에 쓰러지거나 걷잡을 수 없는 분노 때문에 방 안에서 날뛸 것으로 생각한다. 이것은 우리가 감정을 정확히 말할 수 없을 때 우리에게 일어날 수 있는 일과 그렇게 다르지 않다. 우리는 절망감을 느끼거나 파괴적인 수준의 분노를 느낀다.

어휘 shooting pain 전격 통증, 콕콕 쑤시는 통증 severe 극심한 take one's breath away ~을 숨 막히게 하다 engage in ~에 몰입하다, 관여하다 yell 소리 지르다 communicate 전달하다 despair 절망(감) fling (몸이나 신체 일부를 힘껏) 내던지다 uncontrollable 걷잡을 수 없는 rage 분노 hopeless 절망적인 destructive 파괴적인

정답 ②

17 다음 글의 제목으로 가장 적절한 것은?

In 1985 the typical American reported having three people he could confide in about important matters. By 2004 his network had shrunk to two, and it hasn't bounced back since. Almost half the population now say they have no one, or just one person, in whom they can confide. Considering that this included close family members, it reflects a stunning decline in social connection. Other surveys show that people are losing ties with their neighborhoods and their communities. They are less likely to say they trust other people and institutions. They don't invite friends over for dinner or participate in social or volunteer groups as they did decades ago. Most Americans simply don't know their neighbors anymore. Even family bonds are being strained. By 2004 less than 30 percent of American families ate together every night. All of these conditions are exacerbated by dispersal.

① Social Costs of Weakening Family Ties
② The Effects of Social Isolation on Mental Health
③ Solutions for Shrinking Social Support Networks
④ The Withering of Social Bonds: A Continuing Trend

해설 다양한 연구 결과의 예를 들어 미국인들의 가족, 이웃, 친구 관계가 계속해서 약화되고 있음을 설명하는 글이다. 따라서 글의 제목으로 가장 적절한 것은 ④ '사회적 유대 관계의 위축: 지속되는 추세'이다.
① 가족 유대 약화의 사회적 비용 → 가족뿐 아니라 이웃, 친구 등 다양한 관계가 약화 또는 축소되고 있다는 내용의 글이며, 이로 인한 사회적 비용보다는 그 현상 자체를 설명하는 글이다.
② 사회적 고립이 정신 건강에 미치는 영향 → 사회적 고립이 심화되고 있는 현상을 설명할 뿐, 고립이 정신 건강에 미치는 영향에 관해서는 언급되지 않았다.
③ 줄어드는 사회적 지지 네트워크에 대한 해결책 → 사회적 지지 네트워크가 줄어드는 것에 대한 내용이긴 하나, 이에 대한 해결책은 언급되지 않았다.

해석 1985년에 보통의 미국인은 중요한 문제에 관해 털어놓을 수 있는 사람이 세 명 있다고 보고했다. 2004년 무렵 그의 네트워크는 두 명으로 줄어들었고, 그 이후로 회복되지 않았다. 이제는 거의 인구의 절반이 비밀을 털어놓을 수 있는 사람이 아예 없거나 딱 한 명 있다고 말한다. 여기에 가까운 가족도 포함됐다는 점을 고려하면, 이는 사회적 연결망의 충격적인 감소를 반영한다. 다른 설문 조사들은 사람들이 이웃 및 지역사회와의 연결고리를 잃어가고 있음을 보여준다. 그들은 다른 사람과 기관을 신뢰한다고 말할 가능성이 더 낮다. 그들은 수십 년 전 그랬듯 친구들을 저녁 식사에 초대하거나 사교 또는 봉사 모임에 참여하지 않는다. 미국인들 대부분은 이제 그야말로 이웃을 알지 못한다. 심지어 가족 간의 유대도 껄끄러워지고 있다. 2004년 무렵 30퍼센트 미만의 미국인 가정만이 매일 밤 함께 식사했다. 이 모든 상황은 (사람들의) 분산에 의해 악화된다.

어휘 typical 보통의 confide 털어놓다 shrink 줄어들다 bounce back 다시 회복되다 stunning 깜짝 놀랄, 충격적인 decline 감소 institution 기관 strained 껄끄러운, 불편한 exacerbate 악화시키다 dispersal 분산, 해산 isolation 고립, 분리 wither 약해지다, 쇠퇴하다

정답 ④

---

18 주어진 문장이 들어갈 위치로 가장 적절한 곳은?

Over time, technology has blurred these lines of distinction since a live performance can be recorded and sold like any other commodity.

Live performances, such as concerts and vaudeville, share certain characteristics. In particular, they cannot be inventoried, that is, produced now and then stored for sale at a later time. (①) The consumption of their product takes place at the same time as its final production, and customers must come to it, as it cannot be shipped to them or an intermediary middleman for resale. (②) However, while a taped version of a concert or play is a substitute for the live performance, the degree of substitution is highly debatable. (③) Listening to a high quality digital recording of a concert may, for example, be a closer substitute for the concert than would be a similarly high quality video recording of last night's championship football game. (④) The high prices commanded for some live events suggest that the substitutability is far from perfect.

*vaudeville: 보드빌(노래와 춤을 섞은 대중적인 희가극)

해설 기술이 발전함에 따라 라이브 공연도 다른 상품처럼 녹음하고 판매될 수 있게 되었지만, 그 대체의 정도에 대한 논란이 있다는 내용의 글이다. 주어진 문장은 시간이 지나면서 라이브 공연이 다른 어떤 상품처럼 녹음되고 판매될 수 있게 되어 기술이 구별의 선을 흐리게 만들었다는 내용으로, 여기서 구별의 선, 즉 'these lines of distinction'은 녹음되어 판매되기 어려운 특성과 관련 있음을 알 수 있다. 따라서 주어진 문장은 ① 또는 ②에 오는 것이 적절하다. 이때, ② 뒤에서 녹음된 버전이 대체물이기는 하지만 논란이 있다는 내용이 However를 통해 앞의 내용과 역접으로 연결되어야 하는 것을 알 수 있으므로 주어진 문장이 들어갈 위치로 가장 적절한 곳은 ②이다.

해석 콘서트와 보드빌과 같은 라이브 공연은 특정한 특징을 공유한다. 특히, 그것들은 재고 목록에 기입될 수 없는데, 즉 지금 생산되어 나중에 판매되기 위해 저장될 수 없다. 그 제품의 소비는 그것의 최종 생산과 동시에 일어나며, 고객들은 그것에 와야 하는데, 이는 그것이 그들에게 혹은 재판매를 위해 중간의 중개인에게 배송될 수 없기 때문이다. 시간이 지남에 따라, 라이브 공연이 다른 어떤 상품처럼 녹음되고 판매될 수 있게 되어 기술이 이러한 구별의 선을 흐릿하게 해왔다. 그러나 콘서트나 연극의 녹음된 버전이 라이브 공연의 대체물이기는 하지만, 대체의 정도에는 매우 논란의 여지가 있다. 예를 들어, 콘서트의 고품질 디지털 녹음을 듣는 것은 지난밤의 챔피언십 축구 경기의 비슷하게 고품질인 비디오 녹화보다는 그 콘서트에 더 가까운 대체물일 수도 있다. 일부 라이브 행사에 요구되는 높은 가격은 대체 가능성이 완전한 것과는 거리가 멀다는 것을 시사한다.

어휘 blur 흐릿하게 하다 distinction 구별 commodity 상품 inventory (재고) 목록을 만들다 store 저장하다 consumption 소비 intermediary 중간의, 중개의 middleman 중개인 resale 재판매 substitute 대체(물) debatable 논란의 여지가 있는 command 요구하다, 명령하다 substitutability 대체 가능성

정답 ②

19 다음 글의 요지로 가장 적절한 것은?　[요지]

Unless a drone is fully autonomous, we assume that the actions of the drone are subject to ethical evaluation based upon the actions of the person controlling the drone, the intentions of that person and the consequences produced by the drone. Even if someone flies a drone as a hobby in a park for recreational purposes, with absolutely no intention to bother others, people in the same location would be annoyed by the noise and they may claim that their right has been violated. Let's consider that a drone can be used to take photographs for press purposes. In that case the consequences of the action may also have an ethical issue — an infringement of portrait rights of those who have inadvertently been taken in the photographs. Respect is a fundamental virtue and people have the right of having their privacy respected. Failure to respect others is not a fault on the part of the drones, but of the people who use them.

① Find the right place if you are to fly a drone.
② Respect the rights of others when flying a drone.
③ Don't make noises that may disrupt people around you.
④ Protect other people's rights when taking a picture of them.

[해설] 본래 의도와는 관계없이, 드론을 사용할 때 누군가의 권리가 침해될 수 있으며 그 책임은 드론이 아니라 그 드론을 조종하는 사람에게 있다는 내용의 글이다. 따라서 글의 요지로 가장 적절한 것은 ② '드론을 날릴 때 다른 사람들의 권리를 존중하라.'이다.
① 드론을 조종해야 한다면 적당한 장소를 찾아라. → '적당한' 장소를 '다른 사람들의 권리를 침해하지 않는' 장소로 보기에는 너무 포괄적이며, 드론을 날리는 장소보다는 드론으로 인해 권리를 침해받는 상황들을 소개한 것이므로 적절하지 않다.
③ 주변 사람들을 방해할 수 있는 소음을 내지 마라. → 소음은 드론 사용으로 인한 권리 침해의 한 가지 예시일 뿐이다.
④ 다른 사람들의 사진을 찍을 때 그들의 권리를 보호하라. → 다른 사람의 사진을 찍는 것은 권리 침해에 대한 한 가지 예시일 뿐이다.

[해석] 드론이 완전히 자율적이지 않은 한, 우리는 드론의 행동들이 그 드론을 조종하는 사람의 행동, 그 사람의 의도, 그 드론이 만들어내는 결과에 근거한 윤리적 평가의 대상이 된다고 상정한다. 공원에서 여가 목적으로 다른 사람을 귀찮게 하려는 의도가 전혀 없이 취미로 드론을 날리더라도, 같은 장소에 있는 사람들은 소음에 의해 짜증이 나서 자신의 권리가 침해됐다고 주장할 수도 있다. 드론이 보도 목적으로 사진을 찍는 데 사용될 수도 있다는 점을 고려해 보자. 그러한 경우에도 그 행동의 결과는 또한 어떤 윤리적 문제를 가질 수 있는데, 그것은 우연히 사진에 찍힌 사람들의 초상권 침해이다. 존중은 기본적인 미덕이고 사람들은 그들의 프라이버시를 존중받을 권리가 있다. 다른 사람들을 존중하는 것에 있어서의 실패는 드론 쪽의 잘못이 아니라 드론을 사용하는 사람들 쪽의 잘못이다.

[어휘] drone 드론(무인 비행 물체) autonomous 자율적인, 자주적인 ethical 윤리적인 absolutely 전혀 bother 귀찮게 하다, 성가시게 하다 violate 침해하다, 위반하다 press 언론, 보도 infringement 침해, 위반 inadvertently 무심코, 우연히 fundamental 기본적인 virtue 선(행), 미덕 fault 잘못, 책임 presence 존재

[정답] ②

20 주어진 글 다음에 이어질 글의 순서로 가장 적절한 것은?　[순서배열]

A boycott is a form of consumer activism that involves voluntarily abstaining from using, buying, or dealing with someone or some other organization as an expression of protest, usually for political reasons.

(A) The boycott continued for some time, and it was used by *The Times of London* in November 1880 as a term for organized isolation. Captain Boycott withdrew to England in December 1880.

(B) That year, protesting tenants demanded a substantial reduction in rent from Boycott, who not only refused but also evicted them from the land. Rather than resorting to violence, everyone in the locality refused to deal with him — local businessmen stopped trading with him, and even the local postman refused to deliver his mail.

(C) The word entered the English lexicon during the Irish Land War and is based on the name of Captain Charles Boycott, the estate agent of an absentee, who was subject to ostracism organized by the Irish Land League in 1880.

① (A) - (C) - (B)　　② (B) - (A) - (C)
③ (C) - (A) - (B)　　④ (C) - (B) - (A)

[해설] 보이콧의 정의를 소개하는 내용의 주어진 글 다음에는 그 단어가 아일랜드에서 부재지주의 토지 관리인 Boycott 대위의 이름에 근거하고 있다는 내용의 (C)가 와야 한다. 그다음에는 (C)에 언급된 1880년을 That year로 받아서 당시 보이콧 전략을 제시하는 (B)가 온 후, 마지막으로 그 보이콧의 결과 보이콧이 조직적인 고립을 의미하는 용어로 사용되었고, Boycott 대위가 결국 영국으로 철수했다는 결과를 제시하는 (A)가 오는 것이 자연스럽다. 따라서 글의 순서로 가장 적절한 것은 ④ '(C) - (B) - (A)'이다.

[해석] 보이콧은 일반적으로 정치적인 이유 때문에, 항의의 한 표현으로 (무언가를) 이용하거나, 구매하거나, 또는 누군가와 혹은 어떤 다른 조직과 거래하는 것을 자발적으로 삼가는 것을 포함하는 소비자 행동주의의 한 형태이다. (C) 그 단어는 아일랜드 토지 전쟁 중에 영어 어휘에 들어왔으며(하나의 영어 단어가 되었으며), 부재지주의 토지 관리인으로, 1880년에 아일랜드 토지 연맹이 조직한 외면의 대상이 된 Charles Boycott 대위의 이름에 근거하고 있다. (B) 그 해에, 항의하는 세입자들은 Boycott에게 상당한 임대료 인하를 요구했는데, 그는 그것을 거절했을 뿐만 아니라 그들을 땅에서 쫓아내기도 했다. 폭력에 의지하기보다 그 지역의 모든 사람들은 그와 거래하기를 거부했는데, 지역 사업가들은 그와의 거래를 중단했고, 심지어 지역 우체부도 그의 우편물을 배달하는 것을 거부했다. (A) 그 보이콧은 한동안 계속되었고, 그것은 1880년 11월 'The Times of London'에 의해 조직적인 고립을 의미하는 용어로 사용되었다. Boycott 대위는 1880년 12월에 영국으로 철수했다.

[어휘] boycott 거부 운동, 보이콧 activism 행동주의 voluntarily 자발적으로 abstain from ~을 삼가다 protest 항의, 시위; 항의하다 term 용어 isolation 고립 captain 대위 withdraw 철수하다, 물러나다 tenant 세입자 substantial 상당한 reduction 인하 evict 내쫓다 resort to ~에 의지하다 locality 지역 lexicon 어휘 estate agent 토지 관리인 absentee 부재지주, 부재자 be subject to ~의 대상이다 ostracism 외면[배척]

[정답] ④

01	02	03	04	05
④	④	④	③	②
06	07	08	09	10
②	①	④	③	④
11	12	13	14	15
④	④	③	③	④
16	17	18	19	20
④	④	④	③	①

01 밑줄 친 부분의 의미와 가장 가까운 것은? [어휘]

Surveillance cameras caught a <u>clumsy</u> driver repeatedly backing out of a parking space.

① careful
② reckless
③ practiced
④ awkward

[해설] clumsy는 '서투른'이라는 뜻으로, 이와 의미가 가장 가까운 것은 ④ 'awkward(서투른)'이다.
① 세심한 ② 무모한 ③ 능숙한
[해석] 감시 카메라는 서투른 운전자가 반복적으로 주차 공간에서 후진하는 것을 포착했다.
[어휘] surveillance 감시

정답 ④

02 밑줄 친 부분의 의미와 가장 가까운 것은? [어휘]

If your cat <u>ingests</u> toothpaste, you should take it to the animal hospital as soon as possible.

① uses
② squeezes
③ hides
④ swallows

[해설] ingest는 '삼키다'라는 뜻으로, 이와 의미가 가장 가까운 것은 ④ 'swallows(삼키다)'이다.
① 사용하다 ② 짜내다 ③ 숨기다
[해석] 만약 당신의 고양이가 치약을 삼키면, 당신은 가능한 한 빨리 동물 병원에 데려가야 한다.
[어휘] toothpaste 치약

정답 ④

03 밑줄 친 부분의 의미와 가장 가까운 것은? [이디엄]

These scanning techniques seem to be efficient in detecting the tumor <u>irrespective of</u> its size.

① in case of
② in spite of
③ by means of
④ regardless of

[해설] irrespective of는 '~와 상관없이'라는 뜻으로, 이와 의미가 가장 가까운 것은 ④ 'regardless of(~에 상관없이)'이다.
① ~의 경우에 ② ~에도 불구하고 ③ ~을 사용해서
[해석] 이 스캔 기술은 종양의 크기와 상관없이 그것을 발견하는 데 효율적인 것으로 보인다.
[어휘] detect 탐지하다, 발견하다 tumor 종양

정답 ④

04 밑줄 친 부분에 들어갈 말로 가장 적절한 것은? [이디엄]

I want to _____ the man who hit me when I was in middle school.

① bring up
② carry on
③ get even with
④ make do with

[해설] 빈칸에는 중학생 때 자신을 때린 남자에게 하고 싶을 수 있는 행동이 들어가야 한다. 따라서 빈칸에 들어갈 말로 가장 적절한 것은 ③ 'get even with(~에게 복수하다)'이다.
① ~을 기르다 ② ~을 계속하다 ④ ~으로 임시변통하다
[해석] 나는 중학생 때 나를 때린 그 남자에게 복수하고 싶다.

정답 ③

05 어법상 옳지 않은 것은?
문법

① A person who makes no mistakes makes nothing.

② Lots of restrictions on exports have recently eliminated.

③ It is not possible to predict when it will happen again.

④ We often need to keep up with the trend to avoid becoming obsolete.

해설 (eliminated → been eliminated) 타동사 eliminated 뒤에 목적어가 없고 규제들이 '없어진' 것이므로 수동태로 써야 한다. 따라서 have recently eliminated를 have recently been eliminated로 고쳐야 한다.

① 사람 명사인 A person을 선행사로 받는 주격 관계대명사 who가 적절하게 쓰였다. 관계사절의 동사인 makes의 수일치와 문장의 동사인 makes의 수일치도 적절하다.

③ 의문부사 when이 '의문사 + S + V' 어순의 간접의문문을 이끌어 predict의 목적어로 적절하게 쓰였다. 이때 when절은 부사절이 아닌 명사절이므로, 현재시제가 미래시제를 대신하지 않고 미래시제 그대로 쓴 것은 적절하다.

④ avoid는 동명사를 목적어로 취하는 동사이므로 becoming은 적절하다. 또한 become이 2형식 동사로 쓰여 뒤에 형용사인 obsolete가 온 것도 적절하다.

해석 ① 실수를 하지 않는 사람은 아무것도 이루어내지 못한다.

② 수출품에 대한 많은 규제가 최근에 없어졌다.

③ 그것이 언제 다시 일어날지 예측하는 것은 불가능하다.

④ 우리는 종종 시대에 뒤떨어지지 않도록 유행을 따라갈 필요가 있다.

어휘 restriction 규제 export 수출(품) eliminate 없애다, 제거하다 keep up with ~을 따라가다, ~에 뒤처지지 않다 obsolete 시대에 뒤떨어진, 구식의

정답 ②

06 어법상 옳지 않은 것은?
문법

① Wakanda has been a closed country for the last decades.

② Love, honest, and diligence are great values I should have.

③ The number of homeless people in the cities is increasing.

④ Had she known he was the boss, she wouldn't have argued with him.

해설 (honest → honesty) 등위접속사 and를 기준으로 명사들이 'A, B, and C'의 병렬 구조를 이루어 문장의 주어 역할을 해야 한다. honest는 '정직한'이라는 의미의 형용사이므로, 이를 '정직'이라는 의미의 명사 honesty로 고쳐야 한다.

① for the last decades라는 기간을 나타내는 부사구가 나왔으므로, 현재완료시제 has been은 적절하게 쓰였다.

③ the number of 뒤에는 '복수명사 + 단수동사'를 써야 하므로 homeless people과 is는 적절하다.

④ 'Had + S + p.p. ~'는 가정법 과거완료가 if의 생략으로 도치된 형태이다. 이에 맞추어 주절에는 '조동사의 과거형 + have p.p.'가 적절하게 쓰였다.

해석 ① Wakanda는 지난 수십 년 동안 폐쇄적인 국가였다.

② 사랑, 정직, 근면은 내가 가져야 할 중요한 가치이다.

③ 도시의 노숙자 수가 증가하고 있다.

④ 그녀는 그가 사장이라는 것을 알았다면, 그와 논쟁하지 않았을 것이다.

어휘 diligence 근면

정답 ②

07 우리말을 영어로 잘못 옮긴 것은?
문법

① 이 책은 너무 어려워서 읽을 수 없다.

→ This book is so difficult that I can read it.

② 너는 작은 방에 누워 있느니 차라리 나가는 것이 낫겠다.

→ You would rather go out than lie in a small room.

③ 나는 오픈 북 시험을 위해 책을 가져오는 것을 잊었다.

→ I forgot to bring the book for the open book exam.

④ 그 남자는 그녀에게 왜 그의 의견을 무시했는지 물었다.

→ The man asked her why she ignored his opinions.

해설 (can → can't) '너무 ~해서 ~하다'라는 의미의 'so ~ that' 구문이 사용되었다. 그런데 주어진 우리말을 참고하면 읽을 수 '없다'라고 했으므로, can을 can't로 고쳐야 한다.

② 'would rather A than B'는 'B하기보다는 차라리 A하다'라는 뜻으로 A와 B에는 원형부정사가 온다. 따라서 go out과 lie는 적절하게 쓰였다.

③ 'forget to RV'는 '~할 것을 잊다'라는 의미로 적절히 사용되었다. '~한 것을 잊다'라는 의미의 'forget RVing'와의 구분에 유의해야 한다.

④ ask가 4형식 동사로 쓰여 직접목적어 자리에 의문부사 why가 이끄는 명사절이 오고 있다. why절은 '의문사 + S + V'의 간접의문문 어순으로 적절하게 쓰였다.

어휘 ignore 무시하다

정답 ①

08 우리말을 영어로 잘못 옮긴 것은?
문법

① 운동을 끝내자마자 나는 어깨가 아프기 시작했다.

→ Scarcely had I finished working out when my shoulder started to hurt.

② 무슨 문제가 있으면 주저하지 말고 연락하세요.

→ Don't hesitate to contact me if you have any problems.

③ 우리가 빨리 물을 퍼내지 않으면 이 배는 가라앉을 것이다.

→ This ship will sink unless we pump out the water quickly.

④ 그가 그런 제안을 했다니 미쳤음이 틀림없다.

→ He should have been insane to make such a suggestion.

해설 (should → must) 'should have p.p.'는 '~했어야 했는데 (안 했다)'라는 의미인데, 주어진 우리말을 참고하면 '~했음이 틀림없다'라는 의미의 'must have p.p.'를 쓰는 것이 적절하다.

① '~하자마자 ~했다'라는 의미의 'Scarcely + had + S + p.p. ~ when + S + 과거동사' 구문이 적절하게 쓰였다. finish는 동명사를 목적어로 취하는 동사이므로 working out 또한 적절하다.

② contact는 '~에게 연락하다'라는 뜻의 완전타동사로 전치사 없이 목적어를 바로 취하므로 적절하게 쓰였다.

③ unless는 '~하지 않는다면'이라는 뜻의 접속사로 우리말에 맞게 쓰였다. 그 자체에 부정의 뜻을 포함하고 있으므로, unless절에 not이나 never를 중복해서 쓰지 않도록 유의해야 한다. 참고로 여기서 sink는 자동사로 쓰였다.

어휘 work out 운동하다 hesitate 주저하다 sink 가라앉다 pump out 퍼내다 insane 미친

정답 ④

09 두 사람의 대화 중 가장 어색한 것은?

생활영어

① A: I submitted my job application but got no calls.

　B: The process usually takes a while.

② A: Do you have any recommendations for my brother's gift?

　B: Tell me some of the things he likes first.

③ A: I always forget to water my plants.

　B: I know the park with the most beautiful flowers.

④ A: I'm hesitant to get married these days.

　B: Me too. I'm not sure if my life will get better.

해설 식물에 물을 주는 걸 깜빡한다는 A의 말에 대한 응답으로 아름다운 꽃이 있는 공원을 안다는 B의 말은 적절하지 않으므로, 대화 중 가장 어색한 것은 ③이다.

해석 ① A: 입사 지원서를 냈는데 아무 연락도 못 받았어.

B: 그 절차가 보통 시간이 좀 걸려.

② A: 우리 오빠 선물로 추천해 줄 만한 거 있어?

B: 그가 좋아하는 것들 좀 먼저 알려 줘.

③ A: 난 항상 식물에 물을 주는 걸 깜빡해.

B: 난 가장 아름다운 꽃들이 있는 공원을 알아.

④ A: 난 요즘 결혼하기가 망설여져.

B: 나도 그래. 내 삶이 나아질지 확신할 수 없어.

어휘 submit 제출하다 application 지원(서) hesitant 주저하는, 망설이는

정답 ③

10 밑줄 친 부분에 들어갈 말로 가장 적절한 것은?

생활영어

A: Honey, do you mind doing the laundry? I'll do the dishes.

B: Sure, I'll get right on it.

A: Oh, and use the detergent in the red bottle. The green one had a weird smell, so I bought a different one.

B: _____

A: That's okay. I should have told you earlier.

① What do you mean by a weird smell?

② Sorry, I didn't do the laundry yet.

③ I figured that. I put in the right one.

④ Oh no, I already used the green one.

해설 A가 빨래하려는 B에게 초록색 통의 세제에서 이상한 냄새가 나서 다른 세제를 샀다면서 빨간색 통의 세제를 사용하라고 하였다. 이후 빈칸 내용에 대해 A가 자신이 더 빨리 말 안 한 거니 괜찮다고 하는 것으로 보아, B가 초록색 통의 세제를 사용하는 실수를 저질렀음을 추측할 수 있다. 따라서 빈칸에 들어갈 말로 가장 적절한 것은 ④ '아 이런, 이미 초록색 통을 썼는데.'이다.

① 이상한 냄새라니 무슨 말이에요?

② 미안해요, 아직 빨래를 안 했어요.

③ 그럴 거라고 생각했어요. 제대로 넣었어요.

해석 A: 여보, 빨래 좀 해줄 수 있어요? 설거지는 내가 할게요.

B: 그럼요, 지금 바로 할게요.

A: 아, 그리고 빨간 통에 든 세제를 쓰세요. 초록색 통은 이상한 냄새가 나서 다른 걸 샀어요.

B: 아 이런, 이미 초록색 통을 썼는데.

A: 괜찮아요. 내가 더 빨리 얘기해야 했어요.

어휘 do the laundry 빨래하다 get right on ~을 바로 시작하다 detergent 세제 weird 이상한 figure 생각하다

정답 ④

11 주어진 글 다음에 이어질 글의 순서로 가장 적절한 것은?

순서배열

When markets work efficiently, we rightly let them operate on their own.

(A) A possible answer, which we now look into, is that markets do not always operate efficiently, and market failure, as it has come to be called, provides an argument for public intervention.

(B) Instead, we accept the market outcome. Why should the arts be an exception? Why not leave arts output to be settled in the marketplace alongside the output of running shoes, television sets, and tennis rackets?

(C) We do not find it necessary for the government to intervene in the markets for running shoes, television sets, or tennis rackets. We do not have a national shoe policy or a national tennis racket policy or policies to influence the output of countless other consumer goods.

① (B) - (A) - (C)　　　② (B) - (C) - (A)

③ (C) - (A) - (B)　　　④ (C) - (B) - (A)

해설 시장이 효율적으로 작동할 때는 당연히 시장이 스스로 운영되도록 한다는 내용의 주어진 글 다음에는 시장에 개입할 필요가 없다는 내용으로 부연 설명하는 (C)가 와야 한다. 소비재에 대한 국가적 정책이 없다는 (C)의 마지막 문장 다음에는 Instead로 시작하여 대신에 우리는 시장의 결과를 받아들인다는 내용의 (B)가 온 후, 마지막으로 (B)에서 제시한 물음, 즉 왜 예술은 예외여야 하는지에 대한 대답을 A possible answer ~로 제시하는 내용의 (A)가 오는 것이 자연스럽다. 따라서 글의 순서로 가장 적절한 것은 ④ '(C) - (B) - (A)'이다.

해석 시장이 효율적으로 작동할 때, 우리는 당연히 시장이 그 스스로 운영되도록 둔다. (C) 우리는 정부가 운동화, 텔레비전 세트 또는 테니스 라켓을 위한 시장에 개입할 필요가 있다고 생각하지 않는다. 우리는 국가적 신발 정책이나 국가적 테니스 라켓 정책이나 수많은 다른 소비재의 생산량에 영향을 미칠 정책들을 가지고 있지 않다. (B) 대신에, 우리는 시장의 결과를 받아들인다. 예술은 왜 예외여야 하는가? 운동화, 텔레비전 세트, 테니스 라켓의 생산량과 더불어 예술의 생산량도 시장에서 해결되도록 내버려 두는 것은 어떨까? (A) 우리가 현재 주의 깊게 살피는 가능성 있는 대답은 시장이 항상 효율적으로 운영되는 것은 아니며, 시장실패라고 불리게 된 그것은 공공 개입에 대한 논거를 제공한다는 것이다.

어휘 efficiently 효과적으로 rightly 당연히, 마땅히 operate 운영되다 look into 주의 깊게 살피다, 조사하다 argument 논거 intervention 개입 outcome 결과 exception 예외 output 생산량 settle 해결하다 alongside ~와 함께 policy 정책 countless 수많은 consumer goods 소비재

정답 ④

12 주어진 문장이 들어갈 위치로 가장 적절한 곳은? 문장삽입

Some companies are reluctant to empower their employees, believing that managers will lose control of the organization.

A growing practice in many organizations today is employee empowerment. Empowerment is the authority given to individual employees to make decisions and solve problems they encounter on their jobs with the resources available to them. (①) Empowered employees need to be well trained and be effective decision makers and problem solvers. (②) They need to understand the effects of their decisions on the business, other employees, and customers. (③) Empowered employees have the confidence that their managers will support the decisions they make. (④) However, experience has shown that empowerment increases employee morale, produces more satisfied customers and fewer reported problems, and increases work efficiency.

해설 직원에게 권한을 부여하는 것에 대한 개념과 조건 및 여러 이점을 소개하는 내용의 글이다. 주어진 문장은 일부 회사들은 관리자들이 조직에 대한 통제력을 잃을 것이라고 믿으면서 직원들에게 권한을 부여하는 것을 꺼린다는, 권한 부여에 대한 부정적인 입장을 언급하고 있다. 이 글은 권한 부여에 대한 이점을 나열하며 끝을 맺기 때문에, 글에서 주어진 문장은 뒤에서 역접으로 연결되어 반박되어야 함을 알 수 있다. 따라서 However로 시작하여 경험상 권한 부여가 긍정적인 면을 가지고 있다는 내용을 담은 마지막 문장 앞에 주어진 문장이 위치해야 자연스럽다. 따라서 주어진 문장이 들어갈 위치로 가장 적절한 곳은 ④이다.

해석 오늘날 많은 조직에서 증가하고 있는 관행은 직원 권한 부여이다. 권한 부여는 개별 직원들이 이용할 수 있는 자원으로 결정을 내리고 업무에서 마주치는 문제를 해결하도록 그들에게 부여된 권한이다. 권한을 부여받은 직원은 잘 훈련받고 효과적인 의사 결정자 및 문제 해결사가 되어야 한다. 그들은 그들의 결정이 사업과 다른 직원 및 고객에게 미치는 영향을 이해할 필요가 있다. 권한을 부여받은 직원은 자신들의 관리자가 그들이 하는 결정을 지지할 것이라는 확신을 가지고 있다. 일부 회사들은 관리자들이 조직에 대한 통제력을 잃을 것이라고 믿으면서 직원들에게 권한을 부여하는 것을 꺼린다. 그러나 경험은 권한 부여가 직원들의 사기를 높이고, 더 만족한 고객과 더 적게 보고되는 문제를 만들어 내며, 업무 효율성을 높인다는 것을 보여 주었다.

어휘 reluctant 꺼리는, 주저하는 empowerment 권한 부여 authority 권한 encounter (우연히) 마주치다 resource 자원 confidence 자신감 morale 사기 efficiency 효율성

정답 ④

13 다음 글의 제목으로 가장 적절한 것은? 제목

Kant suggested that our experience of the outside world is shaped by our uniquely human cognitive structures. In his view, we perceive external reality through our sensory and mental faculties, which employ specific forms, like time, space and causality, to structure and order the world. We thereby create the world that we experience, a world that is a function of the forms we impart to it. The properties that we associate with the world are features of our cognitive apparatus, not of "things-in-themselves." If pink lenses were implanted over our eyeballs at birth, the world would appear to us with a pink tinge, and we would have no way of envisioning reality without this pink overlay.

① Why Kant Was Against the Idea of Constructed Reality
② The Process of Discovering the Truth Beyond Reality
③ Making Sense of the World: A Subjective Process
④ Everything We Envision Can Become a Reality

해설 우리가 바라보는 외부 세계는 있는 그대로의 세상의 모습이 아니라, 우리의 주관적인 인지 작용에 영향을 받아 구성된 모습이라는 내용의 글이다. 따라서 글의 제목으로 가장 적절한 것은 ③ '세상에 대한 이해: 주관적 과정'이다.

① 왜 Kant는 구성된 현실이라는 개념에 반대했는가 → Kant는 오히려 우리의 인지 구조에 의해 현실이 주관적으로 구성된다고 주장했다.

② 현실 너머의 진실을 발견하는 과정 → 본문은 우리가 현실을 주관적으로 구성한다는 내용으로 현실 너머의 진실에 대해선 언급되지 않았으며 그것이 무엇을 지칭하는지도 명확하지 않다.

④ 우리가 상상하는 모든 것은 현실이 될 수 있다 → 우리의 인지적 과정을 거치지 않고는 현실, 즉 세상의 모습을 상상할 수 없다고 했을 뿐, 우리가 상상하는 모든 것이 현실로 이루어질 수 있다는 취지의 글이 아니다.

해석 Kant는 외부 세계에 대한 우리의 경험이 우리 인간 고유의 인지 구조에 의해 형성됨을 시사했다. 그의 견해에 따르면, 우리는 세상을 구조화하고 정돈하기 위해 시간, 공간, 인과관계 같은 특정 형태를 이용하는 우리의 감각 및 정신 능력을 통해 외부 현실을 인지한다. 그리하여 우리는 우리가 경험하는 세계, 즉 우리가 그것에 부여하는 형태들의 함수인 세계를 창조한다. 우리가 세계와 연관 짓는 속성은 '그것들 자체(있는 그대로)'가 아니라, 우리 인지 기관의 특징이다. 만일 태어날 때 우리 눈알 위로 분홍색 렌즈가 심어진다면, 세상은 우리에게 분홍색이 가미되어 보일 것이며, 우리는 이 덧입혀진 분홍색 없이는 현실을 상상할 방법이 없을 것이다.

어휘 cognitive 인지의 perceive 인지하다 external 외부의 sensory 감각의 faculty 능력 employ 이용하다 specific 특정한, 구체적인 causality 인과관계 order 정리하다 thereby 그리하여 function 함수 impart 전하다, 알리다 property 속성, 특성 associate 결부[연관]짓다 feature 기능, 특징 apparatus (신체의)기관 implant 주입하다, 심다 tinge 기색, 엷은 색조 envision 상상하다, 마음속에 그리다 overlay 덮어씌우는 것; 덮어씌우다 make sense of ~을 이해하다 subjective 주관적인

정답 ③

14 글의 흐름상 가장 어색한 문장은?   일관성

An initial problem in trying to resolve a conflict through negotiation is that, as in many competitive games, you can never know the other person's goals, intentions, and interests as well as you know your own. ① You have to infer them from circumstantial evidence, particularly from what the other side says and how they behave. ② Therefore, a key skill for any negotiator is the ability to "read" the other side, to know as much as possible about his or her goals, interests, and intentions. ③ A good negotiator needs to keep in touch with what he or she assumes to be correct and what he or she knows is fact. ④ To do that, you have to elicit as much relevant information as possible from the other person and from other sources of intelligence. Then you must interpret that information accurately.

해설 협상을 통해 갈등을 해결하는 데는 상대방의 목표, 의도, 이해관계를 잘 알 수 없으므로, 정황 증거를 통해 그것들을 추론해야 한다는 내용의 글이다. 좋은 협상가는 자신이 옳다고 가정하는 것과 자신이 알기에 사실인 것을 계속해서 알고 있을 필요가 있다는 내용의 ③은 앞에서 언급된 그러한 추론 과정과 관계가 없으며, 문맥상 ④의 'To do that'은 ③보다는 ②의 내용을 가리키는 것으로 보아야 자연스럽다. 따라서 글의 흐름상 가장 어색한 문장은 ③이다.

해석 협상을 통해 갈등을 해결하는 데 있어 초기의 문제는 많은 경쟁적인 경기에서와 마찬가지로, 당신이 자신의 목표, 의도, 이해관계만큼 상대방의 목표, 의도, 이해관계를 결코 잘 알 수 없다는 것이다. 당신은 그것들을 정황 증거, 특히 상대방이 말하는 것과 그들이 행동하는 방식을 통해 추론해야만 한다. 그러므로 모든 협상가의 핵심 기술은 상대방을 '읽고' 그 사람의 목표, 이해관계, 의도를 가능한 한 많이 아는 능력이다. (좋은 협상가는 자신이 옳다고 가정하는 것과 자신이 알기에 사실인 것을 계속해서 알고 있을 필요가 있다.) 그것을 하기 위해서 당신은 상대방으로부터, 그리고 정보의 다른 출처로부터 가능한 한 많은 관련 정보를 끌어내야 한다. 그러고 나서 당신은 그 정보를 정확하게 해석해야 한다.

어휘 initial 초기의 resolve a conflict 갈등을 해결하다 negotiation 협상 interest 이해관계 infer 추론하다 circumstantial evidence 정황 증거 keep in touch with 계속 접하다[알다] assume 가정[상정]하다 elicit (반응을) 끌어내다 relevant 관련된 intelligence 정보 interpret 해석하다 accurately 정확하게

정답 ③

---

15 다음 글의 내용과 일치하지 않는 것은?   불일치

Bessie Coleman was born in Texas in 1892. She developed an interest in aviation while working as a manicurist and restaurant manager in Chicago. Due to the racial discrimination that thwarted her attempts to enter an American aviation school, she moved to France to attend the Caudron Brothers School of Aviation in Le Crotoy. On June 15, 1921, she became the first black woman to obtain an international pilot's license. She returned to the United States and staged the first public flight by a black woman in America on Labor Day, September 3, 1922. As she gained popularity, she spoke at schools and churches to encourage the black youth to pursue their dreams of flying, and raised money to found a school to train black aviators. Before she could found her school, however, during a rehearsal for an aerial show, the plane carrying Coleman spun out of control, causing her to fall out of it and die.

① Coleman은 인종 차별로 인해 미국 비행 학교 입학을 못 했다.
② Coleman은 국제 조종사 면허를 취득한 최초의 흑인 여성이다.
③ Coleman은 흑인 젊은이들이 꿈을 실현할 수 있도록 격려했다.
④ Coleman은 자신의 학교를 설립한 후에 비행 사고로 죽었다.

해설 마지막 문장에서 그녀가 학교를 '설립하기도 전에' 죽었다고 했으므로, 글의 내용과 일치하지 않는 것은 ④ 'Coleman은 자신의 학교를 설립한 후에 비행 사고로 죽었다.'이다.

① Coleman은 인종 차별로 인해 미국 비행 학교 입학을 못 했다. → 3번째 문장에서 언급된 내용이다.
② Coleman은 국제 조종사 면허를 취득한 최초의 흑인 여성이다. → 4번째 문장에서 언급된 내용이다.
③ Coleman은 흑인 젊은이들이 꿈을 실현할 수 있도록 격려했다. → 6번째 문장에서 언급된 내용이다.

해석 Bessie Coleman은 1892년에 텍사스에서 태어났다. 그녀는 시카고에서 손톱 관리사이자 레스토랑 매니저로 일하는 동안 비행에 관심을 갖게 되었다. 미국 비행 학교에 입학하려는 그녀의 노력을 좌절시킨 인종 차별 때문에, 그녀는 Le Crotoy에 있는 Caudron Brothers School of Aviation에 다니기 위해 프랑스로 이주했다. 1921년 6월 15일, 그녀는 국제 조종사 면허를 취득한 최초의 흑인 여성이 되었다. 그녀는 미국으로 돌아와 1922년 9월 3일 노동절에 흑인 여성으로서 최초로 공개 비행을 개최했다. 그녀는 인기를 얻음에 따라, 흑인 젊은이들이 비행에 대한 꿈을 추구하도록 격려하기 위해 학교와 교회에서 연설했고, 흑인 비행사를 양성하기 위한 학교를 설립하고자 기금을 모았다. 하지만 그녀가 학교를 설립하기도 전에, 에어쇼 리허설 도중, Coleman을 태운 비행기는 조종 불능 상태가 되어, 그녀가 밖으로 튕겨 나가 사망케 했다.

어휘 aviation 비행, 항공 manicurist 손톱 관리사 discrimination 차별 thwart 좌절시키다 Labor Day 노동절 pursue 좇다, 추구하다 raise money 기금을 모으다 found 설립하다, 세우다 spin out of control 통제 불능이 되다

정답 ④

16 다음 글의 내용과 일치하지 않는 것은? 　불일치

Type A and type B behavior is a personality theory that describes two ends of a continuum of personality linked to stress levels. It was developed by two cardiologists supported by tobacco companies to explain causes of coronary disease. Type A behavior is exhibited by persons who are constantly engaged in a struggle to achieve, to outdo others, and to meet deadlines. In many cases, type A personalities are hard workers and career-oriented. Type B behavior, the negative from type A, is shown by being relaxed, not competitive and generally not as ambitious as their type A peers. Individuals with a type B personality are thus less likely to experience high levels of stress. This is because they experience none of the urgency and competitive pressure that someone who is type A will feel. This means that the stress response does not occur in the body, which leads to the argument that type B personalities are less likely to suffer from stress-related illnesses such as heart disease.

① Tobacco companies aided the study of the type A and B personality theory.

② People with a type A personality feel more pressed for time.

③ Being more relaxed and carefree describes a type B personality.

④ Type B personalities are more prone to stress-related diseases.

해설 마지막 문장에서 B형 성격이 A형 성격보다 스트레스 관련 질환을 앓을 가능성이 더 낮다고 하므로, 글의 내용과 일치하지 않는 것은 ④ 'B형 성격은 스트레스 관련 질병에 더 취약하다.'이다.

① 담배 회사들은 A형과 B형 성격 이론의 연구를 지원했다. → 2번째 문장에서 언급된 내용이다.

② A형 성격을 가진 사람은 시간 압박을 더 많이 느낀다. → 3번째 문장에서 언급된 내용이다.

③ 좀 더 느긋하고 근심 걱정 없는 것은 B형 성격을 묘사한다. → 5번째와 마지막 2번째 문장에서 언급된 내용이다.

해석 A형과 B형 (성격) 행동은 스트레스 수준과 연관된 성격 연속체의 양극을 설명하는 성격 이론이다. 이것은 관상동맥 질환의 원인을 설명하고자 담배 회사들의 지원을 받았던 두 명의 심장 전문의에 의해 개발되었다. A형 성격은 성취하고, 타인을 능가하고, 마감에 맞추기 위해 끊임없이 투쟁하는 사람들의 모습으로 나타난다. 많은 경우에, A형 성격은 열심히 일하며 경력을 중시한다. B형은 A형과 반대되는 유형으로 느긋하고 경쟁적이지 않으며, 일반적으로 A형 성격인 동료들만큼 야심에 차 있지 않다. 그러므로 B형 성격을 가진 사람들은 높은 수준의 스트레스를 경험할 가능성이 더 적다. 왜냐하면 이들은 A형인 사람이 느낄 긴박함과 경쟁적인 압박감을 전혀 경험하지 않기 때문이다. 이는 스트레스 반응이 몸속에서 일어나지 않는다는 뜻으로, B형 성격이 심장병 등 스트레스 관련 질환을 앓을 가능성이 더 낮다는 주장으로 이어진다.

어휘 personality 성격 continuum 연속체 cardiologist 심장 전문의 support 지원하다, 지지하다 coronary 관상 동맥의 exhibit 보이다, 전시하다 constantly 끊임없이 be engaged in ~으로 바쁘다, ~에 종사하다 struggle 투쟁 outdo 능가하다 career-oriented 경력을 중시하는, 출세 지향적인 ambitious 야심 있는 urgency 다급함 suffer 고통 받다 aid 지원하다 carefree 근심 걱정 없는 prone to ~의 경향이 있는

정답 ④

17 다음 글의 요지로 가장 적절한 것은? 　요지

Knowledge about the game, namely *game spectator knowledge*, often determines our enjoyment as spectators. Game spectator knowledge means knowing about the game, including players, strategies, and competitive tactics. Only by having comprehensive knowledge of the activity can we fully appreciate the quality and significance of the athletes' performances. Such knowledge may come from reading about, watching, or participating in an activity, although it is not necessary to have played a sport to enjoy watching it. An individual who knows little about the game of hockey may enjoy watching a game without knowing the game's history, strategies, rules, or personalities. But it is unlikely that this person's enjoyment of the game will be as robust as that of the hockey fan who understands precisely what the players and teams are trying to do at every turn of the game.

① Becoming a sports fan is a way to participate in sports.

② One cannot fully enjoy a sport without having played it.

③ Knowledge of sports is key to predicting sports performance.

④ The spectator's pleasure stems from his knowledge of the game.

해설 첫 문장에서 경기에 관한 관중의 지식이 스포츠 관람의 즐거움을 결정지을 수 있다는 글의 핵심 내용을 제시하는 것을 알 수 있다. 따라서 글의 요지로 가장 적절한 것은 ④ '관중의 즐거움은 경기에 대한 지식에서 나온다.'이다.

① 스포츠 팬이 되는 것은 스포츠에 참여하는 한 가지 방법이다. → 스포츠에 참여하는 방법이 아니라 스포츠 관람을 즐기는 방법에 관한 글이다.

② 사람들은 어떤 스포츠를 직접 해보지 않고는 그 스포츠를 온전히 즐길 수 없다. → 직접 해보지 않고도 즐길 수 있다는 설명과 상충한다.

③ 스포츠에 관한 지식은 스포츠 기량을 예측하는 데 핵심이다. → 스포츠 기량 예측에 관한 내용은 언급되지 않았다.

해석 (운동) 경기에 관한 지식, 즉 '경기 관중 지식'은 흔히 우리가 관중으로서 누리는 즐거움을 결정짓는다. 경기 관중 지식은 선수, 전략, 경쟁력 있는 전술을 포함하여 경기에 관해 아는 것을 뜻한다. 활동에 관한 포괄적 지식을 갖추어야만 우리는 선수 경기력의 질과 의미를 충분히 알 수 있다. 비록 경기 관람을 즐기기 위해 어떤 스포츠를 (직접) 해 봤어야 할 필요는 없더라도, 활동에 대해 읽거나 관람하거나 참여하는 것으로부터 그러한 지식이 생길 수 있다. 하키 경기에 대해 거의 알지 못하는 사람은 게임의 역사, 전략, 규칙, 유명 스포츠 선수들을 알지 못하는 채로 경기를 보는 것을 즐길 수도 있다. 하지만 이 사람의 경기에 대한 즐거움은 선수와 팀이 경기 매 순간 하려고 하는 것을 정확히 이해하는 하키 팬의 즐거움만큼 강력하지는 않을 것이다.

어휘 namely 즉 spectator 관중 strategy 전략 competitive 경쟁력 있는 tactic 전술, 전략 comprehensive 광범위한, 종합적인 appreciate 제대로 이해하다 significance 의미, 중요성 personality 유명인(스포츠 선수) unlikely ~할 것 같지 않은 robust 강력한, 튼튼한 precisely 정확히 stem from ~에서 기인하다, 나오다

정답 ④

18 (A)와 (B)에 들어갈 말로 가장 적절한 것은?

One of the common sources of downturns is volatility of the market and changes in the general level of market demand for a product category. This may be the result of the natural lifecycle of a product category and a decline in consumer interest in the product concept. [(A)], consumer interest in large sport utility vehicles has declined for a period due to the rising cost of gasoline and the increased appeal of smaller, more fuel efficient vehicles. Once the annual market growth rate for a product category reaches near zero or becomes negative, most competitors will experience a downturn in their individual sales volume figures. However, other forces may also cause volatility in markets, such as changes in the general level of economic activity, technological changes, government regulations, and shifts in consumer tastes. [(B)], the growth rate of a market may deviate from management's traditional expectations and alert them to a downturn in market activity.

	(A)	(B)
①	In contrast	In addition
②	In contrast	Therefore
③	For example	Nevertheless
④	For example	As a result

해설 매출 하락의 여러 원인에 관한 내용의 글이다. (A) 앞에서 매출 하락의 원인으로 상품의 라이프 사이클과 소비자 관심의 감소를 제시하였고, (A) 뒤에서 대형 스포츠 유틸리티 차량에 대한 관심의 감소를 이에 대한 예시로 들었으므로, (A)에 들어갈 연결사로 가장 적절한 것은 For example이다. 또한 (B) 앞에는 시장 성장률, 경제 활동 수준, 기술 변화 등 시장 변동성을 야기하는 다양한 원인들이 나열되었고, (B) 뒤에서는 시장 성장률이 기대에서 벗어나 경영진에게 경고를 줄 수 있다는 결과가 제시되므로, (B)에 들어갈 연결사로 가장 적절한 것은 As a result이다.

해석 매출 하락의 흔한 원인 중 하나는 시장의 변동성과 상품 범주에 대한 시장 수요의 일반적인 수준의 변화이다. 이는 상품 범주의 자연스러운 라이프 사이클과 상품 개념에 대한 소비자의 관심 감소의 결과일 수 있다. 예를 들어, 대형 스포츠 유틸리티 차량에 대한 소비자의 관심은 휘발유 가격의 상승과 더 작고 연료 효율이 높은 차량의 매력 증가로 인해 일정 기간 동안 감소해왔다. 일단 상품 범주에 대한 연간 시장 성장률이 0에 가깝거나 마이너스가 되면, 대부분의 경쟁사들은 그들의 개별 판매량 수치의 감소를 경험할 것이다. 그러나 경제 활동의 일반적인 수준, 기술 변화, 정부 규제 및 소비자 취향의 변화와 같은 다른 힘도 시장의 변동성을 야기할 수 있다. 그 결과, 시장의 성장률은 경영진의 전통적인 기대에서 벗어나 그들에게 시장 활동의 감소를 경고할 수도 있다.

어휘 downturn (매출의) 감소[하락] volatility 변동성 category 범주 life cycle (상품 등이 개발되고 사용되는) 라이프 사이클 decline 감소; 감소하다 sport utility vehicle 스포츠 유틸리티 차량(SUV) appeal 매력 fuel efficient 연료 효율이 좋은, 저연비의 annual 연간의 negative 마이너스의 competitor 경쟁사 volume 양 figure 수치 regulation 규제 shift 이동 deviate from ~에서 벗어나다 alert 경고하다

정답 ④

19 밑줄 친 부분에 들어갈 말로 가장 적절한 것은?

A user wants to preserve its need specification because that specification is chosen to make that user's overall solution quality as high as possible at the desired price. For example, an individual user may specify a mountain-climbing boot that will precisely fit his unique climbing technique and allow him to climb Everest more easily. Any deviations in boot design will require compensating modifications in the climber's carefully practiced and deeply ingrained climbing technique — a much more costly solution from the user's point of view. A custom boot manufacturer, in contrast, will have a strong incentive to incorporate the materials and processes it has in stock and expects to use in future even if this produces a boot that is not precisely right for the present customer. For example, the manufacturer will not want to learn a new way to bond boot components together even if that would _____.

① save them a lot of time and money
② meet the needs of clients with different tastes
③ produce the best custom result for one client
④ make their product quality as high as possible

해설 사용자와 제조업체의 상충하는 이해관계에 관한 예시로서, 사용자는 자신에게 꼭 맞는 등산화를 선호하는 반면 제조업체는 사용자에게 꼭 맞지 않더라도 미래에도 사용할 것으로 예상하는 기존 재료와 프로세스들을 활용하는 등, 효율적으로 제조하고자 한다는 내용의 글이다. 빈칸 문장은 이러한 제조업체가 새로운 방법을 굳이 배우려 하지 않을 것이라고 하는데, 이는 최상의 맞춤을 원하는 사용자의 이해관계와 상충할 것임을 추측할 수 있다. 따라서 빈칸에 들어갈 말로 가장 적절한 것은 ③ '한 고객에게 최상의 맞춤 결과를 만들어 낼'이다.

① 그들에게 많은 시간과 돈을 절약해 줄 → 이는 오히려 제조업체가 추구하는 바이므로 반대된다.

② 서로 다른 취향을 가진 고객들의 필요를 충족해 줄 → 이 글은 제조업체가 굳이 한 사용자를 위해 특화된 솔루션을 제공하지 않는다는 내용이므로, 제조업체가 서로 다른 취향을 가진 고객들, 즉 다양한 고객들을 만족시키려 하지 않는다는 것은 적절하지 않다.

④ 그들의 제품 품질을 가능한 한 높게 만들어 줄 → 첫 문장에서 사용자는 그 사용자의 솔루션 품질을 가능한 한 높게 만들기 원한다고 언급되나, 문맥상 이는 그 사용자의 입장에서 자신에게 최적화된 상태를 의미하는 것이므로 그 제품 자체의 품질로 보기엔 어렵다.

해석 사용자는 자신의 필요 사양을 유지하기를 원하는데, 왜냐하면 그 사양은 그 사용자의 전체적인 솔루션 품질을 원하는 가격에 가능한 한 높게 만들기 위해 선택되는 것이기 때문이다. 예를 들어, 한 개인 사용자는 자신의 고유한 등반 기술에 정확하게 맞고 그로 하여금 에베레스트 산을 더 쉽게 오르도록 해줄 등산화를 구체적으로 명시할 수도 있다. 등산화 디자인에 있어서 어떤 편차도 등산가가 신중하게 연습했던, 깊이 밴 등산 기술을 보정하는 수정을 필요로 할 것인데, 이는 사용자의 관점에서 보면 훨씬 더 비용이 많이 드는 해결책이다. 그와 반대로, 맞춤형 등산화 제조업체는 현재 고객에게 꼭 맞지 않는 등산화를 생산하더라도 그 업체가 재고로 가지고 있고 미래에 사용할 예정인 재료와 프로세스를 포함시킬 강력한 동기를 가질 것이다. 예를 들어, 그 제조업체는 등산화 부품을 결합하는 새로운 방법을 배우려 하지 않을 것인데, 설령 그것이 <u>한 고객에게 최상의 맞춤 결과를 만들어 낼</u>지라도 말이다.

정답 ③

20 밑줄 친 부분에 들어갈 말로 가장 적절한 것은? 빈칸완성

The decisive factor for longer life expectancy is not that people are supported by good friends — not what we get from others — but what we give to others. This remarkable conclusion was reached by three large long-term studies, one of 1,200 Spanish retirees, and the others of 400 and 1,500 American retirees respectively. The investigators assessed the health of the retirees of both sexes and questioned them in detail about how much help and encouragement they called upon from relatives, friends, or neighbors, as well as how much they themselves helped others. Half a decade later, the investigators compared the interview results with mortality data from the group. The more the elderly subjects took care of others, the more likely it was that they were still alive. It was irrelevant whom they had helped, nor did their own state of health at the beginning of the study play any role. Although it may be difficult for seniors in poor health to go shopping for a neighbor or to look after their grandchildren, among similarly disabled retirees, the ones who helped others despite their infirmities always _____.

① survived the longest
② reflected upon themselves
③ suffered from their bad health
④ experienced more financial gains

해설 기대 수명이 길어지는 것, 즉 오래 사는 것은 다른 사람들을 얼마나 많이 돕는가에 의해 결정된다는 내용의 글이다. 빈칸 문장은 이러한 주제를 나타내므로 건강이 좋지 않더라도 남들을 도왔던 사람들은 더 오래 살았을 것임을 알 수 있다. 따라서 빈칸에 들어갈 말로 가장 적절한 것은 ① '가장 오래 살아남았다'이다.
② 자기 자신을 반성했다 → 자기반성에 관한 내용은 언급되지 않았다.
③ 그들의 나쁜 건강으로 고통받았다 → 오히려 나쁜 건강에도 불구하고 남을 도운 사람들이 더 오래 살았다는 내용이다.
④ 더 많은 금전적 이득을 경험했다 → 금전적 이득에 관한 내용은 언급되지 않았다.

해석 기대 수명이 길어지는 것에 대한 결정적인 요인은 사람들이 좋은 친구들에게 지지를 받아서가 아니라, 즉 우리가 다른 사람들로부터 받는 것에 의해서가 아니라 우리가 다른 사람들에게 무엇을 주는가에 대한 것이다. 이 주목할 만한 결론은 세 가지 대규모의 장기적인 연구에 의해 도출되었는데, 하나는 1,200명의 스페인 퇴직자에 관한 연구이고, 나머지는 각각 400명과 1,500명의 미국인 퇴직자에 관한 연구였다. 조사자들은 남녀 퇴직자들의 건강을 평가했고, 그들에게 그들 자신이 다른 사람들을 얼마나 도왔는지 뿐만 아니라, 그들이 친척, 친구, 또는 이웃으로부터 얼마나 많은 도움과 격려를 부탁했는지에 관해 상세히 질문했다. 5년 후, 조사자들은 인터뷰 결과와 그 집단의 사망률 자료를 비교했다. 고령의 피실험자가 다른 사람들을 더 많이 돌볼수록, 그들이 여전히 살아있을 가능성이 더 컸다. 그들이 누구를 도왔는지는 상관이 없었으며, 연구 초기에 그들 자신의 건강 상태는 어떤 역할도 하지 않았다. 건강이 좋지 않은 어르신들이 이웃을 찾아 쇼핑을 가거나 손주를 돌보는 것이 어려울 수도 있지만, 비슷하게 장애가 있는 퇴직자 중에서 질환에도 불구하고 다른 사람들을 도왔던 이들이 항상 가장 오래 살아남았다.

정답 ①

01	02	03	04	05
②	④	①	④	③
06	**07**	**08**	**09**	**10**
③	①	①	④	③
11	**12**	**13**	**14**	**15**
②	③	④	④	②
16	**17**	**18**	**19**	**20**
①	③	①	①	③

01 밑줄 친 부분의 의미와 가장 가까운 것은?   이디엄

> They can freely pursue economic, social, and cultural development by virtue of the rights.

① as to
② thanks to
③ instead of
④ apart from

해설 by virtue of는 '~덕분에'라는 뜻으로, 이와 의미가 가장 가까운 것은 ② 'thanks to(~덕분에)'이다.
① ~에 관해 ③ ~대신에 ④ ~을 제외하고
해석 그들은 그 권리들 덕분에 경제적, 사회적, 문화적 발전을 자유롭게 추구할 수 있다.
어휘 pursue 추구하다

정답 ②

02 밑줄 친 부분의 의미와 가장 가까운 것은?   어휘

> She seems to have an exceptional talent for composing and writing lyrics.

① popular
② moderate
③ linguistic
④ outstanding

해설 exceptional은 '특출한'이라는 뜻으로, 이와 의미가 가장 가까운 것은 ④ 'outstanding(뛰어난)'이다.
① 인기 있는 ② 평범한 ③ 언어의
해석 그녀는 작곡과 작사에 특출한 재능이 있는 것 같다.
어휘 compose 작곡하다 lyrics 가사

정답 ④

03 밑줄 친 부분의 의미와 가장 가까운 것은?   어휘

> It was a laborious business to go through all the documents to find errors.

① arduous
② daily
③ improper
④ profitable

해설 laborious는 '힘든'이라는 뜻으로, 이와 의미가 가장 가까운 것은 ① 'arduous(몹시 힘든)'이다.
② 일상적인 ③ 부당한 ④ 유익한
해석 오류를 발견하기 위해 모든 문서를 살펴보는 것은 힘든 일이었다.
어휘 go through ~을 살펴보다 document 문서

정답 ①

04 밑줄 친 부분에 들어갈 말로 가장 적절한 것은?   이어동사

> Building managers should _____ regular maintenance checks of electrical wiring to prevent fire.

① break into
② fill out
③ look after
④ carry out

해설 빈칸에는 정비점검을 목적어로 취하면서, 화재를 예방하기 위해 건물 관리인들이 해야 하는 행동이 들어가야 함을 유추할 수 있다. 따라서 빈칸에 들어갈 말로 가장 적절한 것은 ④ 'carry out(수행하다)'이다.
① 침입하다 ② 작성하다 ③ 돌보다
해석 건물 관리인들은 화재를 예방하기 위해 전기 배선의 정기적인 정비점검을 수행해야 한다.
어휘 maintenance 유지, 보수 wiring 배선 (장치)

정답 ④

05 다음 글의 내용과 일치하는 것은?

After its discovery by Marie and Pierre Curie in the early 20th century, radium became the new wonder drug. The use of radium in medicine became so common that every kind of disease was treated by radium therapy: not only breast cancer but also diabetes. As a consequence of this tremendous success, the radium industry grew rapidly during the 1920s, and numerous goods, especially cosmetics, doped with radium were on sale. It was even considered that to stay healthy, one should drink a glass of radioactive water every day, prepared by using a radium percolator. This "radium craze" lasted for more than 25 years. Then, just before World War II radium use was considered dangerous and the number of its applications decreased.

① Radium was rarely used for medical purposes.
② In the 1920s, using radium in cosmetics was illegal.
③ Radioactive water was once thought to be healthy.
④ The radium craze went on until the end of World War II.

해설 4번째 문장에서 한때 사람들은 건강을 유지하려면 방사능이 든 물을 마시는 것이 좋다고 여기기도 했다고 했으므로, 글의 내용과 일치하는 것은 ③ '방사성 물은 한때 건강에 좋다고 여겨졌다.'이다.

① 라듐은 의학적 목적으로 거의 사용되지 않았다. → 2번째 문장에서 유방암과 당뇨병에 라듐 치료가 이용되었다고 언급되므로 옳지 않다.
② 1920년대에 라듐을 화장품에 쓰는 것은 불법이었다. → 3번째 문장에서 1920년대에 걸쳐 라듐 산업이 크게 발전했고 특히 화장품을 비롯한 여러 제품들에 라듐이 섞여 판매되었다고 언급되므로 옳지 않다.
④ 라듐 열풍은 2차 세계대전이 끝날 때까지 지속되었다. → 마지막 문장에서 2차 세계대전 직전에 라듐 사용의 위험성이 인식되어 사용이 줄어들었다고 언급되므로 옳지 않다.

해석 20세기 초반에 Marie Curie와 Pierre Curie에 의해 발견된 후, 라듐은 기적의 신약이 되었다. 의학에서 라듐의 사용은 너무 흔해져서 유방암뿐만 아니라 당뇨병과 같은 모든 종류의 질병이 라듐 요법으로 치료되었다. 이 엄청난 성공의 결과로, 1920년대에 라듐 산업은 빠르게 성장했고, 라듐이 섞인 수많은 제품들, 특히 화장품이 판매되었다. 심지어 건강을 유지하기 위해서는 라듐 여과기를 사용하여 만든 방사성 물 한 잔을 매일 마셔야 한다고 여겨지기도 했다. 이 '라듐 열풍'은 25년 넘게 지속되었다. 그 후 2차 세계대전 직전에서야 라듐 사용은 위험하다고 여겨져, 그 사용 수가 감소하였다.

어휘 radium 라듐(방사성 원소) medicine 의학, 의술 treat 치료하다 diabetes 당뇨병 tremendous 엄청난, 대단한 cosmetics 화장품 dope 섞다 on sale 판매되는 radioactive 방사능의 percolator 여과기 craze 대유행, 열풍 last 지속되다 application 응용, 사용 illegal 불법의

정답 ③

06 어법상 옳은 것은?

① You have to be more careful about that you trust.
② It was an amazing achievement for such young a professional gamer.
③ Our genes determine how tall we will be and what we will look like.
④ The bereaved families demanded that the names of the victims were not disclosed.

해설 의문부사 how가 쓰이는 절은 'how + 형용사/부사 + S + V'의 어순을 취하며, will be의 보어로 형용사 tall이 온 것은 적절하다. 또한 관계대명사 what이 명사절을 이끌며 동사 determine의 목적어 역할과 전치사 like의 목적어 역할을 적절히 하고 있다.
① (that → what) 관계대명사 that은 전치사의 목적어 자리에 위치할 수 없고, 뒤에 trust의 목적어가 없는 불완전한 절이 오고 있으므로 선행사를 포함하는 관계대명사 what으로 고쳐야 한다.
② (young a → a young) such는 'such + a(n) + 형용사 + 명사'의 어순으로 사용하므로, such young a를 such a young으로 고쳐야 한다. 참고로 'so + 형용사 + a(n) + 명사'의 구조인 so young a로 고치는 것도 가능하다.
④ (were not → (should) not be) demand와 같은 주장·요구·명령·제안·충고·결정 동사가 당위의 의미를 지니는 that절을 목적어로 취할 때, that절 내의 동사는 '(should) + RV'로 표현한다. 따라서 were not을 (should) not be로 고쳐야 한다.
해석 ① 당신은 당신이 믿는 것에 대해 더 조심해야 한다.
② 그것은 그렇게 어린 프로게이머에게는 놀라운 성과였다.
③ 우리의 유전자는 우리의 키가 얼마나 클지, 우리의 모습이 어떨지를 결정한다.
④ 유족들은 희생자들의 이름을 공개하지 말 것을 요구했다.
어휘 gene 유전자 bereaved 사별을 당한 disclose 밝히다, 공개하다

정답 ③

07 다음 글의 제목으로 가장 적절한 것은? [제목]

The late comedian Groucho Marx used to joke, "I wouldn't want to belong to any club that would accept me as a member." Subscription websites, frequent flyer programs, and various CEO service clubs today attract their members on this principle of exclusivity. Even popular social media sites today that built their brand on welcoming everyone to join for free now offer "exclusive" programs for a fee. You pay your fee, and the sponsor commits to keeping out the common people while you enjoy certain privileges of the elite. As part of the "brand," admission to the group never gets discounted, access requires rigorous requirements, and prestige remains part of the payoff. Persuade people that not everyone has access to what you're offering and watch the response.

① Maintain Exclusivity to Fascinate Members
② Easy Access: The Feature of a Good Group
③ How to Operate a Membership Loyalty Program
④ Don't Exclude the Common People from a Group

해설 일반인들의 접근을 막고 그들이 누릴 수 없는 특권을 누리도록 배타성을 부여하여 회원들을 끌어들이는 방법을 소개하는 내용의 글이다. 따라서 글의 제목으로 가장 적절한 것은 ① '회원들을 매료시키기 위해 배타성을 유지하라'이다.

② 간편한 접근성: 좋은 집단의 특징 → '좋은' 집단이 무엇을 지칭하는지가 불분명하며, 이를 '배타적인' 집단으로 보더라도 간편한 접근성은 이 집단의 특성과 반대된다.

③ 회원 자격 충성도 프로그램을 운영하는 방법 → 회원 자격 충성도 프로그램 운영에 관해서는 언급되지 않았다.

④ 평범한 사람들을 집단에서 제외하지 마라 → 평범한 사람들을 집단에서 배제하는 것이 회원을 매료할 수 있는 방법이라는 글의 내용과 반대된다.

해석 고인이 된 코미디언 Groucho Marx는 "나는 나를 회원으로 받아들일 어떤 클럽에도 소속되고 싶지 않습니다."라고 농담을 하곤 했다. 구독 웹 사이트, 상용고객 우대제도, 그리고 다양한 최고 경영자 서비스 클럽은 오늘날 이러한 배타성의 원칙에 따라 회원들을 끌어들인다. 심지어 모든 사람을 무료로 가입시키는 것을 기반으로 브랜드를 구축했던 오늘날 인기 있는 소셜 미디어 사이트들도 이제는 유료로 '배타적인' 프로그램을 제공한다. 당신은 요금을 지불하고, 스폰서는 당신이 엘리트의 특정한 특권을 누리는 동안 일반인들을 출입시키지 않기로 약속한다. '브랜드'의 일부로, 그룹에 대한 입장료는 결코 할인되지 않으며, 접근에는 엄격한 요구 사항이 필요하며, 명성은 보상의 일부로 남아 있다. 모든 사람이 당신이 제공하는 것에 접근할 수 있는 것은 아니라고 사람들을 설득하고 그 반응을 지켜보라.

어휘 late 고인이 된 subscription 구독 frequent flyer program (항공사의) 상용고객 우대제도 various 다양한 principle 원칙 exclusivity 배타성 exclusive 배타적인 commit 약속하다 keep out ~을 접근하지 못하게 하다 privilege 특권 admission 가입, 가입비 discount 할인하다 access 접근, 이용 rigorous 엄격한 requirement 필요 조건 prestige 명성, 위엄 payoff 보답, 보상 persuade 설득하다 response 반응 exclude 제외하다, 배제하다

정답 ①

08 밑줄 친 부분 중 어법상 옳지 않은 것은? [문법]

Newspapers remained the principal provider of information to the public until the 1920s ① which the invention of radio introduced a new medium for delivering news to the public. When new technologies threaten an industry, that industry must reinvent itself, and that is exactly ② what the newspapers of the day did. They began ③ offering more in-depth coverage than they previously provided in order to compete with the radio broadcasts of the news. By changing their format, newspapers ④ survived the invention of radio.

해설 (which → when) 앞에 1920s라는 시간 명사가 선행사로 쓰였고 뒤에 완전한 문장이 나오고 있으므로, 관계대명사 which를 관계부사 when으로 고쳐야 한다.

② 선행사를 포함한 관계대명사 what이 적절하게 쓰였다. 여기서 what은 주절의 동사 is의 보어 역할과 관계사절 내의 동사 did의 목적어 역할을 동시에 하고 있다.

③ begin은 동명사와 to 부정사를 둘 다 목적어로 취할 수 있는 동사이므로, 동명사 offering은 적절하게 쓰였다.

④ survive는 완전타동사라 전치사 없이 목적어를 바로 취하므로 적절하게 쓰였다.

해석 신문은 라디오의 발명이 대중에게 뉴스를 전달하는 새로운 매체를 도입한 1920년대까지 대중에게 주요 정보 제공자로 남아 있었다. 새로운 기술들이 어떤 산업을 위협할 때 그 산업은 스스로 다른 모습을 보여주어야 하며, 그것이 바로 그 시대의 신문이 한 일이다. 그것은 라디오 뉴스 방송과 경쟁하기 위해 이전에 제공하던 것보다 더 심층적인 보도를 제공하기 시작했다. 형식을 바꿈으로써 신문은 라디오의 발명에서 살아남았다.

어휘 principal 주요한 medium 매체 threaten 위협하다 reinvent 다른 모습을 보여주다, 재창조하다 in-depth 심층적인, 면밀한 coverage 보도 compete 경쟁하다 broadcast 방송 format 형식, 구성

정답 ①

09 주어진 문장이 들어갈 위치로 가장 적절한 것은? 문장삽입

> However, just let the chameleon effect come naturally to you.

The chameleon effect is a phenomenon defined as the unconscious mirroring or mimicking the mannerisms, gestures, or facial expressions of the people we interact with. The name comes from the chameleon, an animal which changes the appearance of its skin to blend into any environment it finds itself in. (①) Researchers believe mimicking others has the potential to positively influence our social interactions with them. (②) When you are in a room full of strangers, it helps them see you as someone who acts in the same way they do. (③) In other words, you will look more relatable and approachable to them. (④) When it becomes blatant that you are mimicking them, they might misinterpret your intentions as an insult or mockery and this will result in the opposite of the desired effect you wished to achieve.

해설 역접의 연결사 However로 시작하며 카멜레온 효과가 자연스럽게 나타나도록 해야 한다는 주어진 문장의 내용으로 보아, 이 문장은 글의 흐름이 바뀌는 부분에 들어가야 하며 관련 내용이 뒤에 이어져야 함을 알 수 있다. ④의 앞에서 카멜레온 효과의 긍정적인 측면을 언급하고 있고 ④ 뒤에서는 카멜레온 효과를 자연스럽게 활용하지 못했을 때 발생할 수 있는 부정적인 상황을 설명하고 있으므로, 주어진 문장이 들어갈 위치로 가장 적절한 것은 ④이다.

해석 카멜레온 효과는 우리가 상호작용하는 사람들의 버릇, 몸짓, 얼굴 표정을 무의식적으로 따라 하거나 모방하는 것으로 정의되는 현상이다. 이 이름은 카멜레온에서 유래되었는데, 카멜레온은 자신이 처한 어느 환경에라도 섞여 어우러질 수 있도록 피부의 외관을 바꾸는 동물이다. 연구자들은 다른 사람들을 모방하는 것이 그들과의 사회적 상호작용에 긍정적으로 영향을 미칠 수 있는 잠재력을 가진다고 믿는다. 당신이 낯선 사람들로 가득 찬 방에 있을 때, 그것은 그들이 당신을 그들과 같은 방식으로 행동하는 사람으로 보도록 도와준다. 달리 말해서, 당신은 그들에게 더 공감대가 있고, 다가가기 쉬운 사람으로 보일 것이다. 그러나, 카멜레온 효과가 자연스럽게 당신에게 나타나도록 하라. 당신이 그들을 모방하고 있다는 것이 노골적으로 되면, 그들은 당신의 의도를 모욕이나 조롱으로 오해할 수 있고, 이것은 당신이 성취하고자 바랐던 효과와는 정반대의 결과를 초래할 것이다.

어휘 phenomenon 현상(pl. phenomena) define 정의하다 unconscious 무의식적인 mimic 모방하다 mannerism 버릇, 습관 gesture 몸짓 facial expression 얼굴 표정 interact with ~와 상호작용하다 blend into ~에 섞이다 potential 잠재적인 relatable 공감대를 형성하는 approachable 접근하기 쉬운, 말을 붙이기 쉬운 blatant 노골적인, 뻔한 misinterpret 잘못 해석하다, 오해하다 insult 모욕 mockery 조롱 opposite 반대(되는 것)

정답 ④

10 다음 글의 흐름상 가장 어색한 문장은? 일관성

Economic growth matters to ordinary people. When it wanes, everyone suffers. Long-lasting stagnation exacerbates numerous social, health, environmental, and political problems. The very essence of culture, community, and people's individual expectations about better lives become dimmer, coarser, and smaller in the absence of growth. ① Economic growth is about satisfying the most basic of individual human needs. ② On the micro level, for the individual, the accumulation of money itself is pointless unless one uses it to improve one's own station or else improve society in general. ③ Generally, it is highly encouraged to minimize household spending when going through an economic recession. ④ Likewise, economic growth at the macro level should translate to improvements in access to and quality of such basic needs as food, shelter, security, and health care. Stagnation at either level means these individual and societal needs go unfulfilled, often with terrible results.

해설 이 글은 경제 성장이 기본적인 인간의 욕구를 충족시키기 위한 것임을 미시적, 거시적 수준에서 설명하는 내용의 글이다. ①은 이러한 경제 성장의 의의를 설명하므로 글의 흐름에 부합하는 문장이며, ②, ④의 내용은 마지막 문장에 제시된 either level, 즉 미시적, 거시적 수준에 대한 상술에 해당하므로 마지막 문장 앞에서 나란히 이어지는 것이 자연스럽다. 따라서 가계 차원에서의 경기 침체시 대응 방안을 제시하는 ③이 글의 흐름상 가장 어색한 문장이다.

해석 경제 성장은 보통의 사람들에게 중요하다. 그것이 줄어들면 모두가 고통받는다. 오랜 시간 지속되는 경기 침체는 수많은 사회, 건강, 환경, 그리고 정치적인 문제들을 악화시킨다. 문화, 공동체, 그리고 더 나은 삶에 대한 사람들의 개별적 기대의 본질 그 자체는 성장이 부재한 상황에서 더 어둡고 거칠고 작아진다. 경제 성장은 개인의 가장 기본적인 인간적 욕구를 충족시키는 것에 관한 것이다. 미시적 수준에서, 개인에게 있어 돈을 축적하는 것 그 자체는 사람이 자신의 지위를 개선하거나 사회 전반을 개선하기 위해 그것을 사용하지 않는 한 무의미하다. (일반적으로 경기 침체를 겪을 때는 가계 지출을 최소화하는 것이 매우 권장된다.) 마찬가지로 거시적 수준에서의 경제 성장은 음식, 주거, 보안 및 의료와 같은 기본 욕구에 대한 접근성과 질의 향상으로 전환되어야 한다. 둘 중 어느 (미시적 또는 거시적) 수준에서의 경기 침체는 이러한 개인 및 사회적 욕구가 충족되지 못함을 의미하고, 종종 끔찍한 결과를 동반한다.

어휘 matter to ~에게 중요하다 wane 약해지다, 줄어들다 suffer 시달리다, 고통 받다 stagnation 경기 침체, 불경기 exacerbate 악화시키다 essence 본질, 정수 dim 어둑한, 흐릿한 coarse 거친, 조잡한 go through 겪다 economic recession 경기 침체 micro level 미시적 수준 accumulation 축적, 누적 pointless 무의미한, 할 가치가 없는 station (사회적) 지위 macro level 거시적 수준 translate to ~으로 바꾸다 shelter 주거 societal 사회의 unfulfilled 충족되지 않은

정답 ③

11 밑줄 친 부분에 들어갈 말로 가장 적절한 것은? 생활영어

A: Come take a look at this news article.

B: What is it about?

A: Apparently, the number of abandoned dogs is increasing each year, and there aren't enough animal shelters to keep them.

B: That sounds like a serious problem. Should we do something about it?

A: I'm going to make a donation to building new shelters.

B: That sounds great! _____

① I've always wanted a pet.

② Count me in on this one.

③ You can leave me out of this.

④ We accept all kinds of donations.

해설 새 동물 보호소를 지을 수 있게 기부할 것이라는 A의 말에 B가 좋은 생각이라며 기부에 긍정적인 반응을 보이고 있다. 따라서 빈칸에 들어갈 말로 가장 적절한 것은 ② '나도 이 일에 끼워 줘.'이다.

① 난 항상 반려동물을 원했어.

③ 난 이 일에서 빼도 돼.

④ 저희는 모든 종류의 기부를 받습니다.

해석 A: 와서 이 뉴스 기사 좀 봐봐.

B: 뭐에 관한 거야?

A: 보니까 유기견 수가 매년 증가하고 있고, 유기견이 있을 동물 보호소가 충분하지 않대.

B: 심각한 문제 같네. 우리가 뭔가 해야 할까?

A: 난 새 보호소를 짓는 데 기부할 거야.

B: 그것참 좋다! 나도 이 일에 끼워 줘.

어휘 apparently 듣자[보아] 하니 abandoned 버려진, 유기된 shelter 보호소 donation 기부 count sb in ~을 끼우다 leave sb out ~을 빼다

정답 ②

12 밑줄 친 부분에 들어갈 말로 가장 적절한 것은? 생활영어

A: You have bags under your eyes. What happened?

B: Actually, I stayed up all night watching TV.

A: You know we have a test coming up, right?

B: _____

A: Our teacher mentioned it yesterday.

B: I guess I should pay more attention in class. I had no idea.

① No, is the test over already?

② Yeah, but I can't help myself.

③ No, that is quite news to me.

④ Yes, I should cut down on TV time.

해설 시험 있는 것을 아느냐는 A의 질문에 B가 빈칸 내용에 해당하는 답을 하고, 이후 전혀 몰랐다며 수업 시간에 집중 안 한 것을 반성하고 있는 것으로 보아, B는 시험에 대해 처음 알게 된 것임을 유추할 수 있다. 따라서 빈칸에 들어갈 말로 가장 적절한 것은 ③ '아니, 난 금시초문인데.'이다.

① 아니, 시험이 벌써 끝났어?

② 응, 근데 나도 어쩔 수 없어.

④ 응, TV 시청 시간을 줄여야겠어.

해석 A: 너 다크서클 생겼네. 무슨 일이야?

B: 사실, 나 TV 보느라 밤을 새웠어.

A: 너 우리 곧 시험 있는 거 알지?

B: 아니, 난 금시초문인데.

A: 우리 선생님이 어제 말씀하셨어.

B: 수업 시간에 더 집중해야겠네. 전혀 몰랐어.

어휘 have bags under one's eyes 다크서클 생기다, 피곤해 보이다 stay up 깨어 있다 cut down on ~을 줄이다

정답 ③

13 다음 글의 내용과 일치하지 않는 것은?　　　　　[불일치]

The Renaissance, which started in fifteenth-century Italy, is known for the revival of ideals from ancient Greek and Roman civilizations. Two classical ideals were particularly relevant to Renaissance art: individualism and *mimesis* (the notion that art should imitate, or "mimic," reality). Before the Renaissance, during the several centuries of the Middle Ages, artists were craftsmen who belonged to guilds and worked, like other individuals involved in trades, anonymously as teammates. The raise of individualism in the Renaissance created the need for personal and professional acclaim in many fields, including art. In fact, in his influential book *On Painting*, the Italian architect and theorist Leon Battista Alberti explicitly encouraged artists to seek "fame and fortune." As artists' names and identities merged with personalized styles, recognizable authorship and originality became measurements of their artistic worth.

① Individualism was closely related to Renaissance art.
② Pre-Renaissance artists worked in teams as members of guilds.
③ Renaissance artists were encouraged to pursue money and reputation.
④ Originality was especially important for artists in the Middle Ages.

해설 4번째 문장에서 개인주의의 부상은 중세 시대가 아닌 르네상스 시대 예술의 특징임을 알 수 있으며, 마지막 문장에서 이로 인해 독창성이 예술적 가치의 척도가 되었다고 하였다. 따라서 글의 내용과 일치하지 않는 것은 ④ '독창성은 중세 예술가들에게 특히 중요했다.'이다.
① 개인주의는 르네상스 예술과 밀접한 관련이 있었다. → 2번째 문장을 비롯한 글 전체에서 언급된 내용이다.
② 르네상스 이전의 예술가들은 길드의 일원으로서 팀을 이루어 일했다. → 3번째 문장에서 언급된 내용이다.
③ 르네상스 예술가들은 돈과 명성을 추구하도록 격려받았다. → 마지막 2번째 문장에서 언급된 내용이다.

해석 15세기 이탈리아에서 시작된 르네상스는 고대 그리스와 로마 문명의 이상의 부흥으로 알려져 있다. 두 가지 고전적인 이상이 르네상스 예술과 특히 관련되어 있었는데, 바로 개인주의와 '미메시스(예술이 현실을 모방, 즉 '본떠야' 한다는 개념)'이다. 르네상스 이전, 몇 세기에 걸친 중세 시대 동안, 예술가들은 길드에 속하여 (갖가지) 업에 종사하는 다른 개인들과 마찬가지로 이름 없이 팀 동료로 일하는 장인이었다. 르네상스 시대에 개인주의의 부상은 예술을 포함한 많은 분야에서 개인적이고 전문적인 찬사를 향한 욕구를 창출했다. 실제로, 이탈리아의 건축가이자 이론가인 Leon Battista Alberti는 자신의 영향력 있는 책 <On Painting>에서 예술가들이 '명성과 부'를 추구할 것을 노골적으로 격려했다. 예술가들의 이름과 정체성이 개인적인 스타일과 합쳐지면서, 작가 정체성의 식별과 독창성은 그들의 예술적 가치의 척도가 되었다.

어휘 revival 부활, 부흥 civilization 문명 ideal 이상; 이상적인 individualism 개인주의 imitate 모방하다 mimic 모방하다 craftsman 장인, 공예가 raise 부상; 올리다 acclaim 찬사 influential 영향력 있는 architect 건축가 explicitly 노골적으로, 명백히 seek 추구하다 fame 명성 fortune 재산, 운 identity 정체성 merge with ~와 합쳐지다 recognizable 식별 가능한 authorship 작가 정체성, 원작자 originality 독창성 measurement 척도 roughly 대략 reputation 명성

정답 ④

---

14 우리말을 영어로 가장 잘 옮긴 것은?　　　　　[문법]

① 우리는 내년에 다시 당신과 함께 일하기를 고대합니다.
　→ We look forward to work with you again next year.
② 그는 아무리 화가 나더라도 목소리를 높이지 않는다.
　→ No matter how angry he is, he doesn't rise his voice.
③ 그 로봇 청소기는 비싸지만 구매할 가치가 있다.
　→ The robot vacuum cleaner is costly but worth purchased.
④ Roberto는 인터뷰를 하지 않았고 Diaz도 그랬다.
　→ Roberto didn't give an interview, and neither did Diaz.

해설 부정 동의를 나타낼 때는 'neither + V + S'의 구조로 도치가 일어난다. 이때 neither는 접속사가 아닌 부사이므로 대등접속사 and와 같이 쓴 것은 적절하다.
① (work → working) 'look forward to RVing'는 '~하기를 고대하다'라는 뜻의 관용구문이다. 이때 to는 전치사이므로, 뒤엔 동명사 working이 와야 한다.
② (rise → raise) rise는 '오르다'라는 의미의 자동사인데 뒤에 목적어 his voice가 있으므로, '올리다'라는 의미의 타동사 raise로 고쳐야 한다.
③ (purchased → purchasing) 'be worth RVing'는 '~할 가치가 있다'라는 뜻의 동명사 관용표현이다. 이때 worth 뒤에 나온 동명사는 수동의 의미로 해석하지만 능동의 형태로 써야 하므로, purchased를 purchasing으로 고쳐야 한다. 참고로 동명사의 목적어가 주어로 와서 목적어 자리가 비어있는 것은 적절하다.
어휘 vacuum cleaner 진공청소기 give an interview 인터뷰에 응하다

정답 ④

---

15 우리말을 영어로 가장 잘 옮긴 것은?　　　　　[문법]

① 우리가 어제 그 차를 샀었더라면 얼마나 좋을까.
　→ I wish we bought the car yesterday.
② 어떤 경우에도 그들이 스포트라이트를 받아서는 안 된다.
　→ On no account should they be in the spotlight.
③ 두 명의 후보 모두 청렴한 삶을 살지 못했다.
　→ Both of the candidates lived a life of integrity.
④ 집에 도착하자마자, 그는 즉시 여행 준비에 착수했다.
　→ Upon arrived home, he immediately set about preparing for the trip.

해설 '어떠한 경우에도 ~않다'라는 뜻의 부정부사구 on no account가 문두에 위치하여 주어와 동사가 의문문의 어순으로 적절히 도치되었다. 참고로 부사구에 부정 표현 no가 있으므로 뒤에 not을 써서 이중부정이 발생하지 않도록 유의해야 한다.
① (bought → had bought) yesterday라는 과거를 나타내는 표현이 있으므로, 과거 상황을 반대로 가정하는 가정법 과거완료를 써야 한다. 따라서 bought를 had bought로 고쳐야 한다.
③ (Both → Neither) 문장의 주어가 Both면 두 명의 후보 모두 청렴한 삶을 '살았다'라는 긍정문이 되는데, 주어진 우리말을 참고하면 청렴한 삶을 살지 '못한' 것이므로 Both를 부정의 의미를 나타내는 Neither로 고쳐야 한다. 또는 동사 lived를 부정하여 did not live로 고칠 수도 있다.
④ (arrived → arriving) 'upon RVing'는 '~하자마자'라는 의미의 관용표현이다. 이때 upon은 전치사라 뒤에 동명사가 와야 하므로, arrived를 arriving으로 고쳐야 한다.
어휘 candidate 후보자 integrity 진실성, 청렴 immediately 즉시 set about ~을 시작하다

정답 ②

16 밑줄 친 부분에 들어갈 말로 가장 적절한 것은?

빈칸완성

Young children's lack of _____ often keeps them motivated. They tend to rate their abilities far better than their performance shows. In one experiment, 650 2nd through 5th graders were asked to estimate their skills both academically and physically. The younger children almost always rated themselves at the maximum, and their ratings decreased linearly with age. In another study, preschool children overestimated their ability to imitate complex acts and thus tried to imitate behaviors that were often way beyond their grasp. After an unsuccessful attempt at imitating a difficult behavior (e.g., juggling or tossing a ball into a basket from several feet away), the children were equally inaccurate in their assessment of how successful they had been — they thought they did great. Interestingly, the preschoolers with higher IQs tended to overestimate more. Counter-intuitively, being out of touch with one's abilities was related to a higher competence.

① accurate perception of their abilities
② clear understanding of social behavior
③ solid confidence in their unique potentials
④ academic skills to cope with challenging tasks

해설 이 글은 아이들이 실제 성과보다 자신의 능력을 과대평가하는 경향이 있음을 두 연구 사례를 통해 설명하고 있다. 특히 마지막 문장에서 자신의 능력을 모르는 것이 오히려 더 높은 능력과 관련 있었다는 내용으로 미루어 보아, 빈칸에 들어갈 말로 가장 적절한 것은 ① '자기 능력에 대한 정확한 인식'이다.

② 사회적 행동에 대한 명확한 인식 → 사회적 행동에 관해서는 언급되지 않았다.

③ 그들의 고유한 잠재력에 대한 확고한 자신감 → 그들의 능력을 과대평가한다는 내용으로 보아 잠재력에 대한 '자신감'이 부족하다고 볼 수는 없다.

④ 까다로운 과제를 처리하는 학업 능력 → 학업뿐 아니라 신체적 능력에 관해서도 언급된다. 또한 능력 자체의 부족보다는 능력에 대한 '파악'이 부족하다는 것이 글의 핵심 내용이다.

해석 어린아이들의 자기 능력에 대한 정확한 인식 부족은 흔히 이들이 계속 의욕을 갖게 만든다. 이들은 자신의 성과가 보여주는 것보다 자기 능력을 훨씬 더 좋게 평가하는 경향이 있다. 한 실험에서, 초등학교 2학년부터 5학년 학생 650명은 학업적 그리고 신체적으로 자신의 능력을 평가하도록 요청받았다. 더 어린아이들이 거의 항상 자신을 최고치로 평가했고, 이들의 평가는 나이에 따라 선형적으로 낮아졌다. 또 다른 연구에서, 미취학 아동들은 복잡한 행동을 모방할 수 있는 자신의 능력을 과대평가하여 종종 그들이 이해할 수 없는 행동들을 모방하려고 노력했다. 어려운 행동(예컨대, 저글링을 하거나 몇 피트 떨어진 바구니에 공을 던져 넣는 것)을 따라 하는 시도가 실패한 후, 이들은 자신이 얼마나 성공적이었는지에 대한 평가에서 똑같이 부정확했는데, 이들은 스스로 잘했다고 생각했다. 흥미롭게도, 아이큐가 더 높은 미취학 아동이 더 과대평가하는 경향이 있었다. 직관적이지 않게도, 스스로의 능력을 잘 모르는 것이 더 높은 능력과 연관되어 있었다.

어휘 motivated 의욕을 가진, 동기 부여된 performance 성과, 수행 estimate 추정하다 academically 학업적으로 physically 신체[육체]적으로 rate 평가하다 linearly 선형적으로 overestimate 과대평가하다 imitate 모방하다 way 훨씬 beyond one's grasp 이해할 수 없는 inaccurate 부정확한 counter-intuitively 직관적이지 않게도 out of touch with ~을 잘 모르는, 동떨어져 있는 competence 능력, 역량 cope with ~에 대처하다

정답 ①

17 밑줄 친 부분에 들어갈 말로 가장 적절한 것은?

빈칸완성

Increasingly, communication is created and distributed in a computer-readable digital form. This change means that the same basic technologies can be used to transmit all forms of communication — text, audio, or video — in an integrated communication system such as the Internet. Thus, separate channels of communication are no longer needed for each medium. The mass media, telecommunications, Internet, and computer software industries are all part of the same information sector of the economy — they are, in other words, _____. Laws and public policies governing the media, career opportunities in communications industries, social and personal issues arising from media consumption, and even theories of the media and their role in society are all changing in a direction that reflects that trend.

① competing
② circulating
③ converging
④ disappearing

해설 매체마다 개별적인 통신 채널이 필요했던 기존의 상황에서 통신의 디지털화로 인해 이제는 모든 형태의 통신이 인터넷과 같은 하나의 통합된 시스템에서 전송될 수 있다는 내용의 글이다. 빈칸은 이러한 통합을 의미하는 표현을 나타내야 하므로, 빈칸에 들어갈 말로 가장 적절한 것은 ③ '수렴되고'이다.

① 경쟁하고 → 모든 형태의 통신이 하나로 통합되고 있다는 글의 방향과 상충된다.

② 유포되고 → 여러 매체를 통해 다양한 정보가 유포된다고 볼 순 있으나, 이들의 통합을 강조한 이 글의 핵심에서 벗어난다.

④ 사라져가고 → 통신의 통합에 있어서 사라지는 부분에 대한 내용은 언급되지 않았다.

해석 점점 더, 통신은 컴퓨터가 읽을 수 있는 디지털 형태로 만들어지고 배포된다. 이러한 변화는 동일한 기본적인 기술들이 인터넷과 같은 통합된 통신 시스템에서 모든 형태의 통신(텍스트, 오디오, 또는 비디오)을 전송하는 데 사용될 수 있다는 것을 의미한다. 따라서 개별적인 통신 채널이 각 매체를 위해 더 이상 필요하지 않다. 대중 매체, 전자통신, 인터넷, 컴퓨터 소프트웨어 산업들은 모두 경제의 동일한 정보 부문의 일부인데, 즉 다시 말해 그것들은 수렴되고 있다. 매체를 지배하는 법과 공공 정책, 통신 산업의 일자리 기회, 매체 소비로 발생하는 사회 및 개인 문제, 심지어 매체 이론과 그것의 사회적 역할까지 모두 그러한 추세를 반영하는 방향으로 변화하고 있다.

어휘 distribute 배포하다 transmit 전송하다 integrated 통합된 separate 별개의, 개별적인 medium 매체(pl. media) sector 부문, 분야 govern 지배하다 arise from ~에서 생기다 consumption 소비 direction 방향 circulate 유포하다, 순환하다 converge 집중되다, 수렴되다

정답 ③

18 주어진 글 다음에 이어질 순서로 가장 적절한 것은?

`순서배열`

Viral diseases such as yellow fever are very difficult to control and eradicate. Attempts to exterminate the virus from the human population only lead to frustration.

(A) This was learned through diseases such as malaria and sleeping sickness. Malaria and sleeping sickness are common diseases in tropical regions.

(B) That's because the virus is able to survive in wild animals, where it is picked up by mosquitoes and once again introduced to the human population.

(C) Both of these diseases are spread by biting insects and are caused by microscopic organisms related to both animals and plants.

① (B) - (A) - (C) ② (B) - (C) - (A)
③ (C) - (A) - (B) ④ (C) - (B) - (A)

해설 황열병과 같은 바이러스성 질병은 통제하고 근절하기가 매우 어려워서 인간에게서 바이러스를 박멸하려는 시도는 좌절감을 줄 뿐이라는 내용의 주어진 글 다음에는 그 이유를 That's because ~로 기술하는 (B)가 와야 한다. 그다음에는 야생 동물에 있는 바이러스를 모기가 집어서 사람들에게 전파한다는 (B)의 내용을 This로 받아 이를 말라리아와 수면병을 통해 알게 되었다는 내용의 (A)가 온 후, 마지막으로 (A)에 나온 Malaria and sleeping sickness를 Both of these diseases로 받아서 부연 설명을 하며 글을 마무리하는 (C)가 오는 것이 자연스럽다. 따라서 글의 순서로 가장 적절한 것은 ① '(B) - (A) - (C)'이다.

해석 황열병과 같은 바이러스성 질병은 통제하고 근절하기가 매우 어렵다. 인간 개체군에서 바이러스를 박멸하려는 시도는 좌절감으로 이어질 뿐이다. (B) 그것은 그 바이러스가 야생 동물 안에서 살아남을 수 있기 때문인데, 모기가 그 야생 동물에서 그 바이러스를 집어 다시 한번 사람들에게 전파한다. (A) 이것은 말라리아와 수면병과 같은 질병을 통해 알게 되었다. 말라리아와 수면병은 열대 지방에서 흔한 질병이다. (C) 이 두 질병은 모두 무는 곤충에 의해 전파되며 동물과 식물 모두와 관련된 미세한 유기체에 의해 발생한다.

어휘 viral 바이러스의 yellow fever 황열병 eradicate 근절하다 exterminate 박멸하다 human population 인구 frustration 좌절(감) sleeping sickness 수면병(체체파리를 매개로 전염되는 열대 풍토병) tropical region 열대 지방 spread 전파하다 microscopic 미세한, 현미경으로 봐야만 보이는 organism 유기체, 생명체 related to ~와 연관된

정답 ①

19 다음 글의 주제로 가장 적절한 것은?

`주제`

There are a fair number of clichés in circulation about meditation. Sometimes practitioners of meditation are accused of being too focused on themselves, of wallowing in egocentric introspection and failing to be concerned with others. But we cannot regard as selfish a process whose goal is to root out the obsession with self and to cultivate altruism. Meditation is not an attempt to create a blank mind by blocking out thoughts — which is impossible anyway. It is not engaging the mind in endless cogitation in an attempt to analyze the past or anticipate the future, nor is it a simple process of relaxation in which inner conflicts are temporarily suspended in a vague, amorphous state of consciousness. There is not much point in resting in a state of inner bewilderment. There is indeed an element of relaxation in meditation, but it is connected with the relief that comes from letting go of fears, attachments and the whims of the ego that never stop feeding our inner conflicts.

① common misunderstandings of meditation
② desirable meditation practices and settings
③ concentrating solely on meditation
④ reflection and prediction through meditation

해설 세간에 퍼져 있는 명상에 대한 잘못된 인식을 지적하는 글이다. 따라서 글의 주제로 가장 적절한 것은 ① '명상에 대한 흔한 오해'이다.

② 바람직한 명상 습관과 환경 → 구체적인 명상 방법과 그에 알맞은 환경이 무엇인지는 언급되지 않았다.

③ 명상에만 집중하기 → 명상에 있어서 온전한 집중의 중요성을 강조하는 글이 아니므로 적절하지 않다.

④ 명상을 통한 반성과 예측 → 글에서 과거를 분석하거나 미래를 예측하기 위해 몰두하는 것은 명상의 취지가 아니라고 했으므로 적절하지 않다.

해석 명상에 관해 널리 퍼져 있는 상당수의 상투적인 생각들이 있다. 때때로 명상을 하는 사람들은 자기 자신에게 너무 집중하고, 자기중심적인 자기 성찰에 빠져서 다른 사람들에 관심을 갖지 못한다는 비난을 받는다. 그러나 우리는 자기에 대한 집착을 뿌리 뽑고 이타심을 기르는 것을 목표로 하는 과정을 이기적이라고 간주할 수 없다. 명상은 생각을 막음으로써 텅 빈 마음을 만들어내려는 시도가 아니며, 어차피 그것은 불가능하다. 그것은 과거를 분석하거나 미래를 예측하려는 시도로 정신을 끝없는 생각에 끌어들이는 것이 아니며, 내면의 갈등이 모호하고 확실한 형태가 없는 의식 상태 속에서 일시적으로 멈추는 단순한 이완 과정도 아니다. 내면의 혼란 상태 속에서 쉬는 것은 별로 의미가 없다. 명상에는 확실히 이완의 요소가 있지만, 그것은 우리의 내적 갈등에 먹이 주는 것을 멈추지 않는 두려움과 애착, 그리고 자아의 변덕을 놓아주는 데서 오는 안도감과 연결되어 있다.

어휘 cliché 상투적인 문구(생각) in circulation 유통되고 있는, 현재 쓰이고 있는 meditation 명상 practitioner 실천하는 사람 accuse 비난하다 wallow in ~에서 뒹굴다, ~에 빠지다 egocentric 자기중심적인, 이기적인 introspection 자기 성찰 regard ~로 간주하다 root out ~을 뿌리 뽑다 obsession 집착 cultivate 배양하다, 기르다 altruism 이타주의, 이타심 engage 끌어들이다 cogitation 사고, 숙고 suspend 중단하다 vague 모호한 amorphous 확실한 형태가 없는 consciousness 의식 bewilderment 어리둥절함, 당황 let go of ~에서 손을 놓다 whim 변덕, 일시적인 기분 solely 단지, 오직

정답 ①

20 다음 글에 나타난 화자의 심경으로 가장 적절한 것은? 심경

My mother noticed I was constantly tired and took me to the doctor as a precaution. My doctor noticed I had poor color. Blood tests showed I was low in iron, which seemed to be a reasonable explanation for my loss of energy and poor color. As the weeks passed, I started experiencing cramps in my stomach. They progressively got worse and worse. I was reassured that iron, which I was now taking to bring up my blood cell count, was hard on the stomach and it was a normal side effect. I continued the iron and dealt with the pains in my stomach. I returned to the doctor after a period of time, hoping to hear how the iron had improved my body. Instead of my hemoglobin rising, it had fallen for reasons unknown to all of us at the time. I was sent to different specialists around the city to help find answers for my situation. I received blood test after blood test. But the doctors had no definite answers for me.

① relieved and happy
② proud and confident
③ painful and distressed
④ guilty and frustrated

해설 화자는 피부색이 좋지 않아 예방책으로 의사에게 다녀온 이후 철분을 섭취했는데, 몇 주가 지나면서 위에 경련이 일어났다. 그것이 철분 섭취의 일반적인 부작용이라고 생각하며 참았지만, 다시 의사를 찾아갔을 때 오히려 헤모글로빈 수치가 떨어졌다는 것을 알았고, 수차례의 검사에도 불구하고 그에 대한 확실한 이유를 알 수 없었다는 내용의 글이다. 따라서 화자의 심경으로 가장 적절한 것은 ③ '고통스럽고 괴로운'이다.

① 안도하고 행복한
② 자랑스럽고 자신만만한
④ 죄책감을 느끼고 좌절하는

해석 어머니는 내가 지속적으로 피곤하다는 것을 알아챘고 예방책으로 나를 의사에게 데리고 갔다. 의사는 내 피부색이 좋지 않다는 것을 알아챘다. 혈액 검사는 내가 철분이 부족하다는 것을 보여 주었는데, 그것은 내가 힘이 없어진 것과 피부색이 안 좋은 것에 대한 합당한 설명인 것 같았다. 몇 주가 지나자, 나는 위에 경련을 겪기 시작했다. 그것은 점진적으로 더욱더 나빠졌다. 혈액 세포 수를 올리기 위해 내가 지금 복용하고 있었던 철분은 위에 혹독했고 그것이 일반적인 부작용이라는 것에 나는 안심했다. 나는 계속 철분을 섭취했고 내 위의 통증을 참았다. 나는 철분이 얼마나 내 몸을 개선했는지 듣기를 바라며, 일정 시간이 지난 후에 의사에게 돌아갔다. 내 헤모글로빈이 오르는 대신, 그것은 그 당시 우리 모두가 알지 못했던 이유 때문에 떨어졌다. 나는 내 상황에 대한 답을 찾는 것을 돕기 위해 도시 주변의 다른 전문가들에게 보내졌다. 나는 계속 혈액 검사를 받았다. 그러나 의사들은 나에게 확실한 대답을 주지 못했다.

어휘 constantly 끊임없이, 지속적으로 precaution 예방(책) iron 철분 explanation 설명 cramp 경련 progressively 점점 더, 점진적으로 reassured 안심하는 cell 세포 count 총수, 수치 side effect 부작용 specialist 전문가 definite 확실한, 명확한

정답 ③

answer 회차 4

01	02	03	04	05
①	①	④	③	④
06	**07**	**08**	**09**	**10**
④	④	②	③	③
11	**12**	**13**	**14**	**15**
④	③	③	③	③
16	**17**	**18**	**19**	**20**
②	③	③	①	③

01 밑줄 친 부분의 의미와 가장 가까운 것은? [어휘]

Social media puts an emphasis on building real-time engagement with consumers.

① stress　② end
③ obstacle　④ idea

[해설] emphasis는 '중점'이라는 뜻으로, 이와 의미가 가장 가까운 것은 ① 'stress(중점)'이다.
② 끝 ③ 장애물 ④ 생각
[해석] 소셜 미디어는 소비자와의 실시간 참여를 구축하는 데 중점을 둔다.
[어휘] real-time 실시간의 engagement 참여

[정답] ①

02 밑줄 친 부분에 들어갈 말로 가장 적절한 것은? [어휘]

There are three classes he wants to take, but since they are _____, he can only take one.

① concurrent　② excellent
③ empty　④ meaningful

[해설] 빈칸에는 그가 듣고 싶은 수업이 세 개인데도 한 개만 들을 수 있는 이유가 들어가야 한다. 세 수업 모두 같은 시간대의 것임을 유추할 수 있으므로, 빈칸에 들어갈 말로 가장 적절한 것은 ① 'concurrent(동시에 발생하는)'이다.
② 훌륭한 ③ 빈 ④ 의미 있는
[해석] 그가 듣고 싶은 수업은 세 개인데, 그것들이 동시에 있어서 그는 하나만 들을 수 있다.

[정답] ①

03 밑줄 친 부분에 들어갈 말로 가장 적절한 것은? [빈칸완성]

Like any successful manufacturer, nature always seems _____ to cut the cost of production. Nature prefers to build machines that are tailored to work without being over-specialized. For example, there is no point building an all-purpose machine when some purposes are unlikely or redundant — that would be too costly. It is much better and more efficient to anticipate the most likely world rather than having the machine specified in advance. This is how evolution selects for the best fit. Those with systems that are not suitable for their environment are not as efficient and will eventually lose the race to reproduce. This explains why babies' brains are pre-wired loosely to expect certain worlds they have not yet encountered and then become streamlined and matched to their own world through experience.

① discreet　② atypical
③ integrated　④ optimized

[해설] 제조업체와 같이 자연 역시 특화된 목적보다는 보편적인 목적을 고려함으로써 불필요한(특화에 필요한) 비용을 줄이려 한다는 내용이다. 따라서 자연은 효율적인, 즉 비용 절감에 '최적화된' 것을 알 수 있으므로, 빈칸에 들어갈 말로 가장 적절한 것은 ④ '최적화된'이다.
① 조심스러운 → 자연은 비용 절감에 조심스럽기보다는 오히려 적극적인 것으로 볼 수 있다. 'discreet'을 '신중한'으로 해석하더라도 이 글은 자연의 효율성을 설명하는 내용이지, 이 효율성을 고려하는 데 신중하다는 내용이 아니다.
② 비전형적인 → 자연이 비용 절감을 위해 특화된 것을 버리는 행동은 '비전형적인' 것이 아니라 오히려 '전형적인' 것으로 볼 수 있다.
③ 통합된 → 오히려 모든 목적이 '통합'된 만능 기계를 만드는 것이 의미 없다고 했으며 환경에 적합하지 않은 이들은 도태된다고 했으므로 통합과는 거리가 멀다.
[해석] 다른 성공적인 제조업체와 마찬가지로, 자연은 항상 생산 비용을 줄이기 위해 최적화된 것처럼 보인다. 자연은 지나치게 전문화되지 않게 작동하도록 맞춰진 기계를 만드는 것을 선호한다. 예를 들어 몇몇 목적들은 이루어질 가능성이 낮거나 불필요한데, 만능 기계를 만들 이유는 없다. 그것은 비용이 너무 많이 들 것이다. 기계를 사전에 구체화하는 것보다 가장 실현 가능성이 큰 세계를 예상하는 것이 훨씬 나으며 더 효율적이다. 이것이 진화가 최선의 적합성을 선택하는 방법이다. 환경에 적합하지 않은 시스템을 갖춘 이들은 그만큼 효율적이지 않으며 번식 경쟁에서 결국 질 것이다. 이것은 왜 아기들의 두뇌가 아직 접해보지 못한 특정한 세상들을 기다리기 위해 미리 느슨하게 연결되어 있으며, 후에 경험을 통해 능률화되고 자신의 세계에 맞춰지는지 설명해준다.
[어휘] manufacturer 제조업자 tailor (특정한 목적·사람 등에) 맞추다 over-specialized 지나치게 전문화된 all-purpose 다목적의, 만능의 redundant 불필요한, 쓸모없는 anticipate 예상하다 specify (구체적으로) 열거하다, 명시하다 in advance 사전에 fit 적합성 suitable 적합한 reproduce 번식하다, 복제되다 pre-wired 선천적으로[미리] 연결된 loosely 느슨하게 encounter 접하다, 마주치다 streamline 간소화[능률화]하다

[정답] ④

정답 및 해설 4회 - 31

04 밑줄 친 부분에 들어갈 말로 가장 적절한 것은?　　　[이어동사]

> Negotiators at this year's UN climate talks in Glasgow gave poor countries hope for more financial support to _____ global warming.

① give off
② add to
③ cope with
④ leave out

[해설] 빈칸에는 기후 회담에서 재정 지원의 목적으로 의논될 내용이면서 지구 온난화를 목적어로 취할 행위가 들어가야 함을 유추할 수 있다. 따라서 빈칸에 들어갈 말로 가장 적절한 것은 ③ 'cope with(대처하다)'이다.
① 발산하다 ② 늘리다 ④ 제외하다
[해석] Glasgow에서 열린 올해 유엔 기후 회담의 협상가들은 가난한 나라들에 지구 온난화에 대처하기 위한 더 많은 재정적 지원에 대한 희망을 주었다.
[어휘] negotiator 협상가

[정답] ③

05 밑줄 친 부분의 의미와 가장 가까운 것은?　　　[어휘]

> Experts maintained that farmers should be prioritized in discussions about the future of food systems.

① estimated
② ensured
③ protected
④ insisted

[해설] maintain은 '주장하다'라는 뜻으로, 이와 의미가 가장 가까운 것은 ④ 'insisted(주장하다)'이다.
① 추정하다 ② 보장하다 ③ 보호하다
[해석] 전문가들은 식품 시스템의 미래에 대한 논의에서 농부들이 우선시 되어야 한다고 주장했다.
[어휘] prioritize 우선시하다 discussion 논의

[정답] ④

06 우리말을 영어로 잘못 옮긴 것은?　　　[문법]

① 스마트폰은 노인들이 사용하기 어렵다.
→ Smartphones are difficult for the elderly to use.
② 모든 사람이 신용카드를 가질 만큼 나이가 많은 것은 아니다.
→ Not everyone is old enough to have a credit card.
③ 네가 집에 도착하면 나는 빨래를 이미 했을 것이다.
→ I will have already done the laundry if you get home.
④ 새 프린터는 이전 모델보다 더 빠르게 작동한다.
→ The new printer operates more quickly than the previous model was.

[해설] (was → did) than 이하에 쓰인 대동사 was는 앞에 나온 일반동사 operates를 대신해야 하므로, was를 did로 고쳐야 한다.
① 난이형용사 구문에서 to RV의 목적어가 주어로 왔으므로, to use 뒤에 목적어 자리가 비어있는 것은 적절하다. 또한 '~한 사람들'이라는 의미의 'the + 형용사'가 쓰여 the elderly로 '노인들'을 표현한 것도 적절하다.
② 'not ~ every + 명사'는 '모든 명사가 ~인 것은 아니다'라는 뜻의 부분 부정을 나타내는 표현으로 알맞게 쓰였다. 또한 enough가 형용사를 수식하는 부사로 쓰이면 후치 수식하므로, old enough의 어순도 적절하다.
③ if가 이끄는 조건의 부사절에서는 현재시제가 미래시제를 대신하므로 get이 쓰인 것은 적절하다. 또한 주어진 우리말에서 '이미 했을 것이다'라고 했으므로, 미래완료시제인 will have already done으로 쓴 것도 적절하다.
[어휘] operate 작동하다

[정답] ④

07 우리말을 영어로 잘못 옮긴 것은?　　　[문법]

① 그의 마음을 바꾸려고 해 봐야 소용없다.
→ It is no use trying to change his mind.
② 그는 네가 현금을 주머니에 넣는 것을 보았다.
→ He saw you put the cash in your pocket.
③ 월드 베이스볼 클래식은 4년마다 열린다.
→ The World Baseball Classic is held every four years.
④ 어린이의 약 80%가 매일 비디오 콘텐츠를 소비한다.
→ About 80 percent of children consumes video content on a daily basis.

[해설] (consumes → consume) '부분명사 + of + 전체명사'가 주어로 쓰이면 of 뒤의 전체명사에 동사를 수일치시킨다. children은 복수명사이므로 consumes를 복수동사 consume으로 고쳐야 한다.
① 'it is no use RVing'는 '~해도 소용없다'라는 뜻을 갖는 동명사 관용표현으로 적절하게 쓰였다.
② see가 지각동사로 쓰이면 목적어와 목적격 보어의 관계가 능동일 경우 RV나 RVing를 목적격 보어로 취하므로 put은 적절하게 쓰였다.
③ 월드 베이스볼 클래식이 '열리는' 것이므로 수동태 is held로 쓴 것은 적절하다. 또한 every가 '~마다'라는 뜻으로 쓰일 때, 'every + 기수 + 복수명사' 또는 'every + 서수 + 단수명사'의 형태를 취한다. 여기서는 four라는 기수가 나왔으므로 복수명사 years도 적절하게 쓰였다.
[어휘] hold 개최하다, 열다 on a daily basis 매일

[정답] ④

08 어법상 옳은 것은? 〔문법〕

① He will investigate the matter and then proposing a resolution.

② People were excited to watch the movie starring Tom Cruise.

③ I do Pilates three times a week, what makes me keep in shape.

④ This information on potential clients has collected since last year.

〔해설〕 사람들이 영화를 보고 '흥분한' 것이므로 과거분사 excited의 쓰임은 적절하다. 참고로 star는 '~에게 주연을 맡기다'라는 의미의 타동사로 사용되어, 능동의 현재분사 starring이 the movie를 수식하는 것도 적절하다.

① (proposing → propose) 등위접속사 and를 기준으로 앞에 나온 동사 will investigate와 proposing이 같은 품사로 병렬 구조를 이루어야 한다. 따라서 proposing을 propose로 고쳐야 한다.

③ (what → which) 선행사를 포함하는 관계대명사 what은 명사절을 이끌기 때문에 콤마로 2개의 절을 연결할 수 없다. 따라서 계속적 용법으로 쓰여 앞 문장 전체를 선행사로 받을 수 있는 which로 고치는 것이 적절하다.

④ (has collected → has been collected) 주어인 This information이 '수집하는' 것이 아니라 '수집되는' 것이므로, 수동태를 쓰는 것이 적절하다. 따라서 has collected를 has been collected로 고쳐야 한다. 참고로 'since + 과거 시점'이 나와 현재완료시제가 쓰인 것은 적절하다.

〔해석〕 ① 그는 그 문제를 조사한 다음 해결책을 제안할 것이다.
② 사람들은 Tom Cruise가 주연을 맡은 영화를 보고 흥분했다.
③ 나는 일주일에 세 번 필라테스를 하는데, 이는 내가 건강을 유지하게 한다.
④ 잠재 고객에 관한 이 정보는 작년부터 수집되어 왔다.

〔어휘〕 investigate 조사하다 keep in shape 건강을 유지하다

〔정답〕 ②

09 다음 글의 제목으로 가장 적절한 것은? 〔제목〕

By the early 18th century, many credited the German mathematician and philosopher Gottfried Wilhelm Leibniz with inventing the study of calculus. Leibniz had, after all, been the first to publish papers on the topic in 1684 and 1686. But when Isaac Newton published a book called *Opticks* in 1704, in which he asserted himself as the father of calculus, a debate arose. Newton claimed to have thought up the idea first, and apparently wrote about the branch of mathematics in 1665 and 1666. However, he only shared his work with a few colleagues. As the battle between the two intellectuals heated up, Newton accused Leibniz of plagiarizing one of his early drafts. Today, however, historians accept that Newton and Leibniz were co-inventors, having come to the idea independently of each other.

*calculus: 미적분학

① Newton, the Father of Calculus

② Calculus as Leibniz's Achievement

③ Leibniz vs. Newton: the Birth of Calculus

④ The Collaboration between Two Great Minds

〔해설〕 미적분학의 발명을 두고 Leibniz와 Newton 사이에서 벌어진 논쟁을 다룬 글이다. 글에 따르면, 당시에는 각자 주장하는 바가 달라 논쟁과 대립이 심화되었으나 오늘날에는 결국 두 사람 모두를 미적분학의 공동 발명가로 인정한다고 했으므로, 글의 제목으로 가장 적절한 것은 ③ 'Leibniz 대 Newton: 미적분학의 탄생'이다.

① Newton, 미적분학의 아버지 → Newton이 미적분학의 진정한 창시자라고 주장하는 내용의 글이 아니므로 적절하지 않다.

② 미적분에 관한 Leibniz의 업적 → Leibniz 한 명에만 초점을 맞춘 글이 아니며, Leibniz의 업적에 대해서만 쓴 글도 아니므로 적절하지 않다.

④ 위대한 두 지성들 사이의 협업 → 마지막 문장에서 Leibniz와 Newton이 서로 독립적으로 미적분학을 발명했다는 것이 역사적 사실로 받아들여진다고 했으므로 '협업'이라는 표현은 글의 내용과 부합하지 않는다.

〔해석〕 18세기 초까지 많은 사람들은 미적분학을 발명한 공로가 독일의 수학자이자 철학자인 Gottfried Wilhelm Leibniz에게 있다고 여겼다. Leibniz는 어쨌든 1684년과 1686년에 이 주제에 대한 논문을 발표한 최초의 인물이었다. 그러나 Isaac Newton이 1704년에 <Opticks>라는 책을 출판했고, 그 책에서 자신을 미적분학의 아버지라고 주장했을 때, 논쟁이 일어났다. Newton은 자신이 그 아이디어를 먼저 생각해냈고, 1665년과 1666년에 그 수학의 분과(미적분학)에 관한 글을 썼다고 주장했다. 하지만, 그는 그의 작업을 몇몇 동료들과 공유했을 뿐이었다. 두 지식인 사이의 싸움이 가열되자, Newton은 Leibniz가 그의 초기 초안 중 하나를 표절했다고 고소했다. 그러나, 오늘날 역사학자들은 Newton과 Leibniz가 서로 독립적으로 그 아이디어를 떠올린 공동 발명가라는 것을 인정한다.

〔어휘〕 credit A with B B를 A의 공이라고 말하다 mathematician 수학자 philosopher 철학자 after all 어쨌든 paper 논문 assert 주장하다 debate 논쟁, 토론 claim 주장하다 think up 생각해 내다 branch 부문, 분과 intellectual 지식인 accuse A of B A를 B로 비난하다 plagiarize 표절하다 draft 초안 mind 지성(인)

〔정답〕 ③

10 주어진 글 다음에 이어질 글의 순서로 가장 적절한 것은? `순서배열`

Senegalese Laamb wrestling is a type of wrestling traditionally performed by the Serer people and now a national sport in Senegal. This form of wrestling allows punches to the face or head and can end with a knockout blow. Laamb Wrestling takes its root from the wrestling tradition of the Serer people who used it as a way of training for war.

(A) But in the past 50 years traditional Senegalese wrestling has grown exponentially to become a national sport with celebrity fighters competing for big prize money in large stadiums in front of thousands of fans.

(B) Today, Laamb is a multi-million-dollar industry, attracting major sponsors and wide media coverage. Wrestlers can become national stars and extremely wealthy, with top prizes reaching hundreds of thousands of dollars.

(C) Over time, what began as tribal preparations for battle developed into village ritual and soon a form of entertainment. Men traditionally fought at village festivals after the harvest season as a way of attracting women, proving their manliness and bringing honor to their villages.

① (A) - (B) - (C)　　　② (B) - (A) - (C)
③ (C) - (A) - (B)　　　④ (C) - (B) - (A)

해설 주어진 글은 세네갈의 Laamb 레슬링에 대해 소개한 뒤, 이 레슬링이 전투를 위한 훈련이었던 세레르족의 레슬링 전통에서 유래했음을 언급하고 있다. 주어진 글 마지막의 a way of training for war를 (C)의 tribal preparations for battle과 이어서, 본래 전투를 위한 준비였던 레슬링이 마을 의식으로, 그리고 이후 오락으로 발전했다는 내용의 (C)가 와야 한다. 이 발전의 방향을 참고하여, 예전 마을 전통에 대한 설명이 나온 (C)의 마지막 부분에 이어 레슬링이 큰 상금을 놓고 경쟁하는 국가 스포츠, 즉 오락으로 발전했다는 (A)가 오는 것이 문맥상 적절하다. 마지막으로 Laamb 레슬링의 현황에 대한 내용을 덧붙인 (B)로 글이 마무리되는 것이 자연스럽다. 따라서 글의 순서로 가장 적절한 것은 ③ '(C) - (A) - (B)'이다.

해석 세네갈의 Laamb 레슬링은 세레르족 사람들이 전통적으로 행한 레슬링의 한 종류이며 현재는 세네갈의 국가 스포츠이다. 이 레슬링 형태는 얼굴이나 머리를 주먹으로 치는 것을 허용하며 결정타로 인해 끝날 수 있다. Laamb 레슬링은 전쟁을 위한 훈련의 방법으로 이를 이용했던 세레르족 사람들의 레슬링 전통에서 유래한다. (C) 시간이 지남에 따라 전투를 위한 부족의 준비로 시작된 것은 마을 의식, 그리고 머지않아 오락의 한 형태로 발전했다. 남자들은 전통적으로 자신의 남성다움을 증명하고 마을에 명예를 가져다주며 여성의 마음을 끌기 위한 방법으로, 수확 철 이후 마을 축제에서 대결했다. (A) 그러나 지난 50년 동안 전통적인 세네갈의 레슬링은 기하급수적으로 성장하여 대형 경기장에서 수천 명의 팬 앞에 유명인 (레슬링) 선수들이 큰 상금을 놓고 경쟁하는 국가 스포츠가 되었다. (B) 오늘날 Laamb은 주요 스폰서와 광범위한 언론 보도를 끌어들이는 수백만 달러 규모의 산업이다. 최고 상금이 수십만 달러에 이르기에 레슬링 선수들은 국가적인 스타가 될 수 있고 매우 부유해질 수 있다.

어휘 traditionally 전통적으로 knockout blow 결정타 exponentially 기하급수적으로 media coverage 언론 보도 tribal 부족의 ritual 의식 harvest season 수확 철 prove 증명하다 manliness 남자다움 honour 명예, 명망

정답 ③

---

11 밑줄 친 부분에 들어갈 말로 가장 적절한 것은? `생활영어`

A: You look upset. What was that call about?
B: I booked something for my parents but it just got cancelled.
A: Well, you should have a talk with them.
B: I can't tell them. They are going to be crushed.
A: _____
B: A cruise tour package. They've been looking forward to it for so long.

① I'm sure you can come up with a new plan.
② What are you planning for your vacation?
③ Do you know why it got cancelled?
④ What did you have in mind anyway?

해설 B가 부모님을 위해 예약했던 무언가가 취소된 상황에서 빈칸 다음에 크루즈 투어 패키지가 언급된 것으로 보아, 빈칸에서 A는 B가 계획했던 것이 무엇인지 물어봤음을 알 수 있다. 따라서 빈칸에 들어갈 말로 가장 적절한 것은 ④ '그나저나 뭘 염두에 두고 있었던 거야?'이다.

① 넌 분명 새로운 계획을 세울 수 있을 거야.
② 넌 휴가 때 뭐 할 계획이야?
③ 그게 왜 취소됐는지 알아?

해석 A: 너 기분 상해 보여. 무슨 전화였어?
B: 부모님을 위해서 뭘 예약했는데 방금 취소됐어.
A: 음, 부모님과 얘기해봐야겠네.
B: 말씀 못 드리겠어. 엄청 속상하실 거야.
A: 그나저나 뭘 염두에 두고 있었던 거야?
B: 크루즈 투어 패키지였어. 부모님께서 정말 오랫동안 기대하고 계셨는데.

어휘 book 예약하다 crush (행복을) 짓밟다 come up with 생각해 내다 have sth in mind ~을 염두에 두다, 생각하다

정답 ④

12 두 사람의 대화 중 가장 어색한 것은?　　　生活영어

① A: Have you decided whether to go to graduate school?

　B: I'm still on the fence. You know, it's a big decision to make.

② A: Sarah is really getting on my nerves.

　B: Same here. I can't stand her complaints anymore.

③ A: It's good to see you working so hard, but you need to wrap it up.

　B: I know. I'll start working on it right now.

④ A: Why are you wearing your top inside out?

　B: Oh, I just noticed. Thanks for letting me know.

해설 열심히 일하는 건 좋지만 이제 끝내야 한다는 A의 말에 대한 응답으로 지금 바로 그 일을 시작하겠다는 B의 말은 모순된다. 따라서 대화 중 가장 어색한 것은 ③이다.

해석 ① A: 대학원에 갈지 결정했어?

B: 아직 결정 못 했어. 너도 알다시피, 큰 결정을 내리는 거라서.

② A: Sarah는 날 정말 짜증 나게 해.

B: 동감이야. 그녀의 불평을 더는 참을 수가 없어.

③ A: 네가 그렇게 열심히 하는 건 보기 좋지만, 그걸 마무리해야 해.

B: 알아. 지금 바로 그거 시작할게.

④ A: 너 왜 상의를 뒤집어 입고 있어?

B: 아, 이제 알았네. 알려줘서 고마워.

어휘 graduate school 대학원 be on the fence 상황을 관망하다 get on one's nerves ~의 신경을 거스르다 stand 참다, 견디다 complaint 불평 wrap sth up 마무리 짓다 inside out (안팎을) 뒤집어

정답 ③

---

13 다음 글의 내용과 일치하지 않는 것은?　　　불일치

International Panic Day, celebrated on June 18, began as a kind of mock holiday with the intention of having a day when people could shake off their various reasons to panic. It is a day to sit back, calm down, and let the panic and stress flow through you. While it may sound funny, panic is a serious topic. Panic disorder is a mental health issue that affects 2% of the population in some countries. Apparently, women are more likely to suffer from panic disorder than men. The condition is treatable, more so when the person is aware of various healthcare tactics and lives a healthy lifestyle. International Panic Day is seen in many countries as a day to raise and spread awareness about the issue of mental illness. Today, more than ever, people are undergoing a lot of mental stress and the day is aimed to encourage people to slow down, relax, and reach out for help without any hesitation. There is nothing to be shy of and only by talking about our problems can we get rid of them.

① 국제 공황의 날은 우리의 스트레스를 떨쳐버리는 날이다.

② 여성들이 남성들보다 공황 장애를 더 많이 겪는다.

③ 공황 장애는 개인의 노력만으로는 치료가 쉽지 않다.

④ 오늘날 사람들은 그 어느 때보다도 많은 정신적 스트레스를 받고 있다.

해설 6번째 문장에서 이 질환(공황 장애)은 치료가 가능하며, 그 사람이 건강 관리 전략을 잘 알거나 건강한 생활 방식으로 살고 있을 때 더욱 그렇다고 언급되었다. 따라서 글의 내용과 일치하지 않는 것은 ③ '공황 장애는 개인의 노력만으로는 치료가 쉽지 않다.'이다.

① 국제 공황의 날은 우리의 스트레스를 떨쳐버리는 날이다. → 첫 두 문장에서 언급된 내용이다.

② 여성들이 남성들보다 공황 장애를 더 많이 겪는다. → 5번째 문장에서 언급된 내용이다.

④ 오늘날 사람들은 그 어느 때보다도 많은 정신적 스트레스를 받고 있다. → 마지막 2번째 문장에서 언급된 내용이다.

해석 6월 18일에 기념되는 국제 공황의 날은 사람들이 공황에 대한 다양한 이유를 떨쳐버릴 수 있는 날을 갖자는 취지에서 일종의 모의 휴일로 시작되었다. 이날은 편안히 앉아서, 진정하고, 공황과 스트레스를 당신을 통해 흘려보내는 날이다. 우습게 들릴지 모르지만, 공황은 심각한 주제이다. 공황 장애는 일부 국가에서 인구의 2%에 영향을 미치는 정신건강 문제이다. 여성들은 남성들보다 공황 장애를 겪을 가능성이 더 높다고 한다. 이 질환은 치료 가능하며, 그 사람이 다양한 건강 관리 전략을 알고 있고 건강한 생활 방식을 살고 있을 때 더욱 그렇다. 국제 공황의 날은 많은 나라에서 정신 질환 문제에 대한 인식을 높이고 확산시키는 날로 여겨진다. 오늘날, 그 어느 때보다도, 사람들은 많은 정신적 스트레스를 받고 있고, 그 날은 사람들이 속도를 늦추고, 긴장을 풀고, 아무런 주저 없이 도움을 청하도록 격려하는 것을 목표로 한다. 부끄러워할 것은 없으며 오직 우리의 문제들에 대해 이야기함으로써 우리는 그것들을 없앨 수 있는 것이다.

어휘 celebrate 기념하다 mock 모의의 intention 의도 shake off ~을 떨쳐버리다 sit back 편안히 앉다 panic disorder 공황 장애 condition 질환 treatable 치료 가능한 tactics 전략 awareness 인식 mental illness 정신 질환 undergo 겪다 hesitation 주저, 망설임 get rid of ~을 제거하다, 없애다

정답 ③

14 다음 글의 흐름상 적절하지 않은 문장은? 일관성

Children's flavor preferences are strongly influenced by the mother's dietary choice when she is pregnant and nursing. ① The flavor-learning occurs during prenatal experiences from the mother's diet through the amniotic fluid. ② This flavor-learning continues when infants are breast-fed, since human milk is composed of flavors that directly reflect the foods, spices, and beverages ingested by the mother. ③ Human milk contains life-saving nutrition and immune factors that premature and compromised babies need to grow strong and healthy. ④ For example, infants whose mothers consumed more fruits and vegetables during pregnancy and lactation were more accepting of these foods. Thus, the child's flavor preference is partly shaped prior to the first taste of solid foods.

*amniotic fluid: 양수

해설 아이들의 맛 선호도는 임신 및 수유 기간의 엄마의 식단에 의해 큰 영향을 받는다는 내용의 글이다. 따라서 인간의 모유가 미숙아 및 면역이 약한 아기들에게 필요한 성분을 함유한다는 내용의 ③이 글의 흐름상 적절하지 않은 문장이다.

해석 아이들의 맛 선호도는 엄마가 임신하고 수유할 때 그녀의 식단 선택에 의해 큰 영향을 받는다. 맛을 학습하는 것은 엄마의 식단으로 인한 태아기의 경험에서 양수를 통해 발생한다. 이러한 맛 학습은 유아가 모유를 먹을 때 계속되는데, 왜냐하면 인간의 모유는 엄마가 섭취하는 음식, 향신료, 음료를 직접적으로 반영하는 맛으로 구성되어 있기 때문이다. (인간의 모유는 생명을 구하는 영양분과, 미숙아 및 면역 반응 등이 제대로 발휘되지 못하는 아기들이 강하고 건강하게 자라기 위해 필요한 면역인자를 포함하고 있다.) 예를 들어, 임신과 수유 기간 동안 엄마가 과일과 채소를 더 많이 섭취한 유아들은 이러한 음식을 더 잘 받아들였다. 따라서 아이의 맛 선호도는 고형 식품을 처음 맛보기 전에 부분적으로 형성된다.

어휘 dietary 식단의 nurse 수유하다 prenatal 출생 전의, 태아기의 infant 유아 breast-feed 모유 수유하다 be composed of ~으로 구성되다 directly 직접적으로 reflect 반영하다 spice 향신료, 양념 ingest 섭취하다 nutrition 영양분 immune factor 면역 인자 premature 미숙한 compromised 면역 반응 등이 제대로 발휘되지 못하는 consume 섭취하다 lactation 수유 (기간) accepting of ~을 수용하는 partly 어느 정도, 부분적으로 prior to ~에 앞서 solid food 고형 식품

정답 ③

---

15 어법상 옳지 않은 것은? 문법

① The scientists could not demonstrate that the earth is round.
② The death toll in Poland seems far higher than the official count.
③ Why they participated in the protest will be differ from individual to individual.
④ Inclement weather kept the police from searching for the missing child.

해설 (be differ → differ) differ는 '다르다'라는 의미의 자동사이므로 be differ로 쓰면 동사가 2개가 된다. 따라서 be를 삭제해야 한다. 참고로 의문부사 why가 명사절을 이끌어 '의문사 + S + V'의 간접의문문 어순을 취하고 있는 것은 적절하다.

① '지구가 둥글다'와 같은 불변의 진리는 항상 현재시제로 표현하므로 is는 적절하게 쓰였다.

② seem은 2형식으로 쓰일 때 형용사를 보어로 취하는 동사이므로 higher는 적절하게 쓰였다. 또한 비교급 higher 앞에 비교급 강조 부사 far가 쓰인 것도 적절하다.

④ 'keep + O + from + RVing'는 'O가 ~하지 못하게 하다'를 의미하는 구문이다. 참고로 missing은 '실종된'이란 의미의 분사 형태 형용사이다.

해석 ① 과학자들은 지구가 둥글다는 것을 입증할 수 없었다.
② 폴란드의 사망자 수는 공식 집계보다 훨씬 많은 것으로 보인다.
③ 그들이 시위에 참여한 이유는 개인마다 다를 것이다.
④ 악천후로 인해 경찰은 실종된 아이를 찾지 못했다.

어휘 demonstrate 입증하다 death toll 사망자 수 protest 항의, 시위 inclement weather 악천후

정답 ③

---

16 밑줄 친 부분에 들어갈 말로 가장 적절한 것은? 이어동사

The Turkish Foreign Minister was unable to _____ his tears during his visit to wounded Palestinians in a Gaza hospital. People always think tears are a sign of weakness. Yet the tears which ran down the cheeks of the Turkish foreign minister were more than a noble act of comforting a Palestinian father whose son had been killed by an Israeli airstrike.

① wind up
② hold back
③ pass down
④ hand over

해설 빈칸에는 his tears를 목적어로 취할 수 있으며, 다친 사람들을 방문하는 동안 튀르키예 외무장관이 할 수 없을 만한 행동이 들어가야 한다. 또한 마지막 문장에서는 튀르키예 외무장관이 눈물을 흘렸다고 언급되므로, 빈칸에 들어갈 말로 가장 적절한 것은 ② 'hold back(참다)'이다.

① 끝내다 ③ 물려주다 ④ 넘겨주다

해석 튀르키예 외무장관은 가자 지구 병원에서 다친 팔레스타인인들을 방문하는 동안 눈물을 참을 수 없었다. 사람들은 항상 눈물이 나약함의 표시라고 생각한다. 그러나 튀르키예 외무장관의 뺨을 타고 흘러내린 눈물은 이스라엘의 공습으로 아들이 사망한 팔레스타인 아버지를 위로하는 더없이 숭고한 행위였다.

어휘 foreign minister 외무부 장관 wounded 다친 weakness 나약함 noble 숭고한, 고결한 comfort 위로하다 airstrike 공습

정답 ②

17 밑줄 친 부분에 들어갈 말로 가장 적절한 것은? 빈칸완성

Learning about the context of cultural appropriation is important for understanding why it is a problem. While you might not think twice about adopting a style from another culture — such as wearing your hair in cornrows — the non-dominant group may have historical experiences that make your actions indifferent to their past and current suffering. A person of color might be discriminated against because of a hairstyle that relates to their culture while you, as part of the dominant group, can get away with appropriating that same hairstyle, making it trendy and never understanding the experiences that contributed to the invention of the hairstyle in the first place. In other words, you've jumped on a trend because it seems cool but, in doing so, you show _____ to the people for whom that trend is their life and not the latest fad.

① hostility
② sincerity
③ insensitivity
④ harmony

해설 문화적 도용, 즉 다른 문화 스타일을 따라 하는 것에 대한 문제점을 일깨우는 내용의 글이다. 그 문화 스타일이 어떤 의미를 지닌 지 이해하지 못한 채 단순히 유행이라는 이유로 무심코 따라 하는 것은 그 문화에 속한 사람들의 과거와 현재의 고통에 대해서 신경 쓰지 않는다는 것을 보여주는 것이다. 따라서 빈칸에 들어갈 말로 가장 적절한 것은 ③ '무감각함'이다.
① 적대감 → 어떤 문화 스타일이 지니는 의미를 이해하지 못한 채 별생각 없이 따라 하는 것을 그 문화에 대한 '적대감'으로 볼 순 없다.
② 진심 → 오히려 그 문화에 대한 무관심을 보여주는 것이므로 반대된다.
④ 조화 → 문화 스타일을 따라함으로써 그 문화와 조화가 된다는 내용이 아니라, 따라 하는 행위의 무감각함을 꼬집는 내용의 글이다.

해석 문화적 도용의 맥락에 대해 배우는 것은 그것이 왜 문제인지 이해하는 데 중요하다. 머리를 여러 가닥으로 땋는 것과 같이 다른 문화 스타일을 택하는 것에 대해 당신은 숙고하지 않을 수도 있겠지만, 그 비지배적 집단은 당신의 행동을 그들의 과거와 현재의 고통에 대해서 개의치 않은 것처럼 만드는 역사적 경험이 있을 수도 있다. 유색인종은 그들의 문화와 관련 있는 헤어스타일 때문에 차별받을 수 있는 반면, 지배 집단의 일원인 당신은 그 헤어스타일을 유행으로 만들고 애초에 그것이 만들어진 원인이 된 경험들을 절대 이해하지 못한 채 똑같은 헤어스타일을 도용하고도 그냥 넘어갈 수 있다. 다른 말로 하면, 당신은 멋있게 보인다는 이유로 그 트렌드에 뛰어들었지만, 그렇게 함으로써 그 트렌드가 최신 유행이 아닌 그들의 삶인 사람들에게 무감각함을 보여주는 것이다.

어휘 context 맥락 appropriation 도용, 유용 adopt 채택하다, 취하다 cornrows (흔히 흑인들이 하는) 여러 가닥으로 땋은 머리 dominant 우세한, 지배적인 indifferent 무관심한, 개의치 않는 suffering 고통 discriminate 차별하다 get away with 모면하다, 그냥 넘어가다 fad 유행

정답 ③

18 다음 글의 요지로 가장 적절한 것은? 요지

Besides the five senses of sight, hearing, taste, smell, and touch, it has long been believed that there exists yet another sense. This 'sixth sense', also called intuition, brings together the information from the other senses and makes it possible to draw a conclusion without thinking and to act accordingly. Unlike the instinct of animals, which is innate, intuition can only develop from experience and memory plays a crucial role in it. For example, by stacking blocks, children learn a lot about the mass distribution, center of gravity, and stability of structures, and come to know how to build towers that will not collapse. Such outcomes or decisions made are stored forever in the brain and the resultant data of such experiences are utilized to make a right decision next time.

① Intuition is distinguished from the instinct of animals.
② It is not advisable to use intuition without enough data.
③ Intuition is an ability acquired through experience.
④ The level of intuition is at its peak during childhood.

해설 사람의 직관에 대해 설명하는 글이다. 선천적인 동물의 본능과는 달리 직관은 경험을 통해 후천적으로 발달하는 능력이라는 것이 글에서 주장하는 바이므로, 글의 요지로 가장 적절한 것은 ③ '직관은 경험을 통해 습득되는 능력이다.'이다.
① 직관은 동물의 본능과 구별된다. → 사람의 직관이 동물의 본능과는 다르다는 언급이 있으나, 이는 직관이 경험을 통해 발달한다는 주장을 제시하기 위한 부연일 뿐이므로 글의 전체적인 요지로는 볼 수 없다.
② 충분한 데이터 없이 직관을 사용하는 것은 바람직하지 않다. → 직관의 올바른 사용법을 설명하는 글이 아니므로 글의 요지로 적절하지 않다.
④ 직관의 수준은 어린 시절에 절정에 도달한다. → 본문에 언급된 아이들의 블록 쌓기는 직관이 경험을 통해 발달한다는 주장을 뒷받침하는 한 가지 예시일 뿐이며, 직관의 수준이 어린 시절에 가장 높다는 것 또한 글에서 확인할 수 없다.

해석 시각, 청각, 미각, 후각, 그리고 촉각의 다섯 가지 감각 외에도, 또 다른 하나의 감각이 존재한다고 오랫동안 믿어져왔다. 직감이라고도 불리는 이 '육감'은 다른 감각들로부터의 정보를 합쳐 생각을 거치지 않고 결론을 도출하고 그에 따라 행동할 수 있게 한다. 선천적인 동물의 본능과는 달리 직관은 경험으로부터만 발달할 수 있고, 기억이 그것에 있어 결정적인 역할을 한다. 예를 들어, 블록 쌓기를 통해 아이들은 질량의 분포, 무게중심, 구조물의 안정성 등에 대해 많은 것을 배우고, 무너지지 않는 탑을 쌓는 법을 알게 된다. 그러한 결과나 결정은 뇌에 영원히 저장되며, 그러한 경험의 결과로 생긴 데이터는 다음에 올바른 결정을 내리는 데 활용된다.

어휘 besides ~외에 intuition 직관, 직감 bring together 합치다, 한데 모으다 accordingly 그에 맞춰서, 그에 따라서 instinct 본능 innate 타고난, 선천적인 crucial 결정적인, 아주 중대한 mass distribution 질량 분포 gravity 무게, 중력 stability 안정성 collapse 무너지다, 붕괴되다 outcome 결과 resultant 그 결과로 생긴 utilize 활용하다 distinguish 구별하다 advisable 권할 만한, 바람직한 acquire 습득하다

정답 ③

19 (A)와 (B)에 들어갈 말로 가장 적절한 것은? [연결사]

If you are anything close to being an average human being on the planet, the question of "Why do the rich get richer?" has undoubtedly crossed your mind on more than one occasion, and you may have found it difficult to answer the question. ____(A)____, a familiar metaphor can explain why. In Monopoly, the board game, each player begins on a level playing field, but it changes as soon as a player begins to accumulate properties and build hotels. That player takes the money from the other players who land on his or her properties, and reinvests in more properties and hotels. This makes it almost impossible for the other players to catch up, and eventually, the hotel-owning player will win the game. ____(B)____, when someone wins a competition, a reward is given that enables the winner to compete even better next time. This forms a reinforcing feedback loop, which increases the likelihood that the winners will keep winning and the losers will keep losing.

	(A)	(B)
①	However	Likewise
②	For example	Similarly
③	In contrast	Additionally
④	Besides	Therefore

해설 부익부 빈익빈 현상이 발생하는 이유를 모노폴리 보드게임에 빗대어 설명한 글이다. (A) 앞에서 그 이유에 대해 답하기가 어려울 것이라고 한 반면, 뒤에서는 친숙한 비유로 그 이유를 설명할 수 있다고 했으므로 역접의 연결사가 필요하다. 따라서 (A)에 들어갈 연결사로 가장 적절한 것은 However이다. (B) 뒤에 제시된 내용은 앞의 모노폴리 게임의 예시로부터 도출될 수 있는 일반화된 주장으로 볼 수 있으므로 (B)에 들어갈 연결사로 가장 적절한 것은 Likewise이다.

해석 만약 당신이 지구상의 평범한 인간에 가깝다면, "부자들은 왜 더 부자가 되는가?"라는 질문이 의심할 여지없이 한 번 이상 떠올랐을 것이고, 당신은 그 질문에 대답하기 어렵다는 것을 알게 되었을 것이다. 그러나, 친숙한 비유로 그 이유를 설명할 수 있다. 보드게임인 모노폴리에서 각 플레이어는 동등한 경기장에서 시작하지만 한 플레이어가 소유지를 모으고 호텔을 짓기 시작하면 상황이 바뀐다. 그 플레이어는 자신의 소유지에 도착한 다른 플레이어들로부터 돈을 받아 더 많은 소유지와 호텔에 재투자한다. 이로 인해 다른 플레이어들이 따라잡는 것이 거의 불가능해지고, 결국 호텔을 소유한 그 플레이어가 게임에서 승리하게 될 것이다. 마찬가지로, 누군가 경쟁에서 이길 때, 승자로 하여금 다음번에 보다 더 잘 경쟁할 수 있도록 하는 보상이 주어진다. 이것은 강화 피드백 루프를 형성하는데, 이것은 승자는 계속 이기고 패자는 계속 질 가능성을 증가시킨다.

어휘 undoubtedly 의심의 여지없이 cross one's mind 문득 떠오르다 occasion 경우, 때 metaphor 비유, 은유 level 동등한, 같은 수준의 accumulate 모으다, 축적하다 property 소유지, 재산 eventually 결국 reward 보상 reinforce 강화하다, 보강하다 feedback loop 피드백 루프(결과를 자동적으로 재투입하도록 설정된 순환 회로) likelihood 가능성

정답 ①

20 주어진 문장이 들어갈 위치로 가장 적절한 것은? [문장삽입]

But rats are mammals, as are humans, and our nervous systems are organized in fundamentally similar ways.

An early concern of psychology was behavior, and one of the early applications of this concern was the behavior of rats in mazes. Many maze problems are inherently spatial — that is, the rat on the maze has to find its way from a start location to a goal location. (①) Determining how rats navigate through mazes tells us not just about the nature of animal intelligence, but also about spatial navigation. (②) Admittedly, rats aren't people, and it may be that the way in which they find their way through environments is qualitatively different from how we might navigate. (③) Thus, the assumption underlying behaviorism, and implicit in contemporary studies with animal models, is that the basic principles of learning, memory, and perception are similar in animals and humans. (④) In addition, some of the basic notions of spatial cognition — such as a cognitive map — have their origins in maze studies.

해설 포유류 간의 유사성을 기초로 미로에서 쥐가 길을 찾아가는 공간 탐색 과정이 인간 행동에 시사하는 바에 관한 글이다. 주어진 문장은 역접의 But으로 시작하여 쥐와 인간의 유사성을 주장하는 내용이다. 따라서 이 문장 앞에서는 쥐와 인간의 차이점에 대한 내용이 나와야 하고, 뒤에서는 이 유사성에 관한 내용이 이어져야 하므로 주어진 문장이 들어갈 위치로 가장 적절한 것은 ③이다.

해석 심리학의 초기 관심사는 행동이었고, 이러한 관심사의 초기 적용 중 하나는 미로에 있는 쥐의 행동이었다. 많은 미로 문제는 본질적으로 공간적이다. 즉, 미로에 있는 쥐는 출발 위치에서 목표 위치까지 그 길을 찾아야 한다. 쥐가 어떻게 미로의 길을 탐색하는지 알아내는 것은 동물 지능의 본질뿐만 아니라, 공간 탐색에 관해서도 우리에게 말해준다. 인정하건대, 쥐는 사람들이 아니고, 쥐가 환경에서 자기 길을 찾아가는 방식은 우리가 길을 탐색할 수도 있는 방식과 질적으로 다를 수도 있다. 하지만 쥐는 인간과 마찬가지로 포유류이고, 우리의 신경계는 근본적으로 비슷한 방식으로 조직되어 있다. 따라서 행동주의의 기초를 이루고, 동물 모델에 대한 현대 연구에 내포된 가정은 학습, 기억, 인식의 기본적인 원리는 동물과 인간이 비슷하다는 것이다. 게다가, 인지 지도와 같은 공간 인식의 기본적인 개념 중 일부는 미로 연구에 기원을 두고 있다.

어휘 mammal 포유류 nervous system 신경계 fundamentally 근본적으로 concern 관심(사) application 적용, 응용 maze 미로 inherently 본질적으로 spatial 공간의 location 위치, 장소 determine 알아내다 navigate 탐색하다[찾다] admittedly 인정하건대 qualitatively 질적으로 assumption 가정 underlie 기초를 이루다 implicit 내포된 contemporary 현대의 perception 인식 notion 개념 cognition 인지

정답 ③

01	02	03	04	05
①	③	①	②	④
06	07	08	09	10
④	③	④	②	③
11	12	13	14	15
④	②	②	②	④
16	17	18	19	20
④	②	④	①	②

01 밑줄 친 부분의 의미와 가장 가까운 것은? 어휘

Breathing in fine dust can be hazardous to your health.

① unsafe
② stable
③ inevitable
④ feasible

해설 hazardous는 '위험한'이라는 뜻으로, 이와 의미가 가장 가까운 것은 ① 'unsafe(위험한)'이다.
② 안정적인 ③ 불가피한 ④ 실현 가능한
해석 미세먼지를 들이마시는 것은 당신의 건강에 위험할 수 있다.
어휘 breathe in ~을 들이마시다 fine dust 미세먼지

정답 ①

02 밑줄 친 부분의 의미와 가장 가까운 것은? 어휘

If the investigation is deemed poor, the court should be circumspect in evaluating the evidence.

① humble
② stubborn
③ cautious
④ plausible

해설 circumspect는 '신중한'이라는 뜻으로, 이와 의미가 가장 가까운 것은 ③ 'cautious(신중한)'이다.
① 겸손한 ② 완고한 ④ 그럴듯한
해석 수사가 부실하다고 여겨지면 법원은 증거를 평가하는 데 있어 신중해야 한다.
어휘 investigation 수사 deem 간주하다 court 법원 evaluate 평가하다

정답 ③

03 밑줄 친 부분의 의미와 가장 가까운 것은? 이디엄

I had no idea that they would fall for each other at the drop of a hat.

① instantly
② extremely
③ accordingly
④ eventually

해설 at the drop of a hat은 '즉시'라는 뜻으로, 이와 의미가 가장 가까운 것은 ① 'instantly(즉시)'이다.
② 극히 ③ 그에 따라 ④ 결국
해석 나는 그들이 서로에게 즉시 빠져들 것이라고는 전혀 생각지도 못했다.
어휘 fall for ~에게 홀딱 반하다[빠지다]

정답 ①

04 밑줄 친 부분의 의미와 가장 가까운 것은? 이디엄

The Korean teacher made fun of him in front of his friends for being too thin.

① praised
② ridiculed
③ scolded
④ portrayed

해설 make fun of는 '놀리다'라는 뜻으로, 이와 의미가 가장 가까운 것은 ② 'ridiculed(조롱하다)'이다.
① 칭찬하다 ③ 야단치다 ④ 묘사하다
해석 그 한국어 선생님은 그의 친구들 앞에서 그를 너무 말랐다고 놀렸다.

정답 ②

05 어법상 옳은 것은? 문법

① The current financial crisis is worse than those of the past.
② It is really thoughtful for you to remember my birthday.
③ Please give me the key when you leave from the hotel.
④ This wine is discounted for 7 days, after which it will return to its normal price.

해설 와인이 '할인되는' 것이므로 수동태 is discounted로 쓴 것은 적절하다. 또한 which는 7 days를 선행사로 받고 있으며, '전치사 + 관계대명사' 형태인 after which 뒤에 완전한 절이 온 것도 적절하다.

① (those → that) '비교급 ~ than'인 worse than으로 비교되고 있는 대상은 단수명사 financial crisis이므로, those를 그 수에 맞추어 단수대명사 that으로 고쳐야 한다.
② (for → of) thoughtful과 같은 사람의 성격을 나타내는 형용사가 쓰인 구문에서는 to 부정사의 의미상 주어를 'of + 목적격'으로 표현하므로, for를 of로 고쳐야 한다.
③ (leave from → leave) leave는 전치사 없이 목적어를 바로 취하는 완전타동사이므로 from을 삭제해야 한다.

해석 ① 현재의 금융 위기는 과거의 금융 위기보다 더 심각하다.
② 제 생일을 기억해 주다니 정말 사려 깊군요.
③ 호텔을 나가실 때 저에게 열쇠를 주세요.
④ 이 와인은 7일간 할인되며, 그 후 정상가로 돌아갈 것이다.

어휘 financial 금융[재정]의 thoughtful 사려 깊은 discount 할인하다

정답 ④

06 우리말을 영어로 가장 잘 옮긴 것은? 문법

① 지난 토요일에 한국시리즈 4차전이 있었다.
→ There had been Game 4 of the Korean Series last Saturday.
② 아인슈타인은 세계의 다른 어떤 과학자보다 위대하다.
→ Einstein is greater than any other scientists in the world.
③ 국무총리는 2020년 총선이 연기될 것이라고 발표했다.
→ The Prime Minister announced that the 2020 general election will be delayed.
④ 많은 값싼 모조품들이 시장에서 비싼 가격에 팔리고 있다.
→ A number of cheap imitations are being sold at expensive prices in the market.

해설 a number of 뒤에는 '복수명사 + 복수동사'가 나와야 하므로 imitations와 are는 적절하게 쓰였다. 또한 모조품들이 '팔리고 있는' 것이므로 진행형 수동태 또한 적절히 쓰였다.

① (had been → was) last Saturday라는 특정 과거 시점을 나타내는 부사구가 나왔으므로 동사의 시제를 과거로 써야 한다.
② (scientists → scientist) 비교급을 이용하여 최상급을 표현하는 경우, '비교급 ~ than + all the other + 복수명사' 또는 '비교급 ~ than + any other + 단수명사' 형태를 취한다. 여기서는 any other이 쓰였으므로 뒤에 단수명사 scientist가 와야 한다.
③ (will → would) 주절의 시제가 과거(announced)이므로, that절 내의 동사도 시제 일치하여 would로 써야 한다. 참고로 총선이 '연기되는' 것이므로 수동태로 쓰인 것은 적절하다.

어휘 prime minister 수상, 국무총리 announce 발표하다 general election 총선거 delay 연기하다 imitation 모조품

정답 ④

07 우리말을 영어로 잘못 옮긴 것은? 문법

① 비록 키가 작지만 그는 누구보다 강하다.
→ Short as he is, he is stronger than anyone else.
② 그는 모든 면에서 경쟁자들보다 뛰어나다.
→ He is superior to his competitors in every respect.
③ 한우는 너무 비싸서 매일 먹을 수 없다.
→ Korean beef is too expensive to eat it every day.
④ 우리는 예정된 오찬을 취소할 수밖에 없었다.
→ We had no choice but to cancel the scheduled luncheon.

해설 (eat it → eat) '너무 ~해서 ~할 수 없다'라는 의미의 'too ~ to RV' 구문에서 to RV의 목적어와 문장의 주어가 같은 경우 to RV의 목적어 자리는 비워두어야 하므로 it을 삭제해야 한다.

① '형용사/부사/무관사명사 + as + S + V'는 '비록 ~일지라도'를 의미하는 양보 도치 부사절이며, be동사 is의 보어로 형용사 Short가 온 것은 적절하다.
② 라틴어에서 유래한 비교급 superior는 일반 비교급과는 달리 비교 대상 앞에 than이 아닌 to를 사용하므로 적절하게 쓰였다.
④ 'have no choice but to RV'는 '~할 수밖에 없다'라는 관용표현으로, to cancel은 적절하게 쓰였다.

어휘 superior 우수한 competitor 경쟁자 respect (측)면 scheduled 예정된 luncheon 오찬

정답 ③

08 다음 글의 요지로 가장 적절한 것은? 요지

The U.S. Food and Drug Administration (FDA) considers zero-calorie sugar alternatives, including sucralose, aspartame, and acesulfame-K, safe when consumed in acceptable amounts, as they don't raise your blood sugar levels. In determining safety of artificial additives, the FDA reviews data on outcomes such as reproductive health, cancer risk, and potential toxic effects to your nervous system. However, questions remain about whether they are connected with other problems or not. For example, there's no clear evidence that they'll help with long-term blood sugar control or weight management. Some studies have linked sucralose with a significant decrease in insulin sensitivity, which is thought to be due to changes in glucose metabolism. This may explain why long-time diet soda drinkers were at a significantly high risk of developing Type 2 diabetes. Moreover, studies have also raised concerns that diet soda may raise the risk of heart disease and stroke.

① Artificial additives have been improved over time.
② Consuming diet sodas can help prevent diabetes.
③ Use of sucralose should be limited because of its harmfulness.
④ Zero-calorie sugar alternatives may not necessarily be safe.

해설 칼로리가 없는 설탕 대체물들이 당장 혈당을 높이지 않기 때문에 안전한 것으로 여겨지지만 장기적으로는 당뇨병이나 심장 질환 등 질병의 원인이 될 가능성이 있음을 지적하는 글이다. 따라서 글의 요지로 가장 적절한 것은 ④ '칼로리가 없는 설탕 대체물들이 반드시 안전한 것은 아닐 수도 있다.'이다.

① 인공 첨가물은 시간이 지남에 따라 개선되어왔다. → 이 글은 인공 첨가물의 발전 과정을 서술한 글이 아니므로 적절하지 않다.

② 다이어트 탄산음료 섭취는 당뇨병을 예방하는 데 도움을 줄 수 있다. → 다이어트 탄산음료의 섭취가 2형 당뇨병의 발병과 관련이 있을 수 있다는 내용과 반대된다.

③ 수크랄로스의 사용은 그것의 해로움 때문에 제한되어야 한다. → 수크랄로스의 위험성에 대해 언급하고 있기는 하나, 그것이 제한되어야 한다는 주장으로까지 논지가 전개되지는 않았다.

해석 미 식품의약국(FDA)은 수크랄로스, 아스파탐, 아세설팜 칼륨을 포함한 칼로리가 없는 설탕 대체물이 혈당 수치를 높이지 않기 때문에 허용 가능한 양으로 섭취될 때 안전하다고 간주한다. 인공 첨가물의 안전성을 결정함에 있어서, FDA는 생식 건강, 암 위험, 신경계에 미치는 잠재적 독성 영향과 같은 결과에 대한 데이터를 검토한다. 그러나 그들이 다른 문제들과 관련이 있는지 없는지에 대한 의문은 남는다. 예를 들어, 그것들이 장기간 혈당 조절이나 체중 관리에 도움이 된다는 명확한 증거는 없다. 일부 연구는 수크랄로스를 인슐린 민감도의 현저한 감소와 연관 지었는데, 이는 포도당 대사의 변화 때문인 것으로 생각된다. 이것은 왜 장기간 다이어트 탄산음료를 마신 사람들이 제2형 당뇨병에 걸릴 위험이 크게 높았는지를 설명할 수 있다. 게다가, 연구들은 다이어트 탄산음료가 심장병과 뇌졸중의 위험을 증가시킬 수 있다는 우려도 제기했다.

어휘 alternative 대안, 대체(물) artificial 인공의 additive 첨가물 reproductive health 생식 건강 nervous system 신경계 sensitivity 민감성 glucose 포도당 metabolism 신진대사 develop (병)에 걸리다 diabetes 당뇨병 stroke 뇌졸중

정답 ④

---

09 다음 글의 제목으로 가장 적절한 것은? [제목]

About a third of people in the UK collect something. For a football fan who collects club memorabilia, it is a way to express loyalty; for rare stamp collectors, there can be a sense of superiority from possessing something that others yearn for. From an anthropological point of view, the desire to collect is a result of changes in lifestyles about 12,000 years ago. Our ancestors gave up their nomadic lifestyles and settled down, and the need for storing surplus food until the next harvest would lead to the pure satisfaction of owning things. And a psychoanalytical explanation is that collecting is motivated by existential anxieties — the collection, an extension of our identity, lives on, even though we do not. More recently, evolutionary theorists suggested that collection was a way for a man to attract potential mates by signaling his ability to accumulate resources. A phenomenon known as the endowment effect would also account to some extent for the reason for continuing collection, of which the point is that we value things more once we own them.

① When Did Humans Start to Own Things?
② Why Do We Collect Things?
③ How Could Collection Become a Hobby?
④ How to Decide What to Collect

해설 인간이 수집 욕구를 갖는 이유를 인류학, 정신 분석학, 진화 이론 등 다양한 관점을 통해 설명하는 글이다. 따라서 글의 제목으로 가장 적절한 것은 ② '우리는 왜 물건들을 수집하는가?'이다.

① 인간은 언제 물건을 소유하기 시작했는가? → 글에서 인간이 물건을 소유하기 시작한 시기가 언급되나, 이는 소유 욕구에 대한 이유를 설명하기 위한 부수적인 내용에 불과하다.

③ 수집은 어떻게 취미가 될 수 있었는가? → 글의 첫 부분에 취미로서의 수집 활동의 예시를 들고 있기는 하지만, 수집이 취미로 여겨지게 된 계기나 취미로 변화해 온 과정을 설명하는 글이 아니다.

④ 무엇을 수집할 지를 결정하는 방법 → 수집 품목을 선택하는 방법을 제시하는 내용의 글이 아니다.

해석 영국 사람들의 약 3분의 1이 무언가를 수집한다. 클럽 기념품을 모으는 축구팬에게 있어서, 이는 충성심을 표현하는 방법이다. 희귀한 우표 수집가들에게는, 다른 사람들이 갈망하는 것을 소유하고 있다는 점에서 나오는 우월감이 있을 수 있다. 인류학적 관점에서 보면, 수집 욕구는 약 12,000년 전의 생활 방식의 변화에 따른 결과물이다. 우리 조상들은 유목 생활을 포기하고 정착했고, 다음 수확까지 잉여 식량을 저장해야 할 필요성이 소유에 대한 순수한 만족감으로 이어졌을 것이다. 그리고 한 가지 정신분석학적 설명은 수집이 실존적 불안감에 의해 동기부여가 된다는 것이다. 즉, 우리의 정체성의 확장인 수집물은, 비록 우리는 그러지 못하더라도, 계속 살아간다(수집자의 사후에도 계속 존재한다). 더 최근에, 진화론자들은 수집이 자원을 축적할 수 있는 능력이 있다는 신호를 보냄으로써 남성이 잠재적 짝을 매혹하는 한 가지 방편이었다는 이론을 제안했다. 소유 효과로 알려진 현상도 수집을 계속하는 이유를 어느 정도 설명할 수 있는데, 그것의 요점은 일단 우리가 물건들을 소유하고 나면, 그것들을 더 가치 있게 여긴다는 것이다.

어휘 memorabilia 수집품, 기념품 loyalty 충성(심) superiority 우월성 possess 소유[보유]하다 yearn for ~을 갈망하다, 동경하다 anthropological 인류학의 nomadic 유목의, 방랑의 surplus 잉여의, 과잉의 psychoanalytical 정신 분석의 existential anxiety 존재 불안, 실존 불안 extension 연장 live on 계속 살다, 존재하다 accumulate 모으다, 축적하다 phenomenon 현상 endowment effect 소유 효과 account for 설명하다

정답 ②

10 다음 글의 내용과 일치하지 않는 것은? 　불일치

Ice hockey is believed to have evolved from the very basic stick and ball games played within the 18th- and 19th-century UK. These games were then introduced to North America and hence several other informal winter games were developed, like "shinny" and "ice polo". The current sport of ice hockey was developed in Canada, most notably in Montreal, where the first indoor hockey match was played on March 3, 1875. Some characteristics of that game, like the length of the ice rink and the use of a puck, are still maintained to the present day. Amateur hockey game leagues began within the 1880s, and pro hockey games originated around 1900. The Stanley Cup, emblematic of hockey game club ascendency, was initially awarded in 1893 to acknowledge the Canadian amateur champion and later became the championship trophy of the National Hockey League (NHL). In the early 1900s, the Canadian rules were adopted by the Ligue Internationale Delaware Hockey Sur, the precursor of the International Ice Hockey Federation (IIHF), and therefore the sport was played for the first time at the 1920 summer Olympics.

① Early forms of ice hockey date back to the 18th and 19th centuries.
② Montreal is where the indoor ice hockey match was held for the first time.
③ Amateur ice hockey leagues started only after pro games had gained popularity.
④ The Stanley Cup originally honored the best amateur ice hockey team in Canada.

해설 5번째 문장에 따르면 아마추어 아이스하키 리그가 1880년대에 먼저 출범한 뒤 1900년 경 프로 하키 리그가 만들어졌다고 한다. 따라서 글의 내용과 일치하지 않는 것은 ③ '아마추어 아이스하키 리그는 프로 경기가 인기를 얻고 난 뒤에야 시작되었다.'이다.
① 아이스하키의 초기 형태는 18세기 및 19세기로 거슬러 올라간다. → 첫 문장에서 언급된 내용이다.
② Montreal은 처음으로 실내 아이스하키 경기가 열린 곳이다. → 3번째 문장에서 언급된 내용이다.
④ 스탠리 컵은 본래 캐나다 최고의 아마추어 아이스하키 팀을 기렸다. → 6번째 문장에서 언급된 내용이다.

해석 아이스하키는 18세기와 19세기 영국에서 행해진 아주 기본적인 막대기로 하는 구기 종목에서 발전했다고 여겨진다. 이 게임들은 그 당시에 북미 대륙에 소개되었고, 그 결과 '시니(아이들이 하는 아이스하키)'와 '아이스폴로'와 같은 몇몇 비공식 겨울 스포츠가 개발되었다. 현재의 아이스하키는 캐나다, 특히 Montreal에서 발전했으며, 이 곳에서 1875년 3월 3일에 첫 실내 하키 경기가 열렸다. 아이스링크의 길이나 퍽의 사용 등 이 경기의 몇 가지 특징은 오늘날에도 여전히 유지되고 있다. 아마추어 하키 리그는 1880년대 중 시작되었고, 프로 하키 경기는 대략 1900년에 시작되었다. 하키 경기 클럽에서의 우위를 상징하는 스탠리 컵은 캐나다 아마추어 (하키) 챔피언을 기리고자 1893년에 처음 수여되었고, 이후 프로 아이스하키 리그(NHL)의 우승 트로피가 되

었다. 1900년대 초반에, 국제 아이스하키 연맹(IIHF)의 전신인 Ligue Internationale Delaware Hockey Sur에 의해 캐나다의 (아이스하키) 규칙이 채택되었고, 그리하여 1920년 하계 올림픽에서 처음으로 아이스하키 경기가 진행되었다.

어휘 evolve 발전하다, 진화하다 hence 그에 따라, 이런 이유로 notably 특히 characteristic 특성 puck 퍽(아이스하키에서 공처럼 치는 고무 원반) originate 시작하다, 기원하다 emblematic of ~을 상징하는, ~의 표상인 ascendency 우위, 지배 initially 처음에 award 수여하다 acknowledge 인정하다 adopt 채택하다 precursor 전신, 선행물 date back to ~으로 거슬러 올라가다

정답 ③

11 두 사람의 대화 중 가장 어색한 것은? 　생활영어

① A: That was a great party. Should we clean up now?
　B: I'll take care of it. Just sit tight and take a rest.
② A: How much longer do I have to pose for?
　B: I'm almost done. Please don't move.
③ A: I love what you've done with your house.
　B: Thanks. I put a lot of effort into it.
④ A: When can I expect to get my test results?
　B: You should get tested as soon as possible.

해설 자신의 테스트 결과를 언제 받을 수 있냐는 A의 물음에 대한 응답으로 최대한 빨리 테스트를 받으라고 하는 B의 말은 적절하지 않으므로, 대화 중 가장 어색한 것은 ④ 이다.
해석 ① A: 멋진 파티였어요. 이제 치울까요?
B: 제가 처리할게요. 그냥 그대로 앉아서 쉬고 계세요.
② A: 얼마나 더 포즈 취하고 있어야 해?
B: 거의 다 했어. 움직이지 말아 줘.
③ A: 집에 해놓으신 거 정말 마음에 들어요.
B: 고마워요. 노력 많이 했어요.
④ A: 테스트 결과는 언제 받을 수 있을까요?
B: 가능한 한 빨리 테스트를 받으셔야 합니다.
어휘 take care of ~을 처리하다 sit tight 자리에 그대로 있다 pose 포즈[자세]를 취하다

정답 ④

12 밑줄 친 부분에 들어갈 말로 가장 적절한 것은? [생활영어]

A: Hey, Sam told me that you're working at a Spanish restaurant as a chef. How's that going?
B: Well, I'm very busy but still enjoying it.
A: You know, I've become a chef too.
B: Really? _____?
A: I've always had a passion for cooking, so I decided to pursue it and took a 4-year program at a college in France.
B: That's great to hear. I'm glad you pursued your dreams.
A: Thanks. I didn't want to leave any regrets.

① What is it like to work as a chef
② Can you tell me about your story
③ Where is your restaurant located
④ How long have you been a chef

해설 요리사인 B가 A 역시 요리사가 된 것을 알게 되자 빈칸 내용을 물었고, 이에 A는 자신이 요리사가 된 사연을 말해주고 있다. 따라서 빈칸에 들어갈 말로 가장 적절한 것은 ② '네 이야기 좀 해줄 수 있어'이다.
① 요리사로 일하는 건 어때
③ 네 레스토랑 위치가 어디야
④ 요리사로 일한 지 얼마나 됐어

해석 A: 야, Sam이 네가 스페인 레스토랑에서 요리사로 일하고 있다던데. 어떻게 돼가?
B: 글쎄, 정말 바쁘지만 그래도 즐기고 있어.
A: 있잖아, 나도 요리사가 됐어.
B: 정말? 네 이야기 좀 해줄 수 있어?
A: 난 항상 요리에 대한 열정이 있어서 그걸 좇기로 했고 프랑스의 한 대학에서 4년 과정을 이수했어.
B: 반가운 소식이네. 네 꿈을 좇았다니 기쁘다.
A: 고마워. 어떤 후회도 남기고 싶지 않았어.

어휘 chef 요리사 pursue 추구하다, 좇다

정답 ②

13 밑줄 친 (A), (B)에 들어갈 말로 가장 적절한 것은? [연결사]

Electronic mail is being increasingly used as a way of sending documents, requests and information generally to colleagues and potential clients. __(A)__, even though it offers many advantages in terms of speed and efficiency, it can also contain many pitfalls when used interculturally. Problems of comprehension may arise, of course, through inaccurate language and poorly structured text. Also, cultural issues can lead to misunderstanding and even antagonism. The recipient of an e-mail may consider its style too formal or informal depending on what their expectations are. They may take offence, __(B)__, if they are not addressed at the start of the e-mail or if the style of the message is too direct or casual, particularly if it contains careless language.

	(A)	(B)
①	However	in addition
②	However	for example
③	Therefore	by contrast
④	Therefore	consequently

해설 전자 메일을 주고받을 때 발생할 수 있는 문제점에 관한 내용의 글이다. (A) 앞에서 전자 메일이 점점 더 많이 사용되고 있다고 한 후에 뒤에서 전자 메일에 문제점이 있음을 지적하므로 내용이 반전됨을 알 수 있다. 따라서 (A)에 들어갈 연결사로 가장 적절한 것은 However이다. 또한 (B) 앞에서 수신자의 기대에 따라 전자 메일을 받아들이는 태도가 달라질 수 있음을 언급하는데, (B) 뒤에서 이에 대한 구체적인 예들을 나열하므로 (B)에 들어갈 연결사로 가장 적절한 것은 for example이다.

해석 전자 메일은 문서, 요청, 그리고 정보를 일반적으로 동료와 잠재 고객에게 보내는 방법으로 점점 더 많이 사용되고 있다. 그러나 비록 그것이 속도와 효율성의 측면에서 많은 이점을 제공하지만, 그것은 또한 문화 간에 사용될 때 많은 함정을 포함할 수 있다. 물론 부정확한 언어와 형편없이 구조화된 텍스트를 통해 이해의 문제가 발생할 수도 있다. 또한 문화적 문제는 오해와 심지어 적대감으로 이어질 수 있다. 전자 메일의 수신자는 그들의 기대가 무엇인지에 따라 그것의 스타일이 너무 형식적이거나 비형식적이라고 여길 수 있다. 예를 들어, 전자 메일의 초반에 그들이 언급되지 않을 경우 또는 메시지의 스타일이 너무 직접적이거나 격식을 차리지 않은 경우, 특히 부주의한 언어가 포함될 경우, 그들은 기분이 상할 수도 있다.

어휘 potential 잠재적인 in terms of ~라는 면에서 efficiency 효율성 pitfall 함정 interculturally 문화 간에 comprehension 이해 inaccurate 부정확한 misunderstanding 오해 antagonism 적대감 recipient 수신인 depending on ~에 따라 expectation 기대 take offence 기분이 상하다, 성을 내다

정답 ②

14 다음 글의 주제로 가장 적절한 것은?

주제

The idea of technologically enhancing our bodies is not new. Some experts already consider humanity to be transhuman, because medical advances in recent times have significantly altered our species. In the past, we made devices such as wooden legs, hearing aids, spectacles and false teeth. In future, we might use implants to augment our senses so we can detect infrared or ultraviolet radiation directly or boost our cognitive processes by connecting ourselves to memory chips. Ultimately, by merging man and machine, science will produce humans who have vastly increased intelligence, strength, and lifespans.

① the origin of the concept of transhuman
② the prospect of the future transhuman
③ the difficulties of being transhuman
④ the illusion of extending life by science

해설 이 글은 인간과 기계의 결합을 통해 출현하게 될 트랜스 휴먼의 전망에 대해 서술하고 있으므로 글의 주제로 가장 적절한 것은 ② '미래 트랜스 휴먼에 대한 전망'이다.
① 트랜스 휴먼 개념의 기원 → 글에서 언급된 과거 의학적 장치들을 트랜스 휴먼의 기원으로 볼 수는 있으나, 이는 미래의 가능성을 제시하기 위한 서론일 뿐이다.
③ 트랜스 휴먼이 되는 것의 어려움 → 트랜스 휴먼의 미래 전망을 제시할 뿐, 그 어려움을 언급하고 있지 않다.
④ 과학을 통한 생명 연장의 환상 → 오히려 기계와의 융합을 통한 연장된 수명의 가능성을 제시하고 있다.

해석 우리 몸을 기술적으로 향상시키는 생각은 새로운 것이 아니다. 일부 전문가들은 이미 인류가 트랜스 휴먼이라고 생각하는데, 이는 최근의 의학적 발전이 우리의 종을 현저히 변형시켰기 때문이다. 과거에 우리는 목제 의족, 보청기, 안경, 틀니와 같은 장치들을 만들었다. 미래에는 우리가 적외선이나 자외선을 직접 감지할 수 있도록 감각을 증진시키기 위해 임플란트를 사용할 수도 있고, 메모리 칩에 우리 자신을 연결해서 우리의 인지 과정을 향상시킬 수도 있다. 궁극적으로, 인간과 기계를 융합함으로써 과학은 지능, 힘, 수명이 크게 증가된 인간을 만들어낼 것이다.

어휘 enhance 높이다 humanity 인류, 인간 transhuman 트랜스 휴먼(몸속의 일부를 과학기술을 이용해 변환하여 뛰어난 능력을 갖게 되는 인간) advance 발전, 진보 alter 바꾸다, 고치다 device 장치 wooden legs 목제 의족 hearing aids 보청기 spectacles 안경 false teeth 틀니 implant 임플란트(수술을 통해 인체에 주입하는 물질) augment 늘리다, 증가시키다 detect 감지하다, 발견하다 infrared radiation 적외선 ultraviolet radiation 자외선 ultimately 궁극적으로, 결국 vastly 대단히, 엄청나게 lifespan 수명 concept 개념 illusion 오해, 환상 extend 연장하다

정답 ②

15 주어진 글 다음에 이어질 글의 순서로 가장 적절한 것은?

순서배열

Brain science provides clear evidence that when people are treated fairly, it triggers the feel-good part of the brain. When people are treated poorly, it triggers the part of the brain that makes them feel disgusted.

(A) The resolution to this conflict differs from one individual to the next, but a lot depends on people's understanding of fairness, the money they have to sacrifice to punish those who are unfair, and their level of disgust at being treated unfairly.
(B) There appears to be a conflict in the human brain between accepting unfair offers (because what they're offered feels good) and rejecting unfair offers (because they're disgusted by the unfairness).
(C) In other words, people's emotional reactions to fairness are rooted in brain architecture. The feel-good part of the brain is also triggered, however, when people receive an offer of money, even if this offer is believed to be unfair.

① (A) - (C) - (B)
② (B) - (A) - (C)
③ (C) - (A) - (B)
④ (C) - (B) - (A)

해설 사람들이 공정한 대우를 받으면 기분을 좋게 해주는 뇌 부분이 촉발되고, 불공정한 대우를 받으면 혐오감을 느끼게 하는 부분이 촉발된다는 내용의 주어진 글 다음에는 주어진 글에 대한 부연 설명을 In other words로 기술하는 (C)가 와야 한다. 그다음에는 (C) 마지막에서 언급한 내용, 즉 불공정한 제안을 받을 때 역시 기분을 좋게 하는 인간의 뇌 부분이 촉발된다는 내용에 이어 그러한 불공정한 제안을 수용하는 것과 그것을 거부하는 것 사이에 갈등이 있는 것처럼 보인다는 내용의 (B)가 와야 한다. 마지막으로 (B)에서 언급된 갈등을 (A)의 this conflict로 받아, 그 해결책은 개인마다 다르다는 내용이 오는 것이 자연스럽다. 따라서 글의 순서로 가장 적절한 것은 ④ '(C) - (B) - (A)'이다.

해석 뇌 과학은 사람들이 공정한 대우를 받을 때, 그것이 기분을 좋게 해주는 뇌 부분을 촉발시킨다는 분명한 증거를 제공한다. 사람들이 불공정한 대우를 받을 때, 그것은 그들이 혐오감을 느끼게 만드는 뇌 부분을 촉발시킨다. (C) 다시 말해서, 공정함에 대한 사람들의 감정적 반응은 뇌 구조에 뿌리를 두고 있다. 그러나 비록 사람들이 돈을 주겠다는 제안이 불공정하다고 믿는다 할지라도 그런 제안을 받을 때 역시 기분을 좋게 해주는 뇌 부분이 촉발된다. (B) 인간의 뇌에는 (그들이 제공 받는 것이 기분이 좋기 때문에) 불공정한 제안을 수용하는 것과 (불공정함에 의해 그들이 혐오감을 가지게 되기 때문에) 불공정한 제안을 거부하는 것 사이에 갈등이 있는 것처럼 보인다. (A) 이 갈등에 대한 해결책은 개인마다 다르지만, 많은 것이 공정성에 대한 사람들의 이해, 불공정한 사람들을 처벌하기 위해 희생해야 하는 돈, 불공정한 대우를 받는 것에 대한 혐오감의 수준에 달려 있다.

어휘 fairly 공정하게, 상당히 trigger 촉발하다 disgust 혐오감을 유발하다; 혐오감 resolution 해결 conflict 갈등, 충돌 sacrifice 희생하다 reject 거부하다 reaction 반응 architecture 구조

정답 ④

16 다음 글의 흐름상 가장 어색한 문장은?　일관성

Parents play a huge role in every aspect of their children's life, even in the athletic aspect. ① It is a good thing for parents to encourage and support their children in sports which interest them, and this involves forming a good relationship with the children's coach. ② Parents and coaches then should help hand in hand to foster a positive athletic atmosphere for players. ③ Coaches then should exert extra effort in getting to know the parents of their players, and by so doing, determine ways by which parents are willing to help their children and the team in general. ④ When parents, coaches, and athletic programs get too pushy, kids get out of sports — which is why 80 percent of all adolescents between the ages of 12 and 17 drop out of organized sports. When parents and coaches have a dialogue, they also learn more about each other's expectations and this leads to a better relationship between them as well.

해설 부모와 코치와의 관계가 자녀가 운동하는 데 있어서 큰 역할을 하기 때문에 서로 교류를 하면서 선수들을 위한 긍정적인 분위기를 조성해야 한다는 내용의 글이다. 이에 관한 지침을 설명하는 와중에 아이들이 스포츠를 그만두는 이유를 언급한 부정적인 내용의 ④는 글의 흐름에서 벗어난다. 따라서 글의 흐름상 가장 어색한 문장은 ④이다.

해석 부모는 자녀들의 삶의 모든 측면에서, 심지어 운동적인 측면에서도 큰 역할을 한다. 아이들의 흥미를 끄는 스포츠에서 부모가 자녀를 격려하고 응원하는 것은 좋은 일이며, 이것은 자녀들의 코치와 좋은 관계를 형성하는 것을 포함한다. 그 다음 부모와 코치는 서로 손을 잡고 도우면서 선수들에게 긍정적인 운동 분위기를 조성해야 한다. 그 후 코치는 선수들의 부모를 알기 위해 추가적인 노력을 기울여야 하는데, 그렇게 함으로써, 부모들이 그들의 자녀와 팀을 전반적으로 도울 수 있는 방법을 결정해야한다. (부모, 코치, 그리고 운동 프로그램이 너무 강압적일 때 아이들은 스포츠를 떠나게 되는데, 그것이 12세에서 17세 사이의 모든 청소년들의 80%가 단체 스포츠를 그만두는 이유이다.) 부모와 코치가 대화를 할 때, 그들은 또한 서로의 기대치에 대해 더 많이 알게 되고 이것이 또한 그들 사이의 더 나은 관계로 이끈다.

어휘 aspect 측면 athletic 운동의 form 형성하다 hand in hand 서로 손을 잡고 foster 조성하다 exert effort 노력을 기울이다 determine 결정[확정]하다 be willing to 기꺼이 ~하다 in general 전반적으로 adolescent 청소년 drop out of ~을 그만두다 organized sport 단체 스포츠 dialogue 대화

정답 ④

17 주어진 문장이 들어갈 위치로 가장 적절한 것은?　문장삽입

Known as coagulogen, the substance keeps unwanted bacteria from spreading.

Mankind owes a great debt to horseshoe crabs. Quite unwittingly, these marine invertebrates have become our allies in the endless fight against medical maladies. This is because they have moving cells inside their blood called amoebocytes. (①) When one of these finds a bacterium, it secretes a rapidly-coagulating gel that encases the intruder. (②) To the medical community, it's a godsend. (③) Now, all experimental intravenous drugs are required by U.S. law to pass a contamination test involving horseshoe crabs' blood. (④) In it, a sample of the medicine is mingled with the blood. If any coagulogen clots appear within 45 minutes, then the researchers will know the drug contains (possibly harmful) bacteria and that it isn't ready to be used on human patients.

해설 투구게의 혈액 속에 존재하는 코아굴로겐 물질에 관한 내용의 글이다. 주어진 문장은 코아굴로겐이라는 구체적인 물질의 명칭과 그 물질의 기능을 설명하고 있으므로, 이 물질을 지칭하는 a rapidly-coagulating gel이 소개된 직후에 오는 것이 적절하다. 또한 ② 다음 문장에서의 it이 이 물질을 가리키는 것을 알 수 있으므로, 주어진 문장이 들어갈 위치로 가장 적절한 것은 ②이다.

해석 인류는 투구게에게 큰 빚을 지고 있다. 꽤 부지불식간에, 이 해양 무척추동물들은 의학적 질병과의 끝없는 싸움에서 우리의 동맹이 되었다. 이것은 그들이 변형세포라고 불리는 움직이는 세포를 혈액 속에 가지고 있기 때문이다. 이들 중 하나가 박테리아를 발견하면, 그것은 침입자를 둘러싸는 빠르게 응고되는 물질을 분비한다. 코아굴로겐으로 알려진 이 물질은 원치 않는 박테리아가 퍼지는 것을 막는다. 의학계에는, 그것은 신이 보낸 선물이다. 현재, 모든 실험적인 정맥 주사 약물은 투구게의 혈액과 관련된 오염 검사를 통과하도록 미국 법에 의해 요구되고 있다. 그 검사에서, 약물의 샘플은 그 피와 혼합된다. 만약 45분 안에 어떤 코아굴로겐 응고 덩어리들이 나타난다면, 연구원들은 그 약물이 (해로울 수 있는) 박테리아를 포함하고 있고, 그것이 인간 환자들에게 사용될 준비가 되지 않았다는 것을 알게 될 것이다.

어휘 horseshoe crab 투구게 unwittingly 무의식적으로, 부지불식간에 invertebrate 무척추동물 ally 동맹, 협력자 malady 질병, 병폐 amoebocyte 변형세포 bacterium 세균(pl. bacteria) secrete 분비하다 coagulate 응고시키다 encase 감싸다, 둘러싸다 intruder 침입자 substance 물질 godsend 뜻밖의 행운, 신의 선물 experimental 실험적인 intravenous 정맥주사의 contamination 오염 mingle with ~와 섞다 clot 엉긴 덩어리

정답 ②

18 다음 글의 내용과 일치하지 않는 것은?

불일치

The nominal interest rate is when borrowing or investing is fixed at a particular time and fixed at that rate. This is a useful value because it shows what is prevailing in the market and how the market is moving. However, a time factor needs to be considered in borrowing and investing decisions. A dollar's value today will not be the same as the dollar's value tomorrow because of inflation. Inflation is when the prices of goods and services increase, and the purchasing power of money is weakened. Another type of interest rate is created to address this problem: the real interest rate. The real interest rate is the nominal interest rate adjusted to remove the effects of inflation. It is the actual amount of money a borrower will pay, or an investor will receive when used in the calculations.

① 명목이자율은 특정 시기에 특정 비율로 고정된다.
② 명목이자율은 시장의 움직임을 보여줄 수 있는 지표이다.
③ 인플레이션은 화폐의 구매력 감소를 동반한다.
④ 실질이자율은 인플레이션의 영향을 반영한다.

해설 마지막 2번째 문장에서 실질이자율은 인플레이션의 영향을 반영한 것이 아니라 '없애기' 위해 조정되었다고 했으므로, 글의 내용과 일치하지 않는 것은 ④ '실질이자율은 인플레이션의 영향을 반영한다.'이다.

① 명목이자율은 특정 시기에 특정 비율로 고정된다. → 첫 문장에서 언급된 내용이다.
② 명목이자율은 시장의 움직임을 보여줄 수 있는 지표이다. → 2번째 문장에서 언급된 내용이다.
③ 인플레이션은 화폐의 구매력 감소를 동반한다. → 5번째 문장에서 언급된 내용이다.

해석 명목이자율은 차용이나 투자가 특정 시기로 고정되고 그 비율(이자율)로 고정되는 경우이다. 이는 시장에서 무엇이 우세하며 시장이 어떻게 움직이고 있는가를 보여준다는 점에서 유용한 가치이다. 그러나 차입 및 투자 결정 시 시간 요인이 고려될 필요가 있다. 오늘의 달러 가치는 인플레이션 때문에 내일의 달러 가치와 동일하지 않을 것이다. 인플레이션은 상품과 서비스의 가격이 상승하고, 화폐의 구매력은 약화되는 경우이다. 이 문제를 해결하기 위해 또 다른 유형의 이자율이 만들어지는데, 바로 실질이자율이다. 실질이자율은 인플레이션의 영향을 없애기 위해 조정된 명목이자율이다. 이것은 정산 시 차용자가 지불하거나 투자자가 받게 될 실질적 액수이다.

어휘 nominal interest rate 명목이자율 fixed 고정된 prevail 만연하다, 우세하다 factor 요인 purchasing power 구매력 address 해결하다, 처리하다 real interest rate 실질이자율 adjusted 조정된

정답 ④

19 밑줄 친 (A), (B)에 들어갈 말로 가장 적절한 것은?

빈칸완성

Dehumanization is defined as "the psychological process of demonizing the enemy, making them seem less than human and hence not worthy of humane treatment." Dehumanizing often starts with creating an *enemy image*. As we take sides, lose trust, and get angrier and angrier, we not only ___(A)___ an idea of our enemy, but also start to lose our ability to listen, communicate, and practice even a modicum of empathy. Once we see people on the other side of a conflict as morally inferior and even dangerous, the conflict starts being framed as good versus evil. Michelle Maiese writes, "Once the parties have framed the conflict in this way, their positions become more rigid. In some cases, zero-sum thinking develops as parties come to believe that they must either secure their own victory, or face defeat. New goals to ___(B)___ the opponent arise, and in some cases more militant leadership comes into power."

	(A)	(B)
①	solidify	destroy
②	erase	punish
③	solidify	glorify
④	erase	inspect

해설 적에 대한 비인간화 과정을 설명하는 글이다. 글의 전반부는 적을 악으로 보는 이미지가 '확고해지며' 적과 소통하거나 적에 공감할 여지가 줄어든다는 내용이다. 따라서 (A)에 들어갈 말로 적절한 것은 solidify(굳히다)이다. 한편 글의 후반부는 적과의 갈등이 선과 악의 대결로 비약되면서 적을 상대로 승리 또는 패배밖에 없다는 극단적인 사고방식이 발전하게 된다는 내용이다. 이에 따라 적을 '무너뜨리려는' 목표가 생긴다는 결론이 흐름상 적합하므로, (B)에 들어갈 말로 적절한 것은 destroy(파괴하다)이다.

해석 비인간화는 '적을 악마로 만들어 인간 이하로 보이게 하고, 그리하여 인도적 대우를 받을 자격이 없는 것처럼 보이게 하는 심리적 과정'으로 정의된다. 비인간화는 흔히 '적의 이미지'를 만드는 것으로 시작된다. 우리가 편을 들고, 신뢰를 잃고, 점점 더 분노하면서, 우리는 적에 관한 생각을 굳혀갈 뿐만 아니라, 듣고 소통하고 약간의 공감을 실천할 능력조차 잃기 시작한다. 일단 우리가 갈등의 반대편에 있는 사람들을 도덕적으로 열등하고 심지어 위험한 존재로 보면, 이 갈등은 선 대(對) 악으로 틀이 잡히기 시작한다. Michelle Maiese는 '일단 당사자들이 갈등을 이런 식으로 틀에 끼우면, 이들의 입장은 더욱 경직된다. 어떤 경우에는, 당사자들이 그들의 승리를 확보하지 않는다면 패배에 직면해야 한다고 믿게 되면서 제로섬 식의 사고방식이 발달한다. 상대를 파괴하려는 새로운 목표가 생겨나고, 경우에 따라서는 더 호전적인 지도부가 권력을 장악한다.'라고 쓴다.

어휘 dehumanization 비인간화 psychological 심리적인 demonize 악마로 만들다 hence 이런 이유로, 그래서 worthy of ~을 받을 만한, ~할 가치가 있는 humane 인도적인 modicum 약간 empathy 공감, 감정 이입 conflict 갈등 inferior 열등한 frame 틀을 잡다 party 당사자 rigid 경직된, 융통성 없는 secure 획득[확보]하다 defeat 패배 opponent 상대방, 적 militant 공격적인, 호전적인 come into power 집권하다 solidify 굳히다, 확고히 하다 glorify 미화하다 inspect 조사하다

정답 ①

20 밑줄 친 부분에 들어갈 말로 가장 적절한 것은? [빈칸완성]

In a recent experiment, two capuchin monkeys were placed in two adjacent cages, so that each could see everything the other was doing. Researchers put small stones inside each cage, and trained the monkeys to give them these stones. Whenever a monkey handed over a stone, he received food in exchange. At first the reward was a piece of cucumber. Both monkeys were very pleased with that, and happily ate their cucumber. After a few rounds, researchers gave it a little twist: This time, when the first monkey surrendered a stone, he got a grape, which is much tastier. However, when the second monkey gave a stone, he still received a piece of cucumber. The second monkey, who was previously very happy with his cucumber, became enraged. He took the cucumber, looked at it in disbelief for a moment, and then threw it at the scientists in anger and began jumping and screeching loudly. This hilarious experiment has led many to believe that _____ is a natural universal value for primates.

① egoism　　　　　② equality

③ gratification　　　④ philanthropy

[해설] 돌을 건네주면 오이를 받았던 두 원숭이 중 한 마리만 오이를 포도로 바꿔주자 나머지 원숭이가 화를 내며 비명을 질렀다는 한 실험 결과에 관한 글이다. 이는 원숭이가 공평한 처사와 불공평한 처사를 구별할 수 있음을 시사하므로, 빈칸에 들어갈 말로 가장 적절한 것은 ② '평등'이다.

① 이기심 → 다른 존재와의 차별 대우를 인지할 수 있는 능력을 이기심으로 보기는 어렵다.

③ 만족 → 처음에 두 원숭이들이 모두 오이를 받았을 때는 만족했으나, 원숭이가 차별 대우를 받았을 때는 분노했으며 이것이 연구의 핵심이므로 적절하지 않다.

④ 박애 → 글의 내용과 관계가 없다.

[해석] 최근 실험에서 꼬리 감는 원숭이 두 마리를 인접한 우리 두 개에 넣어서 서로 상대가 하는 모든 것을 볼 수 있도록 했다. 연구자들은 작은 돌들을 각각의 우리 안에 넣고 원숭이들에게 이 돌을 주도록 훈련시켰다. 원숭이는 돌을 건네줄 때마다 그 대가로 음식을 받았다. 처음에 보상은 오이 한 조각이었다. 두 원숭이 모두 이것에 매우 만족했고 행복하게 오이를 먹었다. 몇 차례 그렇게 한 후, 연구자들은 약간의 반전을 주었다. 이번에 첫 번째 원숭이는 돌을 내주고서 포도를 받았는데, 이것은 (오이보다) 훨씬 더 맛있는 것이었다. 하지만 두 번째 원숭이는 돌을 주고서 여전히 오이 한 조각을 받았다. 이전에 오이로 매우 만족해했던 두 번째 원숭이는 격분했다. 그는 오이를 집어 들고 잠시 믿을 수 없다는 듯 쳐다보더니, 화가 나서 그것을 과학자들에게 집어 던지고는 날뛰면서 큰소리로 비명을 지르기 시작했다. 이 재미있는 실험은 많은 사람들이 영장류에게 있어 평등이 타고난 보편적 가치임을 믿게 하였다.

[어휘] capuchin monkey 꼬리 감는 원숭이 adjacent 인접한 hand over ~을 건네다 twist (사건이나 이야기의) 전환 surrender 넘겨주다, 인도하다 previously 이전에 enraged 격분한 disbelief 믿기지 않음, 불신감 screech 비명을 지르다 hilarious 재미있는, 우스운 universal 보편적인, 일반적인 primates 영장류 egoism 이기주의 gratification 만족 philanthropy 자선, 박애

[정답] ②

answer

01	02	03	04	05
②	②	②	③	②
06	**07**	**08**	**09**	**10**
④	③	③	②	④
11	**12**	**13**	**14**	**15**
③	③	④	②	④
16	**17**	**18**	**19**	**20**
①	④	③	③	②

01 밑줄 친 부분에 들어갈 말로 가장 적절한 것은?   어휘

Summer follows spring and autumn _____ winter.

① placates   ② precedes

③ preserves   ④ persuades

해설 and 앞에서 봄 다음에 여름이 온다고 했으므로, 뒤에는 가을 다음에 겨울이 온다는 맥락의 내용이 나와야 한다. 따라서 빈칸에 들어갈 말로 가장 적절한 것은 ② 'precedes(선행하다)'이다.

① 달래다 ③ 보호하다 ④ 설득하다

해석 여름은 봄 다음에 오고 가을은 겨울에 선행한다.

어휘 follow 뒤를 잇다

정답 ②

02 밑줄 친 부분의 의미와 가장 가까운 것은?   어휘

She is deft at performing the dental work required to enhance the appearance of your teeth.

① inept   ② skillful

③ amused   ④ annoyed

해설 deft는 '능숙한'이라는 뜻으로, 이와 의미가 가장 가까운 것은 ② 'skillful(능숙한)'이다.

① 솜씨 없는 ③ 즐거워하는 ④ 짜증이 난

해석 그녀는 당신의 치아 외관을 개선하는 데 필요한 치과 작업을 수행하는 데 능숙하다.

어휘 dental 치과의

정답 ②

03 밑줄 친 부분의 의미와 가장 가까운 것은?   이어동사

It is an undeniable fact that foreign visitors should abide by the local customs.

① drop by   ② conform to

③ do without   ④ make light of

해설 abide by는 '따르다'라는 뜻으로, 이와 의미가 가장 가까운 것은 ② 'conform to(따르다)'이다.

① 들르다 ③ ~없이 지내다 ④ 경시하다

해석 외국인 방문객들이 그 지역의 관습을 따라야 한다는 것은 부인할 수 없는 사실이다.

어휘 undeniable 부인할 수 없는 custom 관습

정답 ②

04 밑줄 친 부분의 의미와 가장 가까운 것은?   어휘

Due to the 4th industrial revolution, many jobs are being supplanted by AI or machines.

① created   ② enhanced

③ replaced   ④ restored

해설 supplant는 '대체하다'라는 뜻으로, 이와 의미가 가장 가까운 것은 ③ 'replaced(대체하다)'이다.

① 창출하다 ② 향상시키다 ④ 회복시키다

해석 4차 산업혁명으로 인해 많은 일자리가 AI나 기계로 대체되고 있다.

어휘 industrial revolution 산업혁명

정답 ③

05 어법상 옳은 것은? 　문법

① Of all the people in this room, how much can manage their diets properly?
② I think it difficult to find a replacement for him by next month.
③ His argument was so convinced that the board unanimously approved the plan.
④ At tomorrow's meeting, they discussed how to motivate employees.

해설 think가 5형식 동사로 쓰여 to 부정사나 that절을 목적어로 취할 때 'think + 가목적어 it + 목적격 보어 + to RV/that절'의 구조를 취하므로 적절하게 쓰였다. 또한 '늦어도' 다음 달까지 대체자를 찾는 것이므로, 동작의 완료를 나타내는 전치사 by의 쓰임도 적절하다.

① (much → many) much는 불가산명사와 함께 쓰이는 대명사인데, 앞에 Of all the people이 나왔으므로 복수가산명사 people과 함께 쓰일 수 있는 대명사 many로 고쳐야 한다.

③ (convinced → convincing) '너무 ~해서 ~하다'라는 의미의 'so ~ that' 구문이 쓰이고 있다. 그런데 그의 주장이 확신을 '받는' 것이 아닌 '주는' 것이므로 convinced를 능동의 현재분사 convincing으로 고쳐야 한다.

④ (discussed → will discuss) 문두에 미래 시점을 나타내는 At tomorrow's meeting이 나왔으므로, 과거시제를 쓸 수 없다. 따라서 discussed를 will discuss로 고쳐야 한다.

해석 ① 이 방에 있는 모든 사람 중 얼마나 많은 사람이 식단을 제대로 관리할 수 있을까?
② 나는 다음 달까지 그를 대신할 사람을 찾기 어렵다고 생각한다.
③ 그의 주장이 너무 설득력 있어서 이사회는 만장일치로 그 계획을 승인했다.
④ 내일 회의에서 그들은 직원들에게 동기를 부여할 방법을 논의할 것이다.

어휘 diet 식단 properly 제대로 replacement 대신할 사람 convince 확신시키다, 설득하다 board 이사회 unanimously 만장일치로 motivate 동기 부여하다

정답 ②

06 밑줄 친 부분의 의미와 가장 가까운 것은? 　이디엄

Brown was recognized as a potential future leader while still in enlisted boot camp. He never forgot how the Air Force had taken a kid who was <u>wet behind the ears</u> and turned him into a leader.

① noticeable
② passionate
③ incompetent
④ inexperienced

해설 wet behind the ears는 '머리에 피도 안 마른'이라는 뜻으로, 이와 의미가 가장 가까운 것은 ④ 'inexperienced(경험이 부족한)'이다.
① 눈에 띄는 ② 열정적인 ③ 무능한

해석 Brown은 아직 사병 신병 훈련소에 있을 때 잠재적인 미래의 지도자로 인정받았다. 그는 공군이 어떻게 머리에 피도 안 마른 아이를 데려가서 지도자로 만들었는지 절대 잊지 않았다.

어휘 potential 잠재적인 enlisted 사병의 boot camp 신병 훈련소

정답 ④

07 밑줄 친 부분 중 어법상 옳지 않은 것은? 　문법

Newton's first law, ① called the law of inertia, states that if the total force on an object equals zero, then it will continue in its current state of rest or motion. Thus, for instance, if a stone is motionless, it will remain ② motionless until an outside force acts upon it, such as the wind or a foot kicking it. Furthermore, if a rock is flying through the air, say, because it was thrown, then it will continue at the same speed indefinitely unless another force ③ will act upon it, such as gravity or air friction. Of course, in the real world, there ④ is always a force to act upon a moving object.

해설 (will act → acts) unless가 이끄는 조건의 부사절에서는 현재시제가 미래시제를 대신하므로, will act를 acts로 고쳐야 한다.

① 뉴턴의 제1법칙이 관성의 법칙이라고 '불리는' 것이므로 수동의 과거분사 called는 적절하게 쓰였다.

② 2형식 동사 remain 뒤에 보어로 형용사인 motionless가 온 것은 적절하다.

④ 문장의 주어가 단수명사인 a force이므로 is의 수일치는 적절하다.

해석 관성의 법칙이라고 불리는 뉴턴의 제1법칙은 물체에 작용하는 합력이 0이면, 그 물체는 현재의 정지 상태 또는 운동 상태에 계속 머무를 것이라고 한다. 그러므로 가령 돌이 움직이지 않는다면, 그것은 바람이나 그것을 차는 발과 같은 외부의 힘이 그것에 작용할 때까지 움직이지 않는 채로 있을 것이다. 게다가 이를테면 바위가 던져져서 공중을 날아가고 있다면, 그것은 중력이나 공기 마찰과 같은 또 다른 힘이 그것에 작용하지 않는 한, 무한히 같은 속도에 계속 머무를 것이다. 물론, 현실 세계에서는 움직이는 물체에 작용하는 힘이 항상 있다.

어휘 inertia 관성 state 말하다 equal 같다, ~이다 rest 정지 motionless 움직이지 않는 say (보통 수사 또는 예시 앞에서) 이를테면, 말하자면 indefinitely 무한히 gravity 중력 friction 마찰

정답 ③

08 우리말을 영어로 잘못 옮긴 것은?

① 이 노래는 내가 가져본 적이 없는 것에 대해 향수를 불러일으킨다.
→ This song makes me nostalgic for something I never had.

② 가능한 한 적게 드세요, 그렇지 않으면 비만이 될 것입니다.
→ Eat as little as you can, or you will become obese.

③ 이것이 카타르 월드컵에서 누가 우승할 것인지에 대한 나의 예측이다.
→ This is my prediction as to whom will win the Qatar World Cup.

④ 네가 좀 더 조심했더라면 차에 치이지 않았을 텐데.
→ If you had been more careful, you wouldn't have been run over.

해설 (whom → who) 의문사의 격은 의문사가 이끄는 절 내에서 결정된다. 여기서는 동사 will win의 주어가 필요하므로, 목적격인 whom을 주격인 who로 고쳐야 한다. 참고로 as to는 '~에 관해'라는 의미의 전치사로, 의문사절을 목적어로 취하고 있다.

① 5형식 동사로 쓰인 make가 목적격 보어로 형용사 nostalgic을 취하고 있는 것은 적절하다. 참고로 something과 I 사이에는 목적격 관계대명사가 생략되어 있으므로 had 뒤에 목적어 자리가 비어있는 것도 적절하다.

② 'as ~ as' 원급 비교 구문이 사용되었으며, 수가 아닌 양에 대한 표현이므로 few가 아닌 little이 온 것은 적절하다. 참고로 명령문 뒤에 오는 or는 '그렇지 않으면'이라고 해석하고, and는 '그러면'이라고 해석한다.

④ 가정법 과거완료 구문이 쓰인 문장으로, if절에는 had p.p.가, 주절에는 '조동사의 과거형 + have p.p.'가 적절하게 쓰였다. 또한 주어인 you가 차에 '치이는' 것이므로 수동태 have been run over의 쓰임도 적절하다.

어휘 nostalgic 향수를 불러일으키는 obese 비만인 prediction 예측 run over 치다

정답 ③

09 밑줄 친 (A), (B)에 들어갈 말로 가장 적절한 것은?

Diffusion of new communication technology goes through a predictable sequence of stages. First, we gain knowledge about the new idea from the media and from people we know. ___(A)___, we may learn about new e-books in a TV news story or see our classmate use one. Then we weigh the merits. Does it cost too much? How much do we need the lecture notes that are available only in the e-book version? Finally, we decide to try it and make our purchase. Afterward, we continue to reassess our experience with the innovation and confirm, reject, or modify our use of it. We may find that our own handwritten lecture notes are more useful than the e-books and regret our purchase. ___(B)___, we decide which innovations to pursue according to the expected outcomes of our adoption decision, and we then continually monitor the fulfillment of those expectations.

(A)	(B)
① For example	On the other hand
② For example	In other words
③ By contrast	In conclusion
④ By contrast	at the same time

해설 새로운 통신 기술의 확산이 거치는 단계를 기술하는 내용의 글이다. (A) 앞에서 새로운 기술을 미디어나 사람들로부터 알게 된다고 했으며 (A) 뒤에서 전자책에 관한 예시를 들었으므로, (A)에 들어갈 연결사로 가장 적절한 것은 For example이다. 또한 (B) 앞에서 우리가 계속 혁신에 대한 경험을 재평가한다는 내용을 언급한 후 (B) 뒤에서 이 평가 과정에 대해 부연하였으므로, (B)에 들어갈 연결사로 가장 적절한 것은 In other words이다.

해석 새로운 통신 기술의 확산은 예측 가능한 단계의 순서를 거친다. 첫째, 우리는 미디어와 우리가 아는 사람들로부터 새로운 아이디어에 대한 지식을 얻는다. 예를 들어, 우리는 TV 보도 기사에서 새로운 전자책에 관해 배우거나 우리 반 친구가 전자책을 사용하는 것을 볼 수도 있다. 그다음에 우리는 그 장점을 따져 본다. 그것은 비용이 너무 많이 드는가? 우리는 오직 전자책 버전으로만 이용 가능한 강의 노트를 얼마나 많이 필요로 하는가? 결국, 우리는 그것을 시도해보기로 하고 구매를 한다. 그 후에, 우리는 계속해서 혁신에 대한 우리의 경험을 재평가하고 그것의 사용을 확정하거나 거부하거나 수정한다. 우리는 우리가 직접 손으로 쓴 강의 노트가 전자책보다 더 유용하다는 것을 알게 되어 우리의 구매를 후회할지도 모른다. 다른 말로 하면, 우리는 우리의 채택 결정에 대해 예상되는 결과에 따라 어떤 혁신을 추구해야 할지 결정하고, 그런 다음 우리는 그 기대가 충족되는지 지속적으로 추적 관찰한다.

어휘 diffusion 확산 go through 거치다 predictable 예상 가능한 sequence 순서 news story 보도[신문] 기사 weigh 따져 보다 purchase 구매 afterward 나중에, 그 후에 reassess 재평가하다 innovation 혁신 confirm 확정하다 reject 거부하다 modify 수정하다 pursue 추구하다 outcome 결과, 성과 adoption 채택 monitor 추적 관찰하다 fulfillment 충족

정답 ②

10 다음 글의 주제로 가장 적절한 것은?

The Buddha taught us to contemplate our body. For example: hair of the head, hair of the body, nails, teeth, skin — it's all body. Take a look. We are told to investigate right here. If we don't see these things clearly as they are in ourselves, we won't have any understanding about other people. We won't see others clearly, nor will we see ourselves. If we do understand and see clearly the nature of our own bodies, however, our doubts and wonderings regarding others will disappear. This is because body and mind are the same for everybody. It isn't necessary to go and examine all the bodies in the world, since we know that they are the same as us. If we have this kind of understanding then our burden becomes lighter. Without this kind of understanding, all we do is develop a heavier burden.

① the nature and function of the human body
② the burden of knowing oneself in light of others
③ the difficulty of understanding the body-mind connection
④ the importance of appreciating our body in knowing others

해설 인간의 몸은 서로 같기에 우리가 우리 자신의 몸을 제대로 안다면 다른 사람들도 제대로 이해할 수 있다는 내용의 글이다. 따라서 글의 주제로 가장 적절한 것은 ④ '타인을 아는 데 있어 우리 몸을 제대로 이해하는 것의 중요성'이다.
① 인체의 성질과 기능 → 인체의 성질을 이해하는 것이 중요하다고 했을 뿐, 그 성질과 기능을 구체적으로 설명하진 않았다.
② 타인에 비추어 자신을 아는 것에 대한 부담 → 타인을 통해 자신을 이해하는 것이 아니라, 자신을 통해 타인을 이해하는 것이며 그렇게 함으로써 오히려 부담을 덜 수 있다는 내용이다.
③ 몸과 마음의 연결을 이해하는 것의 어려움 → 이에 대한 어려움은 언급되지 않았다.

해석 부처는 우리에게 우리의 몸을 고찰하라고 가르쳤다. 예컨대 머리카락, 몸의 털, 손톱, 치아, 피부, 그 모든 것이 몸이다. 살펴보라. 우리는 바로 여기서 살펴볼 것을 지시받는다. 만일 우리가 이런 것들을 우리 안에서 있는 그대로 명확히 보지 못한다면, 우리는 타인을 전혀 이해하지 못할 것이다. 우리는 타인을 명확히 보지 못할 것이고, 우리 자신도 보지 못할 것이다. 하지만 우리가 진정 우리 몸의 본질을 파악하고 명확히 안다면, 타인에 관한 우리의 의심과 의문은 사라질 것이다. 왜냐하면 몸과 마음은 모든 사람에게 있어 같기 때문이다. 우리는 세상에 있는 모든 몸을 살펴보러 갈 필요가 없는데, 그들이 우리와 같다는 것을 알기에 그렇다. 만약 이런 식의 이해가 우리에게 있다면 우리의 부담은 가벼워진다. 이러한 이해가 없다면 우리가 하는 일은 더 무거운 짐을 키우는 것뿐이다.

어휘 contemplate 숙고하다, 고찰하다 investigate 살펴보다, 조사하다 nature 본질 regarding ~에 관하여 disappear 사라지다 examine 조사하다 burden 부담 in light of ~에 비추어 appreciate 이해하다

정답 ④

11 밑줄 친 부분에 들어갈 말로 가장 적절한 것은?

A: I want to discuss something with you.
B: Sure, what is it?
A: I'm planning a project and I want you to lead it.
B: I'm afraid I can't. I already have work piled up.
A: _____?
B: They all need to be done by the end of this week.
A: Then can you recommend anyone to lead instead?
B: Hmm... I'll get back to you once I find someone.

① Do you want the details of the project
② What kind of work do you have to do
③ Can't you put off some of the work
④ Why do you think I'm suitable to lead it

해설 빈칸 앞에서 B가 이미 할 일이 많다는 이유로 프로젝트를 이끌어달라는 A의 부탁을 거절하고 있다. 빈칸 내용에 해당하는 A의 물음에 B가 맡은 일의 마감 기한으로 답하는 것을 보아, A가 빈칸에서 B에게 맡은 일을 지금 해야만 하는지 물어봤을 것을 유추할 수 있다. 따라서 빈칸에 들어갈 말로 가장 적절한 것은 ③ '그 일 일부를 미룰 순 없나요'이다.
① 프로젝트의 자세한 내용을 원하시나요
② 어떤 일을 하셔야 하나요
④ 왜 제가 그걸 이끄는 데 적합하다고 생각하세요

해석 A: 당신과 의논하고 싶은 게 있어요.
B: 네, 뭔가요?
A: 제가 프로젝트 하나를 계획하고 있는데 그걸 당신이 이끌어 줬으면 해요.
B: 죄송하지만 못할 것 같아요. 이미 일이 쌓여 있어요.
A: 그 일 일부를 미룰 순 없나요?
B: 전부 이번 주 내로 끝내야 해요.
A: 그럼 대신 이끌어 줄 사람을 추천해 주실 수 있나요?
B: 흠... 누군가 찾으면 다시 연락드릴게요.

어휘 pile up 쌓아 올리다 get back to ~에게 다시 연락하다 put off 미루다

정답 ③

12 우리말을 영어로 잘못 옮긴 것은?　　　　　문법

① 너뿐만 아니라 그도 이 일에 열정을 가지고 있다.
　→ He as well as you has a passion for this work.

② 지금 이 순간 너의 판단이 나의 판단보다 나을 수도 있다.
　→ Your judgment may be better than mine at this moment.

③ 수면 부족은 시간이 지남에 따라 그의 건강을 악화시켰다.
　→ Lack of sleep caused his health worsen over time.

④ 그녀는 그 남자의 어깨를 잡고 그의 눈을 똑바로 쳐다보았다.
　→ She caught the man by the shoulders and looked him
　　in the eyes.

[해설] (worsen → to worsen) cause가 5형식 동사로 쓰이면 목적격 보어로 to 부정사를 취한다. 따라서 worsen을 to worsen으로 고쳐야 한다.
① 'B뿐만 아니라 A도'라는 의미의 상관접속사 'A as well as B'가 주어로 나오면 동사의 수는 A에 맞춘다. 따라서 단수명사 He에 수일치한 has는 적절하게 쓰였다.
② 비교급 better than의 비교 대상은 '너의 판단'과 '나의 판단'이므로, 뒤에 my judgement를 소유대명사 형태로 표현한 mine이 온 것은 적절하다.
④ 사람과 신체 부위를 분리 표현하는 경우, 신체 부위를 강조하여 '전치사 + the + 신체 부위'의 형태로 쓴다. '잡다'라는 뜻을 가진 동사 catch는 신체 부위 앞에 전치사 by를 쓰고, '보다'라는 뜻을 가진 look은 전치사 in을 사용하므로 각각 적절하게 쓰였다. 또한 신체 부위 앞에 소유격이 아닌 정관사 the가 온 것도 적절하다.
[어휘] passion 열정

[정답] ③

---

13 두 사람의 대화 중 가장 자연스러운 것은?　　　　　생활영어

① A: Is this hanging upside down?
　B: No, I won't let you down.

② A: The elevator is out of order.
　B: We need to be in line before getting on it.

③ A: Lunch is on me this time.
　B: I didn't make this lunch.

④ A: You look off color today.
　B: I've come down with a bad cold.

[해설] 몸이 안 좋아 보인다는 A의 말에 대한 응답으로 심한 감기에 걸렸다는 B의 말은 적절하다. 따라서 대화 중 가장 자연스러운 것은 ④이다.
[해석] ① A: 이거 거꾸로 매달려 있는 거야?
B: 아니, 널 실망시키지 않을게.
② A: 엘리베이터가 고장 났어.
B: 우리 타기 전에 줄 서야 해.
③ A: 이번엔 제가 점심 살게요.
B: 이 점심 제가 만들지 않았어요.
④ A: 오늘 몸이 안 좋아 보여요.
B: 심한 감기에 걸렸어요.
[어휘] upside down (아래위가) 거꾸로 let sb down ~을 실망시키다 out of order 고장 난 be in line 줄을 서다 off color 몸이 안 좋은 come down with (병에) 걸리다

[정답] ④

---

14 다음 글의 제목으로 가장 적절한 것은?　　　　　제목

Many people think that being a certain weight or fitting into a certain clothing size will make them happy — even though every person who is thin isn't necessarily happy. Psychologists and researchers alike have demonstrated time and time again that staying positive and being happy leads to better outcomes, more self-confidence, more energy, and, of course, more brainpower. This achievable combination greatly improves your ability of getting to your goal weight and staying there. In fact, when your brain feels optimistic and positively charged, it will operate at a much more effective level than when you have negative feelings or thought patterns.

① Optimism: Not Always Good
② Want to Get Thin? Get Happy!
③ Set a Specific Plan to Lose Weight
④ Get out of the Fantasy of Getting Thin

[해설] 긍정적이고 행복한 상태를 유지하는 것이 목표 체중 달성에 크게 도움이 된다는 내용의 글이다. 따라서 글의 제목으로 가장 적절한 것은 ② '날씬해지고 싶은가? 행복해져라!'이다.
① 낙관: 항상 좋은 것은 아니다 → 낙관의 부정적인 측면은 언급되지 않았다.
③ 체중 감량을 위한 구체적인 계획을 수립하라 → 구체적인 계획을 짜야 한다는 내용은 언급되지 않았다.
④ 날씬해진다는 환상에서 빠져나오라 → 첫 문장이 체중 감량에 대한 부정적인 뉘앙스를 담는 듯하지만, 이는 (체중 감량을 해서 행복해지는 것이 아니라) 행복한 상태가 체중 감량에 도움이 된다는 주제를 나타내기 위한 서론일 뿐이다.
[해석] 많은 사람들은 특정한 몸무게가 되거나 특정한 크기의 옷에 딱 들어맞는 것이 그들을 행복하게 만들 것이라고 생각한다. 모든 마른 사람이 반드시 행복한 것만은 아닌데도 말이다. 심리학자들과 연구자들은 모두 긍정적인 상태를 유지하는 것과 행복한 것이 더 나은 결과, 더 높은 자신감, 더 많은 에너지, 그리고 물론 더 많은 두뇌의 힘으로 이어진다는 것을 계속해서 입증해왔다. 이러한 달성 가능한 조합은 목표 체중에 도달하여 거기에 머무는 능력을 크게 향상시킨다. 실제로, 뇌가 낙관적이고 긍정적으로 충전되었다고 느낄 때, 그것은 부정적인 감정이나 사고 패턴을 가지고 있을 때보다 훨씬 더 효과적인 수준에서 작동할 것이다.
[어휘] alike (앞에 언급한 두 사람이) 둘 다, 모두 demonstrate 입증하다 time and time again 계속해서 brainpower 지능 achievable 달성 가능한 combination 조합 optimistic 낙관적인

[정답] ②

15 글의 흐름상 가장 어색한 문장은?

Not only is the quality of our diet extremely poor, but also its quantity is often as much of a problem. ① The old Chinese saying that nine-tenths of the food you eat is for your health, while the last tenth is for your doctor, is true. ② Whenever you eat more than the body can effectively deal with, disease is invited. ③ This is true of the best, most nourishing foods, as well as when the foods eaten are, of themselves, a health risk. ④ Each different colored foods add different nutrients that are beneficial to your body. A major cause of disease is accumulation of waste or toxins that cannot be silently dealt with, and overeating is one cause of this accumulation.

해설 신체가 효과적으로 다룰 수 있는 것보다 더 많이 먹을 때, 즉 과식할 때 노폐물이나 독소가 축적되어 질병이 생기게 된다는 내용의 글이다. 따라서 글의 흐름상 가장 어색한 문장은 다른 색깔의 음식들이 서로 다른 이로운 영양분을 첨가한다는 내용의 ④이다.

해석 우리 식단의 질은 극도로 형편없을 뿐만 아니라, 그것의 양 또한 마찬가지로 문제가 된다. 당신이 먹는 음식의 10분의 9는 건강을 위한 것이지만 나머지 10분의 1은 의사를 위한 것이라고 말하는 옛 중국 속담은 사실이다. 당신이 신체가 효과적으로 다룰 수 있는 것보다 더 많이 먹을 때마다, 질병을 초대하는 것이다. 이것은 먹은 음식이 제 스스로 건강상의 위험일 때뿐만 아니라, 가장 좋고 가장 영양이 있는 음식일 때도 해당된다. (각각의 다른 색깔의 음식들은 당신의 신체에 이로운 서로 다른 영양분들을 첨가한다.) 질병의 한 가지 주요 원인은 조용히 다뤄질 수 없는 노폐물이나 독소의 축적이며, 과식은 이러한 축적의 한 가지 원인이다.

어휘 diet 식단 saying 속담 deal with ~을 다루다 be true of ~에 해당되다 nourishing 영양가 있는 of oneself 제 스스로 beneficial 이로운 accumulation 축적 toxin 독소

정답 ④

16 밑줄 친 부분에 들어갈 말로 가장 적절한 것은?

What is special about competent employees at work? How can they always meet the deadlines and stay organized? First of all, they make a point of dividing a task into smaller parts or steps so that they can easily track the progress of their work. In addition, they are well aware of the importance of setting up realistic and reachable goals, which is essential to successfully completing a project. Of course, occasionally, even those organized people may feel disoriented at first when surrounded and overwhelmed by too many trifling things to handle within a given time frame. However, in that case too, they act according to a clear principle: _____. They simply begin working on anything they can do at the very moment, with little if any hesitation.

① a thing begun is half done
② look before you leap
③ honesty is the best policy
④ don't bite off more than you can chew

해설 시간 내에 체계적으로 일 처리를 잘하는 사람들의 업무 방식을 설명하는 글이다. 빈칸에는 작은 일거리들이 너무 많아서 혼란스러울 때조차 그들이 따르는 원칙을 비유적으로 설명하는 격언이 들어가야 하는데, 이는 그들이 당장 할 수 있는 일부터 주저하지 않고 시작한다는 이후의 부연 설명에 부합해야 한다. 따라서 빈칸에 들어갈 말로 가장 적절한 것은 ① '시작이 반이다'이다.

② 뛰기 전에 살펴라 → 일 처리를 신중하게 하라는 뜻으로, 글 전반부의 내용과는 어느 정도 부합하는 측면이 있으나 후반부에 제시된 예시 상황 및 마지막 문장과는 어울리지 않는다.

③ 정직이 최선의 방책이다 → 정직한 일 처리의 중요성을 강조하는 취지의 글이 아니므로 적절하지 않다.

④ 당신이 씹을 수 있는 것보다 더 많이 베어 물지 마라 → 능력 이상의 것을 하려 하거나, 과하게 욕심을 내지 말라는 의미의 격언이므로 적절하지 않다.

해석 직장에서 유능한 직원들은 무엇이 특별할까? 그들은 어떻게 항상 마감 기한을 지키고 체계적인 상태를 유지할 수 있을까? 우선, 그들은 작업의 진척을 쉽게 추적하기 위해 전체 작업을 여러 개의 더 작은 부분이나 단계로 나누는 것을 습관화한다. 또한, 그들은 프로젝트를 성공적으로 완료하는 데 있어서 필수적인 현실적이고 도달 가능한 목표 설정의 중요성을 잘 알고 있다. 물론, 때로는, 이러한 체계적인 사람들조차도 주어진 시간 내에 처리해야 할 너무 많은 사소한 일들에 둘러싸이고 압도당할 때 처음에는 갈피를 못 잡기도 한다. 그러나 이 경우에도, 그들은 명확한 원칙에 따라 행동한다. (그 원칙이란) 시작이 반이다. 그들은 거의 주저하지 않고 그저 그 순간에 할 수 있는 어떤 것이든 착수하기 시작한다.

어휘 competent 유능한 organized 체계적인, 정돈된 make a point of RVing ~하는 것을 습관으로 삼다 track 추적하다 set up 수립하다 progress 진척, 진행 essential 필수적인 complete 완료하다 occasionally 가끔, 때때로 disoriented 방향 감각을 잃은, 갈피를 못 잡는 surrounded 둘러싸인 overwhelmed 압도된 trifling 사소한 principle 원칙, 원리 little if any 거의 없는 hesitation 주저, 망설임 leap 뛰다

정답 ①

17 다음 글의 요지로 가장 적절한 것은? 요지

What does romance have to do with working memory? In a 2012 study, Jeffrey Cooper and his colleagues at Trinity College Dublin discovered that the prefrontal cortex (PFC), the part of our brain that is activated in humans performing short-term memory tasks and so is considered the home of working memory, plays a big role in the first flush of attraction. They scanned the brains of nineteen- to thirty-one-year-olds on the prowl and showed them photos of potential mates. Some photos caused a burst of activity in parts of their PFC. Participants then went to a speed-dating event, and the researchers discovered that the stronger the activation in the PFC, the more likely the participants were to pursue a second date. That is, if you find your working memory working overtime when you first meet someone, there is a good chance that you'll take a chance and ask them out.

*prowl: 배회, 돌아다니기

① Increase in brain activity causes images to look more attractive.
② Stressful dates result in a reduction in your memory power.
③ Memories of love serve to boost your working memory capacity.
④ Working memory activation is related to the initiation of romance.

해설 매력적인 사람을 볼 때 작업 기억을 담당하는 뇌 영역이 활성화되므로 그 활성화의 정도가 강하다면 로맨스의 가능성이 높아짐을 알 수 있다는 내용의 글이다. 따라서 글의 요지로 가장 적절한 것은 ④ '작업 기억의 활성화는 로맨스의 시작과 연관된다.'이다.
① 뇌 활동의 증가는 이미지가 더 매력적으로 보이도록 만든다. → 뇌의 활동이 증가해서 이미지가 매력적으로 보이게 되는 것이 아니라, 매력적인 이미지를 볼 때 뇌의 활동이 증가하는 것이다.
② 스트레스가 큰 데이트는 기억력의 감소로 이어진다. → 데이트에서 받은 스트레스로 기억력이 감소한다는 내용은 언급되지 않았다.
③ 사랑의 기억은 작업 기억력을 향상시키는 역할을 한다. → 사랑에 대한 기억이 아니라, 매력적이라고 느끼는 사람의 첫인상에 관한 내용이다.

해석 로맨스는 작업 기억과 어떤 연관이 있는가? 2012년 연구에서, Trinity College Dublin 소속의 Jeffrey Cooper와 그의 동료들은 단기 기억 작업을 수행하는 인간에게서 활성화되기에 작업 기억의 집이라고 여겨지는 우리 뇌의 부위인 전두엽 피질(PFC)이 끌림이 처음 한창일 때 큰 역할을 한다는 것을 발견했다. 이들은 길을 배회하는 18세에서 31세 사람들의 뇌를 스캔하고 그들에게 잠재적 배필의 사진들을 보여주었다. 일부 사진은 이들의 전두엽 피질 몇 군데에서 폭발적인 활동을 유발했다. 그다음에 참가자들은 스피드 데이트 행사로 향했고, 연구자들은 전두엽 피질의 활성화가 더 강할수록, 참가자가 두 번째 데이트를 추진할 가능성이 더 높았다는 것을 발견했다. 즉, 당신이 누군가를 처음 만날 때 당신의 작업 기억이 지나치게 활성화되는 것을 깨닫는다면, 당신이 기회를 보고 데이트 신청을 할 가능성이 높다는 것이다.

어휘 have to do with ~와 관련 있다 prefrontal cortex 전두엽 피질 activate 활성화시키다 in the first flush of ~이 맨 처음 한창일 때 attraction 끌림, 매력 burst 갑작스러운 활동, 폭발 pursue 계속하다, 추구하다 ask out 데이트를 신청하다 boost 증진시키다 initiation 시작

정답 ④

18 주어진 글 다음에 이어질 글의 순서로 가장 적절한 것은? 순서배열

Science is based on facts, not wishful thinking or revelation or speculation, facts that are systematically gathered by a community of enquirers through detailed observation and experiment.

(A) Of course, the success of science has involved other factors besides its grounding in facts: a multitude of highly dedicated, imaginative contributors; a great amount of genius now and then; a willingness to break with the ideas of the past; generous financial and social support; the availability of mathematics and other technological tools; and other factors as well.

(B) But, its grounding in facts is universally considered the most important — the absolutely crucial and indispensable — ingredient of science's success. This is why reasons for questioning science's factual grounding are cause for alarm.

(C) These facts are used to support the rest of science, the laws and theories and models and so on; and it is this grounding in facts that has made science the most trusted source of knowledge we have, distinguishing it from all other enterprises that claim to produce knowledge.

① (A) - (C) - (B)
② (B) - (C) - (A)
③ (C) - (A) - (B)
④ (C) - (B) - (A)

해설 과학은 상세한 관찰과 실험을 통해 조사자의 공동체가 체계적으로 수집한 사실에 근거하고 있다는 내용의 주어진 글 다음에는 주어진 문장에 제시된 facts를 These facts로 받아 사실에의 근거가 바로 과학을 우리가 가진 가장 신뢰받는 지식의 출처로 만들어주었다는 내용의 (C)가 와야 한다. 그다음에는 물론 과학의 성공에 있어서 사실에 근거를 둔 것 이외의 다른 요인들도 있다고 말하는 (A)가 오는 것이 자연스럽다. 마지막으로 (A)의 내용을 (B)와 연결하여, 그럼에도 불구하고(But) 그 많은 요인들 중에서 사실에의 근거가 가장 중요하다는 내용이 오는 것이 적합하다. 따라서 글의 순서로 가장 적절한 것은 ③ '(C) - (A) - (B)'이다.

과학은 희망 사항이나 계시 또는 추측이 아닌, 사실, 즉 상세한 관찰과 실험을 통해 조사자의 공동체가 체계적으로 수집한 사실에 근거하고 있다. (C) 이러한 사실들은 과학의 나머지 부분, 즉 법칙과 이론과 모형 기타 등등을 지원하기 위해 사용되며, 지식을 생산한다고 주장하는 다른 모든 산업과 구별하면서 과학을 우리가 가진 가장 신뢰받는 지식의 출처로 만들어주었던 것은 바로 이러한 사실에의 근거이다. (A) 물론, 과학의 성공은 사실에 근거를 둔 것 이외의 다른 요인들을 포함해왔는데, 매우 헌신적이고 상상력이 풍부한 많은 기여자들, 때때로 엄청난 양의 천재성, 기꺼이 과거의 아이디어와 단절하려는 의지, 관대한 재정적 및 사회적 지원, 수학과 다른 기술 도구의 이용 가능성, 그리고 또한 다른 요인들이 있다. (B) 그러나, 사실에의 근거가 과학의 성공에 있어서 가장 중요하고, 절대적으로 결정적이며 필수적인 요인으로 보편적으로 여겨진다. 이것은 과학의 사실적 근거에 의문을 제기하는 이유가 경종을 울리는 이유인 것이다.

어휘 wishful thinking 희망 사항 revelation 계시 speculation 추측 systematically 체계적으로 enquirer 조사자 observation 관찰 besides ~외에 grounding 근거를 두는 것 multitude 군중, 다수 dedicated 헌신적인 contributor 기여자 now and then 때때로 willingness 기꺼이 하는 마음 break with ~와 단절하다 generous 관대한 availability 이용 가능성 universally 보편적으로 indispensable 필수적인 ingredient 요인 distinguish A from B A를 B와 구별하다 enterprise 산업 claim 주장하다

정답 ③

19 주어진 문장이 들어갈 위치로 가장 적절한 것은? 문장삽입

However, political systems do not necessarily need to be based on people sharing a common cultural and social structure.

Public governance takes place in and between a group of people that are interdependent as they share some commonality. Thus political systems have historically emerged out of a local geographic context and sociocultural organization. 〔 ① 〕 All forms of social systems have had some form of political system; bands, tribes, chiefdoms, states, and empires throughout history have all developed institutions for collective decision-making and implementation. 〔 ② 〕 People that share common cultural and social institutions and thus identify with each other as a single sociocultural organization have historically formed the basis of political unity. 〔 ③ 〕 For example, the great agrarian empires, such as Rome, regarded subjects of vastly different ethnic and cultural heritage to be equally subject to aristocratic and central authority. 〔 ④ 〕 The legitimacy of the emperor, king or aristocracy had nothing to do with what language they spoke.

해설 공공 통치 방식은 공통점을 공유하는 상호 의존적인 사람들 사이에서 일어나기는 하지만 반드시 공통적인 사회 문화적 구조를 공유하는 사람들에 기초할 필요는 없다는 내용의 글이다. However로 시작하는 주어진 문장은 정치 체제가 반드시 공통의 문화적, 사회적 구조를 공유하는 사람들에 기초할 필요는 없다는 내용이다. 앞에는 이와 반대되는 내용으로 정치 체제가 사회 문화적으로 공통적인 사람들에 기초해야 한다는 내용이 와야 하며, 뒤에선 서로 다른 사회 문화적 특성을 가진 사람들에 대한 정치 체제를 언급한 내용으로 이어지는 것이 자연스럽다. 따라서 주어진 문장이 들어갈 위치로 가장 적절한 것은 ③이다.

해석 공공 통치 방식은 (상호 의존적인 사람들이) 어떤 공통점을 공유하기 때문에 상호 의존적인 사람들의 집단 내에서, 그리고 집단 사이에서 일어난다. 따라서 정치 체제는 역사적으로 지역적인 지리적 맥락과 사회 문화적 조직에서 생겨났다. 모든 형태의 사회 체제는 어떤 형태의 정치 체제를 가지고 있었는데, 다시 말해 역사를 통틀어 무리, 부족, 종족, 국가, 제국은 모두 집단적인 의사 결정과 이행을 위한 제도를 발전시켜왔다. 공통의 문화적, 사회적 제도를 공유하고, 따라서 단일한 사회 문화 조직으로서 서로 동일시하는 사람들은 역사적으로 정치적 통합의 기반을 형성해 왔다. 그러나, 정치 체제는 반드시 공통의 문화적, 사회적 구조를 공유하는 사람들에 기초할 필요는 없다. 예를 들어, 로마와 같은 위대한 농경 제국은 매우 다른 민족적, 문화적 유산을 가진 백성들을 귀족과 중앙 권위에 동일하게 지배를 받는 것으로 간주했다. 황제, 왕 또는 귀족의 정당성은 그들이(백성들이) 어떤 언어를 사용했는지와 아무런 관계가 없었다.

어휘 structure 구조 governance 통치 방식 interdependent 상호 의존적인 commonality 공통점 context 맥락 sociocultural 사회 문화적인 tribe 부족 chiefdom 종족 institution 제도 implementation 실행, 이행 identify with ~와 동일시하다 unity 통합 agrarian 농경의 regard 간주하다 subject 백성 vastly 매우 ethnic 민족의 heritage 유산 aristocratic 귀족의, 귀족적인 legitimacy 합법성, 정당성

정답 ③

20 다음 글의 내용과 일치하지 않는 것은?

불일치

Impressionism refers to influential artistic movements arising in late 19th-century France. Impressionists rejected the system of state-controlled academies and salons in favor of independent exhibitions, the first of which was held in 1874. They painted contemporary landscapes and scenes of modern life, especially of bourgeois leisure and recreation, instead of drawing on past art or historical and mythological narrative for their inspiration. Interested in capturing transitory moments, the Impressionists paid attention to the fleeting effect of light, atmosphere and movement. The Impressionists differed from their antecedents because they painted in the open air and used a palette of pure colors. The term Impressionism is used to describe a group of painters living in Paris who worked between 1860 and 1900. These artists, such as Claude Monet and Auguste Renoir, were followed internationally and revolutionized Western conceptions of painting.

① The Impressionists influenced contemporary artists outside of France.
② The Impressionists followed previous styles in using colors.
③ The Impressionists picked the subjects of their paintings from real life.
④ The Impressionists were not proponents of the existing systems.

해설 5번째 문장에서 순수한 색깔의 사용이 인상파 화가들과 이전 시대의 화가들 사이의 차이점으로 언급되었으므로, 글의 내용과 일치하지 않는 것은 ② '인상파 화가들은 색을 사용하는 데 있어서 이전의 스타일을 따랐다.'이다.

① 인상파 화가들은 프랑스 바깥의 당대 예술가들에게 영향을 미쳤다. → 마지막 문장에서 언급된 내용이다.

③ 인상파 화가들은 실생활에서 그림의 주제를 골랐다. → 3번째 문장에서 언급된 내용이다.

④ 인상파 화가들은 기존 시스템의 지지자들이 아니었다. → 2번째 문장에서 언급된 내용이다.

해석 인상주의는 19세기 말 프랑스에서 일어난 영향력 있는 예술 운동을 일컫는다. 인상파 화가들은 국가가 관리하는 예술학교와 미술 전람회 제도를 거부하고 독립 전시회를 지지했는데, 그 중 첫 번째가 1874년에 열렸다. 그들은 영감을 얻기 위해 과거의 예술이나 역사적이고 신화적인 이야기에 대해 그리는 대신 당대의 풍경과 생활, 특히 부르주아들의 여가 및 오락의 장면을 그렸다. 찰나의 순간을 포착하는 데 관심이 있었던 인상파 화가들은 빛, 대기, 움직임의 잠깐 동안의 효과에 주목했다. 인상파 화가들은 야외에서 그림을 그리고 순수한 색깔들을 사용했기 때문에 그들의 선조(이전 시대의 화가)들과는 달랐다. 인상주의라는 용어는 1860년에서 1900년 사이에 작품 활동을 했던 파리에 사는 화가들을 설명하기 위해 사용된다. Claude Monet와 Auguste Renoir와 같은 이러한 화가들은 세계적으로 추종되었고 서양의 회화에 대한 개념을 혁신시켰다.

어휘 reject 거부하다 state-controlled 국가 관리의 salon 미술 전람회(장) in favor of ~에 찬성하여 contemporary 당대의, 현대의 bourgeois 부르주아의, 중산층의 mythological 신화의, 신화적인 narrative 이야기, 서사 inspiration 영감 transitory 일시적인, 잠시의 fleeting 한순간의, 잠깐 동안의 differ from ~와 다르다 antecedent 선조 in the open air 야외에서 revolutionize 혁신을 일으키다 conception 개념, 생각 proponent 지지자

정답 ②

answer

01	02	03	04	05
②	②	②	①	③
06	**07**	**08**	**09**	**10**
②	④	④	①	③
11	**12**	**13**	**14**	**15**
②	③	③	①	④
16	**17**	**18**	**19**	**20**
③	②	①	①	④

01 밑줄 친 부분의 의미와 가장 가까운 것은? 〔어휘〕

There is a rapid and simple methodology to <u>probe</u> the effectiveness of the growth process.

① evaluate ② investigate
③ reveal ④ strengthen

〔해설〕 probe는 '조사하다'라는 뜻으로, 이와 의미가 가장 가까운 것은 ② 'investigate(조사하다)'이다.
① 평가하다 ③ 드러내다 ④ 강화하다
〔해석〕 성장 과정의 유효성을 <u>조사하기</u> 위한 빠르고 간단한 방법론이 있다.
〔어휘〕 rapid 빠른 methodology 방법론 effectiveness 유효성

〔정답〕 ②

02 밑줄 친 부분의 의미와 가장 가까운 것은? 〔이어동사〕

The contract with him <u>holds good</u> until February 2023.

① is skeptical ② is valid
③ is important ④ is confidential

〔해설〕 hold good은 '유효하다'라는 뜻으로, 이와 의미가 가장 가까운 것은 ② 'is valid(유효하다)'이다.
① 회의적이다 ③ 중요하다 ④ 기밀이다
〔해석〕 그와의 계약은 2023년 2월까지 <u>유효하다.</u>
〔어휘〕 contract 계약

〔정답〕 ②

03 두 사람의 대화 중 가장 어색한 것은? 〔생활영어〕

① A: Ugh! I have gum stuck in my hair and I can't get it off. What do I do?
　 B: I think you should cut that part off.
② A: You're better at math than I am.
　 B: Not a chance. I'm the top of my class.
③ A: Rachel, why didn't you answer my calls?
　 B: Sorry, I forgot to leave the sound on.
④ A: I'm going to visit my mom in the hospital.
　 B: Please send her my best wishes.

〔해설〕 자신보다 수학을 잘한다고 칭찬하는 A의 말에 대한 응답으로 어림없다며 자신이 반에서 1등이라고 자랑하는 B의 말은 적절하지 않다. 따라서 대화 중 가장 어색한 것은 ②이다.
〔해석〕 ① A: 으! 머리카락에 껌 붙었는데 못 떼어내겠어. 어떡하지?
B: 그 부분을 잘라내야 할 것 같아.
② A: 넌 나보다 수학을 더 잘해.
B: 어림없어. 내가 우리 반에서 1등이야.
③ A: Rachel, 왜 내 전화 안 받았어?
B: 미안, 소리 켜두는 걸 깜빡했어.
④ A: 나 병원에 계신 우리 엄마 병문안 갈 거야.
B: 어머니께 안부 전해드려.
〔어휘〕 stick 붙이다 not a chance 어림없다 send sb one's best wishes ~에게 안부 전해주다

〔정답〕 ②

04 밑줄 친 부분에 들어갈 말로 가장 적절한 것은? 생활영어

> A: Excuse me, sir. I need you to pull over.
> B: Why? Was I speeding?
> A: Yes. You were driving over the speed limit.
> B: Okay. This is my first time, so _____?
> A: A mail will be sent to your home with details on ways to pay.

① how do I pay the fine   ② how fast was I going
③ how can I pull over   ④ how much is the ticket

해설 B가 속도위반을 한 상황이다. 빈칸 내용에 해당하는 B의 물음에 A가 우편으로 납부 방법을 안내받을 것이라고 답하고 있으므로, B는 벌금을 내는 방법을 물어봤을 것을 유추할 수 있다. 따라서 빈칸에 들어갈 말로 가장 적절한 것은 ① '벌금은 어떻게 내나요'이다.
② 제가 얼마나 빨리 가고 있었나요
③ 차를 어떻게 세우나요
④ 딱지는 얼마인가요

해석 A: 실례합니다. 차 좀 세워주세요.
B: 왜요? 제가 과속했나요?
A: 네. 제한 속도를 초과해서 운전하고 계셨어요.
B: 알겠습니다. 이번이 처음이라 그런데, 벌금은 어떻게 내나요?
A: 납부 방법의 세부 사항이 적힌 우편물이 댁으로 갈 겁니다.

어휘 pull over (차를) 길가에 대다 speed 속도위반하다 fine 벌금 ticket (벌금) 딱지

정답 ①

---

05 우리말을 영어로 잘못 옮긴 것은? 문법

① 내가 그녀의 전화번호를 안다면 너에게 줄 수 있을 텐데.
　→ If I knew her phone number, I could give it to you.
② 나는 그녀와 이야기하면 할수록 더 피곤해졌다.
　→ The more I talked with her, the more tired I became.
③ 그의 지시를 정확히 따르는 것이 매우 중요하다.
　→ It is of great importance to follow his instructions exact.
④ 그는 그들에게 속아온 것에 대해 정말로 화가 났다.
　→ He was really vexed at having been deceived by them.

해설 (exact → exactly) 주어진 우리말을 참고하면 '정확히 따르는'이라고 했으므로, 의미상 follow를 수식할 수 있는 부사가 필요하다. 따라서 exact를 exactly로 고쳐야 한다. 참고로 가주어(It)-진주어(to follow) 구문이 쓰이고 있으며, 'of + 추상명사'는 형용사 역할을 하여 주격 보어로 적절히 쓰였다.
① 가정법 과거 구문이 쓰인 문장으로, if절에는 과거동사가, 주절에는 '조동사의 과거형 + RV'가 적절하게 쓰였다.
② '~하면 할수록 더 ~하다'라는 의미의 'the 비교급, the 비교급' 구문이 쓰였다. talk는 자동사로 쓰여 목적어 her 앞에 전치사 with이 있는 것은 적절하고, 2형식 동사 became의 보어로 형용사가 와야 하는데 주어인 I가 '피곤해진' 것이므로 수동의 과거분사 tired가 온 것도 적절하다.
④ 그가 그들에 의해 '속임을 당한' 것이므로 수동형을 써야 하고, 화가 난 시점보다 더 이전부터 속아온 것이므로 완료시제를 써야 한다. 따라서 완료 수동 동명사 형태인 having been deceived의 쓰임은 적절하다.

어휘 instruction 지시, 설명 vexed 화가 난 deceive 속이다, 기만하다

정답 ③

---

06 우리말을 영어로 잘못 옮긴 것은? 문법

① 부모님과 나는 아르헨티나에 가본 적이 없다.
　→ My parents and I have never been to Argentina.
② 나는 약속을 많이 잡는 것보다 집에 누워 있는 것을 좋아한다.
　→ I prefer lying at home to make many appointments.
③ 의사는 그에게 단백질 섭취를 줄일 것을 제안했다.
　→ The doctor suggested that he reduce his protein intake.
④ 그는 돈을 다 잃고 나서야 정신을 차렸다.
　→ It was not until he lost all his money that he came to his senses.

해설 (make → making) prefer의 목적어 뒤에 비교 대상이 있는 경우, 'prefer RVing to RVing' 또는 'prefer to RV (rather) than (to) RV'의 형태로 사용된다. 따라서 make를 making으로 고쳐야 한다.
① 'have been to'는 '~에 간 적이 있다'라는 현재완료의 '경험'을 의미하는 표현이다. '~에 가고 없다'라는 현재완료의 '결과'를 의미하는 'have gone to'와의 구분에 유의해야 한다.
③ suggest와 같은 주장·요구·명령·제안·충고·결정 동사가 당위의 의미를 지니는 that 절을 목적어로 취할 때, that절의 동사는 '(should) + RV'의 형태를 취한다. 따라서 (should) reduce는 적절하게 쓰였다.
④ 'It was not until A that B'는 'A하고 나서야 비로소 B했다'라는 뜻의 표현으로 적절하게 쓰였다.

어휘 protein 단백질 intake 섭취(량) come to one's senses 정신을 차리다

정답 ②

07 밑줄 친 부분 중 어법상 옳지 않은 것은?　　문법

Humans are unique creatures in that they have the ability ① to manipulate their environment to suit their needs, whereas most animals must adapt to the environment they find themselves in. Additionally, ever since humans developed this ability, they ② have been converting forested areas into non-forested areas; essentially engaging in deforestation. When humans learned to create and control fire, it completely changed ③ their relationship with the land. Fire was a tool that could ④ be utilizing to alter the landscape, which gave humans a competitive advantage over the other animals.

해설 (utilizing → utilized) 불이라는 도구는 '활용하는' 것이 아니라 '활용되는' 것이므로 수동태로 쓰는 것이 적절하다. 따라서 utilizing을 utilized로 고쳐야 한다.

① to manipulate는 앞에 나온 명사 the ability를 수식하는 to 부정사의 형용사적 용법으로 적절하게 쓰였다.

② since가 이끄는 부사절에는 과거시제 developed가, 주절에는 현재완료진행시제 have been converting이 적절하게 쓰였다. 뒤에 목적어인 forested areas가 있으므로 능동의 형태로 쓴 것 또한 적절하다.

③ their은 맥락상 앞에 나온 복수명사 humans를 지칭하므로 수에 맞게 쓰였다.

해석 인간은 자신의 필요에 맞게 환경을 조작할 수 있는 능력을 지닌 점에서 독특한 생물이지만, 대부분의 동물들은 자신이 처한 환경에 적응해야만 한다. 게다가, 인간은 이 능력을 발달시킨 이후로 줄곧 숲으로 뒤덮인 지역을 숲이 없는 지역으로 바꾸어, 본질적으로 삼림 파괴에 관여하고 있다. 인간이 불을 만들고 통제하는 법을 배웠을 때, 그것은 그들의 땅과의 관계를 완전히 바꾸었다. 불은 경관을 바꾸기 위해 활용될 수 있는 도구였고, 이는 인간에게 다른 동물들에 대한 경쟁 우위를 주었다.

어휘 manipulate 조작하다 adapt 적응하다 additionally 게다가 convert 바꾸다 deforestation 삼림 벌채[파괴] utilize 활용하다 competitive advantage 경쟁 우위

정답 ④

08 밑줄 친 부분 중 어법상 옳지 않은 것은?　　문법

The art of dyeing can be extremely complex and time consuming, ① which can be demonstrated by the ancient art of batik. Batik is an Indonesian word that means wax-written and is used to ② describe a fascinating dyeing practice that, as the name suggests, utilizes dye-resistant wax to dye fabrics numerous brilliant colors using especially intricate designs. Though the origins of batik are unknown, it is known ③ that by the thirteenth century, it was an important art form in Java. Batik requires tremendous patience and great attention to detail, and the process of applying the wax, dyeing, repeating, and removing the dye ④ are believed to help the artist develop spiritual discipline.

해설 (are → is) 문장의 주어는 단수명사인 the process이고, of applying ~ the dye는 the process를 수식하는 전치사구이다. 따라서 are를 수에 맞게 단수동사 is로 고쳐야 한다.

① which는 앞 문장 전체를 선행사로 받는 관계대명사의 계속적 용법으로 적절하게 쓰였다.

② 맥락상 바틱이 염색 관습을 '묘사하는 데 사용되는' 것이므로, '~하는 데 사용되다'라는 의미의 'be used to RV'가 적절하게 쓰였다. '~하는 데 익숙하다'라는 의미의 'be used to RVing'와의 구분에 유의해야 한다.

③ 가주어 it과 함께 진주어 that절이 적절하게 쓰였고, 명사절 접속사 that 뒤에 완전한 문장이 온 것 또한 적절하다.

해석 염색술은 매우 복잡하고 시간이 오래 걸릴 수 있는데, 이는 바틱이라는 고대 기술로 증명될 수 있다. 바틱은 밀랍이 씌워진 것을 의미하는 인도네시아 단어이며, 이름이 암시하듯이 직물을 특히나 복잡한 디자인을 사용하여 수많은 화려한 색상으로 염색하기 위해 염료에 내성이 있는 밀랍을 활용하는 매력적인 염색 관습을 묘사하는 데 사용된다. 비록 바틱의 기원은 알려지지 않았지만, 13세기 무렵 바틱은 자바에서 중요한 예술 형태였다고 알려진다. 바틱은 엄청난 인내심과 디테일에 대한 많은 주의를 필요로 하며, 밀랍을 바르고, 염색하고, 반복하고, 염료를 제거하는 과정은 예술가가 정신 훈련을 진전시키는 데 도움을 준다고 믿어진다.

어휘 dye 염색하다; 염료 demonstrate 입증하다 fascinating 매혹적인 practice 관습 utilize 활용하다 resistant 내성 있는 brilliant 밝은, 화려한 intricate 복잡한 tremendous 엄청난 apply 바르다 spiritual 정신의 discipline 훈련

정답 ④

09 다음 글의 제목으로 가장 적절한 것은? [제목]

Before a negotiation begins, you usually have a chance to interact with the people from the other side of the table when they're not under pressure. The way a person behaves while enjoying a croissant and coffee during the meet and greet may be different from the way they behave when the atmosphere is laced with stress and tension. Pre-negotiation, observe how the other people behave. Ask them questions, to which you already know the answers. Observe how the individuals react as they answer. If they're being honest, you'll notice calm and relaxed movements and facial expressions. If they're not being honest, you'll spot the give-away behaviors, such as jerky gestures, avoiding their eyes or staring you down, and tense facial expressions. Once negotiations begin, you have a base of behaviors from which to judge the other person's levels of honesty.

① Identify Baseline Behaviors Before Negotiation
② Preparation: The Best Strategy to Win a Negotiation
③ Negotiation as a Part of Everyday Life and Business
④ Honesty Does Not Guarantee Success in a Negotiation

해설 협상 전 편안한 분위기 속에서 이미 답을 알고 있는 질문을 한 후, 그에 따른 상대방의 반응을 관찰함으로써 그들의 정직한 정도를 판단하라는 내용의 글이다. 따라서 글의 제목으로 가장 적절한 것은 ① '협상 전에 기준점이 되는 행동을 파악하라'이다.
② 준비: 협상에서 이기기 위한 최고의 전략 → '준비'는 협상 전에 질문에 대한 상대방의 반응을 관찰하는 행위를 가리키기엔 너무 포괄적이다. 또한 이 전략은 협상에서 상대방의 정직한 정도를 파악하기 위한 것일 뿐, 협상에서 이기기 위함이라는 목적은 직접적으로 제시되지 않았다.
③ 일상적인 생활과 업무의 일부로서의 협상 → 협상에서 상대방을 파악하기 위한 전략을 제시하는 글로, 협상이 일상의 일부라는 측면은 강조되지 않았다.
④ 정직이 협상의 성공을 보장하지는 않는다 → 상대방의 정직한 정도를 파악하기 위한 전략을 제시하는 글이기 때문에 오히려 협상에서 정직이 핵심임을 전제하고 있다.

해석 협상이 시작되기 전에, 당신은 반대편에 있는 사람들이 압박을 받지 않을 때 그들과 교류할 기회를 보통 가진다. 사람이 만나서 인사를 하는 동안 크루아상과 커피를 즐기면서 행동하는 방식은 분위기에 압박감과 긴장감이 담길 때 행동하는 방식과 다를 수 있다. 협상에 앞서 다른 사람들이 어떻게 행동하는지 관찰하라. 그들에게 당신이 이미 답을 알고 있는 질문들을 하라. 그들이 대답하면서 어떻게 행동하는지 관찰하라. 그들이 정직하게 행동하는 것이라면, 당신은 차분하고 편안한 움직임과 표정을 알아차릴 것이다. 만약 그들이 정직하게 행동하는 것이 아니라면, 당신은 그들이 갑자기 움직이는 몸짓, 눈을 피하거나 당신을 내려다보는 것, 그리고 긴장한 표정과 같은 은연중에 진실을 드러내는 행동을 발견할 것이다. 일단 협상이 시작되면, 다른 사람의 정직한 정도를 판단할 수 있는 행동의 근거를 가지게 된다.

어휘 negotiation 협상 interact with ~와 교류하다 meet and greet 만나서 인사하기 atmosphere 분위기 lace 담다, 가미하다 tension 긴장 spot 발견하다 give-away 은연중에 진실을 드러내는 jerky 갑자기 움직이는 stare down ~을 내려다보다 baseline (비교의) 기준점

정답 ①

10 다음 글의 요지로 가장 적절한 것은? [요지]

Almost every day we hear of new advances that blur the lines between the realms of the physical, the digital and the biological. Robots are now in our operating rooms and fast-food restaurants. It's possible, using 3D imaging and stem cell extraction, to grow human bone from a patient's own cells. 3D printing is creating a circular economy — rather than the linear model of making things then throwing them away — by altering how we use and recycle raw materials. This tsunami of technological change is clearly challenging the ways in which we operate as a society. Its scale and pace are profoundly changing how we live and work, and signposting fundamental shifts in all disciplines, economies and industries. New technologies beyond our imagination are dictating a new future for humankind.

① New technologies are undermining a circular economy.
② The advent of cutting-edge technology poses a threat.
③ High technologies are altering the lives of humankind.
④ Fundamental changes rest on humanistic imagination.

해설 이 글은 로봇, 3D 이미징, 줄기세포, 3D 프린팅 등과 같은 최첨단 기술들이 인간의 삶 전반을 근본적으로 변화시키고 있다는 내용이다. 따라서 글의 요지로 가장 적절한 것은 ③ '첨단 기술이 인류의 삶을 변화시키고 있다.'이다.
① 새로운 기술이 순환 경제를 약화시키고 있다. → 이 글은 오히려 새로운 기술이 순환 경제를 창출한다는 내용이므로 적절하지 않다.
② 첨단기술의 도래가 위험을 초래한다. → 첨단기술이 우리 사회가 운영되는 방식에 도전하고 있다고 언급하나, 이를 부정적으로 바라보고 있지는 않다.
④ 근본적인 변화는 인문학적 상상력에 의존한다. → 근본적인 변화를 추동하는 힘은 인문학적 상상력이 아니라 최첨단 기술이다.

해석 거의 매일 우리는 물리적, 디지털적 그리고 생물학적 영역 사이의 경계를 모호하게 만드는 새로운 진전에 대해 듣는다. 로봇들은 이제 우리의 수술실과 패스트푸드 음식점 안에 있다. 3D 이미징과 줄기세포 추출을 이용하여, 환자 자신의 세포로부터 인간의 뼈를 배양하는 것이 가능하다. 3D 프린팅은 우리가 원재료를 사용하고 재활용하는 방식을 바꾸어, 물건을 만들고 나서 버려 버리는 선형 (경제) 모델을 대신하는 순환 경제를 창출하고 있다. 이 기술 변화의 쓰나미는 우리가 사회로서 운영되는 방식에 분명히 도전하고 있다. 그 규모와 속도는 우리가 살고 일하는 방식을 크게 변화시키고 있으며, 모든 학문들, 경제들, 산업들에서 근본적인 변화의 방향성을 제시하고 있다. 우리의 상상을 넘어서는 새로운 기술들이 인류의 새로운 미래를 좌우하고 있다.

어휘 advance 진전 blur 모호하게[흐릿하게] 하다 realm 영역 operating room 수술실 stem cell 줄기세포 extraction 추출 circular economy 순환경제 linear 선형의 alter 바꾸다 tsunami 쓰나미 profoundly 극심하게, 크게 signpost 방향을 제시하다 discipline 학문 dictate 좌우하다 advent 도래, 출현 pose 불러일으키다 humanistic 인문주의의, 인문학적

정답 ③

11 다음 글의 내용과 일치하지 않는 것은? 불일치

Louisa May Alcott was born in Pennsylvania in 1832. Homeschooled by her father, she worked at many jobs to support her family, including as a teacher, domestic helper, and writer. During the Civil War, she worked as a nurse in Washington D.C. Based on this experience, she wrote *Hospital Sketches*, which confirmed her desire to become a serious writer. Her best-known novel *Little Women* is based on her childhood experiences with her three sisters. It is widely known that she modeled her heroine "Jo" after herself. But whereas Jo marries at the end of the story, Alcott remained single throughout her life. She died at the age of 55, just 2 days after her father passed away.

① Alcott은 아버지에게 홈스쿨링을 받은 후 다양한 일을 했다.

② Alcott은 어린 시절 경험을 바탕으로 *Hospital Sketches*를 썼다.

③ Alcott은 *Little Women*의 Jo와 달리, 평생 독신으로 지냈다.

④ Alcott은 아버지가 돌아가신 지 이틀 만에 사망했다.

해설 3, 4번째 문장에서 Alcott은 워싱턴 D.C.에서 간호사로 일한 경험을 바탕으로 <Hospital Sketches>를 썼다고 했고, 어린 시절을 바탕으로 쓴 것은 5번째 문장에서 언급된 <Little Women>이다. 따라서 글의 내용과 일치하지 않는 것은 ② 'Alcott은 어린 시절 경험을 바탕으로 *Hospital Sketches*를 썼다.'이다.

① Alcott은 아버지에게 홈스쿨링을 받은 후 다양한 일을 했다. → 2번째 문장에서 언급된 내용이다.

③ Alcott은 *Little Women*의 Jo와 달리, 평생 독신으로 지냈다. → 마지막 2번째 문장에서 언급된 내용이다.

④ Alcott은 아버지가 돌아가신 지 이틀 만에 사망했다. → 마지막 문장에서 언급된 내용이다.

해석 Louisa May Alcott은 1832년 펜실베이니아에서 태어났다. 아버지로부터 홈스쿨링을 받은 그녀는 가족을 부양하기 위해 교사, 가정부, 작가 일을 포함해 많은 일을 했다. 남북전쟁 도중, 그녀는 워싱턴 D.C.에서 간호사로 일했다. 이 경험을 바탕으로, 그녀는 <Hospital Sketches>를 썼는데, 이것은 진지한 작가가 되려는 그녀의 열망을 확인시켜 주었다. 그녀의 가장 유명한 소설 <Little Women>은 그녀 자신의 세 자매와의 어린 시절 경험을 바탕으로 한다. 그녀가 자기 자신을 본떠서 여주인공 'Jo'를 만들었다는 것은 널리 알려져 있다. 하지만 Jo가 소설 결말에서 결혼하는 반면, Alcott은 평생 독신으로 지냈다. 그녀는 아버지가 돌아가신 지 불과 이틀 만에 55세의 나이로 사망했다.

어휘 support 부양하다 domestic helper 가정부 confirm 확인해 주다 desire 열망 model A after B B를 본떠서 A를 만들다 heroine 여자 주인공

정답 ②

12 밑줄 친 부분 중 글의 흐름상 가장 어색한 것은? 일관성

It is not always easy to "read" a group and to know whether it is moving in a positive direction. Individuals who readily and frequently give feedback cannot speak for everyone. ① Quiet members may be gaining insights that they simply are not sharing. ② A session that seemed to generate an indifferent or poor response might, in fact, have made an impact, but it may not be apparent. ③ It's not a good idea to announce a session topic in advance, because some students may decide not to come if the topic does not sound interesting. ④ Groups are complex, and members differ in their needs and what they respond to. Therefore, it is wise periodically to have group members fill out an evaluation, particularly at the end of the group experience.

해설 집단에서 겉으로 보이는 것과 실제는 다를 수 있고 개개인의 필요와 그들이 반응하는 것에 차이가 있기 때문에 주기적으로 평가서를 작성하는 것이 필요하다는 내용의 글이다. 따라서 글의 흐름상 가장 어색한 문장은 미리 수업 주제를 발표하는 것의 단점을 언급하는 내용의 ③이다.

해석 어떤 집단을 '읽고' 그것이 긍정적인 방향으로 움직이고 있는지를 아는 것이 항상 쉬운 일은 아니다. 피드백을 기꺼이 그리고 자주 주는 개인들이 모두를 대변할 수는 없다. 조용한 구성원들은 그들이 그저 공유하고 있지 않은 통찰력을 얻고 있을 수도 있다. 무관심하거나 좋지 않은 반응을 초래하는 것처럼 보였던 수업은 사실 영향력이 있었을 수 있는데도 그것이 분명하지 않을 수도 있다. (미리 어떤 수업 주제를 발표하는 것은 좋은 생각이 아닌데, 왜냐하면 일부 학생들은 주제가 흥미롭게 들리지 않으면 오지 않기로 결정할 수도 있기 때문이다.) 집단은 복잡하며, 구성원들은 자신들의 필요와 그들이 반응하는 것에서 차이가 있다. 그러므로 주기적으로 집단 구성원들이 평가서를 작성하도록 하는 것, 특히 집단 경험의 끝에 그렇게 하는 것은 현명한 일이다.

어휘 readily 기꺼이 frequently 자주, 흔히 speak for ~을 대변하다 session 수업 generate 생성하다, 초래하다 indifferent 무관심한 response 반응 impact 영향 apparent 명백한 announce 발표하다 in advance 미리 periodically 주기적으로 fill out ~을 작성하다 evaluation 평가(서)

정답 ③

13 다음 글의 주제로 가장 적절한 것은? `주제`

The difference between 1.5°C and 2°C is critical for Earth's oceans and frozen regions. "At 1.5°C, there's a good chance we can prevent most of the Greenland and west Antarctic ice sheet from collapsing," said climate scientist Michael Mann. That would help limit sea level rise to a few feet by the end of the century — still a big change that would erode coastlines and inundate some small island states and coastal cities. But blow past 2°C and the ice sheets could collapse, Mann said, with sea levels rising up to 10 metres (30 feet) — though how quickly that could happen is uncertain. Warming of 1.5°C would destroy at least 70% of coral reefs, but at 2°C more than 99% would be lost. That would destroy fish habitats and communities that rely on reefs for their food and livelihoods.

① several ways to limit global warming to 1.5°C
② various evidence of global warming exceeding 2°C
③ reasons to keep global warming within 1.5°C
④ benefits of global warming exceeding 2°C

`해설` 이 글은 1.5°C의 지구 온난화와 2°C의 지구 온난화가 가져올 피해의 정도를 비교하면서, 상승폭을 1.5°C 이내로 유지할 경우에는 파국을 막을 가능성이 있지만, 2°C가 될 경우 막기 힘들 것이라는 주장을 하며 그 이유를 설명하고 있다. 따라서 글의 주제로 가장 적절한 것은 ③ '지구 온난화를 1.5°C 이내로 유지해야 하는 이유들'이다.
① 지구 온난화를 1.5°C 이내로 제한하는 몇 가지 방법들 → 지구 온난화를 막는 구체적인 방법에 대해서는 언급하고 있지 않다.
② 2°C를 초과하는 지구 온난화의 다양한 증거 → 지구 온난화가 이미 2°C를 초과한 것은 아니며, 이러할 경우에 예측되는 결과를 서술하고 있을 뿐이다.
④ 2°C를 초과하는 지구 온난화의 이점들 → 오히려 2°C를 초과하는 지구온난화가 가져올 파국에 대해 설명하는 글이다.
`해석` 1.5°C와 2°C의 차이는 지구의 바다와 얼음으로 덮인 지역에 매우 중요하다. "1.5°C라면, 그린란드와 남극 서부 빙상(대륙 빙하) 대부분이 무너지는 것을 막을 수 있는 충분한 가능성이 있습니다," 라고 기후 과학자 Michael Mann이 말했다. 그것(1.5°C)은 금세기 말까지 해수면 상승을 몇 피트 이내로 제한하는 데 도움이 될 것인데, (물론 그것은) 여전히 해안선을 침식시키고 몇몇 작은 도서 국가들과 해안 도시들을 침수시킬 큰 변화이다. 그러나 2°C를 넘으면 빙상이 무너질 수 있으며 해수면이 10미터(30피트)까지 상승할 수 있다고 Mann은 말했는데, 그것이 얼마나 빨리 일어날지는 불확실하다. 1.5°C의 온난화는 산호초의 최소 70%를 파괴할 수 있지만, 2°C에서는 99% 이상이 손실될 것이다. 그것은 먹이와 생계수단을 산호에 의존하는 물고기의 서식지와 공동체를 파괴할 것이다.
`어휘` region 지역 Antarctic 남극 ice sheet 빙상 (대륙빙하) collapse 붕괴하다 erode 침식하다 inundate 범람하다, 침수시키다 coastal 해안의 blow past 넘어서다, 초과하다 coral reef 산호 habitat 서식지 livelihood 생계 수단 exceed 초과하다
`정답` ③

14 밑줄 친 부분의 의미와 가장 가까운 것은? `어휘`

This new technology is indispensable for improving the safety conditions of workers in the future.

① essential
② apparent
③ permanent
④ negligible

`해설` indispensable은 '필수적인'이라는 뜻으로, 이와 의미가 가장 가까운 것은 ① 'essential(필수적인)'이다.
② 분명한 ③ 영구적인 ④ 무시해도 되는
`해석` 이 새로운 기술은 미래에 근로자들의 안전 조건을 개선하는 데 필수적이다.
`어휘` condition 조건
`정답` ①

15 밑줄 친 부분의 의미와 가장 가까운 것은? `어휘`

In some cases, it may be better to refuse the promotion and look for a job that pays more.

① turn on
② turn to
③ turn out
④ turn down

`해설` refuse는 '거절하다'라는 뜻으로, 이와 의미가 가장 가까운 것은 ④ 'turn down(거절하다)'이다.
① 켜다 ② 의지하다 ③ 판명되다
`해석` 어떤 경우에는 승진을 거절하고 임금을 더 주는 직장을 찾는 것이 나을 수도 있다.
`어휘` promotion 승진
`정답` ④

16 밑줄 친 (A), (B)에 들어갈 말로 가장 적절한 것은? `연결사`

Anger is clearly related to aggression but they are not one and the same. It is possible to be aggressive without being angry and it is equally possible to be angry without becoming aggressive.   (A)   , the two (the emotion of anger and the behaviour of aggression) are linked and are biologically based, with obvious survival value. Anger always results in a much increased burst of energy and, although biologically based, is seen by some psychologists as largely socially constructed. That is, some people might be temperamentally more prone to anger than others, but the extent to which they express this is probably socially determined. In our culture,   (B)   , boys are encouraged to express their anger more openly than girls and a far greater proportion of men than women are made to take anger management courses. These are learned differences, not differences of biology.

	(A)	(B)
①	Thus	yet
②	Thus	moreover
③	However	for example
④	However	instead

`해설` 화와 공격성의 관계를 서술한 후에 화를 표현하는 정도가 사회적으로 학습된 것임을 주장하는 내용의 글이다. (A) 앞에서는 화와 공격성이 별개라고 한 반면, 뒤에서는 둘의 연관성을 설명하므로 역접으로 연결되어야 한다. 따라서 (A)에 들어갈 연결사로 가장 적절한 것은 However이다. 또한 (B)가 있는 문장 앞에서는 화를 표현하는 정도가 사회적으로 결정되는 것이라 했고, (B) 뒤에서는 앞 내용에 대한 사례들을 소개하고 있다. 따라서 (B)에 들어갈 연결사로 가장 적절한 것은 for example이다.

`해석` 화는 분명히 공격성과 관련이 있지만, 그것들은 동일한 것이 아니다. 화를 내지 않고 공격적일 수 있으며, 똑같이 공격적으로 되지 않고 화를 낼 수도 있다. 그러나, 그 두 가지(화의 감정과 공격성의 행동)는 분명한 생존 가치를 가지고 연결되어 있으며 생물학적인 근거를 가지고 있다. 화는 항상 훨씬 더 증가된 에너지의 폭발을 초래하며, 생물학적인 근거를 가지고 있지만, 일부 심리학자들에 의해 대체로 사회적으로 구성된 것으로 보인다. 즉, 어떤 사람들은 다른 사람들보다 기질적으로 더 화를 잘 낼 수 있지만, 그들이 이것을 표현하는 정도는 아마도 사회적으로 결정된다는 것이다. 예를 들어, 우리 문화에서, 남자아이들이 여자아이들보다 더 공개적으로 화를 표현하도록 부추겨지고, 여성보다 훨씬 더 높은 비율의 남성이 분노 조절 강좌를 듣게 된다. 이는 학습된 차이이지, 생물학의 차이는 아니다.

`어휘` aggression 공격성 one and the same (강조의 의미로) 동일한 burst 폭발 construct 구성하다 temperamentally 기질적으로 prone to ~하기 쉬운 extent 정도, 범위 proportion 비율

`정답` ③

17 주어진 문장이 들어갈 위치로 가장 적절한 것은? `문장삽입`

However, poor English-language skills have prevented many of them from entering the U.S. professions.

As of 2010, there were 1.6 million Korean Americans. Between 2000 and 2009, more than 200,000 arrived as immigrants. Small Korean ethnic enclaves from earlier migratory flows provided many later Korean immigrants an initial base from which to prosper. (①) A high proportion of Korean immigrants are college educated and come from middle-class backgrounds. (②) Partially in response to this problem, Korean entrepreneurial immigrants have created a thriving Korean business community in Los Angeles, both inside and outside Koreatown. (③) The main destination for Korean immigrants remains Los Angeles, where the Korean ethnic enclave continues to grow at a healthy pace. (④) Smaller numbers of Korean immigrants have entered produce retailing and have created small businesses in such cities as New York, Chicago, and Washington, D.C.

`해설` 미국으로 이주한 한국인의 통계 및 진입장벽에 대응하기 위해 형성된 한인 비즈니스 공동체에 관해 서술하는 내용의 글이다. 주어진 문장은 However로 시작하면서, 부족한 영어 실력 때문에 많은 한국인들이 미국에서 직업을 갖기 어려웠다는 내용이다. 이 문장이 정착에 있어서 한국인이 가졌던 단점을 언급하기 때문에, 앞에는 반대로 장점이 나오고 뒤에는 언급된 문제에 대한 부연이나 대응 방법이 나오는 것이 자연스럽다. 따라서 주어진 문장이 들어갈 위치로 가장 적절한 것은 ②이다.

`해석` 2010년 기준으로, 160만 명의 한국계 미국인들이 있었다. 2000년과 2009년 사이에 200,000명 이상이 이민자로 입국했다. 초기 이주 흐름에서의 소규모 한민족 거주지는 이후의 많은 한국 이민자들에게 번영할 수 있는 첫 기반을 제공했다. 높은 비율의 한국 이민자들은 대학 교육을 받았고 중산층 배경 출신이다. 하지만, 부족한 영어 실력은 그들 중 많은 이들이 미국 직업에 진입하는 것을 막아냈다. 부분적으로 이 문제에 대한 대응으로, 한인 기업 이민자들은 로스앤젤레스에서 한인 타운 안팎으로 번성하는 한인 비즈니스 공동체를 만들어냈다. 한인 이민자들의 주요 목적지는 여전히 로스앤젤레스인데, 거기서 한민족 거주지가 건강한 속도로 계속 성장하고 있다. 더 적은 수의 한인 이민자들은 농산물 소매업에 들어갔고, 뉴욕, 시카고, 워싱턴 D.C.와 같은 도시들에서 작은 사업체를 만들었다.

`어휘` profession 직업 as of ~기준으로 immigrant 이민자 ethnic 민족의 enclave 소수 민족[이문화 집단] 거주지 migratory 이주의 initial 첫, 처음의 prosper 번영하다 proportion 비율 partially 부분적으로 in response to ~에 대한 반응으로 entrepreneurial 기업의 thriving 번성하는 destination 목적지 produce 농산물 retailing 소매업

`정답` ②

18 밑줄 친 부분에 들어갈 말로 가장 적절한 것은? 빈칸완성

Researchers found that when parents of fourteen-month-old babies used gestures more often ("Timmy, do you see this book?" [pointing to a book]), their kids not only used more gestures themselves, they also had more advanced vocabularies when they were four and a half. The key is that _____, or the brain of the person listening might actually stumble for a brief moment. Neuroscientist Spencer Kelly conducted a study in which he measured how the brain responds when a person witnesses different combinations of gestures and words. Dr. Kelly found that when we hear someone speak words that are not compatible with the gestures — such as, "You have to go around to the left," while you point to the right — the brain experiences a brief hiccup. The study revealed that the subjects' brain waves were radically altered, slowing down activity, suggesting that the brain tends to process the meaning of the gesture with the meaning of the spoken word.

① a person's gestures must concur with his words
② the speaker must vary their use of body language
③ the words and gestures must happen simultaneously
④ there must be a guidance to interpret the combination

해설 제스처와 말이 서로 다르면 메시지가 쉽게 처리될 수 없다는 연구 내용을 통해, 제스처가 이해에 도움이 되려면 '말과 일치해야' 함을 설명하는 글이다. 따라서 빈칸에 들어갈 말로 가장 적절한 것은 ① '사람의 제스처가 말과 일치해야 한다'이다.
② 화자가 신체 언어 사용을 다양화해야 한다 → 글 초반부에 제스처를 '자주' 사용하는 것이 좋다고 했으나, 이는 제스처를 '다양화'해야 한다는 의미와 완전히 일치하지는 않는다.
③ 말과 제스처가 동시에 일어나야 한다 → 말과 제스처의 '타이밍'보다는 '의미'가 서로 일치해야 한다는 것이 글의 주제이다.
④ 조합을 해석하기 위한 지침이 있어야 한다 → '조합'을 앞서 언급된 제스처와 어휘의 조합으로 볼 수 있는데, 이 조합이 의미적으로 일치해야 한다고 했을 뿐 이를 해석하기 위한 지침의 필요성을 언급하진 않았다.

해석 연구자들이 밝혀내기로 4개월 된 아기의 부모가 제스처를 더 자주 사용했을 때 ("Timmy야, 이 책 보여?" [책을 가리킨다]), 아이들은 더 많은 제스처를 스스로 사용했을 뿐만 아니라, 4살 반이 되었을 때 더 고급의 어휘를 사용했다. 핵심은 사람의 제스처가 말과 일치해야 한다는 것인데, 그렇지 않으면 청자의 뇌는 실제로 잠시 더듬거릴지도 모른다. 신경과학자 Spencer Kelly는 사람이 상이한 말과 제스처의 조합을 목격할 때 뇌가 어떻게 반응하는지를 측정하는 연구를 수행했다. Kelly 박사는 오른쪽을 가리키면서 "왼쪽으로 돌아서 가셔야 합니다"라고 하는 것과 같이 누군가가 제스처와 맞지 않는 말을 하는 것을 우리가 들을 때, 뇌가 약간의 문제를 경험한다는 것을 알아냈다. 이 연구가 밝히기로, 피험자들의 뇌파는 급격히 바뀌어 활동을 둔화시켰는데, 이는 뇌가 제스처의 의미를 말로 한 말의 의미와 같이 처리한다는 점을 시사한다.

어휘 advanced 고급의 stumble 더듬거리다, 실수하다 brief 짧은 conduct 수행하다 witness 목격하다 compatible with ~와 잘 맞는, 양립하는 hiccup (약간의) 문제, 지연 reveal 밝히다 radically 급격히 alter 바꾸다 concur with ~와 일치하다 vary 다양화하다; 다르다 simultaneously 동시에 guidance 지도[안내] interpret 설명[해석]하다

정답 ①

19 다음 글의 내용과 일치하지 않는 것은? 불일치

It might seem counterintuitive that a fire could promote ecological health, but many ecosystems benefit from periodic fires because they clear out dead organic material and provide nutrients to the soil. Several plants actually require fire to move along their life cycles. For example, seeds from many pine tree species are enclosed in pine cones that are covered in pitch, which must be melted by fire for the seeds to be released. Moreover, fires can help rid an ecosystem of invasive species. Animals and plants within fire-prone ecosystems have adapted to thrive within a cycle of wildfires, and the casualties of native animals from wildfires are low because they survive by burrowing into the ground or fleeing to safer areas. However, invasive plants and animals are less likely to recover and could thus be controlled or even eradicated from the ecosystem they invaded.

① Few native animals can survive wildfires.
② Wildfires control the population of invasive species.
③ Soil becomes more fertile after a wildfire.
④ Wildfires enable some plants to reproduce.

해설 산불이 생태계에 미치는 긍정적인 효과에 대해 설명하는 글이다. 5번째 문장에서 토착 동물들은 나름의 방법으로 불을 피하기 때문에 산불로 죽는 토착 동물의 수는 적다고 언급하고 있으므로, 글의 내용과 일치하지 않는 것은 ① '산불에서 살아남을 수 있는 토착 동물은 거의 없다.'이다. 참고로 마지막 문장의 내용은 침입종에 국한된 설명이므로 ①에 대한 근거로 볼 수 없다.
② 산불은 침입종의 개체수를 조절한다. → 마지막 문장에서 언급된 내용이다.
③ 산불 후에 토양은 더 비옥해진다. → 첫 문장에서 언급된 내용이다.
④ 산불은 일부 식물들이 번식할 수 있게 한다. → 3번째 문장에서 언급된 내용이다.

해석 화재가 생태학적 건강을 증진시킬 수 있다는 것은 직관에 반하는 것처럼 보일 수 있지만, 많은 생태계는 주기적인 화재로부터 도움을 받는데, 왜냐하면 화재는 죽은 유기물을 제거하고 토양에 영양분을 제공하기 때문이다. 몇몇 식물들은 실제로 그들의 삶의 주기를 따라가기 위해 불을 필요로 한다. 예를 들어, 많은 소나무 종의 씨앗은 송진으로 덮인 솔방울에 싸여 있는데, 씨앗이 방출되기 위해서는 송진이 불에 의해 녹아야 한다. 게다가, 불은 생태계에서 침입종을 없애는 데 도움을 줄 수 있다. 화재가 발생하기 쉬운 생태계 내에 서식하는 동식물은 산불의 주기 안에서 번성하도록 적응했으며, 토착 동물들은 땅속으로 굴을 파거나 더 안전한 지역으로 피난함으로써 살아남기 때문에 산불로 죽는 토착 동물의 수는 적다. 그러나, 침입성 동식물은 회복될 가능성이 낮고 따라서 통제되거나 그들이 침입한 생태계에서 심지어 전멸할 수도 있다.

어휘 counterintuitive 직관에 반하는 ecological 생태학의, 생태학적인 ecosystem 생태계 periodic 주기적인 organic material 유기물 nutrient 영양분 pine cone 솔방울 pitch 송진 rid A of B A에게서 B를 없애다 invasive species 침입종, 외래 유입종 conversely 반대로 fire-prone 불이 나기 쉬운 adapt 적응하다 thrive 번성하다 wildfire 산불 casualty 사상자, 피해자 burrow 굴을 파다 flee 달아나다, 피난하다 eradicate 근절하다, 전멸시키다 invade 침입하다 fertile 비옥한 reproduce 번식하다

정답 ①

In December 2010, Tunisian street vendor Mohammed Bouazizi set himself on fire to protest the arbitrary seizing of his vegetable stand by police over failure to obtain a permit.

(A) The participants in these grassroots movements sought increased social freedoms and greater participation in the political process. Notably, this includes the Tahrir Square uprisings in Cairo, Egypt and similar protests in Bahrain.

(B) Then, activists in other countries in the region were inspired by the regime change in Tunisia — the country's first democratic parliamentary elections were held — and began to protest similar authoritarian governments in their own nations.

(C) His sacrificial act served as a catalyst for the so-called Jasmine Revolution in Tunisia. The street protests that ensued in Tunis, the country's capital, eventually prompted the authoritarian president, who had ruled Tunisia with an iron fist for more than 20 years, to abdicate his position and flee to Saudi Arabia.

① (A) - (B) - (C) ② (A) - (C) - (B)
③ (C) - (A) - (B) ④ (C) - (B) - (A)

해설 튀니지의 재스민 혁명의 배경과 그 혁명이 주변 국가들에까지 영향을 미치게 된 과정을 설명한 글이다. 주어진 문장은 Mohammed Bouazizi가 항의하기 위해 분신을 했다는 내용으로, 이 분신 행위를 His sacrificial act로 받아, 이로 인해 재스민 혁명이 일어났고 그 결과 튀니지의 독재 대통령이 물러났다는 내용의 (C)가 와야 한다. 그다음, 대통령이 물러났다는 내용에 이어 튀니지의 정권 교체에 의해 다른 나라의 활동가들이 영감을 받았다는 내용의 (B)가 오는 것이 자연스럽다. 마지막으로 이 활동가들을 The participants로 받으며 이들이 이집트와 바레인과 같은 다른 나라에서 사회적 자유와 정치적 참여를 추구했다고 하는 (A)가 와야 한다. 따라서 글의 순서로 가장 적절한 것은 ④ '(C) - (B) - (A)'이다.

해석 2010년 12월, 튀니지인 노점상 Mohammed Bouazizi는 허가증을 얻지 못해 경찰이 그의 채소 노점을 독단적으로 압수한 것에 항의하기 위해 분신했다. (C) 그의 희생적 행동은 튀니지에서 소위 재스민 혁명의 기폭제 역할을 했다. 그 국가의 수도인 튀니스에서 이어진 거리 시위는 결국 20년 넘게 튀니지를 철권통치해오던 독재 대통령이 사임하고 사우디아라비아로 달아나게 했다. (B) 그리고 나서, 이 지역의 다른 나라의 활동가들이 튀니지 최초의 민주적 의회 선거가 열리는 등의 튀니지의 정권 교체에 영감을 받았고, 그들 국가의 유사한 권위주의 정부에 저항하기 시작했다. (A) 이러한 풀뿌리 운동에 참여한 사람들은 사회적 자유와 정치적 과정에 대한 더 큰 참여를 추구했다. 특히 이는 이집트 카이로에서 일어난 Tahrir 광장 봉기와 바레인에서의 비슷한 시위들을 포함한다.

어휘 street vendor 노점상 protest 항의[반대]하다 arbitrary 독단적인 seizing 압수 stand 가판대, 노점 grassroots movement 풀뿌리[민초] 운동 notably 특히 uprising 봉기, 반란 regime 정권, 체계 democratic 민주주의의 parliamentary election 의회 선거 authoritarian 권위주의적인, 독재적인 sacrificial 희생적인, 제물의 catalyst 촉매, 기폭제 so-called 소위, 이른바 ensue 뒤따르다 prompt 촉발하다, 재촉하다 rule with an iron fist 철권통치를 하다 abdicate 포기하다, 퇴위하다 flee 달아나다

정답 ④

answer

회차 8

01	02	03	04	05
②	①	③	②	④
06	07	08	09	10
②	③	④	②	④
11	12	13	14	15
②	③	③	①	④
16	17	18	19	20
③	④	③	①	④

01 밑줄 친 부분의 의미와 가장 가까운 것은? 어휘

New initiatives aimed at reducing the burden of high taxes are laudable.

① promising ② commendable
③ impressive ④ superficial

해설 laudable은 '칭찬할 만한'이라는 뜻으로, 이와 의미가 가장 가까운 것은 ② 'commendable(칭찬할 만한)'이다.
① 조짐이 좋은 ③ 인상적인 ④ 피상적인
해석 높은 세금 부담을 줄이기 위한 새로운 계획들은 칭찬할 만하다.
어휘 initiative 계획 burden 부담

정답 ②

02 밑줄 친 부분의 의미와 가장 가까운 것은? 어휘

If people pursued moderation in their diets, their bodies would stay healthy and robust.

① temperance ② solicitude
③ dialect ④ anguish

해설 moderation은 '절제'라는 뜻으로, 이와 의미가 가장 가까운 것은 ① 'temperance (절제)'이다.
② 염려 ③ 방언 ④ 고통
해석 만약 사람들이 식단에 있어 절제를 추구한다면, 그들의 몸은 건강하고 튼튼하게 유지될 것이다.
어휘 robust 튼튼한, 강건한

정답 ①

03 두 사람의 대화 중 가장 어색한 것은? 생활영어

① A: I can barely turn my neck. It really hurts!
   B: I think you should have it checked.
② A: Do you have any water? I ran out of mine.
   B: No, but we should see a convenience store soon.
③ A: It's so expensive to eat out nowadays.
   B: That's why I prefer to dine at a restaurant.
④ A: What are you getting your parents for Christmas?
   B: No idea. What would be good?

해설 외식하는 것이 너무 비싸다고 불평하는 A의 말에 대한 응답으로 그래서 자신이 레스토랑에서 먹는 것, 즉 외식을 좋아한다는 B의 말은 모순된다. 따라서 대화 중 가장 어색한 것은 ③이다.
해설 ① A: 목을 거의 돌릴 수가 없어. 너무 아파!
B: 너 그거 검사해 봐야겠는데.
② A: 너 물 있어? 내 건 다 마셨어.
B: 아니, 근데 곧 편의점이 보일 거야.
③ A: 요즘 밖에서 먹는 건 너무 비싸.
B: 그게 내가 레스토랑에서 식사하는 걸 선호하는 이유야.
④ A: 크리스마스 때 부모님께 뭐 드릴 거야?
B: 전혀 모르겠어. 뭐가 좋을까?
어휘 run out of ~을 다 써버리다 convenience store 편의점 dine 식사하다

정답 ③

04 밑줄 친 부분에 들어갈 말로 가장 적절한 것은? 생활영어

A: Hey, I loved your group presentation. It was the best!
B: Seriously? I was so nervous I blanked out for a while.
A: I noticed. Everyone in your group seemed that way.
B: We even skipped a few parts by mistake.
A: Yeah, I noticed that too.
B: Then, _____?
A: The contents. Your group had so many good ideas that were both creative and realistic.

① what made you so nervous
② what did you like about it
③ what was the real problem
④ what would you do differently

해설 A는 B의 조가 발표 중 말을 잊거나 건너뛴 것을 알아차렸음에도 그 발표가 너무 좋았다고 하였다. 이런 상황에서 빈칸 내용에 해당하는 B의 질문에 대한 답으로 A가 발표 내용을 언급하며 칭찬했으므로, B는 무슨 이유로 좋다고 말한 건지 물어봤음을 추측할 수 있다. 따라서 빈칸에 들어갈 말로 가장 적절한 것은 ② '어떤 점이 좋았던 거야'이다.
① 뭐 때문에 그렇게 긴장한 거야
③ 진짜 문제가 뭐였어
④ 뭘 다르게 할 거야

해석 A: 야, 네 조별 발표 너무 좋았어. 최고였어!
B: 진짜로? 나 너무 긴장해서 한동안 머리가 하얘졌었어.
A: 알아봤어. 너희 조 모두 그래 보이더라.
B: 심지어 몇몇 부분들은 실수로 건너뛰었어.
A: 응, 그것도 알아봤어.
B: 그럼, 어떤 점이 좋았던 거야?
A: 내용이 좋아. 너희 조는 창의적이면서도 현실적인 좋은 아이디어들이 엄청 많았거든.

어휘 blank out 갑자기 텅 비다, 머리가 하얘지다 content 내용 realistic 현실적인

정답 ②

05 밑줄 친 부분 중 어법상 옳지 않은 것은? 문법

Discrimination makes upward mobility ① highly difficult. Systematic inequality in the United States has caused a disproportionately high number of ethnic minorities ② to be poor. Discrimination then adds another ③ challenge for people who might be educated and talented but who belong to a visible minority. People who are not white are discriminated against when applying for jobs and when trying to buy a house. Therefore, not only ④ it is difficult to get a job that would allow them to move into a wealthier neighborhood, but people also face difficulties because of their ethnicity.

해설 (it is → is it) 문두에 부정어인 not only가 나왔으므로 주어와 동사는 반드시 도치되어야 한다. 따라서 it is를 is it으로 고쳐야 한다. 참고로 여기서 it은 가주어로 쓰이고 있다.
① highly는 '매우'라는 뜻의 부사로, makes의 목적격 보어로 쓰인 형용사 difficult를 적절하게 수식하고 있다. '높은, 높게'라는 뜻을 지닌 high와의 구분에 유의해야 한다.
② cause가 5형식 동사로 쓰이면 목적격 보어에 to 부정사를 취하므로, to be는 적절하게 쓰였다.
③ another 뒤에는 단수명사가 나와야 하므로 challenge는 적절하게 쓰였다.

해석 차별은 상향적 사회 이동을 매우 어렵게 만든다. 미국의 체계적인 불평등은 불균형적으로 많은 수의 소수 민족을 가난하게 만들어왔다. 게다가 차별은 학식과 재능이 있지만 가시적인 소수 인종 집단에 속하는 사람들에게 또 다른 도전을 더한다. 백인이 아닌 사람들은 일자리에 지원할 때와 집을 사려고 할 때 차별을 받는다. 따라서 그들이 더 부유한 지역으로 이사 갈 수 있게 할 일자리를 얻기가 어려울 뿐만 아니라, 사람들이 그들의 민족성 때문에 어려움에 직면하기도 한다.

어휘 discrimination 차별 upward mobility 상향적 사회 이동 systematic 체계적인 inequality 불평등 disproportionately 불균형적으로 ethnic minority 소수 민족 talented 재능 있는 visible minority 가시적인 소수 인종 집단, 유색인종 wealthy 부유한 neighborhood 지역 ethnicity 민족성

정답 ④

06 어법상 옳은 것은?

① Nothing changed thereafter he quit drinking soda.
② She objected to being considered for the team leader position.
③ We blamed them for show very poor leadership in defending the capital.
④ Samsung is one of the lead brand in the smartphone and electronic device market.

해설 object to는 '~에 반대하다'라는 뜻을 갖는 동사구인데, 이때 to는 전치사이므로 뒤에 동명사 being이 온 것은 적절하다. 또한 그녀가 팀장 자리에 '고려되는' 것이므로 동명사의 수동형인 being considered의 쓰임도 적절하다.
① (thereafter → after) thereafter는 '그 후에'라는 의미의 부사인데, 뒤에 절이 나오고 있으므로 절과 절을 이을 수 있는 접속사 after로 고쳐야 한다.
③ (show → showing) 'blame A for B'는 'A를 B로 비난하다'라는 의미의 구문이다. 이때 전치사 for 뒤에는 (동)명사가 와야 하는데, show 뒤에 목적어가 나오고 있으므로 동명사 showing으로 고쳐야 한다.
④ (lead brand → leading brands) one of 뒤에는 복수명사가 와야 하므로 brand를 brands로 고쳐야 한다. 또한 lead는 보통 동사나 명사로 사용되므로, 뒤의 명사 brands를 수식할 수 있는 현재분사형 형용사 leading으로 고쳐야 한다.

해석 ① 그가 탄산음료를 끊은 후 아무것도 변하지 않았다.
② 그녀는 팀장 자리에 고려되는 것에 반대했다.
③ 우리는 그들을 수도를 방어하는 데 매우 형편없는 지도력을 보여준 것으로 비난했다.
④ 삼성은 스마트폰과 전자기기 시장에서 선도적인 브랜드 중 하나이다.

어휘 defend 방어하다 capital 수도

정답 ②

07 주어진 글 다음에 이어질 글의 순서로 가장 적절한 것은?

In his 1972 book, *The Social Animal*, Elliot Aronson puts forward "Aronson's First Law:" people who do crazy things are not necessarily crazy.

(A) Aronson, however, argues that although psychotic people certainly exist, even people who are generally psychologically healthy can be driven to such extremes of human behavior that they appear insane.
(B) It is therefore important that, before diagnosing people as psychotic, social psychologists make every effort to understand the situations people have been facing and the pressures that were operating on them when the abnormal behavior took place.
(C) The "crazy things" he refers to include acts of violence, cruelty, or deep prejudice—acts so extreme that they seem to reflect a psychological imbalance on the part of the perpetrator.

① (A) - (C) - (B) ② (B) - (A) - (C)
③ (C) - (A) - (B) ④ (C) - (B) - (A)

해설 비정상적인 행위를 한다고 해서 꼭 그 사람이 정신 이상자인 것은 아니므로 그 상황의 전반을 살펴봐야 한다는 내용의 글이다. 미친 짓을 하는 사람들이 반드시 미친 것은 아니라고 주장하는 Aronson의 첫 번째 법칙을 소개하는 내용의 주어진 글 다음에는, 여기서 언급된 'crazy things'를 다시 지칭하여 부연 설명하는 (C)가 와야 한다. 그 다음에는 (C) 마지막에 그러한 미친 짓이 가해자의 심리적 불균형을 나타내는 것처럼 보인다는 내용을 (A) however을 통해 역접으로 연결하여, 그러나 심리적으로 건강한 사람들도 그럴 수 있다는 내용이 오는 것이 적절하다. 마지막으로 그러므로 사회 심리학자들은 사람을 정신 이상자로 진단하기 전에 그 사정을 전반적으로 살펴봐야 한다는 내용의 (B)가 therefore로 연결되어 글을 마무리 짓는 것이 자연스럽다. 따라서 글의 순서로 가장 적절한 것은 ③ '(C) - (A) - (B)'이다.

해석 Elliot Aronson은 그의 1972년 저서 "The Social Animal"에서 'Aronson의 첫 번째 법칙', 즉 미친 짓을 하는 사람들이 반드시 미친 것은 아니라는 것을 제안한다. (C) 그가 언급하는 '미친 짓'은 폭력, 잔인함 또는 깊은 편견의 행위들을 포함하는데, 이 행위들은 너무 극단적이어서 가해자 쪽의 심리적 불균형을 반영하는 것처럼 보인다. (A) 그러나 Aronson은 정신 이상자들이 분명 존재하지만, 일반적으로 심리적으로 건강한 사람들조차도 실성한 것처럼 보일 만큼 인간 행위의 극단으로 내몰릴 수 있다고 주장한다. (B) 그러므로 사람을 정신 이상자로 진단하기 전에, 사회 심리학자들은 사람들이 직면해 왔던 상황과 그 비정상적인 행동이 일어났을 때 그들에게 작용했던 압박감을 이해하기 위해 모든 노력을 기울이는 것이 중요하다.

어휘 put forward 제안하다, 내세우다 psychotic 정신병의; 정신병 환자 insane 실성한 diagnose 진단하다 social psychologist 사회 심리학자 make every effort to ~하는 데 온갖 노력을 다하다 abnormal 비정상적인 prejudice 편견 on the part of ~쪽의, ~에 의한 perpetrator 가해자, 범인

정답 ③

In 1917, U.S. Congress submitted the 18th Amendment, which banned the manufacture, transportation and sale of intoxicating liquors, for state ratification. The amendment received the support of the necessary three-quarters of U.S. states in just 11 months. By the time it went into effect, no fewer than 33 states had already enacted their own prohibition legislation. In general, Prohibition was enforced much more strongly in areas where the population was sympathetic to the legislation — mainly rural areas and small towns — and much more loosely in urban areas. Despite very early signs of success, including a decline in arrests for drunkenness and a reported 30 percent drop in alcohol consumption, those who wanted to keep drinking found ways to do it. The "bootlegging" (illegal manufacturing and sale of liquor) went on throughout the decade, along with the operation of "speakeasies" (stores or nightclubs selling alcohol), the smuggling of alcohol across state lines and the informal production of liquor in private homes.

① People were unable to drink alcohol during Prohibition.
② Prohibition did not work at all at the beginning.
③ Only a few U.S. states approved of Prohibition.
④ The enforcement of Prohibition in cities was relatively less strict.

해설 4번째 문장에서 금주령이 법안에 동조한 시골 지역에서 강하게 시행된 반면에 도시 지역에서는 느슨하게 시행되었다고 했다. 따라서 글의 내용과 일치하는 것은 ④ '도시에서의 금주령의 시행은 상대적으로 덜 엄격했다.'이다.

① 금주령 시기 동안 사람들은 술을 마실 수 없었다. → 마지막 두 문장에서 금주령 시기 동안에도 술이 만들어지고 유통되었음을 알 수 있으므로 옳지 않다.

② 금주령은 처음에는 전혀 효과가 없었다. → 5번째 문장에서 금주령이 시행 초기에는 효과가 있었음을 알 수 있으므로 옳지 않다.

③ 미국의 오직 몇 개 주만이 금주령에 찬성했다. → 2번째 문장에서 (비준에) 필요했던 미국 전체 주의 4분의 3의 지지를 받았다고 했고, 3번째 문장에서 33개 이상의 주가 자체적으로 금지법을 제정했다고 했으므로 옳지 않다.

해석 1917년 미 의회는 주류의 제조, 운송, 판매를 금지하는 미 헌법 수정 조항 제18조를 주 비준을 위해 제출했다. 이 수정 조항은 불과 11개월 만에 (비준에) 필요한 미국 주 4분의 3의 지지를 받았다. 그것이 발효되었을 때쯤에, 33개 이상의 주들이 이미 그들 각자의 금지법을 제정했었다. 일반적으로, 금주령은 주민들이 법안에 동조하는 지역, 즉 주로 시골 지역과 작은 마을에서 훨씬 더 강하게 시행되었고, 도시 지역에서는 훨씬 더 느슨하게 시행되었다. 주취로 인한 체포의 감소와 알코올 소비의 30퍼센트 감소를 포함하는 극 초창기의 성공 징후에도 불구하고, 술을 계속 마시기를 원했던 사람들은 그를 위한 방법들을 찾았다. 'bootlegging'(불법적인 주류의 제조와 판매)은 'speakeasies'(알코올을 파는 가게나 나이트클럽)의 운영, 주 경계를 넘나드는 알코올의 밀수, 그리고 개인 가정집에서의 비공식적인 주류 제조와 함께 10년에 걸쳐 계속되었다.

어휘 congress 의회 amendment (미국 헌법의) 수정 조항 ban 금지하다 intoxicating liquor 술, 주류 ratification 비준, 인가 enact 제정하다 Prohibition 미국의 금주령 legislation 법률, 입법 enforce 집행[시행]하다 population 인구, 전체 주민 sympathetic 동조하는 rural 시골의, 지방의 urban 도시의 arrest 체포 smuggling 밀수, 밀반입 approve of ~에 찬성하다 strict 엄격한

정답 ④

Since the phrase 'The Three Rs' was first coined way back in 1825, reading, writing and arithmetic have become the cornerstone of education. School days were spent sitting in rows learning by repetition and asking impromptu questions was generally discouraged. However, as we rapidly advance into the digital era, is this 20th century educational mindset still relevant, and does it suitably prepare our children for success in the modern world? In 2002, the Partnership for 21st Century Skills began looking at the skills students need to be successful citizens beyond school. They identified a set of four essential skills they call the 'Four Cs': critical thinking, creativity, collaboration and communication. Since then, schools across Australia have been shifting their pedagogy to address this new skillset, designing active learning environments where students are encouraged to ask questions; where they seek out relevant information and then apply their findings.

① Principles of 'Four Cs' modeled after those of 'Three Rs'
② The ground for adopting 'Four Cs' and its implementation
③ Effects of the new learning environment based on 'Four Cs'
④ Fostering creativity in school as goal of 21st century education

해설 이 글은 20세기를 지배했던 '3 R'에 바탕을 둔 교육이 더 이상 유효하지 않음을 강조하며, 21세기의 새로운 교육 방식으로 '4 C'를 제시하고 있다. 또한 호주 전역의 학교는 이에 기반한 학습 환경을 설계하고 있다고 했으므로, 글의 주제로 가장 적절한 것은 ② ''4 C'가 채택된 배경과 그 시행'이다.

① '3 R'의 원칙을 본 뜬 '4 C'의 원칙 → '4 C'는 '3 R'의 문제점에 대응하여 고안된 것이므로 원칙을 본 뜬 것이라는 표현은 적절하지 않다.

③ '4 C'에 기반한 새로운 학습 환경의 효과 → 새로운 학습 환경의 효과는 구체적으로 언급되지 않았으며 이 글은 '4 C'의 효과보다는 그 목적에 관한 내용이다.

④ 21세기 교육의 목표로서 학교에서 창의성을 기르는 것 → 창의성은 '4 C' 중 하나에 해당할 뿐이므로, 주제를 포괄하기엔 너무 지엽적이다.

해석 '3 R'이란 문구가 오래 전인 1825년에 처음 만들어진 이래, 읽기, 쓰기, 산수는 교육의 초석이 되었다. 학창시절은 줄지어 앉아서 반복 학습을 하는 가운데 흘러갔고 즉흥적인 질문은 일반적으로 장려되지 않았다. 하지만, 디지털 시대로 빠르게 진입하는 이 시점에서, 이러한 20세기의 교육적 사고방식이 여전히 적절한 것이며, 그것이 현대 세계에서 우리 아이들을 성공으로 이끌도록 적절하게 준비시키고 있는 것일까? 2002년에, the Partnership for 21st Century Skills(국가 단체 이름)는 학생들이 학교를 넘어 성공적인 시민이 되기 위해 필요한 능력에 대해 살펴보기 시작했다. 그들은 '4 C'라고 불리는 네 가지 필수 능력을 찾았는데, 이는 비판적 사고, 창의성, 협력, 의사소통이다. 그 이후로 호주 전역의 학교는 이 새로운 능력들을 다루기 위해 교수법을 전환하며 학생들이 질문을 하도록 권장되는, 즉 관련 정보를 찾은 다음 발견한 내용을 적용하는, 능동적인 학습 환경을 설계하고 있다.

어휘 coin (새로운 낱말어구를) 만들다 way back 오래 전 arithmetic 산수 cornerstone 초석 school days 학창시절 impromptu 즉흥적인 discourage 못하게 말리다, 방해하다 advance 나아가다, 진입하다 mindset 사고방식[태도] relevant 적절한 suitably 적절하게 identify 발견하다, 찾다 essential 필수적인 innovation 혁신 collaboration 협력, 공동 작업 pedagogy 교수법, 교육학 skillset 능력 ground 배경 adopt 채택하다 implementation 시행 foster 기르다

정답 ②

10 글의 흐름상 가장 어색한 문장은?　일관성

Food preparation and serving methods can influence the acceptability of unfamiliar, even unpopular food items. ① Organ meats, especially liver entrées, were incorporated most successfully into wartime diets through similar preparation and serving methods as those of regular meats. ② Bollman's studies in this area were conducted with common, inexpensive vegetables, and it was found that the soldiers did not eat cabbage that was prepared differently from the ways in which they expected to see other vegetables prepared. ③ Instead, soldiers were more likely to eat food, whether familiar or unfamiliar, when it was prepared in a way similar to their prior experiences and served in a familiar fashion. ④ Supplies were short, and soldiers had to eat food they disliked; they had to walk long distances and often wore out their shoes. This was found to be consistent for both cooked vegetables and organ meats.

해설 음식 준비와 서빙 방법은 음식의 수용 가능성에 영향을 미친다는 내용의 글이다. 이와 관련하여 군인들이 자신이 경험했던 것과 비슷한 방식으로 준비되고 서빙 된 음식을 선호할 가능성이 더 높았다는 Bollman의 연구 결과를 사례로 들고 있다. 따라서 글의 흐름상 가장 어색한 문장은 보급품의 부족과 싫어하는 음식을 먹어야 하는 등 군인들의 어려움을 서술한 내용의 ④이다.

해석 음식 준비와 서빙 방법은 친숙하지 않은, 심지어 인기 없는 음식 품목들의 수용 가능성에 영향을 미칠 수 있다. 내장육, 특히 간 앙트레는 일반 고기의 준비와 서빙 방법과 유사한 것을 통해 전시 식단에 가장 성공적으로 포함되었다. 이 분야에서 Bollman의 연구는 흔하고 저렴한 채소로 수행되었고, 군인들은 그들이 다른 채소가 준비되는 것을 보길 기대한 방식과 다르게 준비된 양배추는 먹지 않는다는 사실이 밝혀졌다. 대신, 군인들은 친숙하든 친숙하지 않든, 음식이 그들의 이전 경험과 비슷한 방식으로 준비되고 친숙한 방식으로 서빙되었을 때, 그것을 먹을 가능성이 더 컸다. (보급품은 부족했고, 군인들은 자신들이 싫어하는 음식을 먹어야만 했으며, 그들은 먼 거리를 걸어야 했고 신발이 닳는 경우가 많았다.) 이것은 조리된 채소와 내장육 모두에서 일관된 것으로 밝혀졌다.

어휘 acceptability 수용성 organ 내장 entrée 앙트레(만찬에서의 주요리 앞에 나오는 요리) incorporate 포함하다 conduct 수행하다 cabbage 양배추 prior 이전의 fashion 방식 wear out 닳게 하다 consistent 일관된

정답 ④

11 밑줄 친 부분의 의미와 가장 가까운 것은?　이디엄

The academic performance of adolescent students should be factored into the results.

① graded by
② included in
③ checked by
④ irrelevant to

해설 factored into는 '~에 포함된'이라는 뜻으로, 이와 의미가 가장 가까운 것은 ② 'included in(~에 포함된)'이다.
① ~에 의해 등급 매겨진 ③ ~에 의해 확인된 ④ ~와 무관한
해석 청소년 학생들의 학업 성취도가 그 결과에 포함되어야 한다.
어휘 academic 학업의 adolescent 청소년기의

정답 ②

12 밑줄 친 부분의 의미와 가장 가까운 것은?　이디엄

I am fed up with his grumbling and sighing in the seat next to me every day.

① am aware of
② am alarmed at
③ am sick of
④ am concerned about

해설 be fed up with는 '~에 진저리가 나다'라는 뜻으로, 이와 의미가 가장 가까운 것은 ③ 'am sick of(~에 질리다)'이다.
① ~을 알다 ② ~에 놀라다 ④ ~을 걱정하다
해석 나는 그가 내 옆자리에서 매일 투덜거리고 한숨 쉬는 것에 진저리가 난다.
어휘 grumble 투덜거리다 sigh 한숨 쉬다

정답 ③

13 밑줄 친 (A), (B)에 들어갈 말로 가장 적절한 것은? 　　빈칸완성

Many body language signals are ___(A)___. Paul Ekman's seven basic emotions — anger, contempt, disgust, fear, joy, sadness, and surprise — suggest that certain facial expressions of emotion are dictated entirely by our biology. Researchers continue to find evidence that other signals are biologically driven as well. In one fascinating study, scientists from the University of British Columbia observed athletes at the Olympic and Paralympic Games of 2004 to see how they would react to winning and losing. With 140 athletes from thirty-seven countries, they had a great cross section of humanity to consider. The researchers found that no matter where the athletes came from, winners would display ___(B)___ reactions — they'd hold their heads back, punch the air with their fists, and puff out their chests. In contrast, losers would shrink, slouching their heads with their shoulders down.

	(A)	(B)
①	acquired	competitive
②	cultural	particular
③	hardwired	similar
④	innate	mixed

해설 인간의 몸짓 언어 신호에 관한 글이다. 특정한 얼굴 표정들은 전적으로 생물학적 요인에 의해 결정된다는 빈칸 다음 문장의 설명으로 보아, (A)에 들어갈 말로 적절한 것은 hardwired(타고난) 또는 innate(선천적인)이다. 이어서 (B)가 포함된 문장은 이러한 사실이 얼굴 표정 외 다른 신호에도 적용된다는 연구에 대한 결과를 서술하고 있다. 사람들이 특정한 몸짓 언어를 선천적으로 '타고난다면' 출신에 관계없이 상황에 반응하는 모습이 서로 '유사할' 것이므로, (B)에 들어갈 말로 적절한 것은 similar(비슷한)이다.

해석 많은 몸짓 언어 신호는 타고나는 것이다. Paul Ekman의 일곱 가지 기본 감정, 즉 분노, 경멸, 혐오, 두려움, 기쁨, 슬픔, 놀라움은 감정의 특정한 얼굴 표정들이 우리의 생물학에 의해 전적으로 결정된다는 것을 시사한다. 연구원들은 다른 신호들도 생물학적으로 유도되는 것이라는 증거를 계속해서 발견하고 있다. 어느 흥미로운 연구에서, University of British Columbia 소속의 과학자들은 2004년 올림픽과 패럴림픽에서 선수들이 승리와 패배에 어떻게 반응하는지를 관찰했다. 37개국 출신의 140명의 선수들을 대상으로, 그들은 고려해야 할 인류의 넓은 단면이 있었다. 연구자들은 선수들이 어디 출신이든 간에, 승자들은 머리를 뒤로 젖히고, 주먹으로 허공을 치고, 가슴을 내미는 등 비슷한 반응을 보이곤 했다고 밝혔다. 이와 대조적으로, 패배자들은 몸을 움츠리고 어깨를 축 늘어뜨린 채 고개를 숙이곤 했다.

어휘 contempt 경멸 disgust 혐오 dictate 지배하다, 좌우하다 entirely 전적으로 biologically 생물학적으로 fascinating 매력적인, 흥미로운 observe 관찰하다 cross section 단면, 대표적인 면 puff out 부풀다, 내밀다 shrink 움츠리다, 줄어들다 slouch 숙이다, 구부정하게 서다 acquired 습득된, 후천적인 competitive 경쟁적인 hardwired 타고난, 내장된 innate 선천적인

정답 ③

14 밑줄 친 (A), (B)에 들어갈 말로 가장 적절한 것은? 　　연결사

The children who were working in the factories during the Industrial Revolution were subjected to harsh conditions, which led to a variety of health consequences, both mental and physical. Many of the children appeared pale, slim, and exhibited respiration issues ___(A)___ wheezing, hoarseness of voice and difficulty in breathing. Children were working up to fourteen hours a day, causing their growth to stunt due to the hard labor. While being exploited, children also underwent many types of abuse, which included alarming accident rates, low wages, inadequate food, and little to no break. ___(B)___, all of these situations led to serious trauma and further mental problems in the future as these children became adults.

	(A)	(B)
①	such as	Furthermore
②	regardless of	In addition
③	according to	Nonetheless
④	including	However

해설 산업 혁명 시기의 아이들의 노동 환경에 대해 서술한 글이다. (A) 다음에 나열된 증상들은 모두 앞에서 언급된 호흡 문제의 예시에 해당한다고 볼 수 있으므로 (A)에 들어갈 말로 적절한 것은 such as 또는 including이다. (B) 앞에서는 아이들이 당한 학대의 종류들을 언급하고 있으며, (B) 뒤에서는 이러한 경험들로 인해 아이들에게 추가적으로 발생한 악영향에 대해 서술하고 있으므로, (B)에 들어갈 말로 적절한 것은 Furthermore이다.

해석 산업 혁명 동안 공장에서 일했던 아이들은 가혹한 환경에 처했고, 이것은 정신적, 육체적인 다양한 건강 결과(문제)로 이어졌다. 아이들 중 다수가 창백하고 말라 보였으며, 쌕쌕거림, 목소리의 쉼, 호흡 곤란과 같은 호흡 문제를 보였다. 아이들은 하루에 최대 14시간까지 일을 했고, 힘든 노동으로 인해 그들의 성장은 저해됐다. 착취당하는 동안, 아이들은 또한 놀라울 정도의 사고율, 낮은 임금, 부족한 음식, 그리고 거의 없다시피 한 휴식을 포함하는 많은 종류의 학대를 겪었다. 게다가, 이 모든 상황은 이 아이들이 어른이 됨에 따라 미래에 심각한 트라우마와 추가적인 정신적 문제로 이어졌다.

어휘 Industrial Revolution 산업혁명 be subjected to ~을 받다, 당하다 harsh 가혹한, 냉혹한 pale 창백한 exhibit 보이다, 나타내다 respiration 호흡 wheezing 천명, 쌕쌕거림(천식의 증상) hoarseness 목이 쉼 stunt 성장을 방해하다 exploit 착취하다, 이용하다 undergo 겪다 abuse 학대 alarming 놀라운 inadequate 부족한 little to no 거의 없는

정답 ①

They can be depleting and debilitating.

Relationships are a very important part of well-being and self-esteem. Almost everyone needs someone to care about, someone with whom they can share life's ups and downs, and someone who will be there in times of need. (①) Supportive friends, family, and partners raise feelings of worthiness and can provide individuals with a purpose for "being." (②) They can provide the impetus to take healthy risks and to recover from illness and injury. (③) Isolation and/or unhealthy relationships can create stress, anger, frustration, and very low self-esteem. (④) Therefore, understanding how to form relationships and keep them strong is a crucial part of good self-care.

해설 행복감 및 자존감과 관련하여 관계의 중요성을 서술하는 내용의 글이다. 주어진 문장은 'They'가 (사람을) 고갈시키고 쇠약하게 할 수 있다는 내용이다. 따라서 'They'는 관계에서 부정적인 영향을 미치는 것으로, 주어진 문장 앞에서 그 지칭 대상이 언급되어야 한다. ③ 앞까지는 전부 관계에 있어서 긍정적인 영향을 주는 것과 관련된 내용이므로, 'They'는 ③ 뒤에 나온 stress, anger, frustration, and very low self-esteem를 지칭하는 것으로 봐야 한다. 따라서 주어진 문장이 들어갈 위치로 가장 적절한 것은 ④이다.

해석 관계는 행복과 자존감의 매우 중요한 부분이다. 거의 모든 사람에게는 신경 쓸 사람, 인생의 기복을 함께 나눌 수 있는 사람, 그리고 어려움에 처할 때 그곳에 있을 사람이 필요하다. 지지하는 친구, 가족, 파트너들은 가치가 있다는 느낌을 자아내고, 개인들에게 '존재'의 목적을 제공할 수 있다. 그들은 건강한 모험을 무릅쓰고 질병과 부상으로부터 회복하기 위한 자극을 제공할 수 있다. 고립 그리고/또는 건강하지 못한 관계는 스트레스, 분노, 좌절, 매우 낮은 자존감을 만들어 낼 수 있다. 그것은 (사람을) 고갈시키고 쇠약하게 할 수 있다. 그러므로 관계를 형성하고 그것을 강하게 유지하는 방법을 이해하는 것은 좋은 자기 관리의 중요한 부분이다.

어휘 impetus 자극(제), 추동력 take a risk 위험을 무릅쓰다, 모험을 하다 recover from ~에서 회복하다 injury 부상 well-being 행복, 복지 self-esteem 자존감 ups and downs 기복 in need 어려움에 처한 supportive 지지하는 worthiness 가치 있음 purpose 목적 isolation 고립 frustration 좌절 deplete 고갈시키다 debilitate 심신을 약화시키다 crucial 중대한, 결정적인

정답 ④

① 방에 있는 가구들은 모두 상태가 좋다.
→ All of the furniture in the rooms is in good condition.
② 유리는 피아노 경연을 위해 연습하느라 바쁘다.
→ Yuri is busy practicing for the piano competition.
③ 그 다람쥐는 사람의 눈으로 감지할 수 없다.
→ The squirrel isn't barely detectable by the human eye.
④ 생물 다양성의 상실이 경제 위기를 초래할 수 있다.
→ The loss of biodiversity may result in an economic crisis.

해설 (isn't barely → isn't) barely는 '거의 ~않다'라는 뜻의 부사로, 그 자체에 부정의 의미를 포함하므로 not과 함께 쓰면 이중부정이 된다. 주어진 우리말에 '거의'라는 표현은 없으므로 barely를 삭제해야 한다.
① All of 뒤에 불가산명사인 furniture가 왔으므로, is의 수일치는 적절하다.
② 'be busy (in) RVing'는 '~하느라 바쁘다'라는 뜻의 동명사 관용표현으로 적절하게 쓰였다.
④ '~을 초래하다'라는 의미의 result in이 적절하게 쓰였다. '~에서 기인하다'라는 의미의 result from과의 구분에 유의해야 한다.

어휘 squirrel 다람쥐 detectable 감지할 수 있는 biodiversity 생물 다양성

정답 ③

17 다음 글의 내용과 일치하지 않는 것은? 　　　　불일치

Nowhere are horses more central to daily life than in Mongolia. Mongolia is known as the land of the horse, and Mongols have a reputation for being the best horsemen on Earth. The establishment of Genghis Khan's Mongol empire, of course, was possible largely due to the tactical use of the horse. Mongols could reach and strike everywhere with their horses, across deserts and mountains considered — until the arrival of these mounted armies — to be impassable. In addition, horses were used for the administration and consolidation of the vast empire. Genghis Khan established an imperial circuit of communications using horses. Genghis Khan's system had way stations for post riders established in strategic locations across the empire, and enabled commands to be rapidly dispersed and news to be brought swiftly to the capital.

① Horses are considered a necessity in Mongolia.
② Mongols could ride horses even on tough terrains.
③ Horses served as a fast means of communication.
④ Way stations for post riders were centered around the capital.

해설 몽골인들이 역사적으로 말을 어떻게 이용해왔는지에 대해 설명하는 글이다. 마지막 문장에서 몽골제국 파발꾼들의 중간 기착지는 '제국 전역에 걸쳐' 전략적인 위치에 세워졌다는 언급이 있으므로 글의 내용과 일치하지 않는 것은 ④ '파발꾼들을 위한 중간 기착지는 수도 부근에 집중되었다.'이다.
① 말은 몽골에서 필수적인 것으로 여겨진다. → 첫 문장에서 언급된 내용이다.
② 몽골인들은 험한 지형에서도 말을 탈 수 있었다. → 4번째 문장에서 언급된 내용이다.
③ 말은 빠른 통신 수단으로서의 역할을 수행했다. → 마지막 두 문장에서 언급된 내용이다.

해석 몽골만큼 말이 일상생활의 중심이 되는 곳은 없다. 몽골은 말의 나라로 알려져 있고, 몽골인들은 지구상에서 가장 뛰어난 기수라는 평판이 있다. 칭기즈칸의 몽골 제국 건립은, 물론 말의 전술적 사용으로 인해 가능했다. 몽골인들은 이 기마 부대들(몽골인들)이 등장하기 전까지는 통과할 수 없는 것으로 여겨졌던 사막과 산을 가로 질러 그들의 말과 함께 모든 곳에 도달하여 공격할 수 있었다. 게다가, 말은 광대한 제국의 행정과 통합을 위해 이용되었다. 칭기즈칸은 말을 이용하여 제국적인 통신 노선을 구축했다. 칭기즈칸의 시스템은 제국 전역의 전략적 위치에 파발꾼들을 위한 중간 기착지가 있었고, 명령들이 빠르게 전파되게 하고 소식을 수도로 신속하게 전달될 수 있게 했다.

어휘 central 중심이 되는, 가장 중요한 establishment 설립, 건립 empire 제국 tactical 전략적인, 전술적인 strike 공격하다 arrival 등장, 출현 mounted 말을 탄 impassable 통과할 수 없는 administration 행정 consolidation 통합 vast 광대한, 어마어마한 imperial 제국의 circuit 순환, 노선 way station 중간 기착지 post rider 파발꾼 strategic 전략적인 command 명령 disperse 전파시키다, 퍼뜨리다 swiftly 빠르게 terrain 지형, 지역 means 수단

정답 ④

---

18 다음 글의 내용과 일치하지 않는 것은? 　　　　불일치

Southern commercial centers like New Orleans had become home to the greatest concentration of wealth in the U.S. due to the prosperity of the cotton trade. However, picking and cleaning cotton involved a labor-intensive process that slowed production and limited supply. In 1794, inventor Eli Whitney devised the cotton gin, a machine that separated the seeds from raw cotton in very short order. Whereas one enslaved person could pick the seeds out of 10 pounds of cotton in a day, the cotton gin could process 100 pounds in the same time. Many people believed the cotton gin would reduce the need for enslaved people because the machine could replace human labor. But in reality, the increased processing capacity accelerated demand for labor, and production exploded. Between 1801 and 1835 alone, the U.S. cotton exports grew from 100,000 bales to more than a million, comprising half of all U.S. exports.

① Processing cotton manually included a lot of labor.
② The cotton gin was ten times as efficient as one person.
③ The use of the cotton gin led to a decrease in labor demand.
④ In the early 1800's, cotton was a major export of the U.S.

해설 18~19세기 미국 남부 지역의 면화 산업에 대한 글이다. 마지막 2번째 문장에서 조면기의 발명으로 인해 증가된 처리 능력이 노동 수요를 촉진했다고 했으므로, 글의 내용과 일치하지 않는 것은 ③ '조면기의 사용은 노동 수요의 감소로 이어졌다.'이다.
① 면화를 수작업으로 가공하는 것은 많은 노동력을 수반했다 → 2번째 문장에서 언급된 내용이다.
② 조면기는 한 사람의 열 배만큼 효율적이었다. → 4번째 문장에서 언급된 내용이다.
④ 1800년대 초에 면화는 미국의 주요 수출품이었다. → 마지막 문장에서 언급된 내용이다.

해석 뉴올리언스와 같은 남부 상업 중심지들은 면화 무역의 번영으로 인해 미국에서 가장 많은 부가 집중된 곳이었다. 그러나 면화 따기와 세척은 생산 속도를 늦추고 공급을 제한하는 노동 집약적인 과정을 수반했다. 1794년, 발명가 Eli Whitney는 생 면화에서 빠르게 씨앗을 분리하는 기계인 조면기를 고안했다. 노예 한 사람이 하루에 10파운드의 면화에서 씨앗을 추출할 수 있었던 반면, 조면기는 같은 시간 동안 100파운드를 처리할 수 있었다. 많은 사람들은 조면기가 인간의 노동을 대체할 수 있기 때문에 노예들의 필요를 줄일 것이라고 믿었다. 그러나 실제로는 처리 능력의 증가가 노동 수요를 가속화했고, 생산은 폭발적으로 증가했다. 1801년과 1835년 사이에만 미국의 면화 수출은 100,000뭉치에서 100만 뭉치 이상으로 증가했으며, 이는 미국 수출의 절반을 차지했다.

어휘 commercial 상업의, 상업적인 concentration 집중 prosperity 번영, 번성 labor-intensive 노동 집약적인 cotton gin 조면기(면화에서 솜과 씨를 분리하는 기계) in short order 즉시 enslaved person 노예 replace 대신하다, 대체하다 accelerate 가속화하다, 촉진하다 demand 요구 explode 폭발적으로 증가하다 bale 더미, 뭉치 comprise 구성하다, 차지하다 manually 손으로, 수공(手工)으로 export 수출; 수출하다

정답 ③

19 밑줄 친 부분에 들어갈 말로 가장 적절한 것은? [빈칸완성]

In our desire to tell a story, we resort to certain standard storytelling devices. Those devices are part of our cultural norms for storytelling and they reflect what is considered to be a coherent story in a culture. Due to the fact that in telling one's story to others one wants to be coherent, one has to structure one's story according to these norms. This means, in effect, that _____. Nothing in life naturally occurs as a culturally coherent story. In order to construct such a story, we must leave out the details that don't fit, and invent some that make things work better. This process was seen in Bartlett's work on Eskimo folk tales, which were remembered by British subjects many years later as coherent stories, although the original was certainly not coherent in a British context. This same process is at work when we tell our own stories. We tell what fits and leave out what does not. Thus, whereas our lives may not be coherent, our stories are.

① some distortions are inevitable
② the details are not subject to revision
③ the original context should be provided
④ one has to bend the rules of coherence

[해설] 이야기를 할 때 우리는 문화적 규범에 맞추어 맥락에 적합하지 않은 세부사항은 빼고 더 그럴듯한 내용을 만들어 넣는 등 조정 과정을 거친다는 내용의 글이다. 따라서 빈칸에 들어갈 말로 가장 적절한 것은 ① '일부 왜곡이 불가피하다'이다.

② 세부사항은 수정 대상이 아니다 → 맥락에 맞춰 세부사항을 넣고 빼는 것이 가능하다고 하였다.

③ 원래 맥락이 제공되어야 한다 → 원래 맥락을 이야기와 함께 제공해야 한다는 것이 아니라 우리가 새로운 맥락에 맞추어 이야기의 내용을 가감한다는 것이 글의 주된 내용이다.

④ 일관성의 규칙을 어겨야 한다 → 이야기를 수정하는 것은 문화적 일관성을 '지키기 위해' 이루어지는 과정이다.

[해석] 이야기를 하고자 할 때, 우리는 어떤 표준적인 스토리텔링 장치에 의존한다. 그 장치들은 스토리텔링을 위한 우리의 문화적 규범의 일부이며, 한 문화 안에서 일관성 있는 이야기라고 여겨지는 것을 반영한다. 사람들은 다른 사람들에게 이야기를 할 때 일관성을 갖추고 싶어 하므로, 이러한 규범에 따라 자신의 이야기를 구성해야 한다. 이는 사실상 일부 왜곡이 불가피하다는 뜻이다. 삶의 그 어떤 것도 문화적으로 일관성 있는 이야기로서 자연적으로 발생하지 않는다. 그런 이야기를 구성하려면, 우리는 맞지 않는 세부사항을 빼고, 상황을 더 그럴듯하게 만들어주는 것을 만들어내야 한다. 이 과정은 에스키모 설화에 관한 Bartlett의 작품에서 보였는데, 비록 설화 원본은 영국의 상황에서 분명 일관성이 없었지만, 이것은 많은 세월이 지난 후 영국 국민들에 의해 일관성 있는 이야기로 기억되었다. 우리가 우리 자신의 이야기를 할 때도 같은 과정이 작용한다. 우리는 들어맞는 것을 말하고 맞지 않는 것은 뺀다. 따라서, 우리의 삶은 일관성이 없을 수도 있지만, 우리의 이야기는 일관성이 있다.

[어휘] resort 의존하다, 의지하다 norm 규범 reflect 반영하다 coherent 일관성 있는 structure 구성하다 in effect 사실상 naturally 자연적으로 leave out 빼다, 생략하다 invent 만들어내다 folk tale 설화, 전설 subject 국민 distortion 왜곡 inevitable 불가피한 be subject to ~의 대상이다 revision 개정 bend the rules 규칙을 어기다, 왜곡하다

[정답] ①

20 밑줄 친 부분에 들어갈 말로 가장 적절한 것은? [빈칸완성]

Social movements are not merely the sum of protest events on certain issues, or even of specific campaigns. On the contrary, a social movement process is in place only when collective identities develop, which go beyond specific events and initiatives. Collective identity is strongly associated with recognition and the creation of _____. It brings with it a sense of common purpose and shared commitment to a cause, which enables single activists and/or organizations to regard themselves as inextricably linked to other actors, not necessarily identical but surely compatible, in a broader collective mobilization. Within social movements, membership criteria are extremely unstable and ultimately dependent on mutual recognition between actors; the activity of boundary definition — i.e., of defining who is and who is not part of the network — indeed plays a central role in the emergence and shaping of collective action.

① tradition
② creativity
③ satisfaction
④ connectedness

[해설] 사회 운동에 있어서 집단 정체성의 발달이 핵심임을 주장하는 내용의 글이다. 이는 공통적인 목표와 헌신, 그리고 상호 의식에의 의존성을 의미하므로 빈칸에는 이러한 유대에 관한 표현이 들어가야 한다. 따라서 빈칸에 들어갈 말로 가장 적절한 것은 ④ '유대감'이다.

① 전통 → 집단의 정체성과 전통의 연관관계에 대해선 언급되지 않았다.

② 창의성 → 창의성과 관련된 내용은 언급되지 않았다.

③ 만족감 → 집단 정체성이 만족감과 밀접한 관련이 있다고 유추하기에는 무리가 있으며 글의 핵심과도 거리가 멀다.

[해석] 사회 운동은 단순히 특정 사안에 대한 시위 사건들의 합이나, 심지어 특정 캠페인들의 합도 아니다. 그와 반대로, 특정 사건과 계획을 뛰어넘는 집단 정체성이 발달해야만 사회 운동 과정이 진행된다. 집단 정체성은 유대감에 대한 인식과 창출에 밀접한 관련이 있다. 그것은 공동 목표와 하나의 대의명분에 대한 공동 책임이라는 의식을 안고 오는데, 그것은 혼자인 활동가 그리고/또는 조직이 더 넓은 집단 동원에서, 반드시 같지는 않지만 분명 양립할 수 있는 다른 행위자들과 자신이 불가분의 관계로 연결되어 있다고 여길 수 있게 한다. 사회 운동 내에서, 구성원 신분의 기준은 극도로 불안정하고 궁극적으로 행위자들 사이의 상호 인식에 의존하는데, 경계를 정의하는 행위, 즉 누가 네트워크의 일부이고 누가 아닌지를 정의하는 것은 실로 집단행동의 출현과 형성에 중심적인 역할을 한다.

[어휘] merely 단지, 그저 protest 항의, 시위 in place 가동[진행] 중인 collective 집단적인 initiative 계획 recognition 인식 commitment 약속, 책임 cause 대의명분 inextricably 불가분하게 identical 동일한 compatible 양립 가능한 mobilization 동원 criterion 기준(pl. criteria) ultimately 궁극적으로 boundary 경계의 i.e. 즉 emergence 출현

[정답] ④

answer

01	02	03	04	05
①	③	③	④	③
06	07	08	09	10
③	③	③	②	③
11	12	13	14	15
④	②	③	④	①
16	17	18	19	20
③	④	③	③	④

01 밑줄 친 부분에 들어갈 말로 가장 적절한 것은? [생활영어]

A: I finally got an A+ on my English essay!

B: An A+? You used to fail English! What happened?

A: Well, I worked hard on it.

B: That can't be all. There must be something else.

A: Actually I... No, never mind.

B: Come on, _____. I promise I won't tell anyone.

① just spill the beans
② please keep it to yourself
③ keep your fingers crossed
④ it's time to stop slacking off

해설 A가 영어 에세이에서 좋은 성적을 받은 비법에 관해 이야기하는 상황이다. A가 무언가를 말하려 하다가 멈추자, B는 빈칸 내용을 언급한 뒤 아무에게도 말하지 않겠다고 하였다. 따라서 B가 빈칸에서 그냥 말해달라는 식으로 말했을 것을 추측할 수 있으므로, 빈칸에 들어갈 말로 가장 적절한 것은 ① '그냥 비밀을 털어놔'이다.

② 제발 비밀로 해 줘
③ 행운을 빌어 줘
④ 게으름을 그만 피울 때야

해석 A: 나 드디어 영어 에세이에서 A+ 받았어!

B: A+? 너 영어 낙제하곤 했잖아! 무슨 일이 있었던 거야?

A: 글쎄, 열심히 준비했어.

B: 그게 다일 순 없어. 다른 무언가가 있는 게 분명해.

A: 사실 나... 아니야, 됐어.

B: 왜 이래, 그냥 비밀을 털어놔. 아무한테도 말 안 하겠다고 약속할게.

어휘 fail 낙제하다 spill the beans 비밀을 털어놓다 keep sth to oneself ~을 비밀로 해 두다 keep one's fingers crossed 행운을 빌다 slack off 게으름 피우다

정답 ①

02 밑줄 친 부분에 들어갈 말로 가장 적절한 것은? [빈칸완성]

The cleanup of Ohio's Cuyahoga River is one of the most significant successes in environmental history. In the nineteen sixties, the river was so polluted it caught fire several times. In 1969, photographs were taken of the flaming river flowing through the city of Cleveland. Highly publicized, the photos of the burning river ignited public outrage. That outrage forced elected officials to enact laws limiting the discharge of industrial wastes into river and sewage systems. City officials also allotted funds to upgrade sewage treatment facilities. Today the river is cleaner, no longer flammable, and widely used by boaters and anglers. This accomplishment illustrates _____.

① the consequences of political conflict
② the predominant belief among lawmakers
③ the power of bottom-up pressure by citizens
④ the active leisure pursuits of citizens

해설 오하이오주의 Cuyahoga 강이 오염물질로 인해 자주 불길에 휩싸이게 되자, 시민들의 청원으로 강을 정화하는 정책이 입안되었다는 내용의 글이다. 정부 당국에 대한 시민들의 압력으로 인해 정화 정책들이 입안되어 강이 깨끗해졌다고 했으므로, 빈칸에 들어갈 말로 가장 적절한 것은 ③ '시민들에 의한 상향식 압력의 힘'이다.

① 정치적 갈등의 결과 → 시민들의 요구에 정치권이 수긍한 것일 뿐, 정치적 갈등과는 관련이 없다.

② 정책 입안자들의 지배적인 신념 → 정책 입안자들은 그들의 신념이 아닌 시민들의 압력에 의해 정책을 만든 것이다.

④ 시민들의 활발한 여가 활동 → 이는 시민의 압력 행사에 의한 부수적인 결과에 불과하며 글의 핵심 내용이 아니다.

해석 오하이오주의 Cuyahoga 강의 정화 운동은 환경사에서 가장 중요한 성공 사례 중 하나이다. 1960년대에, 그 강은 너무나도 오염된 나머지, 여러 차례 불길에 휩싸였다. 1969년, 클리블랜드 도시를 가로질러 흐르는 강이 불타고 있는 사진이 촬영되었다. 그 불타는 강의 사진들은 널리 알려져 대중의 분노에 불을 붙였다. 그 분노는 선출직 공무원들이 강이나 하수구에 산업 폐기물을 배출하는 것을 제한하는 법을 제정하게 했다. 도시 공무원들은 또한 하수처리시설 개선을 위한 자금을 할당하였다. 오늘날 그 강은 더 깨끗하고, 더 이상 불에 잘 타지 않으며, 보트를 모는 사람들과 낚시꾼들에 의해 널리 애용된다. 이러한 성과는 시민들에 의한 상향식 압력의 힘을 보여준다.

어휘 cleanup 정화 (운동) catch fire 불붙다, 타오르다 flaming 불타는 publicize 알리다, 광고하다 ignite 불이 붙다; 점화하다 outrage 격분, 격노하게 만들다 enact 제정하다 discharge 배출 sewage system 하수구 allot 할당하다 flammable 불에 잘 타는 angler 낚시꾼 accomplishment 업적, 공적 illustrate 설명하다, 분명히 보여주다 predominant 지배적인 bottom-up 상향식의 pursuits (주로 복수형) 활동

정답 ③

03 다음 글의 제목으로 가장 적절한 것은? [제목]

Proteins make up about 42% of the dry weight of our bodies. The protein collagen — which holds our skin, tendons, muscles, and bones together — makes up about a quarter of the body's total protein. Proteins need to physically interact with each other and with other molecules to do their work. These interactions might activate an enzyme, turn on a gene, or communicate a message from one cell to another. Interactions between proteins depend not just on their shape but also on their chemical properties: positively and negatively charged amino acids are attracted to each other; hydrophobic residues cluster together, away from water. These physical properties allow proteins to interact in specific ways.

① Advances in Uncovering New Protein Properties
② Understanding Protein to Find the Right Balance
③ Proteins Working Together as Building Blocks of Life
④ What Happens When Protein Interactions Are Impaired

해설 우리 몸을 구성하는 단백질의 다양한 기능을 설명하며 이러한 기능이 단백질의 상호작용을 통해 이루어진다는 내용의 글이다. 따라서 글의 제목으로 가장 적절한 것은 ③ '생명의 구성 요소로서 함께 일하는 단백질'이다.
① 새로운 단백질 성질 발견의 진전 → 새로운 단백질의 성질이나 이를 발견한 진전에 대해서는 언급되지 않았다.
② 올바른 균형을 찾기 위해 단백질을 이해하는 것 → 단백질을 이해하기 위한 목적의 글이나, 이는 올바른 균형을 찾기 위함이 아니며 관련 내용 또한 언급되지 않았다.
④ 단백질 상호작용이 손상될 때 벌어지는 일 → 단백질 상호작용이 손상되는 경우에 대해서는 언급되지 않았다.

해석 단백질은 우리 몸의 건체중의 약 42%를 차지한다. 우리의 피부, 힘줄, 근육, 뼈를 함께 지탱하는 단백질 콜라겐은 신체의 총 단백질의 약 4분의 1을 차지한다. 단백질은 그들의 일을 하기 위해 서로, 그리고 다른 분자들과 함께 물질적으로 상호작용을 해야 한다. 이러한 상호작용은 효소를 활성화시키거나 유전자를 작동시키거나 한 세포에서 다른 세포로 메시지를 전달할 수 있다. 단백질 간의 상호작용은 그들의 모양뿐만 아니라 화학적 성질에도 달려있다. 즉, 양전하 및 음전하를 띤 아미노산은 서로 끌리며 소수성 잔기는 물에서 떨어져 함께 뭉친다. 이러한 물질적 특성은 단백질이 특정한 방식으로 상호작용할 수 있도록 한다.

어휘 dry weight 건조 체중, 건체중(신체에 여분의 수분이 없는 정상 체중) tendon 힘줄 make up 차지하다, 구성하다 molecule 분자 activate 활성화시키다 enzyme 효소 turn on 작동시키다 gene 유전자 chemical 화학적인 property 특성, 성질 charge 전하를 띠게 하다 amino acid 아미노산 hydrophobic 소수성의 residue 잔여물, 잔기 cluster 밀집하다, 무리를 이루다 uncover 발견하다 building block 구성 요소 impaired 손상된

정답 ③

04 밑줄 친 부분 중 어법상 옳지 않은 것은? [문법]

The problem with human activity is ① that it puts a lot of pollution in the air. Yet, while people continue to pollute the atmosphere, they are killing the only resource they ② have to clean it. Forests play an important role in reducing air pollution, and ③ they also prevent global warming. Clearly, if the Earth's forests ④ lose there will be disastrous consequences.

해설 (lose → are lost) 타동사 lose 뒤에 목적어가 없고 지구의 숲이 '상실하는' 것이 아니라 '상실되는' 것이므로, 능동태가 아닌 수동태로 써야 한다. 이때 주어가 복수명사인 the Earth's forests이므로 수에 맞춰 lose를 are lost로 고쳐야 한다.
① 명사절 접속사 that이 is의 보어로 쓰였고, 뒤에 완전한 문장이 온 것은 적절하다.
② the only resource와 they 사이에는 목적격 관계대명사가 생략되어 있으므로, have 뒤에 목적어 자리가 비어있는 것은 적절하다. 여기서 to clean은 목적을 나타내는 to 부정사의 부사적 용법으로 쓰였다.
③ they는 앞에 나온 복수명사 Forests를 지칭하므로 수에 맞게 쓰였다.

해석 인간 활동의 문제는 그것이 공기 중에 많은 오염을 발생시킨다는 것이다. 그런데도, 사람들은 계속해서 대기를 오염시키는 동안, 대기를 청소하기 위해 그들이 가진 유일한 자원을 죽이고 있다. 숲은 대기 오염을 감소시키는 데 중요한 역할을 하며, 그것은 또한 지구 온난화를 막는다. 분명, 지구의 숲이 상실되면 재앙적인 결과가 있을 것이다.

어휘 atmosphere 대기 disastrous 재앙적인

정답 ④

05 밑줄 친 부분의 의미와 가장 가까운 것은? [어휘]

The government seems unlikely to yield to the pressure of trade unions.

① thrive
② prevail
③ surrender
④ struggle

해설 yield는 '굴복하다'라는 뜻으로, 이와 의미가 가장 가까운 것은 ③ 'surrender(굴복하다)'이다.
① 번영하다 ② 만연하다 ④ 투쟁하다
해석 정부는 노동조합의 압박에 굴복할 것 같지 않아 보인다.
어휘 trade union 노동조합

정답 ③

06 밑줄 친 부분에 들어갈 말로 가장 적절한 것은? 　[이디엄]

Since Mike is the most intelligent and experienced among us, he is _____ the job of teaching new employees.

① allergic to
② at odds with
③ cut out for
④ a far cry from

해설 이유를 나타내는 since절에서 Mike의 유능함을 설명하고 있으므로, 빈칸에는 그가 신입사원 교육을 잘 해낼 것이라는 긍정적인 표현이 와야 한다. 따라서 빈칸에 들어갈 말로 가장 적절한 것은 ③ 'cut out for(~에 적합한)'이다.
① ~을 몹시 싫어하는 ② ~와 사이가 나쁜 ④ ~와는 거리가 먼

해석 Mike는 우리 중에서 가장 총명하고 경험이 풍부하므로 신입사원을 가르치는 일에 적합하다.

어휘 intelligent 총명한, 똑똑한 experienced 경험이 풍부한

정답 ③

07 다음 글의 흐름상 가장 어색한 문장은? 　[일관성]

Clubs are increasingly volatile organizations, and even excellent players are shifted from club to club every few years. ① Not so with national teams, thanks to sensible FIFA rules that ensure players perform for one country for life. ② Because the national teams have player continuity, the fans can appreciate their compatriots' skills that much longer within a team (players enjoy the continuity also). ③ The success of a national soccer team depends on two factors: the pool of available players and the combination of talents they have. ④ Conversely, the club fan never really knows when his favorite player is going to leave in today's soccer business atmosphere, as club team continuity has become a quaint idea of the past. In this day of disposable goods, fans witness the disposable player — once his supposed usefulness is gone, so is the player.

해설 국가대표팀에서는 선수가 평생 한 나라에서 뛰기 때문에 연속성이 있지만, 클럽팀에서는 선수가 마치 일회용품처럼 쓸모가 없어지면 다른 클럽으로 이적하게 되어 연속성이 없다는 내용의 글이다. 따라서 글의 흐름상 가장 어색한 문장은 국가대표 축구팀의 성공에 대한 두 가지 요인을 언급하는 내용의 ③이다.

해석 클럽은 점점 더 변동성 있는 조직이 되어가고, 심지어 우수한 선수들도 몇 년마다 클럽에서 클럽으로 이동한다. 국가대표팀은 그렇지 않은데, 그것은 선수들이 평생 동안 반드시 한 나라를 위해 경기를 하도록 하는 합리적인 FIFA 규정 덕분이다. 국가대표팀은 선수 연속성을 가지고 있기 때문에, 팬들은 한 팀 내에서 그들 동포의 기술을 그만큼 더 오랫동안 감상할 수 있다(선수들 또한 그 연속성을 즐긴다). (국가대표 축구팀의 성공은 이용 가능한 선수들의 인력과 그들이 가지고 있는 능력의 결합이라는 두 가지 요인에 달려 있다.) 반대로, 클럽 팬은 자신이 가장 좋아하는 선수가 오늘날의 축구 상업 분위기에서 언제 떠날지 결코 잘 알지 못하는데, 왜냐하면 클럽팀의 연속성은 과거의 별난 생각이 되어버렸기 때문이다. 일회용품의 시대에, 팬들은 일회성인 선수를 목격하는데, 일단 그의 소위 유용성이라는 것이 사라지면 그 선수 역시 사라진다.

어휘 volatile 변동성이 있는 sensible 합리적인 ensure 확실하게 하다 continuity 연속성 appreciate 감상하다 compatriot 동포, 같은 나라 사람 pool (이용 가능) 인력 combination 결합 conversely 반대로 atmosphere 분위기 quaint 별난 disposable goods 일회용품 witness 목격하다 supposed 소위 ~라는 usefulness 유용성

정답 ③

08 밑줄 친 부분에 들어갈 말로 가장 적절한 것은? 생활영어

A: Why is the weather so cold all of a sudden?
B: I know. I'm freezing right now.
A: Should we go back home and get changed?
B: We're already running late. We'll miss the movie.
A: Frankly, I'd rather miss the movie than freeze to death.
B: That's a little dramatic, don't you think?
A: You're shivering too! The movie _____.

① is about to end
② will break the ice
③ isn't worth this
④ won't play again

해설 A와 B가 따뜻한 옷으로 갈아입으러 돌아갈지 그대로 영화를 보러 갈지 고민하는 상황이다. A는 차라리 영화를 놓치고 말겠다고 하였으므로, 빈칸에 들어갈 말로 가장 적절한 것은 ③ '이럴만한 가치가 없어'이다.

① 곧 끝날 거야
② 분위기를 살릴 거야
④ 다시 상영하지 않을 거야

해석 A: 갑자기 날씨가 왜 이렇게 추운 거야?
B: 그러게. 나 지금 너무 추워.
A: 집에 다시 가서 옷 갈아입어야 할까?
B: 우리 이미 늦었어. 영화를 놓칠 거야.
A: 솔직히, 난 얼어 죽느니 차라리 영화를 놓칠래.
B: 그건 좀 호들갑 같지 않아?
A: 너도 떨고 있잖아! 영화는 이럴만한 가치가 없어.

어휘 freezing 너무나 추운 get changed 옷을 갈아입다 run late 늦는 frankly 솔직히 말하면 dramatic 극적인, 호들갑스러운 shiver 떨다 break the ice 서먹한 분위기를 깨다

정답 ③

09 다음 글의 내용과 일치하는 것은? 일치

Social anxiety disorder, or social phobia, is a type of anxiety disorder that causes extreme fear in social settings. People with this disorder have trouble talking to people, meeting new people, and attending social gatherings, since they fear being judged or criticized by others. Social anxiety is different from shyness. While the latter is short-term and doesn't disrupt one's life, the former is persistent and debilitating. It can negatively affect one's ability to work, attend school, and develop close relationships with people outside of their family. According to the Anxiety and Depression Association of America (ADAA), approximately 15 million American adults have social anxiety disorder. Most often, symptoms of this disorder start around ages 11 to 15. Physical abnormalities such as a serotonin imbalance may contribute to this condition. There is no medical test to check for social anxiety disorder, so your description of symptoms will be major evidence for diagnosis.

① People with social phobia are afraid to judge others.
② Social anxiety lasts longer than shyness.
③ Onset of social phobia typically begins in the late teens.
④ Social phobia is diagnosed based on multiple tests.

해설 4번째 문장에서 후자인 수줍음은 단기적인 반면 전자인 사회적 불안은 지속성이 있다고 했으므로, 글의 내용과 일치하는 것은 ② '사회적 불안은 수줍음보다 오래 지속된다.'이다.

① 사회 공포증이 있는 사람들은 다른 사람들을 평가하는 것을 두려워한다. → 2번째 문장에서 사회 공포증이 있는 사람들은 타인에게 평가를 '받는' 것을 두려워한다고 언급되므로 옳지 않다.
③ 사회 공포증의 발병은 주로 10대 후반에 시작된다. → 마지막 3번째 문장에서 사회 불안 장애 증상은 11세에서 15세, 즉 10대 초중반에 걸쳐 시작된다고 언급되므로 옳지 않다.
④ 사회 공포증은 여러 가지 검사를 통해 진단된다. → 마지막 문장에서 사회 불안 장애를 확인할 수 있는 의학적 검사는 없다고 언급되므로 옳지 않다.

해석 사회적 불안 장애 또는 사회 공포증은 사회적 상황에서 극심한 공포를 유발하는 불안 장애의 일종이다. 이 장애가 있는 사람들은 타인에게 평가받거나 비판받는 것을 두려워하기 때문에, 사람들과 이야기하고, 새로운 사람들을 만나고, 사교 모임에 나가는 데 어려움을 겪는다. 사회적 불안은 수줍음과는 다르다. 후자(수줍음)는 단기적이고 사람의 생활에 지장을 주지 않지만, 전자(사회적 불안)는 지속성이 있으며 심신을 쇠약하게 만든다. 이것은 사람이 일하고, 학교에 다니고, 가족 이외의 사람들과 친밀한 관계를 발전시키는 능력에 부정적인 영향을 미칠 수 있다. 미국 불안 및 우울증 협회(ADAA)에 따르면, 약 1천 5백만 명의 미국 성인들이 사회적 불안 장애를 가지고 있다. 대부분의 경우 이 장애의 증상은 11세에서 15세에 시작된다. 세로토닌 불균형과 같은 신체적 이상은 이 질환의 원인일 수 있다. 사회적 불안 장애를 확인할 수 있는 의학 검사가 없기 때문에, 증상에 관한 당신의 설명이 진단의 주요 근거가 될 것이다.

어휘 anxiety 불안 disorder 장애 phobia 공포증 setting 환경[장소] extreme 극도의 gathering 모임 criticize 비판하다 shyness 수줍음 the latter 후자 disrupt 지장을 주다, 방해하다 the former 전자 persistent 지속적인 debilitating (심신을) 쇠약하게 하는 abnormality 이상 imbalance 불균형 contribute to ~의 원인이 되다 description 설명 diagnosis 진단 onset 시작, 발병

정답 ②

10 밑줄 친 부분 중 어법상 옳지 않은 것은?

문법

The reality of the move from country to city is seldom as ① profitable as hoped. Rural-urban migration was a trend ② that characterized the Industrial Revolution in the developed world and is occurring today at a rapid pace in the developing world. The movement of people from rural areas to urban areas ③ became more pronounced for the past 100 years, and cities are often unable to cope with the influx. As a result, urban poverty is fast becoming a significant problem, ④ surpassing rural poverty as a chief concern.

해설 (became → has become) 뒤에 기간을 나타내는 for the past 100 years가 나왔으므로, 과거시제가 아닌 현재완료시제를 써야 한다. 이때 주어가 단수명사인 The movement이므로 수에 맞춰 became을 has become으로 고쳐야 한다.
① 'as ~ as' 원급 비교 구문 사이에 is의 보어로 형용사 profitable이 원급으로 들어간 것은 적절하다.
② that은 a trend를 선행사로 받는 주격 관계대명사로 적절하게 쓰였다.
④ 분사구문으로 쓰인 surpassing 이하의 의미상 주어 urban poverty가 rural poverty를 '능가하는' 것이므로, 능동의 현재분사가 적절하게 쓰였다.

해석 시골에서 도시로 이동하는 것의 현실은 거의 기대한 만큼 이득이 되지 않는다. 시골에서 도시로의 이동은 선진국의 산업혁명을 특징짓는 추세였으며 오늘날 개발도상국에서 급속도로 일어나고 있다. 사람들이 시골 지역에서 도시 지역으로 이동하는 것은 지난 100년 동안 더욱 두드러져 왔고, 도시들은 종종 유입에 대처하지 못한다. 그 결과, 도시 빈곤은 빠르게 중요한 문제가 되고 있으며, 주요 관심사로서 시골 빈곤을 뛰어넘고 있다.

어휘 seldom 거의 ~않는 profitable 수익성이 있는 rural 시골의, 농촌의 urban 도시의 migration 이주, 이동 characterize 특징짓다 rapid 빠른 pace 속도 pronounced 명백한, 두드러진 cope with ~에 대처하다 influx 유입 poverty 빈곤 significant 중요한, 큰 surpass 능가하다, 뛰어넘다 chief 주된

정답 ③

11 밑줄 친 부분 중 글의 흐름상 가장 어색한 것은?

어휘추론

The breakdown of food molecules for energy is called "cellular respiration." This type of respiration, which is carried out by cells, is different from the type carried out by our "respiratory system," which enables us to breathe. Yet breathing and cellular respiration are ① connected. When we breathe, our lungs bring in air. Oxygen from the air enters the bloodstream, and it ② travels to our cells where it is used in cellular respiration. Cellular respiration produces carbon dioxide, which enters the bloodstream and exits through the lungs. If we stop breathing, our cells don't get oxygen. ③ Without oxygen, our cells can no longer harvest energy, and they begin to die. Breathing frequency ④ decreases during exercise because muscle cells need more oxygen.

해설 4, 5번째 문장에서 우리가 호흡하는 공기 속의 산소가 세포에 전달된다고 했으며 마지막 3번째 문장에서 우리가 호흡을 멈추면 우리의 세포는 산소를 공급받지 못한다고 했다. 그러므로 더 많은 산소를 얻기 위해서는 호흡의 빈도가 증가해야 함을 알 수 있으므로 ④의 decreases를 increases로 고쳐야 한다.

해석 에너지를 위한 음식 분자의 분해는 '세포 호흡'이라고 불린다. 세포에 의해 수행되는 이러한 유형의 호흡은 우리가 숨을 쉴 수 있게 하는 우리의 '호흡계'에 의해 수행되는 유형과는 다르다. 그러나 호흡과 세포 호흡은 연결되어 있다. 우리가 숨을 쉴 때, 우리의 폐는 공기를 들여온다. 공기에서 나온 산소는 혈류로 들어가고 우리의 세포로 이동하는데, 여기에서 그것이 세포 호흡에 사용된다. 세포 호흡은 이산화탄소를 생성하는데, 이산화탄소는 혈류로 들어가고 폐를 통해 배출된다. 우리가 호흡을 멈추면, 우리의 세포는 산소를 공급받지 못한다. 산소 없이는 우리의 세포가 더 이상 에너지를 얻을 수 없고, 죽기 시작한다. 운동 중에는 근육세포가 더 많은 산소를 필요로 하기 때문에 호흡 빈도가 감소한다(→ 증가한다).

어휘 breakdown 분해 cellular respiration 세포 호흡 carry out 수행하다 lung 폐, 허파 bloodstream 혈류 carbon dioxide 이산화탄소 exit 나가다 harvest 얻다, 획득하다 frequency 빈도

정답 ④

12 다음 글의 주제로 가장 적절한 것은?

주제

The human brain is almost infinitely malleable. People used to think that our mental meshwork, the dense connections formed among the 100 billion or so neurons inside our skulls, was largely fixed by the time we reached adulthood. But brain researchers have discovered that that's not the case. James Olds, a professor of neuroscience who directs the Krasnow Institute for Advanced Study at George Mason University, says that even the adult mind "is very plastic." Nerve cells routinely break old connections and form new ones. "The brain," according to Olds, "has the ability to reprogram itself on the fly, altering the way it functions."

① the adult brain's propensity for stability
② the lasting flexibility of the human mind
③ the factors that affect the brain's plasticity
④ the role of genes in shaping neural networks

[해설] 성인의 뇌도 계속해서 변해나갈 수 있다는 연구 내용을 토대로, 인간의 뇌가 거의 무한히 변할 수 있음을 설명하는 글이다. 따라서 글의 주제로 가장 적절한 것은 ② '인간 정신의 지속적인 유연성'이다.
① 성인 두뇌의 안정 성향 → 성인의 뇌도 '변하기 쉽다'는 내용과 상충한다.
③ 두뇌의 가소성에 영향을 미치는 요인들 → 두뇌가 성인이 되어서도 변할 수 있다는 사실만 언급할 뿐, 그 특성에 영향을 미치는 요인들은 언급되지 않았다.
④ 신경 연결망 형성에 있어 유전자의 역할 → 유전자의 역할에 대해선 언급되지 않았다.

[해석] 인간의 뇌는 거의 무한히 변할 수 있다. 사람들은 우리의 정신적 그물망, 즉 우리의 두개골 속 약 1천억 개 정도의 뉴런들 간에 형성된 빽빽한 연결망이 우리가 성인이 될 무렵이면 대체로 고정된다고 생각했었다. 하지만 뇌 연구자들은 이것이 사실이 아님을 밝혔다. George Mason 대학교의 Krasnow Institute for Advanced Study를 총괄하는 신경과학 교수 James Olds는 성인의 정신조차도 '매우 바뀌기 쉽다'고 말한다. 신경세포는 정기적으로 낡은 연결을 해체하고 새로운 연결을 형성한다. Olds의 말에 따르면, "뇌는 그때그때 자기 자신을 다시 프로그래밍하는 능력이 있으며, 그 기능 방식을 바꿔 나간다."

[어휘] infinitely 무한히 malleable 잘 변하기 쉬운 meshwork 그물망 dense 밀집한, 빽빽한 skull 두개골 adulthood 성인, 성년 case 사실, 실정 neuroscience 신경 과학 direct 총괄하다, 지휘하다 plastic 바꾸기 쉬운, 가소성(可塑性)이 있는 nerve cell 신경 세포 routinely 정기적으로 on the fly 그때그때 alter 바꾸다 propensity 성향 flexibility 유연성 gene 유전자 neural 신경의

[정답] ②

13 다음 글의 내용과 일치하지 않는 것은?

불일치

Dopamine is an important brain chemical that influences your mood and feelings of reward and motivation. A dopamine detox refers to fasting from dopamine-producing activities for a certain amount of time with the hope of decreasing reward sensitivity. During a dopamine detox, a person avoids dopamine triggers for a set period of time — anywhere from an hour to several days. The dopamine detox requires a person to avoid any kind of arousal, specifically from pleasure triggers. Anything that stimulates dopamine production is off-limits throughout the detox. Ideally, by the end of the detox, a person will feel more centered, balanced, and less affected by their usual dopamine triggers. However, it is important to note that a true dopamine detox, whereby a person successfully halts all dopamine activity in the brain, is not possible. The human body naturally produces dopamine, even when it is not exposed to certain stimuli. A more accurate description of the dopamine detox is a period of abstinence, or "unplugging" from the world.

① 도파민 디톡스는 정해진 시간 동안 도파민 생성 활동을 끊는 것이다.
② 도파민 디톡스 동안, 쾌락 유발 요인을 피하는 것이 특히 요구된다.
③ 인체는 특정 자극에 노출되지 않으면 도파민을 생성하지 않는다.
④ 보다 정확한 의미의 도파민 디톡스는 세상과 단절되는 것이다.

[해설] 마지막 2번째 문장에서 인체는 특정 자극에 노출되지 않을 때에도 자연적으로 도파민을 생성한다고 했으므로, 글의 내용과 일치하지 않는 것은 ③ '인체는 특정 자극에 노출되지 않으면 도파민을 생성하지 않는다.'이다.
① 도파민 디톡스는 정해진 시간 동안 도파민 생성 활동을 끊는 것이다. → 2번째 문장에서 언급된 내용이다.
② 도파민 디톡스 동안, 쾌락 유발 요인을 피하는 것이 특히 요구된다. → 4번째 문장에서 언급된 내용이다.
④ 보다 정확한 의미의 도파민 디톡스는 세상과 단절되는 것이다. → 마지막 문장에서 언급된 내용이다.

[해석] 도파민은 당신의 기분과 보상 및 동기 부여의 느낌에 영향을 미치는 중요한 뇌 화학물질이다. 도파민 디톡스(해독)는 보상 민감도를 낮추기 위해 일정 시간 동안 도파민 생성 활동을 끊는 것을 말한다. 도파민 디톡스 동안 사람은 정해진 기간, 즉 한 시간에서 며칠에 이르는 기간 동안 도파민 유발 요인을 피한다. 도파민 디톡스는 사람이 모든 종류의 각성, 특히 쾌락 유발 요인을 피할 것을 요구한다. 디톡스 내내 도파민 생성을 자극하는 모든 것은 금지된다. 이상적으로, 디톡스가 끝날 때쯤, 사람은 더 집중되고 균형 잡힌, 그리고 그들의 일상적인 도파민 유발 요인에 영향을 덜 받는 느낌이 들 것이다. 그러나, 사람이 뇌의 모든 도파민 활동을 성공적으로 중단시키는 진정한 도파민 디톡스는 가능하지 않다는 것에 주목하는 것이 중요하다. 인체는 특정 자극에 노출되지 않을 때에도 자연적으로 도파민을 생성한다. 도파민 디톡스에 대한 더 정확한 설명은 금욕, 즉 세상으로부터 '단절'되는 기간이다.

정답 ③

---

14 밑줄 친 부분의 의미와 가장 가까운 것은?   어휘

The sword may compel a spurious confession, but it cannot produce a true faith.

① servile   ② coherent

③ obscure   ④ false

해설 spurious는 '거짓된'이라는 뜻으로, 이와 의미가 가장 가까운 것은 ④ 'false(거짓된)'이다.

① 비굴한 ② 일관성 있는 ③ 모호한

해석 칼은 거짓 자백을 강요할 수는 있지만 진정한 믿음을 만들어낼 수는 없다.

어휘 compel 강요하다 confession 자백 faith 믿음

정답 ④

---

15 밑줄 친 부분의 의미와 가장 가까운 것은?   이디엄

The department store has a big sales event once in a blue moon.

① very rarely

② for a long time

③ in each season

④ constantly

해설 once in a blue moon은 '극히 드물게'라는 뜻으로, 이와 의미가 가장 가까운 것은 ① 'very rarely(아주 드물게)'이다.

② 오랫동안 ③ 계절마다 ④ 끊임없이

해석 그 백화점은 극히 드물게 대규모 할인 행사를 한다.

어휘 department store 백화점

정답 ①

---

16 주어진 문장이 들어갈 위치로 가장 적절한 것은?   문장삽입

Nonetheless, the essence of advice is the legal or theoretical right of the client to reject it.

An essential characteristic of advice is that the client is free to accept or reject it. Advice therefore differs from an order or command that the recipient is bound to follow. In practice, of course, clients may feel little freedom to reject authoritative advice. (①) A cancer patient may see no choice but to accept radical surgery recommended by a specialist as the only feasible option to avoid a premature death. (②) A poor country seeking a loan from the International Monetary Fund (IMF) may have no alternative but to accept IMF advice to devalue its currency and cut budgetary subsidies. (③) Cancer patients and poor countries have that right, even though they may choose not to use it. (④) An advisor who fails to respect the client's right of rejection sometimes loses that client.

해설 주어진 문장은 Nonetheless로 시작하여, 조언의 본질은 고객이 이를 거부할 수 있는 권리라는 내용이다. 따라서 이 문장 앞에는 조언을 거부하기 어려운 상황이 서술되고, 뒤에는 거부권에 관한 내용이 이어지는 것이 자연스럽다. 또한, 주어진 문장의 legal or theoretical right은 ③ 다음 문장의 that right과 연결되므로, 주어진 문장이 들어갈 위치로 가장 적절한 것은 ③이다.

해석 조언의 한 가지 본질적인 특징은 고객이 자유롭게 그것을 받아들이거나 거절할 수 있다는 것이다. 그러므로 조언은, 받는 사람이 따라야 하는 명령 또는 지시와는 다르다. 물론, 실제로 고객은 권위적인 조언을 거절할 자유를 거의 느끼지 못할 수도 있다. 암 환자는 조기 사망을 피할 수 있는 유일한 가능한 선택 사항으로 전문가가 권장하는 과격한 수술을 받아들이는 것 말고는 다른 선택지를 보지 못할 수도 있다. 국제통화기금(IMF)에서 대출을 받으려는 가난한 나라는 자국 통화를 평가 절하하고 보조금 예산을 삭감하라는 IMF의 조언을 받아들이는 것 말고는 다른 대안이 없을 수도 있다. 그럼에도 불구하고, 조언의 본질은 고객이 그것을 거부할 수 있는 법적 또는 이론적인 권리이다. 암 환자나 가난한 나라는 그 권리를 사용하지 않기로 선택할 수 있을지라도 그 권리를 가지고 있다. 고객의 거부권을 존중하지 않는 조언자는 때때로 그 고객을 잃는다.

어휘 legal 법적인 theoretical 이론적인 reject 거부하다 command 지시, 명령 recipient 받는 사람, 수령인 be bound to ~해야만 하다, 의무가 있다 in practice 실제로 authoritative 권위적인 radical 과격한 feasible 가능한 premature 너무 이른, 조기의 loan 대출 alternative 대안 devalue 평가 절하하다 currency 통화 budgetary 예산의 subsidy 보조금

정답 ③

17 다음 글의 내용과 일치하지 않는 것은? [불일치]

The Roman aqueducts were amazing feats of engineering given the time period. Though earlier civilizations in Egypt and India also built aqueducts, the Romans improved on the structure and built an extensive and complex network across their territories. The most recognizable feature of Roman aqueducts may be the bridges constructed using rounded stone arches. Some of these can still be seen today traversing European valleys. However, these bridged structures made up only a small portion of the hundreds of kilometers of aqueducts throughout the empire. The capital in Rome alone had around 11 aqueduct systems supplying fresh water from sources as far as 92 kilometers away. Despite their age, some aqueducts still function and provide modern-day Rome with water. The Aqua Virgo, an aqueduct constructed in 19 B.C., still supplies water to Rome's famous Trevi Fountain in the heart of the city.

*aqueduct: 송수로

① Some of the Roman aqueducts remain operational today.
② The Romans were not the first to build an aqueduct system.
③ The capital in Rome was watered from a number of sources.
④ The Roman aqueducts consisted mainly of arched bridges.

해설 5번째 문장에서 아치형 다리 송수로는 전체의 송수로 중 작은 부분만을 구성했다고 했으므로, 글의 내용과 일치하지 않는 것은 ④ '로마의 송수로는 주로 아치형 다리로 이루어져 있었다.'이다.

① 로마의 송수로들 중 일부는 오늘날에도 여전히 가동된다. → 마지막 두 문장에서 언급된 내용이다.
② 로마인들이 처음으로 송수로 시스템을 건설한 것은 아니다. → 2번째 문장에서 언급된 내용이다.
③ 로마의 수도는 여러 수원들로부터 물을 공급받았다. → 6번째 문장에서 언급된 내용이다.

해석 로마 송수로는 그 시기를 감안할 때 공학의 놀라운 위업이었다. 비록 이집트와 인도의 초기 문명들도 송수로를 건설했지만, 로마인들은 그 구조를 발전시켜 그들의 영토 전체에 걸쳐 광범위하고 복잡한 네트워크를 구축했다. 로마 송수로의 가장 눈에 띄는 특징은 둥근 돌 아치를 사용하여 건설된 다리일 것이다. 이들 중 일부는 오늘날에도 유럽의 계곡을 가로지르는 것을 볼 수 있다. 그러나, 이러한 다리 구조물들은 제국 전역에 걸쳐 있는 수백 킬로미터의 송수로 중 작은 부분만을 구성했다. 로마의 수도에만 최대 92킬로미터 떨어진 곳에 있는 수원으로부터 신선한 물을 공급하는 약 11개의 송수로 시스템이 있었다. 그들의 연식에도 불구하고, 일부 송수로들은 여전히 기능하며 현대 로마에 물을 제공한다. 기원전 19년에 건설된 송수로인 Aqua Virgo는 여전히 도시 중심부에 있는 로마의 유명한 트레비 분수에 물을 공급한다.

어휘 feat 공적, 위업 given ~을 고려하면 civilization 문명 extensive 광범위한, 대규모의 territory 영토, 지역 construct 건설하다 stone arch 돌[석조] 아치 traverse 가로지르다, 횡단하다 valley 계곡 bridged structure 다리[가교] 구조 modern-day 현대의 operational 가동되는

정답 ④

18 밑줄 친 부분에 들어갈 말로 가장 적절한 것은? [빈칸완성]

If the national economy expands, the advertising business and the media industries prosper. If the nation's economy falls into a recession, advertisers typically reduce their ad budgets, which eventually may lead to a decline in advertising revenue for the agencies and for the media industries where the agencies place their ads. During a downturn, advertisers also may change their advertising strategies — choosing the Internet over television, for example, because the Internet is much less expensive. The advertising industry today, therefore, must _____. The success of an ad agency is best measured by the results an ad campaign brings. The agency must analyze the benefits of different types of advertising — broadcast, print, Internet — and recommend the most efficient combinations for its clients.

① accelerate change to help society mature
② cooperate to cultivate future advertising experts
③ be very sensitive to economic and media trends
④ act to rid the industry of many outdated practices

해설 광고 산업은 국가 경제 상황 및 광고 전략 변화에 맞추어 대응해나가야 한다는 내용의 글이다. 따라서 빈칸에 들어갈 말로 가장 적절한 것은 ③ '경제와 미디어 추세에 매우 민감해야'이다.

① 사회가 성숙해지는 것을 돕기 위해 변화를 가속화해야 → 광고 산업이 경제적 여건에 맞춰 변해야 한다는 내용은 언급되나, 이는 효율적인 사업 운영을 위해서지, 사회가 성숙해지는 것을 돕기 위함이 아니다.
② 미래의 광고 전문가 양성을 위해 협력해야 → 광고 전문가 양성의 필요성과 관련된 내용은 언급되지 않았다.
④ 업계의 많은 구시대적 관행을 없애기 위해 행동해야 → 광고업계의 구시대적 관행에 대한 내용은 제시되지 않았다.

해석 국가 경제가 확장되면, 광고업과 미디어 산업이 번창한다. 만약 국가의 경제가 불황에 빠지면, 광고주들은 보통 광고 예산을 줄이는데, 이는 결국 광고 대행사와 광고 대행사가 광고를 게재하는 미디어 산업의 광고 수익 감소로 이어질 수 있다. 침체기에, 광고주들은 또한 광고 전략을 바꿀 수 있는데, 예를 들어 인터넷이 훨씬 덜 비싸기 때문에, 텔레비전보다 인터넷을 선택하는 것이다. 그러므로 오늘날의 광고 산업은 경제와 미디어 추세에 매우 민감해야 한다. 광고 대행사의 성공은 광고 캠페인이 가져오는 결과에 의해 가장 잘 측정된다. 대행사는 방송, 출판, 인터넷 같은 서로 다른 유형의 광고가 가지는 이점을 분석하고 고객에게 가장 효율적인 조합을 추천해야 한다.

어휘 expand 확장되다 prosper 번창하다 recession 불황 budget 예산 decline 감소 revenue 수익 agency 대행사 downturn 침체기 strategy 전략 broadcast 방송 recommend 추천하다 combination 조합, 결합 accelerate 가속화하다 cultivate 양성하다 sensitive 민감한, 예민한 trend 추세 rid 제거하다 outdated 구식의

정답 ③

19 주어진 문장 다음에 이어질 글의 순서로 가장 적절한 것은? _{순서배열}

It takes money to make money, so when a company wishes to establish itself and grow, it needs to raise funds.

(A) Alternatively, funds can be raised by selling shares in the company. People invest in the company in exchange for part ownership in it, and as part owners they are entitled to a portion of the profits.

(B) Therefore, if the company grows, the returns on their investment increase. If the company fails, however, they can lose their investment, which is the risk associated with investing.

(C) One way to earn the necessary money to fund the start-up or expansion of a business is to borrow money from the bank, which must be paid back with interest.

① (A) - (C) - (B)   ② (B) - (A) - (C)
③ (C) - (A) - (B)   ④ (C) - (B) - (A)

해설 회사의 자금 조달 방법에 관한 글이다. 회사가 자리를 잡고 성장하기 위해서는 자금을 조달해야 한다는 내용의 주어진 문장 다음에는 One way to ~로 시작하여 자금 조달의 한 가지 방법인 은행 대출을 소개하는 (C)가 와야 한다. 그다음에는 은행 대출은 이자를 붙여 갚아야 한다는 (C)의 내용에 이어 다른 자금 조달 대안을 Alternatively를 통해 제시하는 (A)가 오는 것이 적절하다. 마지막으로, 회사의 부분 소유권을 대가로 투자하는 사람들은 회사 이익의 일부에 대한 권리가 있다는 내용을 (B)의 Therefore로 연결하여, 따라서 회사가 성장하는 경우 그들의 수익은 증가하나 실패할 경우 투자금을 잃을 수 있다는 내용이 오는 것이 자연스럽다. 따라서 글의 순서로 가장 적절한 것은 ③ '(C) - (A) - (B)'이다.

해석 돈을 벌기 위해서는 돈이 필요하기 때문에 회사가 자리를 잡고 성장하고자 할 때는 자금을 조달해야 한다. (C) 사업을 시작하거나 확장하는 데 필요한 자금을 얻는 한 가지 방법은 은행에서 돈을 빌리는 것인데, 이 돈은 이자와 함께 갚아야 한다. (A) 아니면 그 대신에, 회사의 주식을 팔아서 자금을 조달할 수 있다. 사람들은 그 회사의 부분 소유권을 대가로 그 회사에 투자하고, 부분 소유자로서 그들은 일부 이익에 대한 권리가 있다. (B) 따라서, 그 회사가 성장한다면 투자에 대한 수익은 증가한다. 그러나 그 회사가 실패한다면 그들은 투자금을 잃을 수 있는데, 이것이 투자와 관련된 위험이다.

어휘 raise funds 자금을 조달하다 alternatively (~아니면) 그 대신에 share 주식 entitled to ~할 권리가 있는 portion 일부 return 수익 interest 이자

정답 ③

---

20 우리말을 영어로 잘못 옮긴 것은? _{문법}

① 너의 친구들은 행복하기 위해 의지할 수 있는 사람들이다.
→ Your friends are the people to rely on to be happy.
② 그것은 개인의 선택이라기보다는 의무이다.
→ It is not so much a personal option as an obligation.
③ 그 집은 산으로 둘러싸인 작은 도시에 있다.
→ The house is located in a small city surrounded by mountains.
④ 대서양은 아시아 대륙보다 훨씬 더 크다.
→ The Atlantic Ocean is even more bigger than the Asian continent.

해설 (more bigger → bigger) bigger는 형용사 big의 비교급 형태이므로, 앞에 more를 중복해서 쓸 수 없다. 참고로 비교급 강조 부사인 even의 쓰임은 적절하다.
① to rely on은 the people을 수식하는 to 부정사의 형용사적 용법으로 쓰였다. rely는 자동사이므로 on을 생략하지 않는 것에 유의해야 하며, rely on의 목적어가 수식 대상과 동일하므로 목적어 자리가 비어있는 것은 적절하다. 참고로 to be happy는 목적을 나타내는 to 부정사의 부사적 용법으로 쓰였다.
② 'not so much A as B'는 'A라기보다 B'라는 뜻의 구문으로, 영작 문제에서 A와 B가 서로 바뀌는 것에 유의해야 하는데 여기서는 의미에 맞게 쓰였다.
③ 집이 작은 도시에 '위치된' 것이므로 수동태 표현인 is located는 적절하다. 또한 작은 도시는 산에 '둘러싸인' 것이므로 수동의 과거분사 surrounded로 수식한 것도 옳다.

어휘 obligation 의무 locate 위치시키다 surround 둘러싸다 continent 대륙

정답 ④

answer

01	02	03	04	05
③	④	④	③	①
06	**07**	**08**	**09**	**10**
②	②	③	③	④
11	**12**	**13**	**14**	**15**
①	③	②	②	③
16	**17**	**18**	**19**	**20**
④	①	③	②	③

---

01 밑줄 친 부분의 의미와 가장 가까운 것은? [어휘]

Their <u>insatiable</u> desire to cut costs would one day put them in big trouble.

① attainable
② selfish
③ unquenchable
④ earnest

[해설] insatiable은 '만족할 줄 모르는'이라는 뜻으로, 이와 의미가 가장 가까운 것은 ③ 'unquenchable(충족시킬 수 없는)'이다.
① 이룰 수 있는 ② 이기적인 ④ 진심 어린
[해석] 비용을 줄이려는 그들의 만족할 줄 모르는 욕망이 언젠가는 그들을 큰 곤경에 빠뜨릴 것이다.

[정답] ③

---

02 밑줄 친 부분의 의미와 가장 가까운 것은? [이디엄]

A recent study found that even light physical activity may help <u>stave off</u> dementia.

① treat
② cause
③ recognize
④ prevent

[해설] stave off는 '예방하다'라는 뜻으로, 이와 의미가 가장 가까운 것은 ④ 'prevent(예방하다)'이다.
① 치료하다 ② 야기하다 ③ 인지하다
[해석] 최근의 한 연구는 가벼운 신체 활동도 치매를 예방하는 데 도움이 될 수 있다는 것을 발견했다.
[어휘] dementia 치매

[정답] ④

---

03 밑줄 친 부분 중 어법상 옳지 않은 것은? [문법]

After the fall of Rome, Europe organized ① <u>itself</u> into a feudal system of peasant farmers and elite land owners. During this period, it was the responsibility of the lords ② <u>to ensure</u> the safety of their lands. For this purpose, each ③ <u>lord</u> kept a standing group of soldiers to deter and defend against outside invaders. Addressing internal crimes ④ <u>were</u> a secondary function of the lord's administration and soldiers.

[해설] (were → was) 문장의 주어는 동명사인 Addressing이고 동명사는 단수 취급하므로, were를 was로 고쳐야 한다.
① 문장의 주어인 Europe과 목적어가 동일하므로 재귀대명사 itself는 적절하게 쓰였다.
② 가주어 it과 함께 to ensure는 진주어로 적절하게 쓰였다.
③ each 뒤에 단수명사인 lord가 온 것은 적절하다.
[해석] 로마가 멸망한 후, 유럽은 소작농과 엘리트 지주들로 이루어진 봉건 체제로 조직되었다. 그들의 땅의 안전을 보장하는 것은 영주들의 책임이었다. 이 목적을 위해, 각 영주는 외부의 침략자들을 저지하고 이들로부터 방어하기 위해 상비군을 두었다. 내부 범죄를 해결하는 것은 영주의 행정과 병사들의 부차적인 기능이었다.
[어휘] fall 멸망 feudal system 봉건 제도 peasant farmer 소작농 ensure 보장하다 standing 상설의 deter 단념시키다, 저지하다 defend 방어[수비]하다 invader 침략자 address 해결하다, 다루다 secondary 부차적인 administration 관리[행정]

[정답] ④

---

04 우리말을 영어로 잘못 옮긴 것은? [문법]

① 그것을 끄려면 제가 어느 버튼을 눌러야 하나요?
→ Which button should I press to turn it off?
② 그는 완전히 이성을 잃었던 것처럼 보였다.
→ He looked as if he had lost his reason completely.
③ 내가 돈을 인출하기 전에 그 은행은 이미 파산한 상태였다.
→ The bank has already gone bankrupt before I withdrew my money.
④ 당신의 계획이 현실적이지 않다면, 우리가 그것을 수정하는 것을 도울 수 있다.
→ If your plan is not realistic, we can help to get it modified.

해설 (has → had) 은행이 파산한 시점이 돈을 인출한 시점(과거)보다 더 이전이므로 현재완료시제가 아닌 과거완료시제를 써야 한다.

① which가 의문형용사로 쓰여 의문문의 문두에 위치하였고, 주어와 동사가 의문문의 어순으로 적절히 도치되었다. 또한 '타동사 + 부사'로 이루어진 동사구는 대명사를 목적어로 취할 때 그것을 동사와 부사 사이에 위치시켜야 하므로 turn it off의 어순도 적절하다.

② '마치 ~이었던 것처럼'이라는 뜻의 as if 가정법 과거완료 구문이 적절하게 쓰였다.

④ 준사역동사 get은 목적어와 목적격 보어의 관계가 능동이면 to RV를, 수동이면 p.p.를 목적격 보어로 취한다. 여기서 it은 앞에 나온 your plan을 지칭하고 계획은 '수정되는' 것이므로 modified는 적절하게 쓰였다. 참고로 help는 3형식 동사로 쓰일 때 (to) RV를 목적어로 취할 수 있으므로 to get의 쓰임도 적절하다.

어휘 reason 이성 bankrupt 파산한 withdraw 인출하다 modify 수정하다

정답 ③

---

05 밑줄 친 부분의 의미와 가장 가까운 것은? [어휘]

He went to her hometown several times to meet her, but it was fruitless.

① futile   ② fatal
③ consistent   ④ sufficient

해설 fruitless는 '소용없는'이라는 뜻으로, 이와 의미가 가장 가까운 것은 ① 'futile (소용없는)'이다.

② 치명적인 ③ 한결같은 ④ 충분한

해석 그는 그녀를 만나기 위해 그녀의 고향에 여러 번 갔지만 소용없었다.

정답 ①

---

06 밑줄 친 부분에 들어갈 말로 가장 적절한 것은? [이디엄]

We have decided to _____ the old machine that is no longer in use.

① put up with   ② do away with
③ go along with   ④ keep up with

해설 빈칸은 사용하지 않는 낡은 기계를 처리하는 것에 관한 내용이어야 하므로, 빈칸에 들어갈 말로 가장 적절한 것은 ② 'do away with(없애다)'이다.

① 참다 ③ 찬성하다 ④ 뒤처지지 않다

해석 우리는 더 이상 사용하지 않는 그 낡은 기계를 없애기로 결정했다.

정답 ②

---

07 어법상 옳은 것은? [문법]

① Have you read the book that he sent it to you last month?
② Had it not been for her help, I would have been in prison.
③ For more informations about the project, call this number.
④ I always help someone who I think suffer from insomnia.

해설 '~이 없었다면'을 나타내는 가정법 과거완료인 If it had not been for에서 If가 생략되어 Had it not been for로 적절하게 도치되었다. 주절에도 '조동사의 과거형 + have p.p.'가 적절하게 쓰였다.

① (sent it → sent) that은 the book을 선행사로 받는 목적격 관계대명사로 쓰였으므로, 타동사 sent 뒤에 목적어 자리가 비어있어야 한다.

③ (informations → information) information은 대표적인 불가산명사이므로, -s를 붙여 복수형으로 쓸 수 없다.

④ (suffer → suffers) 관계사절에 I think가 삽입절로 들어간 구조이다. 주격 관계대명사 who의 선행사는 단수명사인 someone이므로, 동사 suffer를 수에 맞게 suffers로 고쳐야 한다.

해석 ① 그가 지난달에 너에게 보낸 책 읽어봤어?
② 그녀의 도움이 없었다면 나는 감옥에 있었을 것이다.
③ 프로젝트에 관한 보다 많은 정보를 원하시면 이 번호로 전화하세요.
③ 나는 항상 내가 생각하기에 불면증으로 고통받는 사람을 돕는다.

어휘 insomnia 불면증

정답 ②

---

08 우리말을 영어로 옳게 옮긴 것은? [문법]

① 그제서야 그녀는 그가 어디서 태어났는지 알았다.
  → Only then she knew where he was born.

② 밖이 너무 습했기 때문에 나는 집으로 돌아가고 싶었다.
  → Being so humid outside, I wanted to go back home.

③ 공항에 주차된 오토바이 몇 대가 파손되었다.
  → Several motorcycles parked at the airport were damaged.

④ 유럽인들은 녹색 전환이 경제 성장의 원천이 될 것인지에 대해 의견이 분분하다.
  → Europeans are divided on if the green transition will be a source of economic growth.

해설 오토바이가 '주차된' 것이므로 수동의 과거분사 parked의 쓰임은 적절하다. 또한 주어인 복수명사 Several motorcycles가 '파손된' 것이므로 were damaged의 수와 태도 적절하다.

① (she knew → did she know) 'only + 부사'가 문두에 나올 경우 주어와 동사는 반드시 의문문의 어순으로 도치되므로 she knew를 did she know로 고쳐야 한다.

② (Being → It being) 분사구문 Being 이하의 의미상 주어와 주절의 주어가 다르므로 분사구문의 주어를 생략할 수 없다. 분사구문이 날씨를 나타내고 있으므로 비인칭 주어 it을 사용하여 It being으로 고쳐야 한다.

④ (if → whether) if절이 명사절로 사용될 경우, 타동사의 목적어로는 사용할 수 있지만 전치사의 목적어, 주어로는 쓸 수 없다. 반면에 whether는 위의 모든 경우에 사용 가능하므로 if를 whether로 고쳐야 한다.

어휘 humid 습한 divide (의견을) 가르다 transition 전환

정답 ③

09 다음 글의 흐름상 가장 어색한 문장은?   [일관성]

Human populations have a high level of stress disorders, often following exposure to traumas like war, violent crime, severe accident, or childhood abuse. ① The search to understand and modify the harmful memories, thoughts, and depression associated with these conditions is a clinical priority, and considerable progress has been made since 2004. ② In animal studies, chemical and genetic alterations have been used to reduce learned fear, raising hopes of treatments for intrusive memories. ③ We should minimize the use of animals in laboratory research when assessing the safety of certain products. ④ In patients with severe depression, brain stimulation is being used. The search for ways to reduce the damaging effects of severe stress is well under way.

[해설] 정신적 외상으로 인한 스트레스 장애와 이에 대한 치료법을 소개하는 내용의 글이다. 따라서 글의 흐름상 가장 어색한 문장은 제품의 안전성을 평가할 때 실험실 연구에서 동물의 사용을 최소화해야 한다는 내용의 ③이다.

[해석] 인간 집단은 전쟁, 폭력적인 범죄, 심각한 사고 또는 아동 학대와 같은 정신적 외상에 노출된 후에 높은 수준의 스트레스 장애를 가진다. 이러한 질환과 관련된 해로운 기억, 생각, 우울증을 이해하고 수정하는 연구는 임상의 우선순위이며, 2004년 이후 상당한 진전이 있었다. 동물 연구에서 화학적, 유전적 변화는 학습된 두려움을 감소시키기 위해 사용되었고, 거슬리는 기억에 대한 치료법의 희망을 불러일으켰다. (우리는 특정 제품의 안전성을 평가할 때 실험실 연구에서 동물의 사용을 최소화해야 한다.) 심각한 우울증이 있는 환자에게는 뇌 자극술이 사용되고 있다. 심각한 스트레스의 해로운 영향을 줄이기 위한 방법을 찾는 것은 한창 진행 중에 있다.

[어휘] disorder 장애 exposure 노출 trauma 트라우마, 정신적 외상 severe 심각한 abuse 학대 modify 수정하다 depression 우울증 associated with ~와 연관된 condition 질환, 질병 clinical 임상의 priority 우선순위 considerable 상당한 progress 발전, 진보 alteration 변화 treatment 치료(법) intrusive 거슬리는 minimize 최소화하다 assess 평가하다 stimulation 자극(술) under way 진행 중인

[정답] ③

10 다음 글의 요지로 가장 적절한 것은?   [요지]

Amid the COVID-19 pandemic, the incidence of long COVID has become a major public health concern. Currently, more than 150 million people worldwide and at least 18 million Americans suffer from the condition, whose symptoms range from fatigue and neurological illnesses to heart problems and can last weeks, months or longer. Evidence indicates that those who are unvaccinated and those who develop severe cases of COVID-19 have higher instances of long COVID, but those are not the only groups affected. Experts say the illness could cost the U.S. government $2.6 trillion in lost productivity and medical costs.

① Vaccination has proven ineffective against long COVID.
② Too little is known about long COVID for a cure to exist.
③ Unusual cases of long COVID are constantly being reported.
④ Long COVID has been detrimental to both our health and economy.

[해설] 수많은 사람들이 오랜 기간 앓고 있는 롱코비드(코로나 장기 후유증)는 다양한 증상으로 여러 집단에 나타날 수 있으며 막대한 경제적 비용을 초래할 수 있다는 내용의 글이다. 따라서 글의 요지로 가장 적절한 것은 ④ '롱코비드는 우리의 건강과 경제 모두에 해롭다.'이다.

① 예방접종은 롱코비드에 효과가 없는 것으로 밝혀졌다. → 이 글은 백신의 효과성을 논하는 글이 아니며, 오히려 예방접종을 받지 않은 경우에 롱코비드를 앓은 사례가 더 많았다고 했다.

② 치료법이 존재하기에는 롱코비드에 대해 알려진 것이 너무 적다. → 이 글은 치료법에 대해 언급하지 않았으며, 롱코비드에 대해 알려진 것이 적다는 언급 또한 하지 않았다.

③ 롱코비드의 이례적인 사례들이 지속적으로 보고되고 있다. → 다양한 증상들이 있음을 언급했으나 이례적인 사례들에 대해선 소개하지 않았으며 그것이 지속적으로 보고되고 있다고도 하지 않았다.

④ Wilson은 독일의 영국 공격에 불쾌감을 드러냈다. → 3번째 문장에서 언급된 내용이다.

[해석] 코로나19 대유행 가운데, 롱코비드의 발생이 공공 보건의 주요 관심사로 떠올랐다. 현재, 전 세계적으로 1억 5천만 명 이상의 사람들과 최소 1,800만 명의 미국인들이 이 질환을 앓고 있는데, 이 질환의 증상은 피로와 신경 질환에서부터 심장 질환에 이르기까지 다양하며 몇 주, 몇 달 또는 그 이상 지속될 수 있다. 백신을 접종하지 않은 사람과 중증의 코로나19 사례가 발생한 사람들의 롱코비드 발병 사례가 더 많다는 증거가 있지만, 영향을 받는 이들은 이들만이 아니다. 전문가들은 이 질병이 생산성 및 의료비 손실로 미국 정부에 2조 6천억 달러의 손실을 입힐 수 있다고 말한다.

[어휘] amid 가운데에 pandemic 전국[전 세계]적인 유행병 incidence 발생, 발생의 정도 symptom 증상 range from A to B (범위가) A에서 B까지 이르다[다양하다] fatigue 피로 neurological 신경의 last 지속되다 unvaccinated 백신 접종을 하지 않은 trillion 1조 unusual 이례적인 detrimental 해로운

[정답] ④

11 밑줄 친 부분에 들어갈 말로 가장 적절한 것은? 생활영어

A: Look! The sky is about to pour.

B: Oh, no. Do you have an umbrella?

A: Yeah, let's use it together. _____.
The weather was fine when I left.

B: I know! I should do that too just in case.

① It's a relief I always carry one in my bag

② I can't believe you forgot to bring yours

③ I'll just lend you my raincoat instead

④ Let's stay here until the rain stops

해설 빈칸 뒤에서 A가 나올 땐 날씨가 괜찮았다고 하는 것을 보아, 오늘을 위해 따로 우산을 챙겨서 나온 것이 아님을 추측할 수 있다. 또한 그 뒤 B가 A의 말에 대해 자신도 만약을 위해 그렇게 해야겠다고 하였으므로, 빈칸에 들어갈 말로 가장 적절한 것은 ① '내가 가방에 항상 하나 넣고 다녀서 다행이야'이다.

② 네 걸 가져오는 걸 깜빡했다니 믿을 수가 없네

③ 대신 그냥 내 우비 빌려줄게

④ 비가 그칠 때까지 여기 있자

해석 A: 봐! 하늘에서 비가 쏟아질 것 같아.

B: 아, 안 돼. 너 우산 있어?

A: 응, 같이 쓰자. 내가 가방에 항상 하나 넣고 다녀서 다행이야. 내가 나올 땐 날씨 괜찮았는데.

B: 그러니까! 나도 만약을 위해 그래야겠다.

어휘 pour (비가) 마구 쏟아지다 just in case 만약을 위해서 relief 안심

정답 ①

12 다음 글에 나타난 Jerton의 심경으로 가장 적절한 것은? 심경

Kenelm Jerton entered the dining hall of the Golden Galleon Hotel in the full crush of the luncheon hour. Nearly every seat was occupied and small additional tables had been brought in, where floor space permitted, to accommodate latecomers, with the result that many of the tables were almost touching each other. Jerton was beckoned by a waiter to the only vacant table that was discernible, and took his seat with the uncomfortable and wholly groundless idea that nearly everyone in the room was staring at him. He was a youngish man of ordinary appearance, quiet of dress and unobtrusive of manner, and he could never rid himself of the idea that a fierce light of public scrutiny beat on him. After he had ordered his lunch there came the unavoidable interval of waiting, with nothing to do but to stare at the flower.

① thrilled and joyful

② lonely and depressed

③ anxious and embarrassed

④ calm and peaceful

해설 Jerton은 손님으로 꽉 찬 식당에서 다른 사람들이 자신을 보고 있다는 생각에서 비롯된 심리적 불안감을 느끼고 있다. 따라서 Jerton의 심경으로 가장 적절한 것은 ③ '불안하고 당혹스러운'이다.

① 흥분되고 즐거운

② 외롭고 우울한

④ 차분하고 평화로운

해석 Kenelm Jerton은 오찬 시간이 한창일 때 Golden Galleon Hotel의 식당으로 들어갔다. 거의 모든 좌석이 차 있었고, 늦게 온 사람들을 수용할 수 있도록 식당의 면적이 허락했던 곳에 작은 추가 테이블들이 들여놓여져 있었는데, 그 결과 많은 테이블들이 서로 거의 맞닿아 있었다. 웨이터가 Jerton을 손짓으로 불러 알아볼 수 있는 유일한 빈 테이블로 불렀고, 식당 안의 거의 모든 사람들이 그를 빤히 쳐다보고 있다는 불편하고도 전혀 근거 없는 생각과 함께 그의 자리에 앉았다. 그는 수수한 옷차림과 불필요한 관심을 끌지 않는 태도의 평범한 외모를 가진 젊은 남자였고, 맹렬한 대중의 시선이 자신을 때린다는 생각을 결코 떨쳐버릴 수 없었다. 그가 점심을 주문하고 나니 피할 수 없는 기다림의 시간이 찾아왔고, 꽃을 쳐다보는 것 외에는 할 일이 아무것도 없었다.

어휘 occupy 사용하다, 차지하다 floor space 매장 면적 accommodate 수용하다 beckon 손짓하다, 부르다 discernible 식별할 수 있는 groundless 근거 없는 ordinary 보통의 unobtrusive 불필요한 관심을 끌지 않는 fierce 사나운, 맹렬한 scrutiny 시선, 뚫어지게 보기 rid oneself of 자신에게서 ~을 떨쳐내다, 없애다 interval (시간) 간격

정답 ③

13 주어진 문장 다음에 이어질 글의 순서로 가장 적절한 것은? [순서배열]

> Before the days of the Internet, artists often would work in relative seclusion of their studios primarily.

> (A) With the advent of the Internet, however, artists easily could go online and show new projects and involve themselves in a conversation with their audiences. Today's artists can begin a blog, create a Facebook page, upload their work to an Etsy page to display, and engage in conversation.
> (B) Promotion of their work was a somewhat limited and often costly endeavor. Artists typically would converse with the public by attending art shows or joining arts organizations.
> (C) In this manner the Internet opened up a major platform for discussion — one which had not existed previously. In some ways, the notion of discussion and deeper exploration by the audience becomes central to the definition of Internet art itself.

① (A) - (C) - (B)　　② (B) - (A) - (C)
③ (B) - (C) - (A)　　④ (C) - (B) - (A)

[해설] 인터넷 시대 이전에 예술가들은 비교적 고립된 자신의 작업실에서 일하곤 했다는 내용의 주어진 글 다음에는 그래서 그들이 작품을 홍보하는 것이 다소 제한적이고 흔히 비용이 많이 드는 노력이었다는 내용으로 부연 설명하는 (B)가 와야 한다. 그다음에는 역접의 접속사 however를 통해 (B)의 상황과 달라진 현재, 즉 인터넷의 출현 이후의 예술가들의 모습을 제시하는 (A)가 와야 한다. 마지막으로, (A)의 마지막 문장에 제시된 오늘날 예술가가 인터넷을 통해 홍보하고 소통하는 방식을 this manner로 지칭하며 이렇게 인터넷을 통해 가능해진 토론이 인터넷 예술의 정의에 핵심이 된다고 말하며 글을 마무리하는 (C)가 오는 것이 자연스럽다. 따라서 글의 순서로 가장 적절한 것은 ② '(B) - (A) - (C)'이다.

[해석] 인터넷의 시대 이전에, 예술가들은 주로 자신의 작업실이라는 비교적 고립된 상태에서 흔히 일하곤 했다. (B) 그들의 작품을 홍보하는 것은 다소 제한적이고 흔히 비용이 많이 드는 노력이었다. 예술가들은 보통 미술 전시회에 참석하거나 예술 단체에 가입함으로써 대중과 소통하곤 했다. (A) 그러나 인터넷의 출현으로 예술가들은 쉽게 온라인에 접속하여 새로운 프로젝트를 선보이고 관객과의 대화에 참여할 수 있게 되었다. 오늘날의 예술가들은 블로그를 시작하고, 페이스북 페이지를 만들고, 그들의 작품을 전시하기 위해 Etsy 페이지에 업로드하고, 대화에 참여할 수 있다. (C) 이러한 방식으로 인터넷은 이전에는 존재하지 않았던 플랫폼, 즉 토론을 위한 주요 플랫폼을 열었다. 어떤 면에서, 청중들에 의한 토론과 더 깊은 탐구의 개념은 인터넷 예술 그 자체의 정의에 핵심이 된다.

[어휘] relative 비교적인, 상대적인 seclusion 고립, 은둔 studio 작업실 primarily 주로 advent 출현 involve oneself in ~에 참여하다 engage in ~에 참여하다 promotion 홍보 endeavor 노력, 시도 converse with ~와 대화하다 manner 방식 discussion 논의, 토론 previously 이전에 notion 개념 exploration 탐구 central 핵심적인 definition 정의

[정답] ②

14 밑줄 친 부분에 들어갈 말로 가장 적절한 것은? [생활영어]

> A: What are you searching on your smartphone?
> B: I'm looking at some prices for a car rental. The prices are a lot higher than I expected.
> A: I know where you can get a good deal.
> B: _____

① It's okay. I need to return this car.
② Oh, can you give me the details?
③ What are you renting the car for?
④ Thanks! That was a nice ride home.

[해설] 차 대여 가격을 알아보고 있는 B에게 A가 괜찮은 곳을 알고 있다고 하였다. B가 이에 관심을 보일 것을 추측할 수 있으므로, 빈칸에 들어갈 말로 가장 적절한 것은 ② '오, 자세하게 알려줄 수 있어?'이다.
① 괜찮아. 이 차 반납해야 해.
③ 뭐 때문에 차를 빌리는 거야?
④ 고마워! 집까지 잘 타고 왔어.

[해석] A: 스마트폰으로 뭘 검색하고 있는 거야?
B: 차 대여 가격을 좀 보고 있어. 가격이 내가 예상한 것보다 훨씬 높네.
A: 네가 싸게 빌릴 수 있는 곳을 알아.
B: 오, 자세하게 알려줄 수 있어?

[어휘] rental 대여 get a good deal 싸게 사다, 좋은 거래를 하다

[정답] ②

15 밑줄 친 부분에 들어갈 말로 가장 적절한 것은? [빈칸완성]

Our instincts help us navigate the world. Socrates wrote, "I decided that it was not wisdom that enabled poets to write their poetry, but a kind of instinct." For artists, indeed, instinct is considered an asset. But when it comes to making important decisions, we cannot always rely on instinct. Darwin defined instinct as independent of experience, but more recent research in psychology and neuroscience has shown that it is continually being honed; it is fluid and malleable. When new memories are formed in our brains, the millions of neurons in our cerebral cortex fuse. But this fusion is not permanent and depends to a great extent on subsequent use and reinforcement. So our instinct is not based on some sort of innate behavioral patterns, but on our past experiences, interactions, our situations and our contexts. Our instinct _____ and so its value cannot be discounted.

① utilizes our nature and gifts
② works wonders in the face of crisis
③ is a result of accumulated knowledge
④ serves as the basis for decision-making

[해설] 사람의 본능은 타고난 것이 아니라 경험, 상호작용, 상황 등 폭넓은 요소에 따라 지속적으로 변하고 연마될 수 있다는 내용의 글이다. 따라서 빈칸에 들어갈 말로 가장 적절한 것은 이러한 본능의 특성을 잘 요약한 ③ '축적된 지식의 결과물이며'이다.
① 우리의 천성과 재능을 이용하며 → 천성, 재능과 같은 타고난 요소보다는 후천적, 외부적인 요소에 본능이 기초한다는 것이 글의 요지이다.
② 위기 상황에서 기적을 낳으며 → 위기 상황에 본능이 도움이 된다는 내용은 언급되지 않았다.
④ 의사 결정의 기초 역할을 하며 → 글 초반부에서 중요한 결정을 내릴 때 늘 본능에 기초를 둘 수는 없다고 했으며, 글의 핵심 또한 아니다.

[해석] 우리의 본능은 우리가 세계를 항해할 수 있도록 도와준다. Socrates는 "시인들로 하여금 시를 쓸 수 있게 했던 것은 지혜가 아니라 일종의 본능이라고 보기로 했다"라고 썼다. 실로, 예술가들에게 있어 본능은 자산으로 여겨진다. 하지만 중요한 결정을 내릴 때, 우리는 항상 본능에 의존할 수는 없다. Darwin은 본능이 경험과 무관하다고 정의했지만, 보다 최근의 심리학 및 신경과학 연구는 이것이 지속적으로 연마되고 있으며, 유동적이고 가변적임을 보여주었다. 우리 뇌에서 새로운 기억이 형성될 때, 우리의 대뇌 피질 속 수백만 개의 뉴런들이 융합된다. 하지만 이 융합은 영구적이지 않으며, 이후의 사용과 강화에 크게 좌우된다. 그리하여 우리의 본능은 일종의 타고난 행동 패턴에 기반을 두는 것이 아니라, 우리의 과거 경험, 상호작용, 우리의 상황과 맥락에 기초한다. 우리의 본능은 축적된 지식의 결과물이며, 그러므로 그 가치는 평가 절하될 수 없다.

[어휘] instinct 본능 navigate 항해하다 when it comes to ~에 관해서라면 rely on ~에 의존하다 independent of ~와 상관없는 neuroscience 신경과학 hone 연마하다 fluid 유동적인; 유체 malleable 잘 변하는, 가변적인 cerebral cortex 대뇌 피질 fuse 융합[결합]되다 permanent 영구적인 subsequent 이후의 innate 타고난 discount 평가 절하하다 work wonders 기적을 낳다 in the face of ~의 앞에서 accumulate 축적하다

[정답] ③

16 다음 글의 제목으로 가장 적절한 것은? [제목]

As soon as the mountains are built, they begin, just as inevitably, to wear away. For all their seeming permanence, mountains are exceedingly transitory features. In *Meditations at 10,000 Feet*, writer and geologist James Trefil calculates that a typical mountain stream will carry away about 1,000 cubic feet of mountain in a year, mostly in the form of sand granules and other suspended particles. That is equivalent to the capacity of an average-sized dump truck — clearly not much at all. Imagine a dump truck arriving once each year at the base of a mountain, filling up with a single load, and driving off, not to reappear for another twelve months. At such a rate it seems impossible that it could ever cart away a mountain, but in fact given sufficient time that is precisely what would happen.

① The Constant Nature of Mountains and Oceans
② The Physical Features and Formation of Mountains
③ Human Activity: What Makes Mountains Wear Away
④ The Change of Mountains: A Slow but Steady Process

[해설] 산이 닳아 없어지려면 아주 오랜 시간이 필요할 수 있지만, 충분히 시간이 흐르고 나면 분명 그러한 마모 또는 운반이 일어난다는 내용의 글이다. 첫 문장과 마지막 문장에 주제가 잘 나타난다. 따라서 글의 제목으로 가장 적절한 것은 ④ '산의 변화: 느리지만 꾸준한 과정'이다.
① 산과 바다의 한결같은 특성 → '한결같은'을 산이 변하는 과정의 '지속성'으로 본다고 하더라도 바다에 관해서는 언급되지 않았으므로 적절하지 않다.
② 산의 물리적 지형과 형성 → 산의 형성이 아닌 마모에 관한 글이다.
③ 인간 활동: 산을 닳아 없어지게 하는 것 → 산의 마모 과정에 인간 활동이 연관되어 있다는 내용은 언급되지 않았다.

[해석] 산은 형성되자마자 필연적으로 닳아 없어지기 시작한다. 겉보기에 영속적으로 보임에도 불구하고, 산은 대단히 일시적인 지형이다. <Meditations at 10,000 Feet>에서, 작가이자 지질학자인 James Trefil은 보통의 산속 개울 한 줄기가 대개 모래 알갱이 및 다른 부유 입자 형태로 1년에 산을 1천 세제곱피트만큼씩 쓸어갈 것이라고 계산한다. 그것은 평균 크기의 덤프트럭 한 대의 용량과 동일하므로 분명 별로 많은 양은 아니다. 매년 한 번씩 덤프트럭 한 대가 산기슭에 도착해 짐을 딱 한 번 가득 채우고 떠나서, 다음 12개월 동안 다시 나타나지 않는다고 상상해 보라. 이런 속도로는 그것이 산을 운반할 수 있다는 것이 불가능해 보이지만, 사실 충분한 시간이 주어진다면 정확히 그 일이 일어날 것이다.

[어휘] inevitably 필연적으로, 불가피하게 wear away 마모되다, 닳아 없어지다 for all ~에도 불구하고 seeming 겉보기의, 외견상의 permanence 영속성 exceedingly 매우, 몹시 transitory 일시적인 feature (자연) 지형 geologist 지질학자 calculate 계산하다 typical 보통의, 일반적인 stream 개울 cubic feet 입방피트(ft3) granule (작은) 알갱이 suspend ~에 부유하다, 뜨다 particle 입자 equivalent 동등한 fill up with ~로 가득 채우다 sufficient 충분한 cart away 운반해 가다 precisely 바로, 정확히 constant 한결같은

[정답] ④

17 밑줄 친 (A), (B)에 들어갈 말로 가장 적절한 것은?

Also known as text mining, text analytics is a process of extracting value from large quantities of unstructured text data. Most businesses have a huge amount of text-based data from memos, company documents, e-mails, reports, press releases, and so forth. Until recently, (A) , it wasn't always that useful. While the text is structured to make sense to a human being, it is unstructured from an analytics perspective because it doesn't fit neatly into a relational database or rows and columns of a spreadsheet. Access to huge text data sets and improved technical capability means text can be analyzed to extract additional high-quality information above and beyond what the document actually says. (B) , text can be assessed for commercially relevant patterns such as an increase or decrease in positive feedback from customers, or patterns that could lead to product or service improvements.

	(A)	(B)
①	however	For example
②	however	Nevertheless
③	therefore	Conversely
④	therefore	Similarly

해설 구조화되지 않은 텍스트 데이터에서 가치를 추출하는 텍스트 분석에 관한 내용의 글이다. (A) 앞에선 텍스트 기반 데이터가 대부분의 기업에서 많은 업무에 유용하게 쓰이고 있음을 언급하는 데 반해, (A) 뒤에선 이것이 항상 유용했던 것은 아니라는 상반된 내용이 제시된다. 따라서 (A)에 들어갈 연결사로 가장 적절한 것은 however이다. 또한 (B) 앞에선 텍스트 분석을 통해 추가적인 정보를 추출할 수 있음을 언급하고, (B) 뒤에선 이러한 추가적인 정보의 예시들을 들고 있다. 따라서 (B)에 들어갈 연결사로 가장 적절한 것은 For example이다.

해석 텍스트 마이닝이라고 알려진 텍스트 분석은 구조화되지 않은 많은 양의 텍스트 데이터에서 가치를 추출하는 과정이다. 대부분의 기업은 메모, 회사 문서, 이메일, 보고서, 보도 자료 등으로부터 방대한 양의 텍스트 기반 데이터를 가지고 있다. 그러나 최근까지, 그것이 항상 그렇게 유용했던 것은 아니다. 텍스트는 인간에게 이해될 수 있도록 구조화되어 있지만, 그것은 관계형 데이터베이스나 스프레드시트의 열과 행에 딱 들어맞지 않기 때문에 분석의 관점에서 보면 구조화되어 있지 않다. 방대한 텍스트 데이터 세트와 개선된 기술 능력으로의 접근은 문서가 실제로 말하는 것을 넘어서 추가적인 고품질 정보를 추출하기 위해 텍스트가 분석될 수 있다는 것을 의미한다. 예를 들어, 텍스트는 고객으로부터의 긍정적인 피드백의 증가 또는 감소와 같은 상업적으로 관련된 패턴, 혹은 제품 또는 서비스 개선으로 이어질 수 있는 패턴에 대해 평가될 수 있다.

어휘 text mining 텍스트 마이닝(텍스트 데이터에서 새롭고 유용한 정보를 찾아내는 기술) analytics 분석 extract 추출하다 release 보도(물) and so forth ~등등 perspective 관점 fit into ~에 들어맞다 neatly 딱, 적절하게 relational database 관계형 데이터베이스 row 열 column 행 spreadsheet 스프레드시트(컴퓨터 응용 프로그램의 하나) capability 능력 assess 평가하다 commercially 상업적으로 relevant 관련 있는 lead to ~로 이어지다 improvement 개선, 향상

정답 ①

18 다음 글의 내용과 일치하지 않는 것은?

Gaslighting is a form of psychological manipulation that hinges on creating self-doubt. The term originated from a 1938 play written by Patrick Hamilton called *Gas Light*. In it, husband Gregory manipulates his wife Paula into believing she can no longer trust her own perceptions of reality. In one pivotal scene, Gregory causes the gaslights to flicker by turning them on in the attic of the house. Yet when Paula asks why the gaslights are flickering, he insists that it's not really happening and that it's all in her mind, causing her to doubt her self-perception. Hence the term "gaslighting" was born. While it's most common in romantic settings, gaslighting can happen in any kind of relationship where one person is so important to the other that they don't want to take the chance of upsetting or losing them, such as a boss, friend, sibling, or parent.

① Gaslighting is an attempt to make someone lose self-trust.
② The term gaslighting was derived from the title of a play.
③ In *Gas Light*, the husband was in constant doubt of his wife.
④ Gaslighting can also occur between friends and family.

해설 심리학 용어인 가스라이팅에 대해 설명하는 글이다. 3번째 문장과 5번째 문장에서 남편이 아내로 하여금 스스로를 의심하게 만들었다는 것을 알 수 있다. 따라서 글의 내용과 일치하지 않는 것은 ③ '<Gas Light>에서 남편은 그의 아내에 대해 끊임없이 의심했다.'이다.

① 가스라이팅은 누군가로 하여금 자기 신뢰를 잃게 하려는 시도이다. → 첫 문장에서 언급된 내용이다.
② 가스라이팅이라는 용어는 연극의 제목에서 유래되었다. → 2번째 문장에서 언급된 내용이다.
④ 가스라이팅은 친구와 가족 사이에서도 발생할 수 있다. → 마지막 문장에서 언급된 내용이다.

해석 가스라이팅은 자기 불신을 불러일으키는 것에 달려 있는 심리적 조종의 한 형태이다. 이 용어는 Patrick Hamilton이 1938년에 쓴 <Gas Light>라는 제목의 연극에서 유래했다. 극 속에서 남편 Gregory는 아내 Paula가 더 이상 현실에 대한 자신의 인식을 신뢰할 수 없다고 믿도록 조종한다. 한 중요한 장면에서, Gregory는 집 다락방에서 가스등을 켜서 깜박이게 한다. 하지만 Paula가 왜 가스등이 깜박이느냐고 물었을 때, 그는 그것이 실제로는 일어나지 않고 있고 그것이 모두 그녀의 머릿속에 있는 것이라고 주장하여, Paula로 하여금 자기 자신의 인식을 의심하게 한다. 이 때문에 '가스라이팅'이라는 용어가 생겨났다. 그것이 로맨틱한 환경에서 가장 흔하기는 하지만, 가스라이팅은 상사, 친구, 형제자매 또는 부모와 같이 한 사람이 다른 사람에게 너무 중요해서 그들을 속상하게 하거나 잃고 싶지 않은 모든 종류의 관계에서 일어날 수 있다.

어휘 psychological 심리(학)적인 manipulation 조작, 조종 hinge on ~에 달려 있다 self-doubt 자기 불신 perception 인식, 지각 pivotal 중심이 되는, 중요한 flicker 깜박거리다 attic 다락(방) insist 주장하다, 우기다 hence 따라서, 이런 이유로 sibling 형제자매

정답 ③

19 주어진 문장이 들어갈 위치로 가장 적절한 것은? 문장삽입

In contrast, people who are resilient are more adept at facing and managing their fears.

Facing your fears is a key component of resilience training. Allowing fear to take hold and put down roots in your brain ensures they will control you later on. People who suffer from post-traumatic stress disorder, for example, avoid many aspects of their lives, such as people, places, events, and opportunities, as these may serve as reminders of the trauma. (①) Subsequently, the conditioned fear is solidified in the brain rather than extinguished. (②) They use their fears as a guide to understand threats and decide what to do. (③) When you face your fears, you are likely rewiring your brain to have control over it. (④) When you hide from your fears, they begin to control you. In simple terms it means getting back on the bicycle once you have fallen off, getting another job after being fired, or becoming involved in a new relationship after a messy divorce.

해설 두려움을 직면하면 그것에 대한 통제력을 가지게 된다는 내용의 글이다. 주어진 문장은 In contrast로 시작하여, 회복력이 있는 사람들은 두려움을 마주하고 다루는 데 더 능숙하다는 내용이다. 따라서 이 문장 앞에는 이 사람들과 대조되는 사람들, 즉 두려움으로 인해 고통 받는 사람들이 언급되고, 이 문장 뒤에는 회복력이 있는 사람들에 대한 설명이 이어지는 것이 자연스럽다. 또한 ② 뒤의 They는 두려움을 그들 자신을 위해 사용할 수 있는 사람들이므로 주어진 문장의 people who are resilient를 지칭하는 것을 알 수 있다. 따라서 주어진 문장이 들어갈 위치로 가장 적절한 것은 ②이다.

해석 두려움을 직면하는 것은 회복력 훈련의 핵심 요소이다. 두려움이 당신의 뇌를 장악하고 그곳에 뿌리를 내리게 하는 것은 그것이 나중에 당신을 통제할 것을 보장한다. 예를 들어, 외상 후 스트레스 장애를 겪는 사람들은 사람, 장소, 사건, 기회와 같은 삶의 많은 측면들을 피하는데, 이 측면들이 그 정신적 외상을 상기시키는 역할을 할 수 있기 때문이다. 그 후, 조건화된 그 두려움은 소멸되기보다는 뇌에 굳어진다. 대조적으로, 회복력이 있는 사람들은 자신의 두려움을 마주하고 다루는 데 더 능숙하다. 그들은 위협을 이해하고 무엇을 해야 할지를 결정하는 지침으로 자신들의 두려움을 사용한다. 당신의 두려움에 직면할 때, 당신은 두려움에 대한 통제력을 가지도록 뇌를 다시 파고 있는 것일 가능성이 높다. 당신의 두려움으로부터 숨을 때, 그것들은 당신을 통제하기 시작한다. 간단히 말해서, 그것은 일단 넘어져도 자전거에 다시 올라타는 것, 해고된 후에 다른 직업을 갖는 것, 또는 골치 아픈 이혼 후에 새로운 관계를 맺게 되는 것을 의미한다.

어휘 resilient 회복력 있는 adept at ~하는 데 능숙한 component 요소 take hold 장악하다 ensure 보장하다 post-traumatic stress disorder 외상 후 스트레스 장애 aspect 측면 reminder 상기시키는 것 subsequently 이후에 conditioned 조건화된 solidify 굳게 하다 extinguish 소멸시키다 rewire (전선을) 다시 짜다 messy 엉망인, 골치 아픈 divorce 이혼

정답 ②

---

20 밑줄 친 부분에 들어갈 말로 가장 적절한 것은? 빈칸완성

A key assumption in consumer societies has been the idea that "money buys happiness." Historically, there is a good reason for this assumption — until the last few generations, a majority of people have lived close to subsistence, so an increase in income brought genuine increases in material well-being (e.g., food, shelter, health care) and this has produced more happiness. However, in a number of developed nations, levels of material well-being have moved beyond subsistence to unprecedented abundance. Developed nations have had several generations of unparalleled material prosperity, and a clear understanding is emerging: More money does bring more happiness when we are living on a very low income. However, as a global average, when per capita income reaches the range of $13,000 per year, additional income adds relatively little to our happiness, while other factors such as personal freedom, meaningful work, and social tolerance add much more. Often, a doubling or tripling of income in developed nations _____.

① has not guaranteed improved working conditions
② has been regarded as the result of hard work
③ has not led to an increase in perceived well-being
④ has helped people recover from economic difficulties

해설 예전에는 사람들이 거의 최저 생활에 가깝게 살아왔기 때문에 소득이 증가하면 행복도 증가했던 반면, 선진국은 이미 물질적 번영을 누리고 있기 때문에 추가적인 소득이 그만큼의 행복의 증가로 이어지지 않는다는 내용의 글이다. 따라서 빈칸에 들어갈 말로 가장 적절한 것은 ③ '인지된 행복의 증가로 이어지지는 않았다'이다.

① 근로 조건의 개선을 보장하지 않았다 → 소득의 증가와 근로 조건의 관계에 대해선 언급되지 않았다.

② 열심히 일한 것에 대한 결과로 여겨졌다 → 소득 증가의 원인이 아닌, 영향에 관한 글이다.

④ 사람들이 경제적 어려움에서 회복하는 데 도움을 주었다 → 경제적 어려움에서 회복되는 경우는 선진국이 아닌 상대적으로 소득이 낮은 국가들에 해당하는 내용이다.

해석 소비 사회의 핵심적인 가정은 '돈으로 행복을 산다'라는 생각이었다. 역사적으로, 이러한 가정에는 충분한 이유가 있는데, 지난 몇 세대 전까지 대다수의 사람들은 거의 최저 생활에 가깝게 살아왔기 때문에, 소득의 증가가 물질적인 행복(예를 들어, 음식, 주거, 의료)의 진정한 증가를 가져왔으며, 이것이 더 많은 행복을 창출해왔다. 그러나 많은 선진국에서, 물질적 행복의 수준은 최저 생활을 넘어 전례 없는 풍요로움으로 나아갔다. 선진국들은 몇 세대에 걸쳐 비할 데 없는 물질적 번영을 누려왔고, 분명한 이해가 생기고 있는데, 이는 우리가 매우 낮은 수입으로 살고 있을 때 돈이 더 많으면 실제로 행복이 더 커진다는 것이다. 그러나 세계 평균적으로, 1인당 소득이 연간 13,000달러의 범위에 도달할 때, 개인의 자유, 의미 있는 일, 사회적 관용과 같은 다른 요소들은 훨씬 더 많은 행복을 더하는 반면, 추가적인 소득은 우리의 행복을 비교적 조금 더한다. 흔히, 선진국에서 소득이 두 배 또는 세 배가 되는 것이 인지된 행복의 증가로 이어지지는 않았다.

어휘 assumption 가정 subsistence 최저 생활 income 소득 genuine 진정한, 진짜의 well-being 행복, 복지 unprecedented 전례 없는 abundance 풍요로움 unparalleled 비할 데 없는, 견줄 것이 없는 prosperity 번영 per capita 1인당 relatively 비교적 tolerance 관용 doubling 2배 tripling 3배 guarantee 보장[약속]하다 perceive 감지[인지]하다

정답 ③

Staff

Writer	심우철
Director	김지훈
Researcher	한은지 / 노윤기 / 정규리 / 장은영
Assistant	최아름
Design	강현구
Manufacture	김승훈
Marketing	윤대규 / 장승재 / 황민순

발행일   2023년 2월 13일 (2쇄)

Copyright ⓒ 2023
by Shimson English Lab.

내용문의 http://cafe.naver.com/shimson2000